D1718081

Recht für Manager

Rechtliche Rahmenbedingungen einer
marktorientierten Unternehmensführung

Springer
Berlin
Heidelberg
New York
Barcelona
Budapest
Hongkong
London
Mailand
Paris
Santa Clara
Singapur
Tokio

Michael P. Zerres
Thomas C. Zerres

Recht für Manager

Rechtliche Rahmenbedingungen einer
marktorientierten Unternehmensführung

Mit 30 Abbildungen

 Springer

Prof. Dr. Michael P. Zerres
Hochschule für Wirtschaft und Politik
Lehrstuhl für Marketing
von Melle Park 9
D-20146 Hamburg

Prof. Dr. Thomas C. Zerres
Fachhochschule Erfurt
Fachbereich Wirtschaft
Postfach 683
D-99013 Erfurt

ISBN 3-540-64287-0 Springer-Verlag Berlin Heidelberg New York

Die Deutsche Bibliothek – CIP-Einheitsaufnahme
Zerres, Michael P.: Rechtliche Rahmenbedingungen einer marktorientierten Unternehmensführung / Michael P. Zerres; Thomas C. Zerres. – Berlin; Heidelberg; New York; Barcelona; Budapest; Hongkong; London; Mailand; Paris; Santa Clara; Singapur; Tokio: Springer, 1998
  ISBN 3-540-64287-0

Einbandgestaltung: de'blik Konzept & Gestaltung, Berlin
SPIN 10675069   43/2202-5 4 3 2 1 0 – Gedruckt auf säurefreiem Papier

Geleitwort

Eine marktorientierte Unternehmensführung muß sich kontinuierlich den Marktentwicklungen und Neuerungen im Umfeld des Unternehmens stellen. Angesichts raschen technologischen Wandels, stärker werdenden Verdrängungswettbewerbs und steigenden Umweltbewußtseins in der Bevölkerung haben sich die diesbezüglichen rechtlichen Rahmenbedingungen in den letzten Jahren verändert.

Die Forderung nach Flexibilität im Marketing stellt grundsätzlich kein neues Problem dar; allerdings haben sich diese Prozesse in einer enormen Geschwindigkeit vollzogen. Für die Entscheidungsträger der marktorientierten Unternehmensführung ist es deshalb unumgänglich, sich bewußt Kenntnis über die aktuell geltenden rechtlichen Rahmenbedingungen zu verschaffen, sei es im Datenschutz, Umweltschutz, Markenschutz oder Wettbewerbsrecht, die es ihnen ermöglichen, langfristig erfolgreich zu sein. Zwar können in den meisten Fällen Juristen befragt werden, doch muß der betreffende Manager die entsprechenden rechtlichen Problemfelder zunächst erkennen.

Die Autoren des vorliegenden Buches, der Hamburger Marketing-Professor Michael Zerres und sein Bruder, der Erfurter Rechtsprofessors Thomas Zerres, nehmen zu verschiedenen Aspekten dieser Problematik Stellung. Neben eher generellen Beiträgen zur juristischen Denk- und Arbeitsmethodik beziehungsweise zum deutschem Rechtssystem werden ausgewählte Aspekte der marktorientierten Unternehmensführung, auf Basis von individuellen Erfahrungen der Autoren, behandelt. Die vorliegenden Ausführungen bieten dem Manager eine ausgezeichnete Gelegenheit, grundlegende rechtliche Rahmenbedingungen seines Handelns kennenzulernen und sinnvoll auf Problemstellungen des eigenen Unternehmens zu adaptieren.

DR. MARKUS J. KRECHTING
Leiter Marketing-Sonderprojekte
Schwab Versand, Hanau

Vorwort

Die Rahmenbedingungen, die heute unternehmerisches Handeln bestimmen, sind durch unterschiedliche Trends gekennzeichnet, die im wesentlichen die Faktoren Globalisierung, Technologie und Ökologie betreffen. Sie beeinflussen sämtliche betriebliche Entscheidungsfelder und damit vor allem auch die Unternehmensführung, das Management.

Eine marktorientierte Unternehmensführung beinhaltet in diesem Zusammenhang neben einer konsequenten Ausrichtung aller betrieblichen Teilbereiche und Aktivitäten auf den Markt als Charakteristikum in erster Linie ein gestaltendes Einwirken auf diesen Markt. Dies kann so vor dem Hintergrund des Wandels von einem Verkäufer- zu einem Käufermarkt sowie von einem Wachstums- zu einem Verdrängungswettbewerb als der Versuch des Unternehmers interpretiert werden, die verlorengegangene Marktmacht wieder zurückzugewinnen. Dies hat zu gravierenden Problemen für den Einzelnen, aber auch für die Gesellschaft als Ganzes geführt.

Während man einzelwirtschaftlich zu beobachtenden Auswüchsen in Form von Manipulationen des Kunden relativ erfolgversprechend etwa durch gezielte Verbraucheraufklärung entgegenzutreten versucht, wird dem Problem exessiver Marketingaktivitäten (vor allem in Form eines Vergeudens volkswirtschaftlicher Ressourcen) in seinem gesamtwirtschaftlichen Resultat anders begegnet: zum einen durch ein entsprechendes, von Tendenzen des Wertewandels geprägtes Kaufverhalten des Kunden, vor allem aber durch diesbezügliche rechtliche Rahmenbedingungen.

Funktions- und Entscheidungsträger einer marktorientierten Unternehmensführung sehen sich deshalb mehr und mehr in der betrieblichen Praxis mit juristischen Sachverhalten konfrontiert. Sei es im Rahmen eines Innovationsmarketing bei der Erwerbung von Patenten oder der Wahl eines Markennamens, sei es bei der Wahl der Rechtsform einer neuen Vertriebsniederlassung, sei es bei der Entscheidung für einen bestimmten Absatzweg, dem Verkauf von Produkten, stets gilt es für einen Manager, auch die rechtlichen Voraussetzungen entsprechend zu berücksichtigen.

Darüber hinaus hat sich in den letzten Jahren auch seine persönliche Haftung für Fehlentwicklungen in Unternehmen erheblich verschärft.

Dieses Buch nimmt sich zum Ziel, dem Manager einen Einblick zu vermitteln in die juristische Denk- und Handlungsweise und in die für ihn wesentlichen Rechtsvorschriften, mit denen er sich im Rahmen einer marketingorientierten Unternehmensführung vornehmlich konfrontiert sieht. Neben einer Kenntnisvermittlung der einzelnen einschlägigen Rechtsnormen soll er aber auch in die Lage versetzt werden, diese in einen entsprechenden Kontext stellen und so zu einer Lösung der im Spannungsfeld zwischen Marketing und Recht zu bewältigenden Aufgaben beitragen zu können. Er soll befähigt werden, ihn betreffende rechtliche Problemfelder zu erkennen und als adäquater Gesprächspartner der Rechtsabteilung seines Hauses beziehungsweise externen Rechtsbeiständen gegenübertreten zu können. Darüber hinaus kann diese Publikation aber auch für Juristen wertvoll sein, die einen "juristisch-geprägten" Einblick in die wichtigsten Entscheidungstatbestände einer marktorientierten Unternehmensführung erlangen wollen.

Die Autoren   Hamburg und Frankfurt, im Mai 1998

Inhalt

Teil I: Grundlagen

Kapitel 1: Auf den Kontext kommt es an

Ein Manager sieht sich heute in der betrieblichen Praxis mit einer Vielzahl von rechtlichen Problemen konfrontiert. Ein Erkennen dieser Probleme sowie deren Lösung setzt neben der Kenntnis der einschlägigen Rechtsnormen zunächst eine Kenntnis der juristischen Denk- und Arbeitsmethodik voraus. Diese gilt es deshalb vorab, im Rahmen eines einleitenden Überblicks über das deutsche Rechtssystem zu betrachten.

Die juristische Arbeitsmethodik

Bei der *juristischen Arbeitsmethodik* handelt es sich um eine auf juristische Belange zugeschnittene systematische Vorgehensweise. Zu ihrer Darstellung soll als Einstieg folgendes Beispiel dienen:

Ein Marketing-Manager, etwa der Leiter einer Vertriebsniederlassung, plant eine bauliche Erweiterung eines Auslieferungslagers und läßt eine entsprechende Baugenehmigung beantragen. Diese wird von der zuständigen Bauaufsichtsbehörde grundlos verweigert. Auch der hiergegen eingelegte Widerspruch bleibt erfolglos.

Zur gleichen Zeit tritt im Auslieferungslager ein weiteres Problem auf. Ein vor kurzem gekauftes, umfangreiches Softwareprogramm zur effizienteren Auftragsabwicklung weist Mängel auf. Es zeigt sich, daß die Auftragsbestätigungen nicht mehr vollständig durchgeführt und die Rechnungen fehlerhaft erstellt werden. Für den Manager stellt sich nun die Frage nach der weiteren Vorgehensweise.

Doch damit nicht genug: der betreffende Manager wird darüber hinaus noch mit einem dritten Problem konfrontiert. Rationalisierungsmaßnahmen in der Logistik haben dazu geführt, daß einigen Beschäftigten gekündigt werden muß.

Dieses Beispiel enthält eine Darstellung von drei Konfliktsituationen aus der Marketingpraxis, die es vor dem Hintergrund rechtlicher Rahmenbedingungen zu lösen gilt.

Aufgabe eines Juristen - in diesem Fall etwa eines Mitarbeiters der Rechtsabteilung des betroffenen Unternehmens beziehungsweise eines Rechtsanwaltes als externen Rechtsbeistands - ist es nun, diesen (Lebens-)Sachverhalt rechtlich zu begutachten. Unter "Sachverhalt" werden dabei ganz allgemein vom Juristen Geschehnisse im Leben der Menschen verstanden. Diese können sich bereits ereignet haben, so zum Beispiel die Ablehnung der Baugenehmigung oder der Kauf der Mängel aufweisenden Software. Der zu beurteilende Sachverhalt kann aber auch in der Zukunft liegen. Ziel ist letztlich eine Verhaltensempfehlung an den Ratsuchenden wie etwa bei der geplanten Entlassung der Lagermitarbeiter. Die Arbeitsmethodik des Juristen ist jeweils die gleiche.

Die rechtliche Bewertung erfolgt dabei im Stil eines Gutachtens, schriftlich oder auch nur "im Kopf". Dieses erfordert neben der Kenntnis der jeweiligen juristischen Fachgebiete vor allem eine systematische Vorgehensweise, also eine bestimmte Arbeitsmethodik, die den Juristen von einem juristischen Laien unterscheidet. Sie befähigt ihn, sich unabhängig von speziellen Einzelkenntnissen auch auf ihm unbekannten Rechtsgebieten schnell zurecht zu finden, ohne wesentliches zu übersehen. Ihre Anwendung setzt eine intensive Schulung und ständiges Training voraus.

Die juristische Arbeitsmethodik läßt sich im Prinzip in drei Schritte untergliedern. Sie beginnt zunächst damit, sich ein genaues Bild davon zu machen, um was es eigentlich geht. Der *erste Schritt* ist also das "Erfassen des Sachverhalts". Dies stellt sich in der Praxis oftmals als schwierig dar, weil die Beteiligten ihre subjektiven Eindrücke miteinbringen oder schlichtweg lügen. So kann etwa im obigen Beispiel der Softwarehersteller die Mängel auf Bedienungsfehler zurückführen.

Kommt eine Einigung zwischen den Beteiligten nicht zustande, wird dieser Konflikt regelmäßig vor einem Gericht ausgetragen werden müssen. Hier steht nun der Richter, dem die Akte zugeteilt worden ist, vor dem Problem unterschiedlicher Behauptungen und Ansichten. Er hat jetzt die Möglichkeit, eine "Beweisaufnahme" durchzuführen, um "Licht in das Dunkel der Angelegenheit" zu bringen. Wie eine derartige Beweisaufnahme zu erfolgen hat, bestimmt sich nach der Zivilprozeßordnung. So kann eine Beweiserhebung durch Urkunden, Sachverständige, Inaugenscheinnahme (durch den Richter), Zeugen oder - wenn keine anderen Beweismittel angeboten werden können - durch Parteivernehmung (des Gegners) erfolgen. Zu beachten ist, daß man selbst in einem Zivilprozeß nicht sein eigener Zeuge sein kann.

Hilfsmittel zum Erfassen des Sachverhalts sind im übrigen Skizzen und Zeittafeln (Festhalten der Daten im zeitlichen Ablauf) zur Darstellung der beteiligten Personen/Unternehmen; dies ist insbesondere dann hilfreich, wenn der Sachverhalt komplexer ist oder mehrere Personen beteiligt sind.

Wer will was von wem woraus?

Ist der Sachverhalt (ausreichend) festgestellt, dann kommt der betreffende Richter zum *zweiten Schritt*, nämlich der "Konkretisierung der Fallfrage". Unter der Fallfrage ist dabei die juristische Problemstellung zu verstehen, die im wesentlichen ein Erkennen der jeweiligen Ansprüche und Rechte beinhaltet. So ist also - je nach Fallfrage - zu klären, wer Ansprüche stellt beziehungsweise wer etwas verlangt oder wer überhaupt etwas verlangen kann. Die dabei in Betracht kommenden Ansprüche können sehr vielgestaltig sein, zum Beispiel ein Anspruch auf Vertragserfüllung, auf Schadensersatz oder auf Unterlassung einer Handlung. Während sich für den Richter die Frage in Form des Klageantrages stellt, muß sich dagegen ein Rechtsanwalt mit bestimmten (möglichen) Ansprüchen auseinandersetzen. Diese Einzelschritte lassen sich in einem Satz zusammenfassen: *Wer will was von wem woraus?*

Im vorstehenden Beispiel sind drei verschiedene Begehren zu unterscheiden: Zunächst begehrt das Unternehmen die Genehmigung des Bauantrages für die Erweiterung seines Auslieferungslagers, die von der zuständigen Bauaufsichtsbehörde abgelehnt worden ist. Die Frage ist hier, gegen wen eine (mögliche) Klage gerichtet werden und aus welcher Norm sich dieser Anspruch ergeben könnte. Klagegegner ist dabei allerdings nicht die Bauaufsichtsbehörde selbst, sondern die Körperschaft, der diese Behörde angehört, in der Regel eine Stadt oder eine Gemeinde.

In der zweiten Fallkonstellation geht es um die Rechte aus einem Kaufvertrag, wenn die gekaufte Sache, hier das Softwareprogramm, mangelhaft ist. Anspruchsgegner für den Vertriebsleiter ist hier der Verkäufer der Software.

Die dritte Fallkonstellation betrifft eine rechtliche Stellungnahme zu einem zukünftigen Ereignis. Der Vertriebsleiter möchte in diesem Fall über die Möglichkeiten einer Kündigung informiert werden, über die Höhe eventuell zu zahlender Abfindungen und über die prozessualen Aussichten in den Fällen, in denen die Arbeitnehmer gegen die Kündigung gerichtlich vorgehen.

Über das "woraus" kommt der Jurist nun zum *dritten Schritt* der Arbeitsmethodik, nämlich dem "Auffinden der einschlägigen Rechtsnorm". Ist vorher der Sachverhalt und die Fallfrage genügend erfaßt worden, dann ist dieser Schritt relativ einfach. Unter der "einschlägigen Rechtsnorm" ist zunächst die Anspruchsgrundlage zu verstehen, also jede Rechtsnorm, die geeignet ist, das aus dem Sachverhalt ermittelte Begehren zu stützen. Es muß also eine eindeutig formulierte Rechtsnorm gefunden werden. Man erkennt diese, im Gesetz häufig verstreut liegenden Normen als Anspruchsgrundlage regelmäßig an den Formulierungen "kann... verlangen" beziehungsweise "ist... verpflichtet". Ein Beispiel ist § 433 Absatz 2 des Bürgerlichen Gesetzbuches: "Der Käufer ist verpflichtet, dem Verkäufer den vereinbarten Kaufpreis zu zahlen und die gekaufte Sache abzunehmen".

Hier nun beginnt das eigentliche juristische Gutachten. Seine Erstellung erfolgt im Prinzip in drei Schritten ("Gutachtenstil"):

* Hypothese,
* Untersuchung und
* Ergebnis.

Nach der Aufstellung einer Hypothese, in der festgelegt wird, was es rechtlich zu prüfen gilt, steht im Mittelpunkt eines derartigen Gutachtens die eigentliche rechtliche Untersuchung, die mit einem Ergebnis abschließt.

Ein schnelles und erfolgversprechendes Auffinden der einschlägigen Rechtsnormen erfordert weniger ein Auswendigwissen der einzelnen Gesetzestexte als vielmehr eine profunde Kenntnis des deutschen Rechtssystems und seiner inneren Zusammenhänge: "Der Jurist muß nichts wissen; er muß nur wissen, wo etwas steht, und wenn er das nicht weiß, dann muß er jemand kennen, der es weiß".

Es ist also erforderlich, sich zunächst mit der Grundstruktur der deutschen Rechtsordnung vertraut zu machen.

Das *Rechtssystem in der Bundesrepublik Deutschland* besteht aus einer Vielzahl, teilweise sehr unterschiedlicher, oftmals dabei auch nicht immer ganz eindeutig voneinander abgrenzbarer Rechtsgebiete. Herkömmlicherweise wird in der deutschen Rechtsordnung zwischen Öffentlichem und Privatem Recht unterschieden, eine Unterscheidung, die auf dem ius publicum und dem ius privatum des römischen Rechts beruht, von dem wesentliche Teile in das Bürgerliche Gesetzbuch Eingang gefunden haben. Die nachstehende Abbildung zeigt dies in Grundzügen auf (vgl. Abbildung 1):

Privatrecht	Öffentliches Recht
Bürgerliches Recht	**Staats- und Verfassungsrecht**
• Personenrecht	
• Vertragsrecht	
• Schuldrecht	
• Sachenrecht	
• Familienrecht	
• Erbrecht	
Nebengesetze zum BGB	**Verwaltungsrecht**
• AGB-Gesetz	• Polizei- und Ordnungsrecht
• Haustürwiderrufsgesetz	• Baurecht
• Wohnungseigentumsgesetz	• Kommunal- und Gemeinderecht
• Haftpflichtgesetze	• Gewerberecht
• Produkthaftungsgesetz	• Subventionsrecht
Sonderprivatrechte	**Steuer- und Abgaberecht**
• Handelsrecht	
• Arbeitsrecht	**Sozialrecht**
• Gesellschaftsrecht	
• Wettbewerbsrecht und ge-werbliche Schutzrechte	**Strafrecht** **Prozeßrechte**

Abbildung 1: Übersicht über das deutsche Rechtssystem

Privatrecht

Zum *Privatrecht* zählen alle Normen, die die Rechtsbeziehungen der Bürger (lat.: cives, daher oft auch Zivilrecht) und der auf einem freiwilligen Zusammenschluß beruhenden privatrechtlichen Vereinigungen, zum Beispiel in Form der Vereine oder auch der Gesellschaften regeln. Durch sie wird im wesentlichen festgelegt, welche Freiheiten, Rechte, Pflichten und Risiken die Menschen im Verhältnis zueinander haben. Das Privatrecht ist typischerweise durch eine Gleichordnung der am Rechtsverhältnis beteiligten Personen gekennzeichnet.

Den Kern des Privatrechts bildet das bürgerliche Recht, gesetzlich geregelt im Bürgerlichen Gesetzbuch (BGB). Es wird ergänzt durch zahlreiche Nebengesetze, zum Beispiel durch das Gesetz zur Regelung des Rechts der Allgemeinen Geschäftsbedingungen (AGB-Gesetz), das Verbraucherkreditgesetz, das Wohnungseigentumsgesetz oder auch das Produkthaftungsgesetz. Das BGB stellt somit "nur" den Kern des Privatrechts dar, dessen Regeln lediglich insoweit Anwendung finden, als sie nicht durch Sondervorschriften ergänzt oder abgeändert werden. Darüber hinaus enthält das Privatrecht einige Sondergebiete, zu denen unter anderem das Handelsrecht, das Gesellschaftsrecht, das das Marketing besonders betreffende Wettbewerbsrecht, die gewerblichen Schutzrechte und schließlich das Arbeitsrecht gerechnet werden. Diese privatrechtlichen Sondergebiete beziehen sich auf einzelne Berufsgruppen oder Lebensbereiche, die wegen ihrer Komplexität besonderer und eingehender Regelung bedürfen. Historisch betrachtet haben sie sich aus dem Bürgerlichen Gesetzbuch als Reaktion auf die wirtschaftlichen, sozialen und technischen Wandlungsprozesse in Deutschland herausentwickelt. So wird zum Beispiel das Handelsrecht als ein Sonderrecht für Kaufleute angesehen, das Arbeitsrecht als Sonderrecht für Arbeitsverhältnisse.

Das *Bürgerliches Gesetzbuch* trat am 1. Januar 1900 in Kraft. Es bildete den vorläufigen Abschluß einer Vereinheitlichung des bürgerlichen Rechts in Deutschland. Bis zu diesem Zeitpunkt gab es mehrere, zum Teil unterschiedliche landesrechtliche Kodifikationen, so zum Beispiel für alle linksrheinischen Staaten den code civile von 1804, für Preußen das Preußische Allgemeine Landrecht von 1794, für Bayern den Codex Maximilianeus Bavaricus Civilis und für Baden das Badische Landrecht von 1809. Lediglich auf dem Gebiet des Handels- und Wechselrechts bestanden schon einheitliche Rechtsvorschriften in Form der Allgemeinen Deutschen Wechselordnung von 1848 und des Allgemeinen Deutschen Handelsgesetzbuches von 1861. Der Weg zu einer Rechtsvereinheitlichung auf dem Gebiet des bürgerlichen Rechts wurde erst durch den Zusammenschluß der deutschen (Klein-) Staaten zum Deutschen Reich 1871 möglich. Während das Strafrecht mit der Schaffung eines einheitlichen Reichsstrafgesetzbuches bereits im gleichen Jahr eine Rechtsgrundlage fand, dauerte es dann doch noch allerdings fast 30 Jahre bis zur Fertigstellung des BGB.

"Nur ein Tropfen sozialistischen Öls"

Inhalt und Grundprinzipien des BGB spiegeln die herrschenden politischen, wirtschaftlichen und sozialen Anschauungen des 19. Jahrhunderts wider. Im Vordergrund stand ein extremer Liberalismus, zu verstehen als Reaktion auf die erst nach Jahrhunderten überwundenen ständischen und obrigkeitlichen Beschränkungen. Man versuchte, die Freiheit und Gleichheit auch im bürgerlichen Gesetz zu sichern. Das BGB geht daher von einer Rechtsgleichheit aller Bürger aus und gewährleistet in weitem Umfang *Privatautonomie*. Ausdruck dafür ist etwa die Vertragsfreiheit oder die Eigentumsfreiheit. Als geeignete Handlungsform zur Verwirklichung der grundsätzlichen Privatautonomie wird von der Rechtsordnung der Vertrag zur Verfügung gestellt. Der einzelne Bürger sollte grundsätzlich darin frei sein, ob, mit wem und mit welchem Inhalt er Verträge schließt.

Beschränkungen der Privatautonomie findet man kaum. Die Verfasser des BGB gingen davon aus, daß alle Privatpersonen im Rechtsverkehr chancengleich seien und daß sich durch die Privatautonomie stets ein gerechter Ausgleich zwischen den unterschiedlichen Interessen erzielen lassen werde ("Wer würde schon einen für sich nachteiligen Vertrag schließen").

Eine derartige extrem liberale Konzeption konnte jedoch den drängenden Fragen, die die wirtschaftlichen und sozialen Probleme der Industrialisierung aufwarfen, nicht gerecht werden. Es blieb unberücksichtigt, daß eine Vertragspartei, die (ökonomisch) mächtiger als eine andere ist, diese Vertragsfreiheit mißbrauchen kann. So waren Arbeitgeber und Arbeitnehmer, aber auch Produzent und Konsument nicht chancengleich. Durch Schutzvorschriften im Bereich des Dienstvertragsrechts oder durch die Schaffung des Abzahlungsgesetzes von 1894 (1991 vom Verbraucherkreditgesetz abgelöst), das den besonderen Umständen beim Ratenkauf Rechnung tragen sollte, versuchte man zwar diesen Problemen zu begegnen, doch war insgesamt das BGB nach Otto von Gierke "nur mit einem Tropfen sozialistischen Öls gesalbt".

Den sozialen Mißständen wurde erst später - in der Weimarer Zeit - durch Schaffung von zahlreichen Schutzvorschriften zugunsten der Arbeitnehmer weitgehend Rechnung getragen. Dies geschah etwa in der Form einer Tarifvertragsordnung, einer Arbeitszeitordnung und eines Betriebsrätegesetzes, die die Verfügungsgewalt der Arbeitgeber als alleiniger "Herr im Haus" beschränken sollten. Es lassen sich hier die ersten Grundstrukturen unseres heutigen Arbeitsrechtes erkennen.

Ein Buch mit sieben Siegeln?

Das BGB stellt die Grundlage aller privatrechtlichen Vorschriften dar. Viele Regelungen der sogenannten Nebengesetze ebenso wie der sogenannten Sonderprivatrechte sind oftmals ohne die Vorschriften des BGB nicht zu verstehen. Das BGB besteht aus fünf Büchern:
1. Buch - Allgemeiner Teil (§§ 1 - 240),
2. Buch - Schuldrecht (§§ 241 - 853),
3. Buch - Sachenrecht (§§ 854 - 1296),
4. Buch - Familienrecht (§§ 1297 - 1921) und
5. Buch - Erbrecht (§§ 1922 - 2385).
In einem zum BGB ergangenen Einführungsgesetz (EGBGB) sind neben Übergangsvorschriften, die das Verhältnis des BGB zu den Landesgesetzen betrifft, auch das Internationale Privatrecht geregelt, das das Verhältnis des deutschen Rechts zum ausländischen Recht beinhaltet. Der Begriff "Internationales Privatrecht" ist dabei insoweit mißverständlich, als es sich um ein nationales Recht handelt, das grundsätzlich zur Anwendung kommt, wenn in einem Sachverhalt das Ausland berührt wird, wenn also zum Beispiel ein Partner eines Kaufvertrages aus dem Ausland stammt. In diesem Bereich spielen insbesondere die grundsätzlich vorrangigen völkerrechtlichen Verträge und die sonstigen internationalen Abkommen eine Rolle, wie zum Beispiel das Übereinkommen der Vereinten Nationen von 1980 über Verträge über den internationalen Warenkauf, das für

die Bundesrepublik 1991 in Kraft getreten ist. Zu beachten bei diesem Abkommen ist allerdings, daß seine Geltung zur Disposition der Vertragsparteien steht.

Der *Allgemeine Teil* des BGB enthält die allgemeinen Regeln für das gesamte bürgerliche Recht; zunächst - der römisch-rechtlichen Einteilung personae, res und actiones folgend - Vorschriften über natürliche und juristische Personen, Sachen und Rechtsgeschäfte, also zum Beispiel über Willenserklärung, Verträge und Stellvertretung. Hieran schließen sich dann unter anderem Vorschriften über Fristen und (Anspruchs-)Verjährung an.

Durch die mathematische Methode "etwas vor die Klammer zu ziehen" wird erreicht, daß die im Allgemeinen Teil enthaltenen Grundsätze auch für die weiteren vier Bücher des BGB gelten, soweit nicht entgegenstehende Regelungen enthalten sind. Im Umkehrschluß dazu bedeutet dies aber auch, daß die Vorschriften, die in den anderen vier Büchern niedergelegt sind, nur in den jeweiligen Büchern gelten. Jedes Buch muß man im Prinzip als ein Gesetz für sich betrachten. Durch das "Zusammenpacken" der einzelnen Bücher im BGB wird die viermalige Wiederholung vermieden.

Während zum Beispiel das Preußische Allgemeine Landrecht kasuistisch aufgebaut war und in fast 18000 Paragraphen sich auf Einzelfälle bezog, zeichnet sich das gesamte BGB durch eine äußerst abstrakte Darstellung aus, da es für eine möglichst große Zahl von Anwendungsfällen konzipiert ist. Dies läßt viele Formulierungen - insbesondere für einen juristischen Laien - oftmals nur sehr schwer verständlich erscheinen. Hierzu trägt außerdem die, im Gegensatz etwa zum allgemein verständlicheren Schweizer Zivilgesetzbuch, antiquierte Sprache bei sowie der didaktisch nicht nachvollziehbare Aufbau. Das BGB ist ein Gesetzbuch von Juristen für Juristen.

Sprache und Aufbau des BGB sind von der *Pandektistik* geprägt, einer im 19. Jahrhundert vorherrschenden Richtung der Rechtswissenschaften. Sie hatte die Verarbeitung des römischen Rechts ("Gemeines Recht") zu einem geschlossenen, widerspruchsfreien System des Privatrechts zum Ziel.

Das zweite Buch des BGB, das *Schuldrecht*, behandelt vertragliche und gesetzliche Schuldverhältnisse. Es regelt die Rechtsverhältnisse zwischen "Gläubiger" und "Schuldner" und gliedert sich seinerseits wieder in einen Allgemeinen und einen Besonderen Teil. Im Allgemeinen Teil des Schuldrechts sind die Vorschriften enthalten, die auf alle Schuldverhältnisse Anwendung finden. Es geht unter anderem um die Frage, welche Rechte und Pflichten zwischen Vertragsparteien bestehen und welche Folgen es hat, wenn eine der Parteien ihren Verpflichtungen nicht nachkommt, sei es, daß die Leistungserbringung verspätet oder schlecht erfolgt oder gar unmöglich geworden ist. Im Besonderen Teil des Schuldrechts sind die am häufigsten vorkommenden Schuldverhältnisse, zum Beispiel der Kauf-, der Miet- oder der Werkvertrag normiert. Zu beachten ist, daß diese gesetzlich vorgegebenen Normierungen von den Vertragsparteien weitgehend abgeändert oder ergänzt werden können ("Grundsatz der Vertragsfreiheit"). Als Beleg hierfür lassen sich etwa die in vielen Branchen verwendeten Allgemeinen Geschäftsbedingungen (besser bekannt als das "Kleingedruckte", in der Regel auf der Rückseite des Vertragsformulars) anführen.

Das Dritte Buch des BGB, das *Sachenrecht*, regelt die Rechtsbeziehungen von

Personen zu Sachen oder Rechten. Es geht also um Fragen des Besitzes, des Eigentums, des Pfandrechts (sowie der Sicherungsübereignung) und der Grundpfandrechte. Während Besitz juristisch dabei die tatsächliche Sachherrschaft über eine Sache meint (so wird beispielsweise der Dieb einer Sache ihr Besitzer), bedeutet Eigentum die rechtliche Sachherrschaft. Hinsichtlich der (möglichen) Rechte, die eine Person an Sachen haben kann, unterscheidet das Gesetz zwischen dem Eigentum als dem unbeschränkt dinglichen Recht an einer Sache und den beschränkt dinglichen Rechten, zu denen in erster Linie Pfandrechte und Grundpfandrechte gezählt werden. Grundpfandrechten, wie Hypothek oder Grundschuld, kommt vor allem bei der Kreditsicherung hohe wirtschaftliche Bedeutung zu.

Das vierte Buch des BGB, das *Familienrecht*, enthält im wesentlichen Vorschriften, die sich mit den Fragen der Ehe sowie den nach der Ehescheidung auftretenden Fragen des Unterhalts und des Versorgungsausgleichs beschäftigen, während die Eheschließung selbst als privatrechtlicher Vertrag in einem separaten Nebengesetz, dem Ehegesetz, geregelt ist.

Das Familienrecht wurde seit dem Inkrafttreten des BGB mehrfach geändert, um den Bemühungen, eine Gleichstellung von Mann und Frau zu erreichen, Rechnung zu tragen. So hob erst 1957 das Gleichberechtigungsgesetz den § 1354 BGB auf, in dem, auf alten patriarchalisch-konservativen Vorstellungen beruhend, dem Mann die Entscheidung in allen, das gemeinschaftliche eheliche Leben betreffenden Angelegenheiten sowie die elterliche Gewalt über die Kinder zuerkannt worden war. Daneben klärt das Familienrecht verwandtschaftliche Rechtsbeziehungen, insbesondere das Verhältnis Eltern und Kind, die Stellung des nichtehelichen Kindes, die Adoption und die Betreuung.

Das letzte Buch des BGB, das *Erbrecht*, regelt die vermögensrechtlichen Folgen beim Tod einer Person, das heißt die Erbfolge aufgrund des Gesetzes, durch Testament oder durch Erbvertrag, in deren Rahmen in Form eines Vermächtnisses auch Nichterben bedacht werden können.

Die gesetzliche Erbfolge bedeutet, daß zunächst der Ehegatte und die unmittelbaren Verwandten in erster Linie, das heißt die Kinder erben. Die weitere Erbfolge bestimmt sich dann nach dem Gesetz. Der Erblasser kann durch Testament die gesetzliche Erbfolge ausschließen. Setzt er andere Personen als seine unmittelbaren Angehörigen als Erben ein, so behalten diese dennoch ihren Pflichtteilsanspruch, der die Hälfte des Erbteils ausmacht.

Im Gegensatz zum Testament ist der Erbvertrag, mit dem der Erblasser ebenfalls die gesetzliche Erbfolge ausschließen kann, nicht frei widerruflich. Will der Erblasser einer Person, zum Beispiel einem Freund, einen Gegenstand aus seinem Nachlaß, zum Beispiel ein Bild, zuwenden, dann muß er ihm durch Testament oder Erbvertrag ein Vermächtnis aussetzen. Der Vermächtnisnehmer wird dann zwar nicht Erbe, er kann aber von dem/den Erben Übereignung der Sache beziehungsweise Zahlung des Geldbetrages verlangen.

Das Vermögen des Erblassers geht grundsätzlich als Ganzes auf den/die Erben über (Grundsatz der Universalsukzession), so daß die Erben auch für Nachlaßverbindlichkeiten einzustehen haben, und zwar auch mit eigenem, nicht ererbten Vermögen. Will der Erbe dem entgehen, so kann er (innerhalb einer bestimmten

Frist) die Erbschaft ausschlagen oder durch bestimmte Maßnahmen die Haftung ausschließen.

Sonderprivatrechte

Zum Bereich des Privatrechts zählen auch die anfangs erwähnten *Sonderprivatrechte*, vor allem das Handelsrecht, das Arbeitsrecht, das Gesellschaftsrecht, das Wertpapierrecht, das Urheberrecht, die gesamten gewerblichen Schutzrechte sowie das Wettbewerbsrecht.

Das *Handelsrecht* ist im wesentlichen im Handelsgesetzbuch (HGB) normiert und enthält als Sonderrecht der Kaufleute Vorschriften, die den besonderen Bedürfnissen des Handelsverkehrs nach schneller und problemloser Abwicklung der Rechtsgeschäfte, nach Rechtsklarheit und Rechtssicherheit sowie nach Vertrauensschutz Rechnung trägt. Die im BGB Handelsgeschäfte betreffenden Vorschriften sind im HGB teilweise modifiziert, aber auch ergänzt. So ist zum Beispiel die Vollmacht durch Erteilung der handelsrechtlichen Prokura äußerst weitreichend, bedarf eine Bürgschaftserklärung keiner Schriftform, gilt Schweigen manchmal als Annahme eines Angebots und muß sich der Kaufmann sofort melden, wenn etwa Gekauftes nicht in Ordnung ist. Letzteres führt in der Praxis häufig zu Irrtümern und Mißverständnissen. Nach den Vorschriften des BGB verjähren die Ansprüche eines Käufers, wenn die Sache mangelhaft ist, in sechs Monaten ab Übergabe. Beim Handelskauf, der vorliegt, wenn beide Vertragsparteien Kaufleute sind, trifft den Käufer eine unverzügliche Untersuchungs- und Rügepflicht. Kommt er dieser Pflicht nicht nach, läuft er Gefahr, seine Gewährleistungsrechte - ohne Beachtung von Verjährungsfristen - zu verlieren.

Das *Arbeitsrecht* stellt das Sonderrecht der Arbeitsverhältnisse dar. Als Arbeitsverhältnis bezeichnet man dabei das Vertragsverhältnis zwischen Arbeitgeber und Arbeitnehmer. Arbeitgeber ist, wer mindestens einen Arbeitnehmer beschäftigt. Wer Arbeitnehmer ist, ist rechtlich nicht eindeutig definiert, sondern anhand von mehreren Kriterien zu ermitteln. Als Anhaltspunkt kann die Definition in § 5 Arbeitsgerichtsgesetz dienen. Arbeitnehmer ist danach, wer in einem Arbeitsverhältnis zu einem anderen steht und für diesen abhängige, weisungsgebundene Arbeit leistet. Für Personengruppen wie Beamte, Richter oder Soldaten, die in einem öffentlich-rechtlichen Treueverhältnis zum Staat stehen, gelten spezielle Regelungen, zum Beispiel Bundes- oder Landesbeamtengesetze.

Ein Arbeitsverhältnis wird durch einen privatrechtlichen Vertrag, einen Dienstvertrag begründet. Rechtliche Grundlage sind zunächst die §§ 611 - 630 BGB, also lediglich 20 Paragraphen, die diesbezüglich das komplexe Verhältnis zwischen Arbeitgeber und Arbeitnehmer regeln und einen Ausgleich der Interessengegensätze schaffen sollen. Da dies nur schwer möglich ist, wurden im Laufe der Zeit vom Gesetzgeber, insbesondere zum Schutz der "wirtschaftlich und sozial unterlegenen" Arbeitnehmer, zahlreiche Schutzvorschriften geschaffen, so zum Beispiel das Kündigungsschutzgesetz, die Arbeitszeitordnung (heute Arbeitszeitgesetz), das Schwerbehindertengesetz und das Mutterschutzgesetz. Das heutige Arbeitsrecht ist also außerhalb des BGB entwickelt worden. Im Gegensatz zu diesem gibt es aber kein einheitliches Arbeitsgesetzbuch. Die 20 "alten" Paragraphen zum Dienstvertrag waren es unter anderem, die seit 1900 den "Tropfen sozialistischen Öls", den schon Otto von Gierke vergeblich gesucht hatte, vermissen lassen.

Interessant ist eine Betrachtung der Entwicklung des Arbeitsrechts. So wurde zum Beispiel erst im Jahre 1891 ein Arbeitsschutzgesetz geschaffen, das die Sonntagsruhe anordnete und die tägliche Arbeitszeit für Frauen auf 11 Stunden beschränkte.

Im Laufe der Zeit sind die arbeitsrechtlichen Vorschriften sowie die Rechtsprechung besonders auf dem gesetzlich nicht normierten Feld des kollektiven Arbeitsrechts, das heißt der Rechtsbeziehungen zwischen Arbeitgeberverbänden und Gewerkschaften, immer zahlreicher geworden, bis es sich zu einem eigenen komplexen Rechtsgebiet entwickelt hatte.

Es besteht eine besondere Gerichtsbarkeit, die Arbeitsgerichtsbarkeit. Verfahren sollen hier schneller und kostensparender durchgeführt werden als vor Zivilgerichten.

Das *Gesellschaftsrecht* umfaßt das Recht der Personengesellschaften und der Kapitalgesellschaften. Die Vorschriften sind teilweise im BGB (Gesellschaft bürgerlichen Recht - GbR -) und im HGB (unter anderem Offene Handelsgesellschaft - OHG -, Kommanditgesellschaft - KG - und Stille Gesellschaft) enthalten, teilweise auch in anderen Gesetzen. So sind zum Beispiel die Gesellschaft mit beschränkter Haftung - GmbH - und die Aktiengesellschaft- AG - in eigenen Gesetzen geregelt, im GmbH-Gesetz und im Aktiengesetz. Sowohl die GmbH als auch die AG gehören zu den sogenannten Kapitalgesellschaften, deren Hauptmerkmale die eigene Rechtspersönlichkeit und die Beschränkung der Haftung auf das Gesellschaftsvermögen sind. Die Gesellschafter haften hier im Gegensatz zu den Personengesellschaften nicht mit ihrem Privatvermögen.

Zu den Sonderprivatrechten gehört auch das *Wertpapierrecht*, das in mehreren Gesetzen geregelt ist, neben dem BGB und teilweise dem HGB insbesondere im Wechsel- und im Scheckgesetz. Wertpapiere, wie Aktien, Wechsel oder auch Schuldverschreibungen sind Urkunden, deren Besitz zur Ausübung des in ihnen verbrieften Rechts erforderlich ist. Im Prinzip werden also Geldforderungen verbrieft und damit verkehrsfähig gemacht. "Das Recht aus dem Papier folgt dem Recht am Papier".

Das *Urheberrecht* wird in einem eigenen Gesetz, dem Urhebergesetz geregelt. Schutzgegenstand sind Werke wissenschaftlichen, literarischen und künstlerischen Kulturschaffens, wie etwa Romane und Musikkompositionen, aber auch Computerprogramme. Dem Urheber wird ein eigentumsähnliches Recht an seinem Werk gewährt, das ihm alle gegenwärtigen und zukünftigen Verwendungsmöglichkeiten einräumt. Das Urheberrecht ist vererblich. Es kann nicht unter lebenden Personen übertragen werden, allerdings können Nutzungsrechte (Lizenzen) eingeräumt werden.

Zu den *gewerblichen Schutzrechten* zählt man herkömmlicherweise das Patentrecht, das Gebrauchsmusterrecht, das Geschmacksmusterrecht, das Markenrecht und teilweise auch das Wettbewerbsrecht.

Das Patentrecht schützt Erfindungen; es kann sich dabei um Produktinnovationen wie auch um Prozeßinnovationen handeln. Das Vorliegen der Voraussetzungen eines "Patents" wird im Rahmen eines Anmeldeverfahrens vor dem Deutschen Patentamt in München, bei dem die sogenannte Patenrolle geführt wird, von sachverständigen Technikern geprüft. Das Patent ist veräußerlich und vererblich.

Eine Besonderheit kann sich ergeben, wenn ein Arbeitnehmer eine Erfindung macht, die entweder zu seinem Tätigkeitsbereich gehört oder die maßgeblich auf den an seinem Arbeitsplatz gewonnenen Erfahrungen beruht. In diesem Fall verpflichtet ihn das Arbeitnehmererfindungsgesetz von 1957 (geändert 1986), diese seinem Arbeitgeber gegen Zahlung einer entsprechenden Vergütung zur Verfügung zu stellen.

Das Gebrauchsmusterrecht schützt "Minipatente", kleine Erfindungen, zum Beispiel elektrische Schaltungen an Arbeitsgeräten. Diese werden in die sogenannte Gebrauchsmusterrolle eingetragen, die ebenfalls beim Deutschen Patentamt in München geführt wird.

Das Geschmacksmusterrecht schützt die ästhetischen Gestaltungsformen eines Gegenstandes, wie etwa eines Schmuckstückes oder auch das Design einer Tapete.

Von großer Bedeutung ist das Markenrecht. Es schützt den Markennamen einer Ware, der aus einem Wort (zum Beispiel Mercedes) und/oder einem Zeichen (zum Beispiel dem "Stern") bestehen kann. Der Schutz setzt grundsätzlich die Eintragung in das Markenregister des Patentamtes voraus. Gegen diejenigen, die die ausschließlichen Nutzungsrechte der Inhaber der Schutzrechte oder Lizenznehmer verletzen, kann ein Unterlassungsanspruch und ein Schadensersatzanspruch geltend gemacht werden. In einigen Fällen kann sich derjenige, der ein gewerbliches Schutzrecht vorsätzlich verletzt, sogar strafbar machen.

Auch das "Gesetz zur Stärkung des Schutzes des geistigen Eigentums und zur Bekämpfung der Produktpiraterie" (Produktpirateriegesetz -PrPG-) von 1990 dient der Verbesserung der gesetzlichen Regelungen zur Verfolgung und Ahndung von Schutzrechtsverletzungen im Bereich des geistigen Eigentums.

Das *Wettbewerbsrecht*, gesetzlich geregelt einmal im Gesetz gegen Wettbewerbsbeschränkungen (GWB) sowie im Gesetz gegen den unlauteren Wettbewerb (UWG) soll den freien Wettbewerb schützen. Das GWB verbietet eine Reihe schwerer Wettbewerbsbeschränkungen, wie zum Beispiel Preis- oder Mengenkartelle, stellt andere leichtere Formen von individueller oder kollektiver Marktmacht unter ein Verbotsprinzip mit Ausnahmevorbehalt.

Dagegen schützt das UWG Wettbewerber, aber auch Kunden vor unfairen Wettbewerbspraktiken wie irreführenden Preisangaben.

Nebengesetze zum UWG sind das seit Jahren in Diskussion stehende Rabattgesetz, die Zugabeverordnung sowie die Preisangabenverordnung.

Die vorgenannten Rechtsgebiete werden zunehmend vom europäischen Recht beeinflußt. So gehen mittlerweile zahlreiche Gesetze auf eine Initiative der EU-Organe zurück. Grund hierfür ist das gemeinsame Ziel der Mitgliedsstaaten, die innerstaatlichen Rechtsvorschriften soweit aneinander anzugleichen, wie es für das ordnungsgemäße Funktionieren des Gemeinsamen Marktes erforderlich ist.

Die wesentlichen Instrumente des Rechtssetzungsorgans der EU (Rat) zur htsangleichung sind dabei vor allem die „Verordnung" (zum Beispiel die EG-„_ o"-Verordnung von 1991, die die Verwendung des Zusatzes „Bio" für landwirtschaftliche Produkte regelt), die unmittelbare Gesetzeswirkung entfaltet sowie die „Richtlinie", die von den Mitgliedsstaaten innerhalb vorgegebener Fristen in nationales Recht umzusetzen ist; dabei sind die Mitgliedsstaaten grundsätzlich in der Wahl der Form und der Mittel frei. So beruhen zum Beispiel das Produkthaftungsgesetz, das Verbraucherkreditgesetz, das Reisevertragsrecht (im BGB) oder das Haustürwiderrufsgesetz auf solchen Richtlinien. Dieser Einfluß zeigt sich aber nicht nur im zivilrechtlichen Bereich, sondern vor allem im Handels- und Gesellschaftsrecht, zum Beispiel im Bilanzrichtliniengesetz von 1985, im Arbeitsrecht, insbesondere im Arbeitsschutzrecht sowie im gewerblichen Rechtsschutz und im Wettbewerbsrecht; auch das neue Markengesetz geht auf eine entsprechende Richtlinie der EU zurück.

Öffentliches Recht

Im Gegensatz zum Privatrecht umfaßt das *Öffentliche Recht* die Normen, die die staatliche Organisation und das hoheitliche Handeln des Staates betreffen. Es umfaßt also die Rechtsnormen, die die Rechtsbeziehungen des Staates, in Deutschland also des Bundes und der Länder, und der mit sogenannten hoheitlicher Gewalt ausgestatteten Körperschaften oder Anstalten im Verhältnis zueinander sowie darüber hinaus auch zu den ihrer Hoheitsgewalt unterworfenen Personen regeln.

Das Öffentliche Recht ist im Prinzip durch ein "Über- und Unterordnungsverhältnis" des einen - des Staates - gegenüber dem anderen - dem Bürger - gekennzeichnet. Typisch für das Öffentliche Recht ist deshalb die einseitig verbindliche Regelung durch Gesetz, Verordnung oder Verwaltungsakt, für das Privatrecht dagegen der Vertrag. Diese anschauliche, aber vereinfachende Darstellung berücksichtigt allerdings nicht die Fälle, in denen der Staat fiskalisch, das heißt privatrechtlich tätig wird. Hierunter fallen in erster Linie die sogenannten Beschaffungsgeschäfte (zum Beispiel der Einkauf von Büromaterial oder das Anmieten von Räumen) sowie die Fälle im Rahmen der Leistungsverwaltung, in denen der Staat ein Wahlrecht zwischen privatrechtlichem oder öffentlichrechtlichem Handeln hat.

Zu den wichtigsten Bereichen des Öffentlichen Rechts zählt in erster Linie das Verfassungsrecht. Das Verfassungsrecht ist im wesentlichen im *Grundgesetz* (GG) normiert. Das Grundgesetz von 1949 ist die Verfassung der Bundesrepublik Deutschland und steht damit über den übrigen Gesetzen. Um den provisorischen Charakter des damals neugeschaffenen westdeutschen Teilstaates zum Ausdruck zu bringen, wählte man die Bezeichnung "Grundgesetz" statt "Verfassung". Das Grundgesetz wurde ohne Volksabstimmung erlassen. Heute jedoch nach fast 50 Jahren und vor allem nach dem Betritt der ehemaligen DDR kommt dem Grundgesetz uneingeschränkter Verfassungscharakter zu. Es regelt die rechtliche und politische Grundordnung der Bundesrepublik Deutschland. Um ihre überragende Bedeutung für das staatliche Leben zu betonen, wurden die Grundrechte in den

Artikeln 1 - 19 an den Anfang gestellt. Sie sind - im Gegensatz noch zur Weimarer Verfassung - keine Programmsätze, das heißt gesetzliche Bestimmungen ohne unmittelbare Verbindlichkeit, sondern binden nach Artikel 1 Absatz 3 GG Gesetzgebung, vollziehende Gewalt und Rechtsprechung. Wird ein Bürger beispielsweise in seinen Grundrechten verletzt, dann besteht für ihn die Möglichkeit, mit einer Verfassungsbeschwerde vor dem Bundesverfassungsgericht in Karlsruhe diese Verletzung zu rügen. Auch das BGB ist durch die im GG enthaltenen Grundsätze und Wertordnungen in bezug auf seine Fortgeltung, Auslegung und Fortbildung geprägt.

Das Grundgesetz bestätigte im wesentlichen die vorgefundene Ordnung des BGB; so blieb die Vertragsfreiheit, das freie Eigentum und das Erbrecht erhalten, allerdings mit einer Betonung der sozialen Pflichtbindung ("Eigentum verpflichtet").

Als weiteres Beispiel für den Einfluß des Grundgesetzes auf den Inhalt des BGB mag das Kündigungsfristengesetz von 1993 dienen, in dem der Gesetzgeber auf Weisung des Bundesverfassungsgerichtes dem Gleichheitsgebot des Grundgesetzes Rechnung trug und die unterschiedlichen Kündigungsfristen für Arbeiter und Angestellte entsprechend regelte.

Auch die im BGB enthaltenen unbestimmten Rechtsbegriffe wie "Treu und Glauben" oder "Sittenwidrigkeit" erfahren durch das Grundgesetz eine Wertung.

Zum Öffentlichen Recht zählt weiterhin das *Verwaltungsrecht*, das die Aufgaben und Kompetenzen der öffentlichen Verwaltung in den verschiedenen Lebensbereichen regelt. Hierzu zählt im wesentlichen das Polizeirecht, das (öffentliche) Baurecht, das Kommunalrecht, das Gewerberecht und das Subventionsrecht.

Weitere wichtige Rechtsgebiete des Öffentlichen Rechts sind außerdem das *Steuer- und Abgabenrecht*, das Art und Umfang der Besteuerung der Bürger regelt, das *Strafrecht*, das bestimmte sozialschädliche Verhaltensweisen unter Strafe stellt, das *Sozialrecht*, das die soziale Sicherung des Bürgers zum Gegenstand hat sowie das gesamte *Prozeßrecht*, das die gerichtlichen Verfahren zur Durchsetzung des "materiellen Rechts" regelt.

Zu erwähnen sei letztlich noch das *Völkerrecht*, das die Beziehung der Staaten untereinander regelt und das *Kirchenrecht*, das die Beziehungen zwischen Staat und Kirche zum Gegenstand hat.

Der Staat kann durch Anordnung (mit Zwang) handeln (Eingriffsverwaltung) und so dem Bürger - etwa durch Einkommensteuerbescheide - Beschränkungen und Verpflichtungen auferlegen. Wichtigstes Handlungsinstrument stellt hier der Verwaltungsakt dar. Dabei ist der Staat nach dem Grundgesetz an "Gesetz und Recht" gebunden.

Das Sozialstaatsprinzip läßt den Staat daneben in Form der sogenannten Leistungsverwaltung tätig sein. Hierzu zählt unter anderem die Gewährung finanzieller Leistungen in Form von Subventionen, Sozialhilfe und Ausbildungsförderung sowie vor allem die Bereitstellung von Einrichtungen, die die Bevölkerung mit lebenswichtigen Gütern versorgen, zum Beispiel die Versorgung mit Wasser, Energie, Fernwärme, Verkehrsbetriebe, Abwasserbetriebe, Abfallbeseitigung, Gesundheitsvorsorge, Krankenhäuser sowie Errichtung und Unterhaltung von

Ausbildungsstätten, kulturellen Einrichtungen oder Sportanlagen ("Daseinsvorsorge").

Im Rahmen der Leistungsverwaltung kann der Staat auch durch zivilrechtliche Handlungsformen tätig werden.

Die Unterscheidung zwischen Öffentlichem Recht und Privatrecht hat historische Gründe und ist insbesondere von Bedeutung für die Gesetzgebungszuständigkeiten und den Rechtsweg. Sie ist in der Praxis jedoch nicht immer gegeben. Nicht selten ist es so, daß ein Sachverhalt sowohl von privatrechtlichen wie auch öffentlich-rechtlichen Vorschriften tangiert wird.

Vor dem Hintergrund des vorstehenden Überblicks über das Privatrecht und das Öffentliche Recht ist es nun leicht zu erkennen, daß es sich bei der versagten Baugenehmigung aus dem anfänglichen Beispielsfall um einen Konflikt aus dem öffentlichen Baurecht handelt. Hierbei sind die Vorschriften des Baugesetzbuches sowie der betreffenden landesrechtlichen Bauordnung maßgebend. Nach Ablehnung des Widerspruchs kann der Weg vor ein Verwaltungsgericht beschritten werden.

In bezug auf die Mängel aufweisende Software stehen dem betroffenen Unternehmen aus dem Kaufvertrag bestimmte Gewährleistungsrechte nach dem BGB zu. Handelt es sich um Standardsoftware, ist das Kaufrecht anzuwenden, das heißt das Unternehmen hätte etwa ein Recht auf Wandelung (= Rückabwicklung des Kaufvertrages) auf Minderung des Kaufpreises sowie bei Fehlen von zugesicherten Eigenschaften einen Schadenersatzanspruch. Ist die Software speziell für das betreffende Unternehmen entwickelt worden ("Individualsoftware"), so finden die entsprechenden Gewährleistungsrechte des Werkvertrages Anwendung. Häufig hat der Verkäufer statt der Wandelung ein Nachbesserungsrecht vereinbart.

Bei einer Abschätzung der möglichen Konsequenzen, die sich aus der beabsichtigten Entlassung der Lagermitarbeiter ergeben könnten, ist zunächst zu klären, ob die rechtlichen Voraussetzungen für eine Kündigung vorliegen. Neben bestimmten Fristen und Formvorschriften, die zwingend einzuhalten sind, ist vor allem das Kündigungsschutzgesetz zu beachten. Es ist auf Betriebe anwendbar, in denen in der Regel mehr als zehn Arbeitnehmer tätig sind. In die Abwägung der Konsequenzen der beabsichtigten Kündigungen muß schließlich ebenso mit einbezogen werden, ob Prozesse zu erwarten und ob Abfindungsleistungen zu entrichten sind.

Zum Abschluß dieses ersten einleitenden Kapitels soll noch mit zwei wichtigen juristischen Begriffen - Rechtssubjekte und Rechtsobjekte - vertraut gemacht werden.

Rechtssubjekte und Rechtsobjekte

Rechtssubjekte, also Personen, sind Träger von Rechten und Pflichten (rechtsfähig). Sie können am Rechtsverkehr teilnehmen, das heißt rechtswirksame Erklärungen abgeben, Verpflichtungen eingehen, Verträge abschließen oder auch Vermögen erben.

Die Rechtsfähigkeit beinhaltet dabei die Geschäftsfähigkeit, das heißt die Fähigkeit, durch Abgabe von Willenserklärungen Rechte und Pflichten begründen zu können und die Deliktsfähigkeit, das heißt die Fähigkeit, für unerlaubte Handlungen und für die Schadensverursachung verantwortlich gemacht werden zu können.

Bei den Vorschriften zur Geschäftsfähigkeit handelt es sich im wesentlichen um Schutzvorschriften für bestimmte Personengruppen, bei denen der Gesetzgeber davon ausgeht, daß sie (noch) nicht über die geistige Reife und Einsichtsfähigkeit verfügen. So sind zum Beispiel rechtsgeschäftliche Erklärungen von Kindern unter 7 Jahren generell nichtig und diejenigen von beschränkt geschäftsfähigen, das heißt von 7 - 18 Jahren, schwebend unwirksam. Dies hat zur Folge, daß die Wirksamkeit oder Nichtigkeit abhängig ist von der Genehmigung oder Verweigerung der Eltern.

Man unterscheidet die Rechtssubjekte in natürliche und juristische Personen (vgl. Abbildung 2):

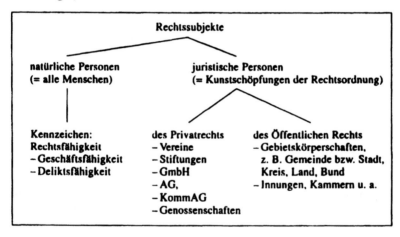

Abbildung 2: Rechtssubjekte

Unter *natürlichen Personen* versteht man alle Menschen. Den Menschen gleichgestellt sind Personenvereinigungen, die als "*juristische Personen*" bezeichnet werden. Diese lassen sich untergliedern in juristische Personen des Privatrechts (Vereine und Kapitalgesellschaften) und juristische Personen des Öffentlichen Rechts (Gebietskörperschaften, zum Beispiel Bund, Länder oder Gemeinden oder etwa auch Kammern und Innungen).

Zu beachten ist, daß die Offene Handelsgesellschaft und die Kommanditgesellschaft, auf die später noch einzugehen sein wird, nicht zu den juristischen Personen gezählt werden. In der Praxis werden sie aber diesen in der Mehrzahl aller Fälle gleichgestellt. Ebenfalls zu den juristischen Personen zählen Sacheinrichtungen, wie zum Beispiel Stiftungen.

Die juristischen Personen werden teilweise auch als "Kunstschöpfungen der Rechtsordnung" bezeichnet, denn die Gleichstellung mit den Menschen hat vor allem rechtstechnische Bedeutung. Mit der Zuerkennung der Rechtspersönlichkeit für Personenvereinigungen soll das organisierte und zweckgerichtete Handeln im Rechtsverkehr erleichtert werden.

Juristische Personen können als solche nicht handeln, sondern benötigen "Organe", um handlungsfähig zu sein. Entsprechende Gesetze (etwa das Aktiengesetz oder das Genossenschaftsgesetz) bestimmen, welche Organe (zum Beispiel ein Vorstand) für eine bestimmte Personenvereinigung vorhanden sind und wie sie handeln können.

Von den Rechtssubjekten sind die *Rechtsobjekte* zu unterscheiden. Rechtsobjekte sind (nicht rechtsfähige) Gegenstände - Sachen und Rechte -, die von den Rechtssubjekten "beherrscht" werden (vgl. Abbildung 3).

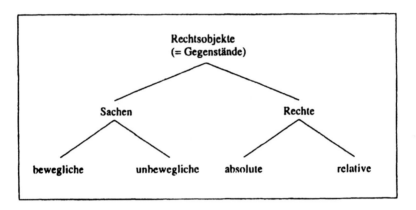

Abbildung 3: Rechtsobjekte

So kann beispielsweise ein Erblasser nicht wirksam sein Vermögen seinem Hund testamentarisch vermachen, der juristisch gesehen einer Sache gleichgestellt und damit nicht rechtsfähig ist. Dem Erblasser verbleibt allerdings die Möglichkeit, sein Vermögen einer "rechtsfähigen" Stiftung mit der Verpflichtung zu hinterlassen, sich um den Hund entsprechend zu kümmern.

Rechtsobjekte untergliedert man in körperliche und unkörperliche Gegenstände. Während körperliche Gegenstände bewegliche Sachen, etwa ein PC beziehungsweise unbewegliche, etwa ein Grundstück sind, stellen absolute und relative Rechte unkörperliche Gegenstände dar.

Bei Sachen wird der Berechtigte Eigentümer, bei Rechten Rechtsinhaber oder Gläubiger genannt. Während absolute Rechte dadurch gekennzeichnet sind, daß sie jedermann gegenüber wirken, zum Beispiel Eigentum oder Urheberrecht, besteht bei relativen Rechten dagegen eine Wirksamkeit nur zwischen bestimmten Personen, zum Beispiel bei einer Kaufpreisforderung.

Recht und Marketing weisen zahlreiche Berührungspunkte auf; diese sollen im nachfolgenden Überblick über die wesentlichen Entscheidungstatbestände eines Marketing als einer modernen Unternehmensphilosophie im Sinne einer marktorientierten Unternehmensführung zunächst aufgezeigt werden, um anschließend dann im zweiten Teil des Buches *die* näher zu betrachten und zu analysieren, denen in der Marketingpraxis größere Relevanz beizumessen ist.

Kapitel 2: "To go into the market"

Marketing als Unternehmensphilosophie

Der *Absatz* stellt die letzte Phase des Betriebsprozesses dar; er schließt den betrieblichen Wertekreislauf, indem er über die Verwertung der Betriebsleistung, also durch Verkauf von Sachgütern und Dienstleistungen, den Rückfluß der im Betrieb eingesetzten Geldmittel einleitet und damit die Fortsetzung der Produktion ermöglicht.

Marketing dagegen ist eine Konzeption der Unternehmensführung, bei der alle betrieblichen Aktivitäten auf die gegenwärtigen und zukünftigen Erfordernisse der Märkte ausgerichtet werden. Es beinhaltet einen gezielten Einsatz von Marketinginstrumenten, der Produkt-, Preis-, Distributions- und Kommunikationspolitik. Marketingorientiertes Unternehmensverhalten bedeutet darüber hinaus oftmals auch ein gestaltendes Einwirken, das heißt eine systematische Verhaltensbeeinflußung der Nachfrager.

Man kann den Wandel im Absatzbereich der Unternehmung, den Übergang vom Vertrieb der Produkte und Dienstleistungen zum Marketingmanagement in drei Entwicklungsphasen darstellen (vgl. Abbildung 4).

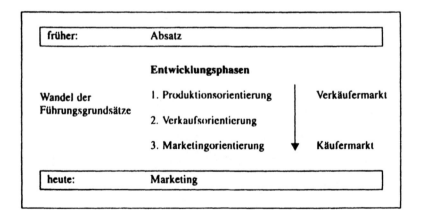

Abbildung 4: Vom Absatz zum Marketing

Der ersten Phase der *Produktionsorientierung*, die ihre historischen Wurzeln im 19. Jahrhundert hat und die durch die Situation eines Verkäufermarktes gekennzeichnet war (die Marktmacht lag beim Verkäufer), folgte eine Phase der *Verkaufsorientierung*, in der sich Sättigungserscheinungen abzeichneten und die durch eine Erhöhung der Verkaufsanstrengungen gekennzeichnet war. Ausgangspunkt aller unternehmerischen Planungsüberlegungen bildete jedoch nach wie vor die Produktion. Die heute in allen hochentwickelten marktwirtschaftlichen Volkswirtschaften vorherrschende Phase der *Marketingorientierung* schließlich stellt die Reaktion der Unternehmer auf die wachsende Macht des Verbrauchers (Käufermarktkonstellation) und die veränderten Umweltbedingungen dar, also das Ergebnis eines aggressiv umworbenen Käufermarktes mit all seinen Begleiterscheinungen.

Der zusätzliche Wandel von einem Wachstum- zu einem Verdrängungswettbewerb hat darüber hinaus die Notwendigkeit konkreter rechtlicher Rahmenbedingungen bezüglich der Gewährleistung eines fairen, dem Konsumenten zum Nutzen gereichenden Wettbewerbs größer werden lassen.

Die Marketing-Wissenschaft hat heute die Aufgabe, neben der Beschreibung und Analyse bestehender Sachverhalte diesbezügliche Entscheidungsregeln bereitzustellen.

Das Gebiet des Marketing ist heute eine Universalwissenschaft, in die eine Vielzahl "Nachbardisziplinen" hinein wirken, unter anderem die Rechtswissenschaften (vgl. Abbildung 5).

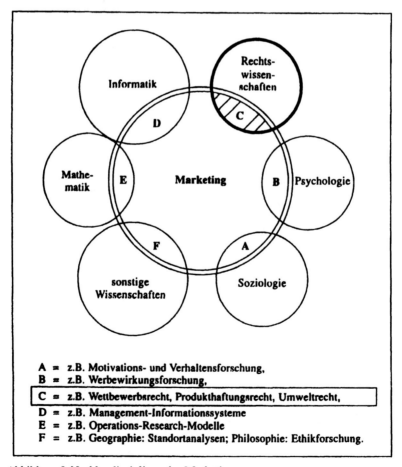

A = z.B. Motivations- und Verhaltensforschung,
B = z.B. Werbewirkungsforschung,
C = z.B. Wettbewerbsrecht, Produkthaftungsrecht, Umweltrecht,
D = z.B. Management-Informationssysteme
E = z.B. Operations-Research-Modelle
F = z.B. Geographie: Standortanalysen; Philosophie: Ethikforschung.

Abbildung 5: Nachbardisziplinen des Marketing

Voraussetzung für den im Mittelpunkt des Marketing stehenden marktorientierten Einsatzes des absatzpolitischen Instrumentariums, dem "Handwerkszeug" des Marketingmanagers, ist eine fundierte Marketingplanung.

Marketingplanung

Marketingplanung ist wie jedes Planen, einschließlich des vorausgehenden Setzens von Zielen, eine der Hauptfunktionen der Betriebsführung, des dispositiven Faktors. Es ist Voraussetzung für sinnvolles Realisieren, das heißt Organisieren zur Vorbereitung der Ausführung und Anweisen zur eigentlichen Durchführung. Durch das Überwachen schließlich wird dieser sogenannte Managementkreis geschlossen. Allgemeine Voraussetzung für die Ausübung der Funktionen, zwischen denen Interdependenzen und Rückkopplungen bestehen, ist der Austausch von Informationen, die Kommunikation.

Der Prozeß der Marketingplanung kann in drei Stufen dargestellt werden: Der Festlegung der Marketingziele in der ersten Stufe folgt - im weitesten Sinne - ein Sammeln von Informationen (Marktforschung),die in Prognosen, Vorausschätzungen von wahrscheinlich eintretenden Ereignissen, ihren Niederschlag finden. Prognosen bilden Voraussetzungen für die dritte Stufe, dem Ausarbeiten von Alternativplänen zur Zielerreichung, der Abstimmung mit anderen Teilplänen und Planzielen und schließlich der Entscheidung für einen Marketingplan. Dieser Plan stellt das Soll dar, das später im Rahmen der Überwachung mit dem Ist verglichen (Erfolgskontrolle) und nötigenfalls korrigiert werden muß ("*Marketing-Controlling*").

Die Bedeutung einer periodengerechten und systematischen Marketingplanung läßt die folgenden wesentlichen Vorteile erkennen:

- Systematische Marketingplanung zwingt die Entscheidungsträger der Unternehmen zu einer fortwährenden Auseinandersetzung mit Entwicklungen auf Beschaffungs- und Absatzmärkten,
- systematische Marketingplanung macht eine auf allen hierarchischen Ebenen der Unternehmen an operationalen (quantitativen) Zielen orientierte marktbezogene Unternehmensführung erforderlich,
- systematische Marketingplanung kann zu einem Führungssystem der Unternehmen ausgebaut werden, indem durch die Vorgabe von meßbaren Sollwerten an die Mitarbeiter ein Höchstmaß an Zielerreichung angestrebt wird und
- systematische Marketingplanung ermöglicht schließlich durch präzise Sollwerte aussagefähige Marketingkontrollen.

Eine Hauptaufgabe der Marketingplanung ist die zielgerichtete Abstimmung der Unterpläne des Absatzplanes miteinander sowie mit den anderen in Betracht kommenden betrieblichen Teilplänen beziehungsweise deren Unterplänen, das heißt das Erreichen eines koordinierten Planungssystems (vgl. Abbildung 6). Ein Marketingplan umfaßt die Planung des zukünftigen mengen- und wertmäßigen Absatzes/Umsatzes (der nächsten Periode oder längerer Zeiträume), die Festlegung der in diesem Zusammenhang zu ergreifenden absatzpolitischen Maßnahmen, um das gesetzte Absatzziel zu erreichen sowie die Bestimmung der

22

hierbei entstehenden Kosten. Vor dem Aufstellen des Absatzplanes ist es notwendig, daß der Betrieb möglichst alle Informationen besitzt, die zu seiner Aufstellung gebraucht werden. Der Absatz eines Betriebes wird nun aber in erster Linie "von außen", also von der Entwicklung der Nachfrage bestimmt; so ergibt sich hier als betriebliches Sonderproblem die Erkundung des Marktes: Die Marktforschung.

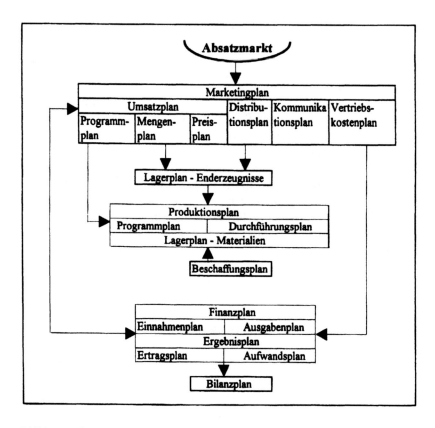

Abbildung 6: Der Marketingplan im betrieblichen Planungssystem

Marktforschung

Marktforschung ist eine systematische Datenbeschaffung, Datenverarbeitung und Dateninterpretation mit dem Ziel der Informationsgewinnung über objektive (quantitative) und subjektive (qualitative) Marktsachverhalte und Marktentwicklungen, die zur Grundlage von Entscheidungen über den Einsatz der Marketinginstrumente werden.

Markforschung hat die Aufgabe, Marktchancen und Marktrisiken frühzeitig sichtbar und berechenbar zu machen und trägt deshalb zu einer Präzisierung und

Objektivierung betrieblicher Entscheidungsprozesse bei.

Man unterscheidet Marktforschung

- nach ihrem sachlichen Untersuchungsziel in Tatsachenforschung und Meinungs- und Motivforschung sowie
- nach ihrem zeitlichen Untersuchungsziel in die Marktanalyse, bei der es um die Struktur des Marktes oder das Verhalten der Marktpartner in einem bestimmten Zeitpunkt geht und die Marktbeobachtung, die die Veränderung eines Marktes im Zeitablauf zum Inhalt hat.

Bereiche der Marktforschung sind zunächst einmal vor allem die *Nachfrageforschung*, die die Erstellung von Prognosen für die Entwicklung der Nachfrage zum Ziel hat, sowie die Lieferung von Informationen, diese Nachfrage entsprechend den eigenen Zielsetzungen zu beeinflussen. Produktverwendungsmöglichkeiten, Bedürfnisträger, Änderungen in der Bedürfnisstruktur sowie die Preiselastizität der Nachfrage sind hierbei wichtige Untersuchungsgegenstände.

Weitere Felder sind

- die *Konkurrenzforschung*, bei der es um Daten der "direkt" oder "indirekt" konkurrierenden Unternehmen geht (Anzahl, Namen, Mitarbeiter, Umsätze, eingesetzte absatzpolitische Instrumente),
- die *Absatzforschung*, die das Finden einer optimalen Distributionsstruktur zum Ziel hat sowie
- die *Werbeforschung*, die Kenntnisse über die Zahl und die Art der möglichen Werbemittel, die Kosten des Einsatzes dieser Werbemittel und deren Leistungsfähigkeit vermitteln soll.

In neuerer Zeit gewinnt in diesem Zusammenhang auch eine *Technologieforschung* immer mehr an Bedeutung.

In der Markforschung bedient man sich nach Maßgabe des jeweiligen Untersuchungsobjekts verschiedener Forschungsverfahren. Grundsätzlich werden zwei Forschungsverfahren unterschieden. Die Sekundärforschung und die Primärforschung.

Bei der *Sekundärforschung* geht es um die Heranziehung und die Auswertung desjenigen Materials, das bereits vorhanden ist ("desk research"). Dabei unterscheidet man die *interne* Sekundärforschung, bei der etwa Umsatz- und Vertriebskostenanalysen wichtige Unterlagen darstellen. Die den jeweiligen betrieblichen Bedürfnissen angepaßte Aufgliederung der Umsätze ist für ihre Aussagefähigkeit ausschlaggebend. So ist etwa eine wert-/mengenmäßige Erfassung der Umsätze in der Zeit aufgespalten nach Produkt/Produktgruppen, Umsatz- und Gewinnanteilen eine wichtige Grundlage für Überlegungen, das Absatzprogramm zu rationalisieren. Weitere wichtige Aufspaltungen sind die nach Absatzbezirken und Abnehmern. Außerdem ist das Verhältnis zwischen Umsatz und Auftragseingang zu berücksichtigen. Die Absatzplanung erfordert nicht nur eine genaue Planung der Absatzmengen und -werte, sondern auch der Vertriebskosten, besonders der Kosten der einzelnen absatzpolitischen Maßnahmen. Hierzu ist ein gut ausgebautes Rechnungswesen erforderlich. Untersuchungen und Beobachtungen der Vertriebskosten bilden eine Grundlage für das Durchdenken und Abwägen zukünftig einzusetzender Marketinginstrumente. Zu den Quellen *externer* Sekundärforschung gehören die Wirtschaftsteile der einschlägigen Zeitungen, deren Anzeigenteile (Tätigkeit der Konkurrenz), Veröffentlichungen von Markt- und Konjunkturforschungsinstituten, Messeberichte, Branchenadressbücher sowie amtliche Veröffentlichungen der Statistischen Landesämter und des Statistischen Bundesamtes. Das Material ist in der Regel relativ schnell und billig erhältlich. Es weist allerdings oftmals den Nachteil auf, daß es unter Umständen veraltet ist und vor allem, daß es nicht auf die speziellen Fragestellungen genau zugeschnitten ist (fehlende Problemadäquanz).

Im Gegensatz zur Sekundärforschung beinhaltet die *Primärforschung* einen direkten Kontakt zu den Marktteilnehmern ("field research"). Als Verfahren unterscheidet man hier vor allem die *Beobachtung* (einschließlich der Selbstbeobachtung), deren Ergebnisse etwa bei Geschäftsöffnungszeiten Bedeutung erlangen können, die *Befragung* (Interview) und als schließlich aufwendigste Form den *Test* (Experiment). Wichtige Anwendungsmöglichkeiten sind in diesem Zusammenhang etwa die sogenannten Verbraucherpanels, im Hinblick auf eine bestimmte betriebliche Fragestellung aufgestellte Haushaltsbudgets (auf den Einzelhandel angewendet werden sie shop-audits genannt), sowie Leser-/Rundfunkhörer- und TV-Seher-Analysen. Von besonderer Bedeutung ist bei der Primärforschung die Auswahl der Erhebungsverfahren, wobei es zunächst um den Umfang der Erhebung, das heißt der Beobachtung, Befragung oder des Tests geht. *Totalerhebungen* werden dabei aus Kosten- und Zeitgründen nur sehr selten vorgenommen, in der Regel begnügt man sich mit *Teilerhebungen*, das heißt nur einen ausgewählten Teil der Personen (nach dem Stichprobeverfahren - dabei gilt eine Probe als repräsentativ, wenn sie von gleicher Beschaffenheit wie die Gesamtheit ist) zu erfassen und von den Äußerungen dieses Teils auf das Verhalten, die Meinungen und Motive der Gesamtheit zu schließen.

Zu den neuen Herausforderungen, der sich die Marktforscher zukünftig zu stellen haben, zählt der Einsatz neuer Techniken. Interaktive Medien wie das *Internet* ermöglichen einen unmittelbaren Kontakt zu den Kunden sowie eine schnellere Informationsbeschaffung und -weitergabe. Zudem erfordern die heutigen Wettbewerbsbedingungen Methoden und Techniken, die schnell und budgetgerecht zuverlässige Forschungsergebnisse liefern. Größere Schnelligkeit kann durch den Einsatz von Internet erreicht werden, indem sowohl der Fragebogenversand als auch die Auswertung auf elektronischem Weg erfolgen. Außerdem werden Eingabefehler vermieden, da die erhobenen Daten bereits elektronisch vorliegen (Haupt, 1996, S. 62f.).

Die zu erreichende Zielgruppe ist gegenwärtig noch sehr klein. Über 90 % der Internetnutzer ist männlich, zwischen 20 und 35 Jahren alt, verfügt über einen hohen Bildungsstand und ein relativ hohes Einkommen. Die Marktforschungsinstitute stehen vor der Aufgabe, adäquate Methoden zu entwickeln, die repräsentative Forschungsergebnisse liefern. Die Auskünfte der jetzigen Zielgruppe, die hauptsächlich aus Meinungsbildern und Spezialisten besteht, müssen auf das Denken des „normalen" Verbrauchers übertragen werden. Da die Fragebögen öffentlich zugänglich sind, läßt sich aufgrund der unbestimmten Grundgesamtheit keine zuverlässige Stichprobe definieren. Eine Kontrolle der Befragten ist ebenfalls nicht möglich (Breitner/Batinic, 1997, S. 224).

Die Durchführung von Befragungen per Internet ist unter Umständen erschwert, da der persönliche Kontakt zu den Befragten fehlt. Es können keine spontanen Reaktionen auf bestimmte Fragen erfaßt werden; es handelt sich um kontrollierte Antworten.

Zu den erfolgversprechenden Methoden gehört jedoch der Aufbau von längerfristig angelegten Oneline-Panels, die über das Internet abgewickelt werden. Diese können regelmäßige Befragungen der Panel-Teilnehmer über Nutzergewohnheiten und -konsum neuer Medien, aber auch konkrete Fragestellungen des auftraggebenden Unternehmens zum Inhalt haben. Weitere Möglichkeiten bieten zudem Befragungen über geschlossene Systeme, zum Beispiel bestimmter Zielgruppen wie Ärzte, mit deren Hilfe Daten über das Verschreibungsverhalten abgerufen werden können. Sobald sich eine derartige Investition amortisiert hat, erfordert der Einsatz eines Panels einen geringeren Zeit- und Arbeitsaufwand als herkömmliche Studien. Expertenbefragungen, vor allem im MIS/IT-Bereich, in denen eigene E-Mail Adressen weit verbreitet sind, werden bereits jetzt häufig über E-Mail durchgeführt.

Für die klassischen Testverfahren besteht in jedem Fall Anpassungsbedarf an das neue Medium, damit der Marktforschung im Internet zukünftig eine größere Bedeutung beigemessen werden kann.

Eine wichtige Entscheidungsproblematik stellt in diesem Zusammenhang die Frage dar, ob man derartige primäre Marktforschungsmaßnahmen von *eigenen*, unter Umständen billigeren, aber auch "betriebsblinden" oder aber von *fremden*, über das entsprechende "Know-how" verfügende, allerdings oft sehr teuren Mitarbeitern durchführen lassen soll.

In bezug auf den Einsatz betriebseigener beziehungsweise betriebsfremder Mitarbeiter gibt die folgende Übersicht ein Bild der Praxis (vgl. Abbildung 7).

	Erhebungsform	Zeithorizont/ Detaillierungsgrad
Betriebseigene Mitarbeiter	eher Sekundär-forschung	operativ/taktisch
Betriebsfremde Mitarbeiter (Agenturen)	eher Primär-forschung	strategisch

Abbildung 7: Problematik des Einsatzes betriebseigener
 oder betriebsfremder Mitarbeiter in der Marktforschung

In rechtlicher Hinsicht sind bei betrieblichen Marktforschungsaktivitäten vor allem datenschutzrechtliche und darüber hinaus standesrechtliche Vorschriften zu beachten.

Marktsegmentierung

Marktsegmentierung ist die Zerlegung des Gesamtmarktes einer Unternehmung in (intern homogene/extern heterogene) Segmente nach bestimmten Kriterien als Grundlage für eine differenzierte Marktbearbeitung.

Ziele sind in erster Linie ein optimal abgestimmter Einsatz der Marketinginstrumente sowie eine effiziente Aufteilung des Marketingbudgets. Grundsätzlich darf selbstverständlich der Segmentierungsaufwand nicht größer sein als der zusätzlich dadurch zu erreichende Nutzen.

Die zu bildenden Segmente (Teilmärkte) stellen in der Regel aktuelle oder auch potentielle Käufergruppen dar. Es ist jedoch zu berücksichtigen, daß der Käufer oftmals nicht mit dem Verwender identisch ist; in derartigen Fällen müßte korrekterweise zunächst geprüft werden, ob der Käufer autonom handelt oder ob er vom Verwender beeinflußt worden ist. Im letzteren Fall müßte es also gelten, den Kaufbeeinflusser zu erfassen. Noch schwieriger wird die Sachlage, wenn der Kaufbeeinflusser weder Käufer noch Verwender ist, zum Beispiel also bei Architekten oder Ärzten. Da hier die Markterfassung sowohl auf methodische Schwierigkeiten wie auch auf damit verbundene Kostenprobleme stößt, beschränkt man sich diesbezüglich - außer in offensichtlichen Fällen - in der Regel auf den Käufer.

Die *Kriterien* zur Markterfassung sollten grundsätzlich so gewählt werden, daß die sich ergebenden Segmente für Marketinginstrumente verwertbar sind. Man unterscheidet:

1. "Klassische" (demographische) Kriterien
   a) Sozio-demographische und sozio-ökonomische Kriterien:
      - Alter,
      - Geschlecht,
      - Einkommen,
      - Haushaltsgröße und
      - Soziale Schicht (= Ausbildung, Beruf und Einkommen).

In der Regel werden Kriterien zur Erhöhung ihrer Aussagekraft kombiniert verwendet, wie folgendes, stark vereinfachte Beispiel verdeutlichen mag (vgl. Abbildung 8).

   b) geographische Kriterien:
      - Dorf, Kleinstadt, Großstadt
      - Norddeutschland, Süddeutschland und
      - Entwicklungsland, Schwellenland, Industrienation.

Diese "klassischen" Kriterien erlauben zwar eine relativ leichte Erfassung des Marktes; aufgrund einer jedoch in den westlichen Industrienationen immer stärker zu beobachtenden diesbezüglichen Nivellierung des Kaufverhaltens finden sie heute jedoch mehr und mehr - vor dem Hintergrund der Entwicklung zum modernen Marketing-Management - Ergänzung durch neue Kriterien.

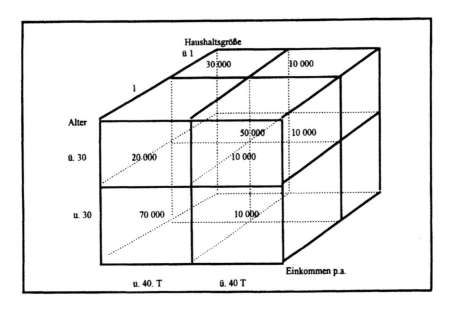

Abbildung 8: Marktsegmentierung nach klassischen Kriterien

2. "Moderne" (psychographische) Kriterien
   Zu diesen Kriterien gehören unter anderem:
   - *Einstellungen gegenüber bestimmten Produkten.*
     Eine derartige Marktsegmentierung läßt in erster Linie leichter Marktlükken erkennen, wie folgendes fiktive Beispiel eines CD-Herstellers verdeutlichen mag (vgl. Abbildung 9).

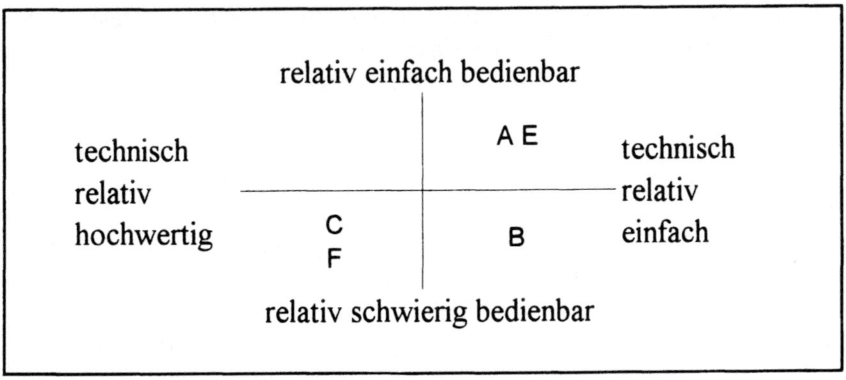

Abbildung 9: Marktsegmentierung nach psychographischen Kriterien

Im Rahmen einer so durchgeführten Marktsegmentierung sollten die Kunden die bestehenden Firmen auf dem Markt in ein derartiges Fadenkreuz einordnen; es ist leicht ersichtlich, daß auf dem Gebiet technisch hochwertiger, gleichzeitig aber leicht bedienbarer Geräte eine Marktlücke besteht, die es im folgenden dann näher zu analysieren gilt.

- *Allgemeine Persönlichkeitsmerkmale.*
Diese werden heute ebenfalls oftmals als Kriterien herangezogen. Da man aus der Psychologie weiß, daß derartige Persönlichkeitsmerkmale wie Selbstbewußtsein, Kontaktfreudigkeit oder auch Geiz vielfach mit einem bestimmten Konsumverhalten positiv oder negativ korrelieren, zum Beispiel Verantwortungsbewußtsein mit geringem Alkoholkonsum, können darauf von den betreffenden Unternehmen wertvolle Rückschlüsse auf einen entsprechenden Einsatz der Marketinginstrumente gezogen werden.

- *Verhaltensmerkmale.*
Auch Verhaltensmerkmale werden heute ebenfalls meist als ergänzende Kriterien herangezogen. So hat etwa ein Autowaschmittelhersteller für das Marktsegment "gesellschaftlich orientierte" Kunden ein anderes Produktprogramm (Universalmittel) anzubieten als für das Marktsegment "handwerklich orientierte" Kunden, die eher eine größere Vielfalt bevorzugen.

In den 50er und 60er Jahren dominierte die *undifferenzierte* Marktbearbeitung. Hierbei konzentriert sich die Unternehmung nicht auf die Unterschiede (Alter, Geschlecht, Einkommen, Motivationsstrukturen usw.) zwischen den Nachfragern, sondern auf Gemeinsamkeiten. Berühmte Beispiele sind diesbezüglich etwa Coca Cola oder der VW-"Käfer". Das Produkt wie das gesamte Marketingprogramm werden dabei so gestaltet, daß sie dem Geschmack des breiten Durchschnitts der Verbraucher entsprechen. Wird diese Strategie aber, die einem modernem Marketingverständnis grundsätzlich widerspricht, von mehreren Unternehmen in derselben Branche verfolgt, so ist ein äußerst harter Konkurrenzkampf in den großen Marktsegmenten und eine Vernachlässigung kleiner, unter Umständen lukrativer Segmente oftmals unausweichlich. Die Vorteile geringer Produktionskosten werden dann durch die Nachteile überproportional hoher Marketingkosten und/oder durch einen Preisverfall kompensiert. Dem Grundprinzip eines modernen Marketing entspricht heute eine *differenzierte* Marktbearbeitung, das heißt ein Erreichen aller Marktsegmente mit entsprechenden Produkten/Marketingprogrammen. Voraussetzung dafür ist verständlicherweise eine fundierte Marktsegmentierung.

Daneben unterscheidet man noch die sogenannte *konzentrierte* Marktbearbeitung, die Konzentration mit einem oder einigen wenigen Produkten/Marketingprogrammen auf ein oder einige wenige, in der Regel mit besonders hoher Kaufkraft ausgestattete Segmente des Marktes, die in erster Linie für kleinere Unternehmen Vorteile aufweist, die nicht über genügend Finanzkraft verfügen (oder es auch gar nicht wollen wie zum Beispiel Porsche), den Gesamtmarkt abzudecken.

Marketingziele

Marketing als moderne Unternehmensphilosophie beinhaltet - wie oben schon ausgeführt - eine Ausrichtung aller Unternehmensbereiche auf den Markt. In diesem Sinne gehen Marketingziele in Unternehmensziele über. Empirische Untersuchungen belegen, daß heute der Kundenzufriedenheit als Marketing-beziehungsweise als Unternehmensziel von vielen Unternehmen der höchste Stellenwert beigemessen wird (Raffée, Fritz, 1992, S. 310).

Insbesondere auf Märkten mit rückläufigem beziehungsweise mit nur geringem Marktwachstum entfällt ein großer Teil des Umsatzes auf den *Wiederkauf* von Produkten und Dienstleistungen (Griffin, Gleason, Preiss, Shevenaugh, 1995, S. 65). Durch ihre höhere Wiederkaufsrate tragen zufriedene Kunden überproportional zur Sicherung der quantitativen Unternehmensziele bei. Kundenzufriedenheit stellt somit einen überaus wichtigen Faktor für den langfristigen Geschäftserfolg und das Marketing von Unternehmen dar (Simon, Homburg,1995, S. 17).

Die Bedeutung des psychographischen Marketingziels „*Kundenzufriedenheit*" (Meffert, Bruhn, 1997, S. 144 f) nimmt darüber hinaus aufgrund des heutigen hohen Anspruchs- bzw. Erwartungsniveaus der Kunden (Meyer, Dornach, 1996, S. 15), der Notwendigkeit zur Differenzierung bei relativ homogenen Produkten und Dienstleistungen (Meyer, A., 1994, S. 303) sowie der Sicherung entscheidender neuer Wettbewerbsvorteile stark zu.

Neben der erhöhten Wiederkaufsrate und einer tendenziell höheren Kundenbindung (Meyer, Dornach, 1996, S. 167) ist hohe Kundenzufriedenheit eine Garantie für verstärkte Aktivreferenzen (Grüne, 1995, S. 15). Der zufriedene Kunde fungiert für das Unternehmen durch sein Empfehlungsverhalten (Mund-zu-Mund-Propaganda) als sehr glaubwürdiger - und kostenloser - Werbeträger. Kundenzufriedenheit wirkt sich so unmittelbar auf die Kosten- und Erlösseite von Unternehmen aus. Durch zufriedene Kunden entstehen Kostenvorteile, weil

- der Aufwand für Wiederholungsgeschäfte kleiner ist als für die Neuakquisition von Kunden (Reichheld, Sasser, 1990, S. 105ff),
- sich die Kundenfluktuation und die damit verbundenen Verwaltungs- und Marketingaufwendungen verringern lassen,
- bei vertrauten Geschäftsbeziehungen weniger Klagen und Beschwerden eingehen und somit der Sach- und Personalaufwand für Nachbesserungen geringer ausfällt und weil
- durch langjährige Geschäftsbeziehungen eine effizientere Betreuung sichergestellt werden kann.

Höhere Erlöse durch zufriedene Kunden entstehen insbesondere, weil

- sie weniger Anreiz haben, sich nach vergleichbaren Leistungen von Mitbewerbern zu erkundigen und langjährige Kundenbeziehungen daher profitabler sind und weil
- von der verstärkten persönlichen Kommunikation sowie der höheren Wiederkaufsrate mengen- beziehungsweise nachfrageerhöhende Wirkungen ausgehen.

In diesem Zusammenhang ist das Problem der *Messung* der Kundenzufriedenheit zu berücksichtigen.

Grundsätzlich kann Kundenzufriedenheit durch objektive Verfahren wie der Kennzahlenanalyse (Umsatz, Marktanteil) und durch subjektive Verfahren (Experiment, Befragung, Beobachtung) gemessen werden. In der Kundenzufriedenheitsforschung haben sich jedoch überwiegend die subjektiven Verfahren und hier insbesondere Befragungsverfahren durchgesetzt, die weiter in ereignisorientierte Verfahren (zum Beispiel Frequenz-Relevanz-Analyse) und in merkmalsorientierte Verfahren (zum Beispiel Satisfaction Gains and Losses-Analyse) unterschieden werden.

Ereignisorientierte Verfahren, verbunden mit dem Nachteil eines hohen Aufwandes, erbringen über die Ergebnisse der merkmalsorientierten Verfahren hinausgehende Qualitätsinformationen, die für das Marketing außerordentlich wichtig sind (Hentschel, Stauss, 1992, S. 115ff). Merkmalsorientierte Verfahren zeichnen sich demgegenüber durch ihre einfache Handhabung und damit einen geringen Kosten- und Zeitaufwand aus und sind eher für die Evaluation der „Routinequalität" einsetzbar (Hentschel, 1992, S. 15).

Die zunehmende internationale Bedeutung von Kundenzufriedenheit als Marketingziel wird auch durch die noch vergleichsweise jungen nationalen Kundenbarometer dokumentiert. Nachdem 1989 Schweden mit dem „Swedish Customer Satisfaction Barometer" (SCSB) das erste nationale Kundenbarometer eingerichtet hat, wird seit 1992 auch in Deutschland regelmäßig die Kundenzufriedenheit branchenübergreifend mit dem „Deutschen Kundenbarometer" gemessen. Auch in den Vereinigten Staaten von Amerika wurde 1994 mit dem „American Customer Satisfaction Index" (ACSI) ein solches Meßinstrument eingeführt.

Marketinginstrumente

Marketinginstrumente oder absatzpolitische Instrumente sind absatzmarktbeeinflussende Aktivitäten, ein Tun oder auch ein Unterlassen, zur Förderung der betrieblichen Zielerfüllung. Sowohl in der Marketingtheorie wie auch der Marketingemperie findet man diesbezüglich am häufigsten einen Katalog, der vier Hauptinstrumente umfaßt:

- Produktpolitik,
- Preispolitik,
- Distributionspolitik und
- Kommunikationspolitik.

Produktpolitik

Produkt- oder auch Dienstleistungspolitik umfaßt allgemein die marktgerechte Gestaltung der Produkte oder der Produktgruppen beziehungsweise des gesamten Programms oder Sortiments. Produktpolitik wird heute vielfach als das "*Herz modernen Marketing*" bezeichnet; sie steht damit im Mittelpunkt aller absatzpolitischen Überlegungen; den anderen Instrumenten wird im Rahmen dieses Ansatzes dagegen eher lediglich eine flankierende Funktion zugewiesen. Diese selbstverständlich nicht von allen geteilte Meinung begründet sich vor allem auf der Beobachtung eines ständig zunehmenden Qualitätswettbewerbs, das heißt nur über die Qualität können sich heute viele Produkte noch im Wettbewerb profilieren und auf der Tatsache, daß nennenswertes langfristiges Wachstum (in der Marktwirtschaft wird Stillstand ja oftmals schon mit Rückschritt gleichgesetzt) nur über Innovationen zu erreichen ist.

Neben Umsatz- und Gewinnsteigerung kann vor allem auch Risikostreuung ein wichtiges Ziel der Produktpolitik darstellen.

Produktkomponenten

Vor einer Behandlung der verschiedenen produktpolitischen Entscheidungstatbestände erscheint es zunächst sinnvoll, einmal die *Komponenten*/Elemente eines Produktes als Ansatzpunkte diesbezüglicher produktpolitischer Überlegungen näher zu betrachten: Neben dem Grundelement, das den Grundnutzen für den Verbraucher darstellt, also am Beispiel des Telefons "telefonieren", am Beispiel einer Lampe "leuchten", unterscheidet man in der Regel vier Zusatzelemente (≙ Zusatznutzen):

- *Technische Eigenschaften*, zum Beispiel das Material oder die Konstruktion,
- *ästhetische Eigenschaften*, zum Beispiel Form/Design, Farbe und oftmals auch der Verpackung,
- *symbolische Eigenschaften*, vor allem die Marke und damit verbunden ein Image und schließlich die
- *Zusatzleistung*; zu diesen heute immer wichtiger werdenden Eigenschaften eines Produktes zählt man die Beratung, Garantieleistungen also den Kundendienst im weiteren Sinne.

Hinsichtlich dieser Komponenten gilt es im folgenden kurz auf drei Einzelaspekte näher einzugehen, nämlich die Verpackung, die Marke und den Kundendienst.

Die ursprüngliche Schutz- und Qualitätssicherungsfunktion einer *Verpackung* fand im Laufe der Zeit Ergänzung durch eine Vielzahl zusätzlicher Funktionen. Hierzu gehören neben einer Verkaufsförderungs-, einer Beratungs- und Informations- und einer Logistikfunktion heute vor allem auch eine Recyclingfähigkeit. Veränderte Kaufgewohnheiten, das heißt der Trend zur Selbstbedienung und eine wachsende Popularität von Einwegverpackungen haben den Verpackungsmüllberg in den letzten Jahren enorm wachsen lassen. Die Reaktion des Gesetzgebers in Form des neuen Kreislaufwirtschafts- und Abfallgesetzes und seiner diesbezüglichen Konkretisierung in der Verpackungsverordnung stellen die Verpackungspolitik des Handels, der Konsumgüterindustrie sowie der Packmittelhersteller vor neue Anforderungen.

Eine *Marke* dient zur Identifikation eines Produktes (Differenzierungsmittel); Verkaufsförderung, Aufbau von Markentreue sind daneben ebenso wichtige diesbezügliche Zielaspekte wie die Schaffung preispolitischer Spielräume oder die Möglichkeit der Erschließung neuer Distributionskanäle durch eine Zweitmarke.

Eine Marke besteht aus einem Namen ("brand name") und einem Zeichen/Symbol/Farbe ("brand mark"); so sind zum Beispiel die Fahrzeuge der Daimler Benz AG durch den Namen "Mercedes" und den "Stern" im Bewußtsein der Kunden verankert.

Die im Rahmen einer Markenpolitik grundlegende Anfangsentscheidung eines Unternehmens besteht darin, ob überhaupt und wenn ja, wie die Produkte markiert werden sollen.

Einem Unternehmen stehen hinsichtlich der Wahl des Markennamens für ein neues Produkt grundsätzlich drei Strategien zur Verfügung:

- *Sortimentsmarkenstrategie*; hierbei erhalten alle Produkten den gleichen Namen, etwa den des Eigentümers der Firma. Diese Strategie, die vor allem in der Lebensmittelbranche häufig Anwendung findet, wie die Beispiele Trumpf, Ritter, Sprengel, Lind, Maggi oder Knorr belegen, weist den Vorteil relativ geringer Marketingkosten für das einzelne Produkt auf, da dieses durch den einheitlichen Namen vom Sortiment "mitgetragen" wird.
- *Monomarkenstrategie*; hier erhält jede Produkt einen individuellen Namen. Eine völlige Unabhängigkeit vom übrigen Sortiment erlaubt eine freie Ansiedlung am Markt, vor allem aber kann "Marktversagen" keine weitreichenderen Auswirkungen haben.
- *Kombinationsmarkenstrategie*; durch Kombination von Sortiments- und individuellem Namen, zum Beispiel "VW-Golf", "AEG-Lavamat", wird hier versucht, die Vorteile der beiden anderen Strategien ("Starthilfe" und "Individualisierung") miteinander zu verknüpfen.

Nicht alle "markierten" Artikel sind selbstverständlich auch *Markenartikel*. Von Markenartikeln spricht man erst, wenn gleichbleibende Qualität, überregionaler Vertrieb und hoher Bekanntheitsgrad über einen längeren Zeitraum vorliegen.

Die Marke, diesem wichtigen Kapital des Unternehmens, muß entsprechender Schutz zuteil werden. Einem derartigen Schutz dient das Markengesetz (MarkenG), 1990 verstärkt durch das Produktpirateriegesetz.

Kundendienstmarketing weist heute viele Überschneidungen zu kommunikationspolitischen Instrumenten auf; neben der Schaffung von langfristigen Präferenzen beim Kunden dient es vor allem auch einer fundierten Informationsgewinnung im Betrieb, etwa in bezug auf eine effiziente Ersatzteilplanung oder auch Produktverbesserungen.

Die nachstehende Übersicht verdeutlicht in diesem Zusammenhang noch einmal die wichtigsten Entscheidungstatbestände (vgl. Abbildung 10).

ZEIT FUNKTION	vor Kauf	nach Kauf
akquisitorisch	Parkmöglichkeiten, Empfang/Vermittlung, Kinderspielplatz, Cafe, Beratung/Information, Bestelldienst usw.	Verpackung, Zustellung, Umtauschrecht usw.
technisch	Technische Beratung, Ausarbeiten von Lö- sungsalternativen, Lieferung zur Probe usw.	Montage, Kundenschu- lung/Einweisung/War- tung/Reparaturdienst/ Ersatzteilversorgung usw. = Kundendienst i.e.S.

Abbildung 10: Kundendienstmarketing

Produktpolitische Aktivitäten

In Marketingtheorie und -empirie unterscheidet man folgende Formen produktpolitischer Aktivitäten (vgl. Abbildung 11).

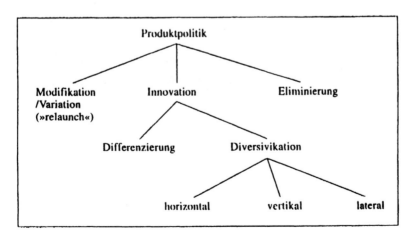

Abbildung 11: Produktpolitische Aktivitäten

Bei einer *Modifikation* oder einem "relaunch", der wohl häufigsten Form, produktpolitisch aktiv zu werden, werden dabei zunächst bestimmte Eigenschaften,

also etwa die Form, die Farbe oder auch die technische Ausstattung eines bestehenden Produktes verändert. Innovationen, also neue Produkte, können für bestehende Märkte (*Differenzierung*), aber auch für neue Märkte (*Diversifikation*) geschaffen werden.

Die Diversifikation kann horizontal, vertikal oder lateral ausgeprägt sein. Eine *horizontale* Diversifikation liegt vor, wenn die neuen Produkte in einem sachlichen Zusammenhang zum vorhandenen Programm stehen, wenn also - zumindest teilweise - die gleichen Produktionsfaktoren zum Einsatz gelangen, zum Beispiel bei einer Brauerei, die auch Limonade herstellt und vertreibt. Ziel dieser häufigsten Form der Diversifikation ist vielfach ein Auslasten ungenutzter Kapazitäten. Bei der *vertikalen* Diversifikation findet das bestehende Programm durch Produkte der Vor- oder Nachstufe eine Ergänzung, in obigem Beispiel also, wenn die Brauerei Hopfenfelder - *vorstufig* - beziehungsweise Gaststätten - *nachstufig* - erwirbt und betreibt. Ziel ist in erster Linie eine Sicherung der Beschaffungs- und der Absatzmärkte. Bei der *lateralen* Diversifikation schließlich stehen die neuen Produkte in keinem sachlichen Zusammenhang mehr zu den vorhandenen Angebotsprogrammen; durch diese chancen- (Einstieg in zukunftsträchtige Branchen), aber auch risikoreichste (oftmals fehlendes Management-"Know-How") Form der Diversifikation entstehen sogenannte Mischkonzerne (Konglomerate).

Als letzte Form, produktpolitisch aktiv zu werden, ist schließlich noch die *Eliminierung* zu nennen, bei der es um die Herausnahme einzelner Produkte beziehungsweise ganzer Produktgruppen geht.

Das folgende Beispiel eines Automobilherstellers mag dies im einzelnen noch einmal verdeutlichen (vgl. Abbildung 12).

Bisheriges Programm		Innovation							Eliminierung	
		Modifikation		Differenzierung		Diversifikation				
PKW	Kombi	PKW	Kombi	PKW	Kombi	PKW	Kombi	LKW	PKW	Kombi
A1	B1	A1	B1	A1	B1	A1	B1	C1	A1	☐
A2	B2	A2	B2	A2	B2	A2	B2	C2	A2	
A3		A3		A3		A3		C3	A3	
				A4						

Abbildung 12: Produktpolitische Aktivitäten am Beispiel eines Automobilherstellers

Innovationsprozeß

Ein *Innovationsprozeß* von Produkten und Dienstleistungen läßt sich idealtypisch in folgende Phase unterteilen:

- Ideengewinnung,
- Ideenprüfung und
- Ideenrealisierung.

In der ersten Phase stehen einem Unternehmen in der Regel eine Vielzahl interner Ideenquellen (Anregungen aus den verschiedenen Abteilungen, betriebliches Vorschlagswesen, Umsatz- und Kundendienstanalysen) sowie externer Ideenquellen (Kunden, Händler, Lieferanten, Konkurrenz, Forschungsinstitute, Verbände, Berater) zur Verfügung. Unterstützt durch die jeweils geeigneten Kreativitätstechniken (Brainstorming, Morphologischer Kasten) gelangt man zu einer Reihe von Innovationsideen, die es anschließend zu prüfen gilt. Neben den bekannten Verfahren der betrieblichen Investitionsrechnung, zum Beispiel der Kapitalwertmethode, gewinnen dabei in diesem Zusammenhang die sogenannten Punktbewertungsmodelle ("*Scoring-Modelle*") immer mehr an Bedeutung. Anhand sorgfältig auszuwählender, vorteilhafterweise gewichteter Kriterien sind die einzelnen Produktideen (ähnlich wie bei der Nutzwertanalyse) zu bewerten. Folgendes, stark vereinfachte Beispiel mag diesen Sachverhalt noch einmal verdeutlichen (vgl. Abbildung 13).

Hat ein Unternehmen unter mehreren Ideen auszuwählen, so wird es sich für die Idee entscheiden, die die höchste Gesamtbewertungsziffer erzielt. Ist nur eine Idee auf diese Weise zu prüfen, so muß eine Mindestkennziffer festgelegt werden. Derartige Scoring-Modelle können selbstverständlich auch im Zusammenhang mit Überlegungen hinsichtlich einer Produkteliminierung angewandt werden. Mögliche Kriterien wären hier etwa die Auswirkungen auf das bestehende Programm (Verlust des Vollsortiments, Imageverluste), können die bestehenden, dann frei werdenden Kapazitäten anderweitig genutzt werden oder bleiben sie als Kostenfaktor bestehen?, kann durch (nicht zu umfangreiche) Modifikationen/Marketingstrategien eine Verbesserung der Marktsituation erzielt werden?, wie sind die langfristigen Chancen? usw.

Im Zusammenhang mit einem derartigen Innovationsmarketing gilt es, eine Vielzahl rechtlicher Rahmenbedingungen zu beachten. So taucht zunächst die Frage auf, ob man eine Innovation durch ein Patent schützen lassen soll beziehungsweise welche weiterreichenden Möglichkeiten seit 1991 das "verschärfende" Produktpirateriegesetz hier bietet.

Marketing als eine moderne Unternehmensphilosophie bedeutet darüber hinaus, daß sich auch ein Marketing-Manager der sich aus der Produkthaftung erwachsenen Konsequenzen bewußt sein muß. Er muß Überlegungen anstellen, wie er diesen gerecht werden kann.

Innovationsprozesse stehen heute in fast allen Branchen unter dem Primat einer Ökologieorientierung. Das Umweltrecht enthält in diesem Zusammenhang weitreichende Vorschriften, die oftmals von Anfang an mit in den Planungsprozeß einfließen müssen. So hat etwa das Kreislaufwirtschafts- und Abfallgesetz beziehungsweise in seiner Konkretisierung durch den Entwurf einer IT-Altgeräteverordnung schon heute gravierende Auswirkungen für Elektrounternehmen.

Um ein erfolgreiches Innovationsmarketing zu betreiben, sind umfangreiche Forschungs- und Entwicklungsaktivitäten und damit hohe Investitionen erforderlich. Die Gesellschaftsform der Aktiengesellschaft bietet hier den Vorteil, daß eine Eigenfinanzierung über den Kapitalmarkt offen steht.

Kriterium	Gewicht	schlecht				gut	Bewertung
		1	2	3	4	5	
geeignet zur Auslastung freier Produktionskapazitäten	0,3		x				0,6
Beziehung zum bestehenden Produktprogramm	0,1			x			0,3
Geeignet, über die bestehende Vertriebsorganisation abgesetzt zu werden	0,1					x	0,5
Image	0,1			x			0,3
Langfristige Umsatz- und Gewinnaussichten	0,4			x			1,2
	1					Total	2,9

Abbildung 13: Scoring-Modell

Programmpolitik

Programm-/Sortimentspolitik beinhaltet Entscheidungstatbestände hinsichtlich der art- und der mengenmäßigen Zusammensetzung des Absatzprogrammes. Die *artmäßige* Zusammensetzung bezieht sich dabei auf die Programmbreite, das heißt die unterschiedlichen Produktarten/-gruppen und die Programmtiefe, das heißt die verschiedenen Ausführungen/Modelle der jeweiligen Produktarten (vgl. Abbildung 14).

Ziel ist ein optimal zusammengesetztes Produkt-/Dienstleistungsprogramm.
Die mengenmäßige Zusammensetzung des Programms je Produkttyp hängt in
erster Linie von den Absatzprognosen und den Produktionskapazitäten/Be-
schaffungsmöglichkeiten ab. Beide Voraussetzungen bergen in der Regel große
Unsicherheiten in sich. Analytische Lösungsverfahren für dieses komplexe Problem stehen daher gegenwärtig nur in geringem Umfang zur Verfügung. In der
Praxis ist hier meist das "unternehmerische Fingerspitzengefühl", das Marktge-
spür entscheidend.

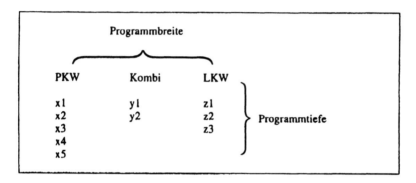

Abbildung 14: Programmpolitik

Als Grundlage programmpolitischer Analysen findet man - vor allem in der
Theorie - das *"Lebenszyklus-Modell"*. Es beruht auf der bei vielen Produkten
empirisch bestätigten Annahme, daß der zeitliche Umsatzverlauf für ein Produkt
gewissen Gesetzmäßigkeiten, einem "Lebenszyklus", unterliegt. Es eignet sich
somit als ein Basismodell zur Positionierung der Produkte (vgl. Abbildung 15).

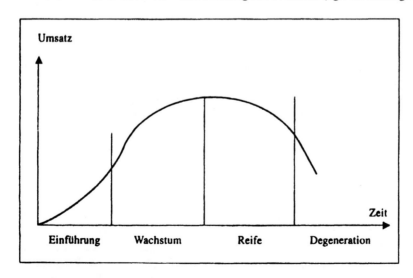

Abbildung 15: Der Lebenszyklus

Gelingt es, für ein Produkt die gegenwärtige Zyklusphase zu bestimmen, so kann man leicht auf die künftigen Phasen schließen und entsprechende Aktivitäten festlegen.

Das Produktlebenszyklus-Modell weist jedoch keine normative Aussagekraft auf; die Phasenlänge ist nicht definitionslogisch abgrenzbar und darüber hinaus durch Marketinginstrumente beeinflußbar; außerdem können sich einzelne Produkte, zum Beispiel Großbildschirm-TV, in anderen Phasen befinden als die Produktgruppe, zu der sie gehören, zum Beispiel TV, was die Aussagekraft weiter schmälert.

In der Praxis treten heute zur Bewältigung strategischer Marketingprobleme immer mehr umfassende Analysetechniken in den Vordergrund; zu ihnen zählt vor allem auch die *Portfolio-Technik*. Sie basiert ursprünglich auf Überlegungen hinsichtlich der optimalen Zusammensetzung eines Wertpapierportefeuilles. Bei diesem finanztheoretischen Ansatz werden im wesentlichen zwei Bewertungskriterien herangezogen: die zukünftig erwartete Kapitalrendite der Wertpapiere und die Standardabweichung als Maßstab für das Risiko der jeweils betrachteten Papiere. In ähnlichem Sinne kann man nun auch die Gesamtheit aller bestehenden oder künftig hinzukommenden Produkte (Dienstleistungen) als das Produkt-Portfolio einer Unternehmung bezeichnen. In Fortführung der Frage "Welche Produkte für welche Märkte?" bildet man zu seiner Erstellung sogenannte strategische Geschäftsfelder, die - vereinfacht dargestellt - den verschiedenen Produktgruppen beziehungsweise Dienstleistungszweigen entsprechen.

Diese strategischen Geschäftsfelder gilt es dann - vorteilhafterweise häufig und regelmäßig - in eine als darstellerisches und analytisches Hilfsmittel dienende Portfolio-Matrix einzuordnen. Auf deren Achsen werden die jeweiligen Maßkriterien abgetragen um anschließend aufgrund ihrer Positionierung einen Überblick über die Chancen und Risiken der strategischen Ausgangssituation des Unternehmens zu erhalten und um zu unterschiedlichen strategischen Verhaltensmustern, sogenannten Normstrategien, zu gelangen.

Im Laufe der letzten Jahre sind verschiedene Portfolio-Arten entwickelt worden. Ausgangsmodell ist das von dem amerikanischen Beratungsunternehmen Boston Consulting Group entwickelte Marktwachstums-/Marktanteils-Portfolio (vgl. Abbildung 16).

Bei diesem Portfolio geht man nach Hedley von dem Gedanken aus, daß das Marktrisiko um so geringer ist, je höher der relative Marktanteil ist. Begründet wird dies durch die Erfahrungskurventheorie, nach der mit jeder Verdopplung des kumulierten Gesamtabsatzes eines Produktes die Kosten um etwa 30 Prozent sinken.

Es ergeben sich vier Quadraten:

Question Marks

Dies sind in der Regel neueingeführte Produkte, bei denen noch unklar ist, ob sie Versager oder Aufsteiger werden. Kennzeichen sind ein niedriger relativer Marktanteil und hohes Marktwachstum. Die mit Fragezeichen versehenen Produkte weisen ambivalente Züge auf: Einerseits besteht für diese Produkte die Chance, wenn es gelingt, den Marktanteil stark zu erhöhen, Star-Produkte zu werden; gelingt dies nicht, so ist es im allgemeinen zweckmäßiger, dieses strategische Geschäftsfeld wieder aufzugeben, da es einen hohen Finanzmittelbedarf benötigt, ohne entsprechende Finanzmittelüberschüsse zu erwirtschaften. Folglich bieten sich die beiden alternativen Normstrategien an:

- Erhöhung des Marktanteils durch gezielte Marktbearbeitung, bevor das Marktwachstum sinkt (= Investitionsstrategie). Question Marks werden mittelfristig zu Stars;
- Aufgabe des strategischen Geschäftsfeldes, wenn zusätzliche Investitionen keinen Marktanteilszugewinn versprechen!

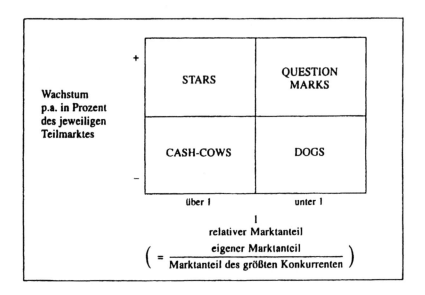

Abbildung 16: Marktwachstums-/Marktanteils-Portfolio

Stars
Dies sind Produkte in der Steilzone der S-Kurve ihres Lebenszyklusses. Kennzeichen sind ein hoher relativer Marktanteil und hohes Marktwachstum. Die für diese Produkte abgeleitete Normstrategie, die wie die anderen letztlich zu einer insgesamt größeren Ausgewogenheit des Unternehmens-Portfolios führen sollen, lautet:

- Vornahme weiterer Investitionen, um Umsätze und weitere Marktanteile gewinnen zu können!

Da die Einnahmen sofort wieder reinvestiert werden, erzielt das Unternehmen kaum Finanzmittelüberschüsse; aber nur so können Marktanteile gehalten beziehungsweise erweitert werden. Diese Strategie ist solange fortzuführen, bis der Markt stagniert.

Cash-Cows
Dies sind Produkte in der Sättigungsphase ihres Lebenszyklusses. Das Unternehmen erzielt hohe Finanzüberschüsse, die zum Aufbau der Nachwuchsgeschäfte und zur Sicherstellung der Stars eingesetzt werden. Kennzeichen sind ein

hoher relativer Marktanteil und niedriges Marktwachstum. Die Cows sichern kurzfristig den Erfolg des Unternehmens. Sie sind die Hauptquelle für Gewinn und Liquidität. Die Normstrategie lautet:

- Finanzüberschüsse abschöpfen ("melken") und diese Mittel für Nachwuchs- und Starprodukte einsetzen!

Dogs

Dies sind Produkte in der Degenerationsphase; Kennzeichen sind ein niedriger relativer Marktanteil und niedriges Marktwachstum. Ein weiteres Beibehalten dieser Produkte scheidet aus ökonomischen Gründen, daß heißt wegen eines unverhältnismäßig hohen Mitteleinsatzes, aus. Die Normstrategic lautet:

- Desinvestitionen vornehmen, mindestens in dem Maße, wie die Nachwuchs- und Starprodukte zusätzliche Kapazitäten benötigen!

Idealerweise sollte das Unternehmen ein ausgeglichenes Portfolio besitzen, das heißt, die Finanzmittel der Cash-Kühe sind in Nachwuchsprodukte und in die weitere Entwicklung der Stars zu investieren und die Dogs läßt man auslaufen. Um dieses Strategie realisieren zu können, sind folgende Gegebenheiten anzustreben:

- Eine genügend große Anzahl von Produkten im Cash-Cow-Quadranten (Anteil von ca. 40 - 60 Prozent am Gesamtumsatz),
- Produkte in Starpositionen, die den zukünftigen cash-flow sichern,
- eine geringere Anzahl im Bereich der Question Marks, die langfristig die Marktchancen wahrnehmen können und
- möglichst wenige Produkte in der Dog-Position.

Vielfach kann in der Praxis - gerade für kleinere und mittlere Unternehmen - die notwendige Informationsbeschaffung, speziell über Mitwettbewerber, Schwierigkeiten aufwerfen. Dieses Problem ist bei einem auf einer *Marktwachstums-/Kostendeckungsgrad-Matrix* aufbauenden Portfolio nicht gegeben.

Eine weitere, häufig in der betrieblichen Praxis anzutreffende Portfolio-Art ist die Marktattraktivitäts-/Wettbewerbsvorteils-Matrix. Sie setzt die Erstellung eines Kriterienkatalogs und eines entsprechenden Beurteilungssystems voraus. Die Beurteilung der Markt- oder auch Branchenattraktivität basiert dabei auf einzelnen branchenspezifischen Faktoren, die von dem einzelnen Unternehmen in der Regel nicht beeinflußt werden können.

Generell bleibt festzuhalten, daß die Portfolio-Analysen anschaulich und praktisch leicht zu operationalisieren sind. Sie erlauben eine integrierte und komprimierte Darstellung der Geschäftsfelder eines Unternehmens. Gestützt auf weitere Analysen, wie zum Beispiel Stärken/Schwächen-Analysen oder Deckungsbeitragsrechnungen, zeigen sie die strategischen Probleme auf und weisen durch den Vergleich von Soll- zu Ist-Portfolio den zu erarbeitenden Marketingstrategien den Weg. Gleichzeitig dienen sie damit auch als Voraussetzung zur Entwicklung operativer Maßnahmepläne des Gesamtunternehmens wie auch der strategischen Geschäftsfelder. Bei den diesbezüglich rechtzeitig zu erarbeitenden Wachstumsstrategien kann es sich um Intensivierungs- und um Extensivierungsstrategien handeln. Die nachstehende Produkt/Markt-Matrix zeigt in diesem Zusammenhang die dem Entscheidungsträger allein oder in Kombination zur Verfügung stehenden (Global-)Alternativen auf (vgl. Abbildung 17.).

| Produkte | **Märkte** | |
	vorhanden	neu
vorhanden	Marktdurchdringung = Verstärkte Bearbeitung der bisherigen Märkte mit vorhandenen Produkten	Marktausweitung = Suche nach neuen Märkten für bisherige Produkte
neu	Differenzierung = Suche nach neuen Produkten für bisherige Märkte	Diversifikation = Suche nach neuen Produkten für neue Märkte

Abbildung 17: Produkt/Markt-Matrix

Die unterschiedlichen Portfolio-Methoden haben - trotz Kritik im einzelnen - ihre Bewährungsprobe in der betrieblichen Praxis heute schon weitestgehend bestanden. Ihr richtiger Einsatz macht sie zu einem erfolgversprechenden Instrument der strategischen Marketing-/Unternehmungsplanung.

Während lange Zeit lediglich operative Entscheidungstatbestände im Mittelpunkt des Marketing standen, haben in den letzten Jahren veränderte Markt- und Umweltbedingungen ein verstärktes Hinwenden zu einem eher strategischen Marketingdenken initiiert. Der Amerikaner Michael E. Porter hat hier mit seinen Analysen hinsichtlich der Generierung von Wettbewerbsvorteilstrategien in unterschiedlichen Markt- und Branchensituationen die Marketingwissenschaften nachhaltig inspiriert. Dabei ist die Konkurrenzorientierung gleichrangig neben die traditionelle Kundenorientierung getreten, eine Konkurrenzorientierung, bei der es gilt, vom Besten - auch aus anderen Branchen - zu lernen ("*Benchmarking*"). Darüber hinaus gilt es heute, bestehende Unternehmensorganisationen von Grund auf neu zu strukturieren, das heißt statt eines Optimierens einzelner Funktionsbereiche, zum Beispiel des Vertriebes, ganze Betriebsprozesse, etwa die Auftragsbearbeitung vom Eingang der Bestellung bis hin zur Auslieferung zum Kunden neu zu gestalten („*Business-Reengeneering*"). In diesem Zusammenhang sind auch verstärkt Tendenzen zu einem *Outsourcing* zu beobachten, bei dem betriebliche Funktionen, wie etwa die Logistik oder die EDV, auf mehr oder weniger rechtlich und wirtschaftlich unabhängige Unternehmen ausgelagert werden bei gleichzeitiger Konzentration auf Kernkompetenzen.

Preispolitik

Die wissenschaftlichen Auseinandersetzungen - vorwiegend im Rahmen der volkswirtschaftlichen Preistheorie - haben zu einem umfassenden Aussagesystem von außerordentlicher formaler Geschlossenheit geführt. Die klassischen *preistheoretischen* Modelle und ihre Aussagen beruhen jedoch auf realitätsfremden Prämissen, so daß sie in der Praxis kaum Brauchbarkeit für die Preisfindung besitzen.

In der betrieblichen Praxis orientiert man sich hinsichtlich der Festlegung der Preise vor allem an drei *Einflußfaktoren*, den Kosten, der Nachfrage und der Konkurrenz (vgl. Abbildung 18).

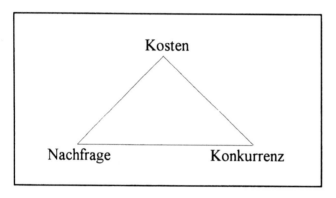

Abbildung 18: Orientierungskriterien der Preispolitik

Ein Kostenpreis ergibt sich dabei aus den Stückkosten plus einem Gewinnzuschlag; dieser ist von Branche zu Branche unterschiedlich. Als Faustregel gilt, daß die Höhe des Gewinnzuschlages umgekehrt proportional zur Produktumschlagsgeschwindigkeit sein sollte, das heißt also etwa bei einer niedrigen Produktumschlagsgeschwindigkeit, wie sie zum Beispiel bei Schmuckstücken gegeben ist, kann der Gewinnaufschlag (aufgrund der größeren Kapitalbindung u.a.) höher sein.

Eine nachfrageorientierte Preisfestlegung beruht auf den Wertvorstellungen, die die Kunden dem Produkt/dem Unternehmen gegenüber besitzen. Die Reaktion der Nachfrage auf Änderungen des Preises wird dabei in diesem Zusammenhang durch die *Preiselastizität der Nachfrage* gemessen. Sie ist ein allgemeines Maß für die Bestimmung der Konsequenzen von Preisentscheidungen und somit ein Zentralbegriff der Preispolitik (Meffert, 1991, S. 272ff.). Preiselastizität ist definiert als das Verhältnis der relativen Änderung der Nachfrage nach einem Gut zu der sie bewirkenden relativen Änderung des Preises dieses Gutes.

Man unterscheidet eine elastische und eine unelastische Nachfrage. Bei der *elastischen* Nachfrage ist die prozentuale Mengenänderung größer als die sie auslösende prozentuale Preisänderung. Wird zum Beispiel der Preis eines Produktes um 10 %, nämlich von DM 10,- auf DM 9,- gesenkt, so steigt danach etwa die Absatzmenge von 100 auf 150 Stück, also um 50 %:

$$e = \frac{150 - 100}{100} : \frac{9 - 10}{10} = \frac{1}{2} : \left(-\frac{1}{10}\right) = -\frac{10}{2} = -5$$

Von *unelastischer* Nachfrage spricht man dagegen, wenn die prozentuale Mengenänderung kleiner ist als die sie bewirkende prozentuale Preisänderung. Wird zum Beispiel der Preis eines Produktes von DM 4,- auf DM 3,- gesenkt, also um 25 %, so steigt danach etwa die Absatzmenge lediglich noch um 12,5 %, also angenommen von 400 auf 450 Stück:

$$e = \frac{450 - 400}{400} : \frac{3 - 4}{4} = \frac{1}{8} : \left(-\frac{1}{4}\right) = -\frac{1}{2} = -0,5$$

Wichtig ist nun vor allem jedoch eine Analyse der konkreten Auswirkungen auf den jeweiligen Umsatz:

Maßnahme	Alter Umsatz	Neuer Umsatz	Folge
Beispiel 1 Preissenkung	100 x 10 = 1000	150 x 9 = 1350	Umsatzsteigerung
Beispiel 2 Preissenkung	400 x 4 = 1600	450 x 3 = 1350	Umsatzsenkung

Die Auswirkungen von Preisänderungen, auch von den hier nicht beispielhaft behandelten Preiserhöhungen, auf den Umsatz mag nachstehende Übersicht noch einmal zusammenfassend zeigen:

Preisänderung	Nachfrage	
	elastisch (< - 1)	unelastisch (> - 1)
Preissenkung	Umsatzsteigerung	Umsatzsenkung
Preiserhöhung	Umsatzsenkung	Umsatzsteigerung

Es ist nun unmittelbar einsichtig, daß es für ein Unternehmen von außerordentlicher Bedeutung ist zu wissen - um nämlich die Folgen seiner preispolitischen Maßnahmen richtig abschätzen zu können - welche Preiselastizität der Nachfrage auf dem Markt jeweils herrscht, das heißt also, welchen Bestimmungsfaktoren der Preiselastizität vor allem Beachtung zu schenken ist. Folgende fünf sogenannte *Elastizitätsdeterminanten* stehen dabei in der Praxis im Vordergrund (Meffert, 1991, S. 278):

- Vorhandensein von Konkurrenzprodukten; sind etwa keine derartigen Produkte vorhanden, läßt dies auf eine relativ unelastische Nachfrage schließen, wie etwa das Beispiel Benzin vielfach gezeigt hat.

- Leichtigkeit der Nachfragebefriedigung; kann die Nachfrage nach einem Produkt, zum Beispiel Salz, leicht befriedigt werden, so läßt dies ebenfalls auf eine unelastische Nachfrage schließen. Eine auch relativ große Preissenkung hätte wohl hier nur eine relativ weitaus geringere Nachfragesteigung zur Folge.

- Dauerhaftigkeit der Produkte; da der Kauf vieler dauerhafter Produkte, zum Beispiel eines hochwertigen Automobils, ohne größere Schwierigkeiten aufgeschoben werden kann, läßt dies auf eine mehr elastische Nachfrage schließen.

- Dringlichkeit der Bedürfnisse; hohe Dringlichkeit, zum Beispiel bei Medikamenten, macht Nachfrage weitgehend unelastisch.

- Preis des Produktes; während des Überschreitens bestimmter Preisschwellen, etwa bei Videorecordern, kann die vorher und nachher weitgehend unelastische Nachfrage plötzlich elastisch werden.

Durch die bekannten Verfahren der Marktforschung versuchen die Unternehmen, diese Tendenzaussagen noch weitergehend zu konkretisieren/quantifizieren.

Kosten- und Nachfrageorientierung bei der Preisbildung sind kein Problem des Entweder-oder, sondern ein Problem des Sowohl-als-auch. Kosten alleine sind sicher keine ausreichende Grundlage. Die (Stück-)Kosten hängen von der Menge der abgesetzten Produkte ab, die abgesetzte Produktmenge aber wiederum vom festzulegenden Preis. Dies mag folgendes einfache Beispiel verdeutlichen: Ein privates Busunternehmen führt eine Wirtschaftlichkeitsanalyse der einzelnen Strecken durch. Dabei stellt sich heraus, daß auf einer bestimmten Strecke ein jährlicher Verlust von DM 10.000,- bei 5.000 Fahrgästen in diesem Zeitraum zu verzeichnen ist. Das Unternehmen erhöht daraufhin die Fahrpreise um DM 2,-, um hier zumindestens kostendeckend arbeiten zu können. Schon bald stellt sich jedoch heraus, daß sich die Verluste noch vergrößern, da viele Fahrgäste auf Privatwagen (Fahrgemeinschaften) oder die Bahn AG umgestiegen sind.

Auch an der Konkurrenz muß sich schließlich ein Unternehmen bei seiner Preisbildung orientieren; dies kann am Durchschnittspreis der Branche oder aber auch am Preis des jeweiligen Marktführers geschehen.

Da die drei Kriterien Kosten, Nachfrage und Konkurrenz wohl niemals alle gleichzeitig optimal zu berücksichtigen sind, spricht man in diesem Zusammenhang auch oft - analog zur Volkswirtschaftslehre - vom "*magischen Dreieck der Preispolitik*". In der Praxis versuchen Unternehmen in der Regel, um dieses Problem zu lösen, zunächst den Absatz abzuschätzen (Schwierigkeit: Ohne Kenntnis des genauen Preises, denn der hängt ja dann wieder von den Kosten ab), darauf aufbauend die Stückkosten zu ermitteln (plus eines "angemessenen" Gewinnzuschlages) und schließlich nach einem Preisvergleich mit der Konkurrenz zu einem in diesem Augenblick optimalen eigenen Preis für das betreffende Produkt zu gelangen.

Bei öffentlichen Unternehmen, wie etwa der Bahn AG oder der Post AG, könnte man in diesem Zusammenhang sogar von einem magischen Viereck sprechen, da diese ja oftmals in ihre preis-/gebührenpolitischen Überlegungen noch das Gemeinwohl einfließen lassen müssen.

Hinsichtlich der einer Unternehmung zur Verfügung stehenden *preispolitischen*

Strategien unterscheidet man *Hochpreispolitik* und *Niedrigpreispolitik*. Dabei wird davon ausgegangen, daß keine gravierende Änderung des Preises während des Produktlebenszyklus vorgenommen wird.

Unter der Annahme einer Änderung des Preises während des Produktlebenszyklus differenziert man die Strategie der Penetrationspreispolitik und der Abschöpfungspreispolitik.

Bei der *Penetrationspreispolitik* versucht man zunächst mit niedrigen Preisen in den Markt einzudringen, Marktanteile zu gewinnen, Konkurrenten abzuschrecken und schließlich Massenmärkte zu erschließen, um dann später, wenn man sich am Markt etabliert hat, die anfänglich oft nicht einmal kostendeckenden Preise zu erhöhen und so schließlich Gewinne erzielen zu können. Diese Strategie, die etwa von vielen japanischen Firmen betrieben worden ist, erfordert vielfach einen langen "finanziellen Atem", das heißt eine entsprechende Eigenkapitalausstattung.

Bei der *Abschöpfungspreispolitik* wird dagegen mit hohen Preisen auf den Markt gegangen, um vor allem etwa einen Innovationsvorsprung auszunutzen, das heißt auch die hohen Entwicklungskosten schnell amortisieren zu können, um dann, wenn die Konkurrenz mitgezogen hat, die Preise entsprechend zu senken. Die Gefahr bei dieser Strategie besteht darin, daß die hohen Anfangspreise abschreckend wirken und die Nachfrage zu gering bleibt.

Das preispolitische Aktionsfeld eines Unternehmens findet in rechtlicher Hinsicht vor allem Beschränkung durch die Kartellgesetzgebung sowie durch das Gesetz gegen den unlauteren Wettbewerb. Dies trifft auch und vor allem die die preispolitischen Maßnahmen flankierende Konditionenpolitik.

Konditionenpolitik

Konditionenpolitik hat zum Inhalt, beim Abnehmer Präferenzen durch die Gestaltung der Absatzbedingungen hervorzurufen. Dies kann in erster Linie durch die Gewährung von Rabatten, durch entsprechende Geschäftsbedingungen sowie durch die sogenannte Absatzkreditpolitik geschehen.

Wesentlicher Bestandteil konditionspolitischer Überlegungen im Rahmen einer betrieblichen Preispolitik ist vor allem die *Rabattpolitik*. Rabatte sind Preisnachlässe für bestimmte Leistungen des Abnehmers. Man unterscheidet:

- *Funktionsrabatt*; Bezuggrundlage ist die Funktion, die der Abnehmer im einzelnen wahrnimmt. Während in der Praxis hier oftmals lediglich Pauschalrabatte (Einzelhändler/Großhändler) gewährt werden, wäre es sicherlich zweckmäßiger und erfolgversprechender, wenn diese Rabatte aufgrund der tatsächlich übernommenen Funktionen gewährt werden (etwa bei Abholung, Lagerhaltung, Garantieübernahme usw.);
- *Mengenrabatt*; Bezugsgrundlage ist hier einmal der einzelne Auftrag (im vorhinein) beziehungsweise der Absatz/Umsatz einer bestimmten Periode (im nachhinein = Bonus). Bewährt haben sich hier progressiv strukturierte Rabattstaffeln;
- *Zeitrabatt*; Bezugsgrundlage ist hier der Zeitpunkt der Abnahme; so werden

etwa Sommerrabatte gewährt (Ski, Pelzmäntel unter anderem), um die Produktionskapazitäten gleichmäßiger auslasten zu können oder Auslaufrabatte mit dem Ziel, das Lager für die neuen Modelle, zum Beispiel bei Automobilen, frei zu haben;

- *Treuerabatt*; Bezugsgrundlage ist hier die Länge der Geschäftsbeziehungen; er dient in erster Linie dazu, Kunden an das Unternehmen zu binden beziehungsweise Konkurrenten ein Eindringen in den Markt zu erschweren.

Neben diesen Rabatten auf Wiederverkäuferebene gibt es noch den sogenannten *Verbraucherrabatt*, der durch das Rabattgesetz auf 3 % beschränkt ist.

In der Praxis werden die einzelnen Rabattarten in der Regel im Rahmen von äußerst komplexen Rabattsystemen kombiniert. Entscheidungsprobleme sind in diesem Zusammenhang zunächst die Wahl der dem jeweiligen Unternehmensziel entsprechenden Rabattart sowie die Bestimmung der Rabatthöhe. Dies ist besonders schwierig, da Rabatte auf der einen Seite die Gewinne schmälern, also gerade in Kombination nicht zu hoch gewährt werden dürfen, auf der anderen Seite dürfen sie jedoch auch ihren Anreizcharakter für die Kunden nicht einbüßen.

Zur Konditionenpolitik zählt man darüber hinaus noch die *Geschäftsbedingungen*, die zum einem die Lieferbedingungen (Zustellort und -zeit, Umtauschrecht, Strafen bei verspäteter Lieferung, Berechnung von Fracht- und Versicherungskosten, Mindestabnahmemengen usw.), zum anderen die Zahlungsbedingungen (Zahlungsweise, Zahlungssicherung, Gegengeschäfte, Zahlungsfristen usw.) beinhalten. Skonti sind in diesem Zusammenhang Nachlässe für kurzfristigere Zahlung. Bezüglich der Zahlungsbedingungen wird ein Verbraucher durch das Verbraucherkreditgesetz geschützt.

Vor allem Unternehmen, die in größerem Umfang am Wirtschaftsleben teilnehmen, verwenden aus Vereinfachungsgründen vorformulierte Vertragsbedingungen, die sogenannten Allgemeinen Geschäftsbedingungen. Zur ihrer Überprüfung gibt es seit 1977 das Gesetz zur Regelung des Rechts der Allgemeinen Geschäftsbedingungen (AGB-Gesetz).

Einen Beitrag zur diesbezüglichen Rechtsvereinheitlichung leisten im internationalen Handelsverkehr die hier seit langem üblichen Handelsklauseln, im nationalen Bereich die Trade-Terms, international die Incoterms.

Als letztes Instrument der Konditionenpolitik sei noch die Absatzkreditpolitik genannt. *Absatzkreditpolitik* kann dabei einmal in einer Stundung des Kaufpreises, zum Beispiel für sechs Monate, bestehen, was gerade in Zeiten hoher Zinsen zweifellos eine äußerst verkaufsfördernde Wirkung besitzt beziehungsweise in der Gewährung eines Geldbetrages zur freien oder in der Regel gebundenen, zum Beispiel zur Einrichtung eines Ladengeschäftes, Verfügung.

Distributionspolitik

Distributionspolitik beinhaltet alle Entscheidungstatbestände, die im Zusammenhang stehen mit dem Weg eines Produktes vom Hersteller zum Endabnehmer. Man unterscheidet grundsätzlich in physische und strategische Distribution.

Physische Distribution

Die *physische* Distribution oder auch "Marketing-Logistik" ist durch Entscheidungen gekennzeichnet,
- das richtige Produkt
- in richtiger Menge
- am richtigen Ort
- zur richtigen Zeit
- mit möglichst geringen Kosten

unter Berücksichtigung der übergeordneten Unternehmensziele Gewinn, Umsatz und Marktanteil bereitzustellen.

Es geht also um Fragen des Versandes, des Transportes und der Lagerung von Produkten.

Rechtliche Rahmenbedingungen betreffen dementsprechend den Spediteur, den Frachtführer und den Lagerhalter, im wesentlichen normiert im Handelsgesetzbuch.

Bemühungen um eine optimale Abwicklung logistischer Aktivitäten des Marketingbereiches finden seit längerer Zeit ein besonderes Interesse der Betriebswirtschaftslehre und des *Operations Research*, der Unternehmensforschung. Besonders die die Lagerung und den Transport von Gütern betreffenden Aktivitäten sind rational-quantitativen Verfahren weitaus zugänglicher als andere Bereiche. So ist auch die Anzahl von Optimierungsansätzen einzelner logistischer Aktivitäten heute kaum noch zu überblicken. Die bereits klassischen "Lagerhaltungsmodelle" sind dabei heute am häufigsten in der betrieblichen Praxis anzutreffen. Alle logistischen Aktivitäten des Marketing sollten dabei als ein einheitliches System, das auch aus einheitlicher Sicht zu steuern ist, betrachtet werden.

Strategische Distribution

Bei der *strategischen* oder akquisitorischen Distribution steht die Wahl der Absatzwege und der Absatzorgane im Vordergrund der Überlegungen.

Absatzwege

Vereinfacht läßt sich das Entscheidungsproblem bezüglich der *Absatzwege* reduzieren auf die Wahl zwischen direktem (Geschäftsleitung, Reisende, Filialen, Herstellerversand, eigene Automaten usw.) und indirektem (Handel) Absatz (vgl. Abbildung 19).

Direkter Absatz bietet sich grundsätzlich an
- bei Gütern mit hoher Erklärungs- beziehungsweise Überzeugungsbedürftigkeit, zum Beispiel also bei Flugzeugen;
- bei Gütern, deren Preis so hoch ist, daß eine Lagerhaltung aus wirtschaftli-

chen Gründen unrentabel erscheint, zum Beispiel bei Großrechenanlagen;
- bei Gütern, die eine hohe Transportempfindlichkeit aufweisen, bei denen also vor allem ein Umladen mit großen Gefahren verbunden wäre, zum Beispiel etwa bei physikalischen/medizinischen Hochleistungsapparaturen und schließlich
- bei Gütern, bei denen der Abnehmerkreis gering und damit überschaubar ist, zum Beispiel bei U-Booten.

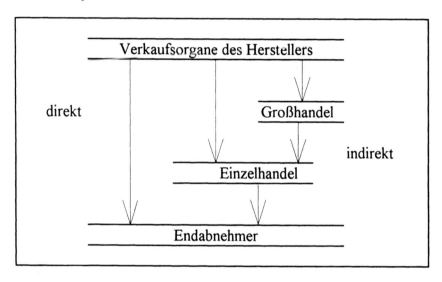

Abbildung 19: Absatzwege

Allgemein handelt es sich also in der Regel um Investitionsgüter, für die ein direkter Absatz zunächst geeignet erscheint, während dagegen für Konsumgüter ein indirekter Absatz vorzuziehen ist. Manche Hersteller wenden bei gleichen Produkten auch beide Formen gleichzeitig an; so kann es für einen Hersteller von Büromaschinen durchaus sinnvoll sein, bei potentiellen Großabnehmern wie Banken, Versicherungen und öffentlicher Verwaltung direkt abzusetzen, für die Vielzahl der Einzelkunden aber den Fachhandel einzuschalten.
Die beste Einflußmöglichkeit für ein Unternehmen auf die Gestaltung der Absatzwege ist selbstverständlich beim direkten Absatz gegeben. Aber auch beim indirekten Absatz stehen diesem unterschiedlich weitgehende *Steuerungssysteme* zur Verfügung:
- *Vertriebsbindung*; nur die Händler (= Fachhändler) werden beliefert, die - vertraglich festgelegt - bestimmte Anforderungen (Schaufenster, geschultes Personal usw.) erfüllen beziehungsweise bestimmte Geschäftsprinzipien (Verkauf zu empfohlenen Preisen usw.) einhalten. Ziel ist vor allem eine Imagewahrung.
- *Depotsystem*; bei dieser vor allem von Kosmetikherstellern und teilweise auch von Kaffeeproduzenten praktizierten weitergehenden Einflußnahme auf den

Handel wird dieser zur Führung des gesamten Sortiments der betreffenden Unternehmung verpflichtet. Noch weitergehender ist das

- *Vertragshändlersystem*; hierbei können - wie zum Beispiel im Kraftfahrzeughandel - den betreffenden Händlern etwa folgende Bindungen auferlegt werden: Beschränkung des Sortiments auf Produkte eines beziehungsweise höchstens einiger weniger Produzenten, Mindestabnahmemengen, Mindestlagerbestand, Unterhalt eines entsprechenden Kundendienstes usw.

- *Franchise-System*; hierbei räumt ein Franchisegeber auf Basis der Vergabe einer Konzession gegen ein Entgelt (= Franchise), in der Regel einer Anfangsgebühr plus späterer Umsatz-/Gewinnbeteiligungen, dem Franchisenehmer das Recht ein, sein eingeführtes Sortiment, zum Beispiel im Fall von "Wienerwald", "Holiday-Inn" oder "Mc Donald's" unter Verwendung seines Markenzeichens anzubieten. Für den Franchisegeber besteht der Vorteil, daß dadurch bei geringerem Kapitaleinsatz als für ein eigenes Filialsystem trotzdem die Möglichkeit sich erschließt, ein Absatzsystem mit einheitlichem Image zu entwickeln.

Eine Vorteilhaftigkeitsanalyse zwischen den einzelnen Formen der Absatzwege (es ist unmittelbar einsichtig, daß selbstverständlich nicht immer der kostengünstigste der vorteilhafteste ist) kann wiederum mittels eines entsprechenden Scoring-Modells - in Ergänzung zu fundierten Wirtschaftlichkeitsanalysen - durchgeführt werden, das etwa folgendermaßen aussehen könnte (vgl. Abbildung 20).

Kriterium	Gewichtung	schlecht 0	5	gut 10	Kennzahl
Distributionsgrad (= % der EH)	0,2		x		1,0
Wachstumspotential	0,1		x		0,4
Information	0,1			x	0,8
Kontrolle	0,2			x	2,0
physische Distribution	0,1		x		0,3
Investitionskosten	0,1			x	0,8
laufende Kosten	0,2	x			0,6
	1		Gesamtkennziffer		5,9

Abbildung 20: Bewertungsprofil eines Vertriebsweges

Stehen mehrere mögliche Vertriebswege einem Unternehmen zur Verfügung, so sollte es sich nach diesem Modell für den entscheiden, der die höchste Gesamt-kennziffer erhält; ist nur ein Vertriebsweg in dieser Form zu analysieren, so muß eine Mindestkennziffer festgelegt werden.

Absatzorgane

Ein Unternehmen kann für den Verkauf seiner Produkte eigene oder fremde *Verkaufsorgane* einsetzen. Zu den *eigenen* Verkaufsorganen gehören unter ande-rem die Geschäftsleitung, der Herstellerversand (etwa auf Kundenanfrage), ein eigenes Filialsystem, eigene Automaten und vor allem der *Reisende*, der als An-gestellter der Firma im Namen und für Rechnung der Firma verkauft. Betriebs-fremde Verkaufsorgane sind in erster Linie der Makler und der *Handelsvertreter*, der als selbständig Gewerbetreibender in fremdem Namen und für fremde Rech-nung Geschäfte abschließt.

Steht ein Unternehmen vor der Entscheidung, ob es seine Produkte durch Rei-sende oder durch Handelsvertreter vertreiben soll, so gibt es eine Reihe diesbe-züglicher Orientierungskriterien. Für den Einsatz von *Reisenden* spricht etwa,

- wenn es sich um erklärungsbedürftige, technisch komplizierte Produkte han-delt;
- wenn Steuerungs- und Kontrollmöglichkeiten eine entscheidende Rolle spie-len und schließlich ebenso,
- wenn die Verkaufsorgane in starkem Umfang als Informationsquelle genutzt werden sollen.

Auch für den Einsatz von *Handelsvertretern* sprechen Argumente:

- Kosten; ein Handelsvertreter verursacht ja nur dann Kosten, nämlich seine Provision, wenn auch tatsächlich Umsätze getätigt worden sind, während bei einem Reisenden Kosten für Grundgehalt, Lohnnebenkosten, Büro, Sekretari-at, Firmenwagen usw. immer anfallen.
- Firmengröße; kleinere Firmen, die einen eigenen Reisendenstab nicht ausla-sten können, werden wohl eher einen Handelsvertreter einschalten. Ebenso läßt sich ein dünnes Kundennetz besser durch einen Handelsvertreter, der ja oft noch für andere Firmen tätig ist, abdecken.
- Innovationen; hier vermag ein Handelsvertreter, der über entsprechende Be-ziehungen verfügt, oftmals eine wichtige Starthilfe geben.

In der Praxis beobachtet man bei größeren Firmen heute vor allem wohl aufgrund der besseren Steuerungs- und Kontrollmöglichkeiten eine gewisse Tendenz zum Reisenden, während bei kleineren Firmen aufgrund des Kostenaspektes die Zu-sammenarbeit mit einem Handelsvertreter vielfach bevorzugt wird.

Kommunikationspolitik

Der *Marktkommunikation* muß - neben der Produkt- und Dienstleistungspolitik als dem Hauptinstrument des Marketing - eine zentrale Bedeutung zugesprochen werden. Man unterscheidet als *Subinstrumente*

- Werbung,
- persönlicher Verkauf,
- Verkaufsförderung und
- Öffentlichkeitsarbeit.

Werbung

Werbung kann als eine der Erreichung von Marketingzielen dienende, absichtliche und zwangsfreie Einwirkung auf Menschen mit Hilfe spezieller Kommunikationsmittel verstanden werden. Sie stellt die unpersönliche und in räumlicher Distanz vom Verkaufsort durchgeführte Form der Marktkommunikation dar und verfolgt über kommunikative (Steigerung des Bekanntheitsgrades, Beeinflussung des Images) ökonomische (Umsatzsteigerung) Zielsetzungen.

Man unterscheidet mediale Werbung und Direktwerbung. Träger einer *medialen* Werbung (Medienwerbung) sind dabei Fernsehen und Rundfunk sowie die Druckmedien. Ihr Ziel ist es zunächst, Produkte und Dienstleistungen bekannt zu machen. Darüber hinaus sollen Kundeneinstellungen beeinflußt werden, in dem sie dazu beizutragen versucht, Vorurteile gegenüber einem Produkt oder einem Unternehmen abzubauen und eine Wertschätzung gegenüber dem Angebot zu schaffen beziehungsweise zu fördern. Grundsätzlich dient sie dazu, den Einsatz der anderen Marketinginstrumente zu unterstützen.

Während sie sich also auf einen anonymen Markt konzentriert, in den zwar die Segmente nach Art, Volumen, Kaufkraft und Präferenzstruktur, nicht jedoch die Personen innerhalb der Segmente bekannt sind, werden bei der *Direktwerbung* eine Vielzahl einzelner, adressenerfaßter Personen gesondert angesprochen.

Die zu dieser Einzelumwerbung erforderlichen Adressen werden mit Hilfe von Adressenkarteien und -banken, Coupon-Anzeigen usw. gewonnen. Werbemittel sind im Rahmen der Direktwerbung vorrangig der Brief, die Infopost, Kataloge und in zunehmendem Maße E-Mail. Sie gewährleisten

- Möglichkeiten zur zielgruppenadäquaten und individuellen Ansprache,
- geringe Streuverluste und eine
- einfache Erfolgskontrolle.

In rechtlicher Hinsicht taucht diesbezüglich das Problem auf, den sich verschärfenden Anforderungen an den Datenschutz immer gerecht werden zu können.

Die Direktwerbung ist Bestandteil eines umfassenden sogenannten *Direktmarketing*, das sich in den letzten Jahren als eigenständiges Instrument profiliert hat. Weitere Instrumente sind hier der Vertreterbesuch, das Telefon sowie mehr und mehr der Einsatz neuer elektronischer Medien. Da hier gerade im "Consumer"-Bereich die Privatsphäre gefährdet ist, aber auch im "Business"-Bereich vergleichbare Belästigungen auftreten können, hat vor allem die Rechtsprechung die globaleren Schutzvorschriften des Gesetzes gegen den unlauteren Wettbewerb (UWG) entsprechend konkretisiert.

Die in der Literatur die *Werbewirkung* beschreibenden Stufenmodelle, deren bekanntestes das sogenannte AIDA-Schema (Attention, Interest, Desire und

Action) ist, werden in der Regel der Komplexität, vor allem auch der dabei ablaufenden psychischen Prozesse vielfach nicht gerecht.

Die Festlegung der Höhe des *Werbeetats* ist von maßgeblicher Bedeutung für den Werbeerfolg. Vor dem Hintergrund der Problematik, daß keine eindeutigen Aussagen über den Zusammenhang zwischen Werbeaufwand und Werbertrag/-erfolg zu machen sind, orientiert man sich in der Praxis ersatzweise an folgenden Bezugsgrößen:

- *Prozent vom Umsatz*: Dieses aufgrund seiner Einfachheit am häufigsten zu findende Verfahren weist den Nachteil einer prozyklischen Wirkung auf, das heißt, daß etwa bei sinkenden Umsätzen in der nächsten Periode, in der man eigentlich verstärkt werden müßte, weniger für Werbung ausgegeben wird.
- *Werbeziele*: Die Ausrichtung an konkreten Werbezielen entspricht am ehesten modernem Marketing; es werden Werbeziele festgelegt und daraufhin der für deren Erreichung notwendige Etat ermittelt.
- *Verfügbare Finanzmittel*: Diese "Restbetragsmethode" ist sicherlich nur in nicht werbeintensiven Branchen möglich.

Im Rahmen der *Medienplanung* unterscheidet man eine Inter-Selektion, zum Beispiel TV, Film, Radio, Zeitung, Zeitschrift oder Plakat, und eine Intra-Selektion, zum Beispiel innerhalb des Mediums Zeitung die Wahl zwischen "Süddeutscher Zeitung" oder "FAZ". Diesbezügliche Entscheidungen beruhen in der Praxis, wenn auch selbstverständlich durch fundierte Analysen unterstützt, oftmals vor allem auf subjektiven Präferenzen.

Eine *Werbeerfolgskontrolle* ist ebenfalls aufgrund des nicht eindeutigen Zusammenhangs zwischen Werbeaufwand und -ertrag äußerst schwierig. Moderne Methoden der empirischen Sozialforschung helfen jedoch, den Kommunikationseffekt direkter und indirekter Werbemaßnahmen zu überprüfen. Von besonderer Bedeutung sind hier die sogenannten Imageprofile.

Viele Unternehmen überlassen heute ihre Werbung entsprechenden Agenturen. Dem Vorteil einer besonderen fachlichen Qualifikation (Kreativität, Medieneinsatz) stehen dabei oftmals relativ hohe Kosten gegenüber.

Persönlicher Verkauf

Ziele des persönlichen Verkaufs sind im wesentlichen
- Vertragsabschlüsse,
- Produktpräsentation,
- Kundenberatung, etwa in Form von Beratungsgesprächen, Vorträgen und Seminaren oder auch durch Zusenden von entsprechendem Informationsmaterial,
- Informationsgewinnung,
- Imagebildung und schließlich die
- Übernahme logistischer Funktionen.

Der Verkauf kann
- gebietsbezogen,
- kundenbezogen und

- produktbezogen

organisiert werden. Die erste Form, die sich bei starker Produktverwandtschaft und geringer Kundenzahl anbietet, liegt vor, wenn ein Verkäufer in einem bestimmten Gebiet sämtliche Produkte der Unternehmung allen Kunden anbietet. Lassen sich auf der Nachfrageseite starke Machtkonzentrationen erkennen, so kann dagegen ein kundenbezogener Verkauf, bei dem sich der Verkäufer auf bestimmte Kunden/Kundengruppen, zum Beispiel Banken, Versicherungen oder öffentliche Verwaltung, konzentriert, vorteilhaft sein.

Erklärungs-/überzeugungsbedürftige Produkte begünstigen schließlich die dritte Form, bei der sich der Verkäufer auf bestimmte Produkte/Produktgruppen, zum Beispiel Hi-Fi, spezialisiert. In der betrieblichen Praxis werden diese drei Formen oftmals kombiniert. So wird ein Bürogerätehersteller zunächst einmal seinen Gesamtmarkt für die Kleinkunden gebietsbezogen organisieren, während für die Großkunden/-gruppen jeweils eigene Verkäufer bereitgestellt werden *("Key Account Management")*. Komplizierte Großanlagen schließlich werden durch eigens dafür geschultes Verkaufspersonal vertrieben.

Der persönliche Verkauf stellt im Rahmen der Kommunikationspolitik das wirksamste, in der Regel wohl aber auch das teuerste Instrument dar. Folgenden außendienstpolitischen *Entscheidungstatbeständen*, zwischen denen natürlich teilweise große gegenseitige Abhängigkeiten bestehen, gilt es in diesem Zusammenhang besondere Beachtung zu schenken:

- Potential des Marktes beziehungsweise der Verkaufsgebiete,
- geographische Grenzen der Verkaufsgebiete,
- Anzahl der Außendienstmitarbeiter sowie deren
- Auswahl und Schulung,
- Festlegung der Verkaufsbudgets (Sollvorgaben),
- Besuchsnormen/Reiseroutenfestlegung ("travelling salesman Program"),
- Vergütungssysteme (Grundgehalt plus Provision - möglichst progressiv gestaffelt als Steuerungsinstrument - plus unter Umständen noch einer Prämie - "incentive schemes").

Verkaufsförderung

Verkaufsförderung ("sales promotion") gewinnt heute zu Lasten der oben angesprochenen klassischen Werbung, das heißt der Medienwerbung, immer mehr an Bedeutung.

Durch Maßnahmen der Verkaufsförderung sollen (am Verkaufsort) zusätzliche, außergewöhnliche Verkaufsanreize geschaffen werden. Im Vergleich zur Werbung, die mittelfristigen und Öffentlichkeitsarbeit, die langfristigen Charakter aufweisen, zielt Verkaufsförderung mehr auf den kurzfristigeren Erfolg. Verkaufsförderung kann

- *mitarbeiterorientiert* (Verkaufswettbewerbe, leistungssteigernde Entgeltsysteme, Prämien, entsprechende Informations- und Schulungsmaßnahmen),
- *kundenorientiert* (Proben, Gutscheine, Rückerstattungsangebote, Preisausschreiben) und

- *händlerorientiert* (Händlerschulung, Verkaufswettbewerbe, Bereitstellung von Display-Material, kooperative Werbung, Händlerlistenförderung, Naturalrabatte) sein.

Wie bei allen Instrumenten der Marktkommunikation, so unterliegen auch Entscheidungen der Verkaufsförderung insbesondere den Vorschriften des Wettbewerbsrechts.

Öffentlichkeitsarbeit

Öffentlichkeitsarbeit ("Public Relations") hat zum Ziel, ein positives Image, Vertrauen und Verständnis für das Unternehmen bei den Kunden, letztlich in der gesamten Öffentlichkeit zu erreichen. Sie beinhaltet Presseinformationen über das betreffende Unternehmen, etwa bezüglich des Personalbereichs (Herausstellen von Führungspersönlichkeiten), des Forschungsbereichs oder auch bezüglich einer unternehmerischen Expansionsmaßnahme. Weitere Mittel sind Interviews, Aktionärsversammlungen, Zeitschriften für Zielgruppen, redaktionelle Beiträge, Bildmaterial, PR-Veranstaltungen, Vorträge, Referate, Fachtagungen, Seminare, Filme, Bücher, Broschüren, Betriebsbesichtigungen ("Tag der offenen Tür"), Ausstellungen, Geschenke, Zuwendungen, Unterstützungen oder Preise.

Zu den Mitteln eines modernen "Public Relations" zählt man heute: Community-Relations (Beziehungen zu Behörden, Gemeinden usw.); Engagement in Parteien, Gruppen, Organisationen; Dialog mit Verbrauchervertretern, Politikern, Bürgerinitiativen; Financial Public Relations (Beziehungen zu Banken, potentiellen Geldgebern usw.); Sozialreport, Sozialbilanz.

Auch die Sponsoring-Maßnahmen, die vor allem im Kultur- und Sportbereich immer mehr aber auch im Sozialbereich zu finden sind, gehören zur Öffentlichkeitsarbeit eines Unternehmens.

Öffentlichkeitsarbeit nach innen bezeichnet man auch als *"Human Relations"*. Sie gewinnt im Rahmen moderner Konzepte zur Entwicklung einer sogenannten *Unternehmenskultur* verstärkt Beachtung. Sie soll - etwa durch entsprechend gestaltete Mitarbeiterzeitungen - erreichen, daß die einzelnen Mitarbeiter Vertrauen zur Unternehmensleitung haben, sich am Arbeitsplatz wohl fühlen und ihre Aufgabenfelder akzeptieren. Nur wenn diese Voraussetzungen vorliegen, kann man davon ausgehen, daß die Mitarbeiter positive Stellungnahmen im öffentlichen Meinungsbildungsprozeß über ihr Unternehmen abgeben werden.

Coporate-Identity-Strategien haben sich aus der Öffentlichkeitsarbeit entwickelt und die Schaffung einer umfassenden eigenständigen und unverwechselbaren Unternehmenspersönlichkeit zum Ziel. Ihre Strukturelemente sind Unternehmensverhalten, -kommunikation, und -erscheinungsbild. Gerade dem Unternehmenserscheinungsbild ist dabei in bezug auf Markengestaltung, aber auch auf Architektur- und Sachmittelgestaltung in den letzten Jahren große Aufmerksamkeit zuteil geworden.

Öffentlichkeitsarbeit im weiteren Sinne beinhaltet schließlich auch eine gestaltende Einflußnahme auf die Gesetzgebung, etwa bezüglich der Steuern oder des Umweltschutzes, durch entsprechende Interessenvertretungen, die *Lobbies*.

Die Marketingwissenschaft muß anwendungsbezogen sein. Sie muß in der Lage sein, der Praxis Hilfestellung leisten zu können, problemadäquate Entscheidungssysteme zu formulieren und einen optimal abgestimmten Einsatz der Marketinginstrumente zu erreichen.

Teil II: Rechtliche Rahmenbedingungen

Kapitel 1:"pacta sunt servanda"

Erscheinungsformen und Bedeutung

"*Pacta sunt servanda*" - Verträge sind zu halten. Dieser Grundsatz aus dem alten Rom gilt noch heute. Jeder Mensch schließt tagtäglich - sei es privat, sei es geschäftlich - Verträge. Der Kauf einer Ware, die Einstellung eines Mitarbeiters, der Abschluß einer Versicherung - in allen diesen Fällen werden Verträge geschlossen.

Der Vertrag ist eine der wichtigsten Gestaltungsformen, durch die eine Person durch eigenen Willensentschluß gemeinsam mit einer anderen Person Rechtsverhältnisse begründen und inhaltlich gestalten kann, ohne staatliche Stellen hinzuziehen zu müssen.

Gerade im Privatrecht spielen Verträge eine große Rolle und kommen in fast allen Rechtsgebieten vor. Am verbreitetsten sind sie im Schuldrecht. Dort unterscheidet man einseitig verpflichtende Verträge, wie eine Schenkung oder eine Bürgschaft, unvollkommen zweiseitig verpflichtende Verträge, zum Beispiel die Leihe und schließlich vollkommen zweiseitig verpflichtende Verträge. Hierzu zählt man den Kauf-, den Miet- oder auch den Werkvertrag. Im Sachenrecht werden durch Verträge dingliche Rechte, das heißt Rechte von Personen an Sachen begründet, übertragen oder abgeändert, zum Beispiel bei der Eigentumsübertragung oder der Bestellung eines Grundpfandrechts. Im Familienrecht zählen zu den Verträgen der Ehevertrag oder das Verlöbnis. Im Erbrecht sind in diesem Zusammenhang der Erbvertrag und der Erbverzicht zu nennen.

Auch im Öffentlichen Recht können Rechtsverhältnisse durch Vertrag begründet, geändert oder aufgehoben werden. Derartige Verwaltungsverträge haben in der Praxis erheblich an Bedeutung gewonnen. So kann die öffentliche Verwaltung in bestimmten Fällen ihre Anordnungen dadurch vollziehen, in dem sie mit dem Bürger einen Vertrag schließt, zum Beispiel einen „Baudispensvertrag".

Der *Vertrag* ist die auf dem Willensentschluß mindestens zweier Personen, den Vertragsparteien, beruhende Einigung über die Herbeiführung eines bestimmten Erfolgs. Im Rahmen privatautonomer Gestaltung von Rechtsverhältnissen hat ein Vertragsschluß zwei Aufgaben: zum einen wird durch ihn festgestellt, ob und mit wem es zur Begründung oder Änderung von Rechtsverhältnissen kommt, zum anderen wird ausgehandelt und bindend geregelt, welchen Inhalt dieses Rechtsverhältnis haben soll.

Der Grundsatz der Vertragsfreiheit

Die Vertragsparteien setzen untereinander "Recht". Der *Grundsatz der Vertragsfreiheit* (Privatautonomie) äußert sich dabei in zwei Grundfreiheiten, der "Abschlußfreiheit" und der "Inhaltsfreiheit". Das Prinzip der Abschlußfreiheit bedeutet, daß es jedem frei steht, ob und mit wem er einen Vertrag schließt. Der Grundsatz der Inhaltsfreiheit bedeutet, daß die Parteien den Inhalt des Vertrages frei gestalten können. Weitere Bestandteile der Privatautonomie sind unter anderem der Grundsatz der Formfreiheit und der Beendigungsfreiheit. Der Grundsatz der Privatautonomie ist kennzeichnend für das gesamte Privatrecht und wird vom Grundgesetz garantiert. Er ist die rechtliche Grundlage des wirtschaftlichen Wettbewerbs in der Bundesrepublik Deutschland, das heißt also auch ein Grundelement ihrer marktwirtschaftlichen Ordnung. Rechtspolitisch wird die Vertragsfreiheit vielfach damit begründet, daß durch sie ein angemessener Interessenausgleich stattfinden kann und daß frei disponierende Marktteilnehmer wohl am besten in der Lage sind, die Wirtschaftsgüter rationell zu produzieren und zu verteilen.

Vertragsfreiheit kann nur dann funktionieren, wenn ein ausgewogenes Kräfteverhältnis zwischen den Vertragsparteien besteht. Dies belegt ein berühmtes Beispiel aus der Antike:

Als die Einwohner der griechischen Insel Melos gegen die drohende Plünderung durch die militärisch weit überlegenen Athener mit dem Hinweis protestierten, es bestünden Verträge, die dies verböten, antworteten die Athener nur: "Recht gilt nur unter Gleichberechtigten"!

Die Vertragsfreiheit stößt also offensichtlich dann an ihre Grenzen, wenn eine gleichberechtigte Stellung der Vertragsparteien nicht (mehr) gegeben ist, wenn also eine Partei - heute meist in wirtschaftlicher Hinsicht - der anderen so überlegen ist, daß sie die Bedingungen diktieren kann. So meinte schon Otto von Gierke in seinem berühmten Vortrag 1889 "Die soziale Aufgabe des Privatrechts" zum Problem der Vertragsfreiheit:

"Schrankenlose Vertragsfreiheit zerstört sich selbst. Eine furchtbare Waffe in der Hand des Starken, ein stumpfes Werkzeug in der Hand des Schwachen, wird sie zum Mittel der Unterdrückung des einen durch den Anderen, der schonungslosen Ausbeutung geistiger und wirtschaftlicher Übermacht. Das Gesetz, welches mit rücksichtslosem Formalismus aus der freien rechtsgeschäftlichen Bewegung die gewollten oder als gewollt anzunehmenden Folgen entspringen läßt, bringt unter dem Schein einer Friedensordnung das "bellum omnium contra omnes" in legale Formen. Mehr als je hat heute auch das Privatrecht den Beruf, den Schwachen gegen den Starken, das Wohl der Gesamtheit gegen die Selbstsucht des einzelnen zu schützen" (Wesel, 1996, S. 124).

Wenn auch im Bürgerlichen Gesetzbuch diese Gedanken im wesentlichen unberücksichtigt blieben, fanden sie später doch ihren Niederschlag in vielen, zum Teil neuen Gesetzen. So wurden bereits zu Anfang dieses Jahrhunderts Maßnahmen ergriffen, etwa im Hinblick auf die Wohnraumbewirtschaftung, Mietpreisregulierungen und den Kündigungsschutz, um den Mißständen auf dem Wohnungsmarkt entgegenwirken zu können.

Gerade auch im Arbeitsrecht bedurfte es zum Teil gravierender Einschränkung der Vertragsfreiheit. Ein Arbeitsvertrag stellt rechtlich betrachtet einen Dienstvertrag dar. Das Dienstvertragsrecht umfaßt im BGB "nur" 20 Vorschriften. Der Arbeitsvertrag galt ursprünglich nur als Austauschvertrag, aufgrund dessen "Arbeit gegen Lohn" geliefert wurde. Die Arbeit wurde ausschließlich als Produktions- und Erwerbsmittel angesehen. Die besondere Situation des Arbeitnehmers, das heißt desjenigen, der in persönlicher und wirtschaftlicher Abhängigkeit Dienste leistet, blieb dabei unberücksichtigt. Die Folge dieses extremen Liberalismus waren zwar große wirtschaftliche Fortschritte einerseits, aber auch große soziale Mißstände andererseits, die ein Eingreifen des Staates erforderlich machten. Man erkannte, daß es sich bei den an einem Arbeitsverhältnis beteiligten Personen nicht um gleichberechtigte Partner handelte, da für den Arbeitnehmer der Arbeitsplatz beziehungsweise dessen Verlust von erheblich größerer Bedeutung ist als für den Arbeitgeber, der in der Regel zwischen mehreren Arbeitnehmern auswählen kann. So entstanden insbesondere in der Zeit der Weimarer Republik die Grundstrukturen unseres heutigen Arbeitsrechts, zum Beispiel durch die erste verfassungsmäßige Garantie der Koalitionsfreiheit, der Tarifverordnung (später Schlichtungsverordnung), des Betriebsrätegesetzes, der Arbeitszeitordnung, des Schwerbehindertengesetzes oder des Arbeitsgerichtsgesetzes. Bereits an den Gesetzesbezeichnungen wird deutlich, daß es sich um unmittelbare Vorbilder heutiger arbeitsrechtlicher Gesetze handelte.

Eine weitere gravierende Einschränkung erfolgte auf dem Gebiet des Kartellrechts. Während bis zum zweiten Weltkrieg Deutschland ein bevorzugter Standort für Monopole, Kartelle und Trusts war, galten danach im westlichen Teil des Landes die amerikanischen Kartellgesetze als Besatzungsrecht und seit 1958 das Gesetz gegen Wettbewerbsbeschränkungen. Danach sind insbesondere Kartellverträge grundsätzlich verboten.

Eine weitere Einschränkung der Vertragsfreiheit, speziell der Abschlußfreiheit, besteht beim Vorliegen eines Kontrahierungszwanges. So sind Verkehrs- und Versorgungsbetriebe aufgrund eines öffentlichen Versorgungsauftrags durch eine Vielzahl von speziellen Gesetzen zum Abschluß entsprechender Verträge verpflichtet. Ein Kontrahierungszwang kann sich auch aus § 826 BGB ergeben, wenn einem Antragenden durch eine Verweigerung der Annahme in einer gegen die "guten Sitten" verstoßenden Weise Schaden zugefügt wird. So besteht etwa eine grundsätzliche Abschlußpflicht für Ärzte und Krankenhäuser, die den Abschluß des Vertrages nicht willkürlich, sondern nur aus sachlich gerechtfertigten Gründen verweigern dürfen. Für Unternehmensberater, Steuerberater und Rechtsanwälte gilt dies dagegen nicht.

Marktbeherrschende Unternehmen unterliegen nach dem Gesetz gegen Wettbewerbsbeschränkungen ebenfalls einem Abschlußzwang, soweit eine Ablehnung gegen das in ihm geregelte Diskriminierungsverbot verstößt.

Das Prinzip der *Inhaltsfreiheit* beinhaltet das Recht, vom Gesetz abzuweichen und sogar andere Vertragstypen zu wählen, die das Gesetz gar nicht kennt oder die gesetzlichen Regelungen oder Vertragstypen miteinander zu kombinieren.

Allerdings ist auch die Inhaltsfreiheit in vielen Fällen beschränkt, das bedeutet, daß die Gestaltung des Vertragsinhalts nicht zur Disposition der Vertragsparteien steht. Die inhaltlichen Beschränkungen sind sogar häufiger als Beschränkungen hinsichtlich der Abschlußfreiheit.

Die weitestgehendste Inhaltsfreiheit besteht im Schuldrecht. Die dort enthaltenen gesetzlichen Vorschriften sind zum größtenteil dispositiv. Sie gelten nur insoweit, als sie von den Parteien nicht ausgeschlossen oder abgeändert werden. Diese grundsätzliche Freiheit der vertraglichen Gestaltung ist hier relativ unbedenklich, da in der Regel nur Rechte und Pflichten zwischen den Vertragsbeteiligten (sogenannte obligatorische Rechte) begründet und Rechte Dritter hiervon nicht berührt werden. Diese obligatorischen Rechte wirken nämlich nur relativ, das heißt nur der "Gläubiger" kann vom "Schuldner" eine Leistung verlangen.

Im Schuldrecht ist unter anderem der Kauf-, Miet-, Pacht-, Leih,- Darlehens-, Werk- oder Auftragsvertrag gesetzlich geregelt. Als gesetzlich nicht geregelte, von den Parteien - aufgrund der Inhaltsfreiheit - geschaffenen Vertragsarten zählen unter anderem der Leasingvertrag oder auch der Franchisevertrag. Im Schuldrecht sind allerdings auch unabänderliche gesetzliche Vorschriften enthalten, die für die Vertragsparteien stets verbindlich sind, wenn ein Schuldverhältnis dieser Art, das heißt durch Vertrag, vereinbart worden ist. Diese Bestimmungen werden als zwingendes Recht bezeichnet. Hierzu zählen neben den allgemeinen, auf alle Verträge anwendbaren Vorschriften des BGB über Sittenwidrigkeiten und Verstöße gegen gesetzliche Verbote, zum Beispiel das Schwarzarbeitsgesetz, die Bestimmungen, die zum Schutz derjenigen Personen erlassen worden sind, denen durch das Prinzip der Vertragsfreiheit eine mögliche Benachteiligung drohen könnte. In diesem Zusammenhang sind auch die bereits erwähnten Bestimmungen des Arbeitsrechts zu nennen, die besonderen Schutzbestimmungen im Rahmen des Wohnungsmietrechtes sowie diejenigen Vorschriften, die den Verbraucher vor Übervorteilung schützen sollen, wie etwa das Gesetz zur Regelung des Rechts der Allgemeinen Geschäftsbedingungen (AGB-Gesetz), das Verbraucherkreditgesetz (als Nachfolgegesetz des alten Abzahlungsgesetzes) oder auch das Haustürwiderrufsgesetz.

Das Sachenrecht betrifft die Rechtsbeziehung von Personen an Sachen. Die Rechte sind "absolut", das heißt sie wirken gegenüber jedermann. Deshalb muß auch verständlicherweise durch das Gesetz dafür Sorge getragen werden, daß diese Rechte auch von jedermann zu erkennen sind. Um dies zu gewährleisten, läßt das Gesetz bei sachenrechtlichen Verträgen nur eine Auswahl zwischen bestimmten, scharf umrissenen dinglichen Rechten, wie vor allem dem Eigentumsrecht zu. Es besteht also Typenzwang ("numerus clausus des Sachenrechts"). Die Inhaltsfreiheit ist ebenso im Familienrecht erheblich eingeschränkt. Auch im Erbrecht, das die vermögensrechtlichen Folgen beim Tod einer Person regelt, bestehen größtenteils zwingende Rechtsvorschriften, zum Beispiel in bezug auf die Erbfolge oder im Falle eines Testaments oder Erbvertrages. Schließlich bestehen auch im Gesellschaftsrecht wesentliche Einschränkungen der Inhaltsfreiheit durch einen gesetzlichen Typenzwang ("numerus clausus der Gesellschaftsformen").

Vertragsschluß

Ein Vertrag kommt durch zwei übereinstimmende Willenserklärungen zustande, der Abgabe eines Angebots und dessen Annahme. Durch eine derartige Erklärung bringt eine Person ihren Willen zum Ausdruck, sich rechtlich zu binden. Dies kann zum einen ausdrücklich (mündlich oder schriftlich), zum anderen aber auch konkludent geschehen. Unter einer konkludenten Erklärung versteht man eine Erklärung, die sich aus den Umständen heraus als Willenserklärung erkennen läßt, zum Beispiel der Zeitungskauf am Kiosk oder in einem Selbstbedienungsladen. Infolge der technischen Entwicklung werden heute „Willenserklärungen" auch zunehmend auf elektronischem Wege (sogenannte digitale Willenserklärungen) übermittelt, zum Beispiel beim Versandhandel oder beim Telebanking. Abzugrenzen hiervon sind Erklärungen, bei denen der Wille zu einer rechtlichen Bindung fehlt. Diese sogenannten Gefälligkeitsverhältnisse, so zum Beispiel bei einer Einladung zu einem Ausflug haben bei einer Absage keine rechtlichen Konsequenzen (etwa Schadensersatzansprüche), auch wenn tatsächlich die Enttäuschung noch so groß ist. Schwierig wird diese Abgrenzung bei anderen (unentgeltlichen) Gefälligkeiten, bei denen größere Vermögenswerte auf dem Spiel stehen. Hier ist anhand der Umstände und Indizien festzustellen, ob im Einzelfall ein Rechtsbindungswille vorliegt. Allein die Unentgeltlichkeit eines Vertrages spricht noch nicht gegen einen Rechtsbindungswillen, wie man an den gesetzlich geregelten Vertragstypen des Leihvertrages oder Auftragvertrages, deren Kennzeichen ebenfalls die Unentgeltlichkeit ist, erkennen kann.

Charakteristikum eines Vertragsabschlusses ist die "*Einigung*" der Vertragsparteien über die wesentlichen Vertragsbestandteile, das heißt der Vertragsgegenstand und die unter Umständen zu erbringende Gegenleistung, bei einem Kaufvertrag also über den Kaufgegenstand und den Kaufpreis. Das BGB regelt in seinem Allgemeinen Teil im einzelnen das Zustandekommen eines Vertrages, so zum Beispiel innerhalb welcher Frist die Annahme erfolgen muß.

Grundsätzlich bedeutet Schweigen in diesem Zusammenhang weder Zustimmung noch Ablehnung. Während das BGB kaum Ausnahmen kennt (zum Beispiel "Schweigen" auf ein Schenkungsangebot wird als Zustimmung gewertet), findet man im Handelsrecht häufiger Ausnahmen, um der Notwendigkeit einer schnellen Verständigung und zügigen Abwicklung von Rechtsgeschäften im Handelsverkehr entsprechend Rechnung tragen zu können. Zu nennen ist hier unter anderem das kaufmännische Bestätigungsschreiben, das in der Praxis große Bedeutung erlangt hat. Zahlreiche Verträge im Handelsverkehr werden zunächst fernmündlich geschlossen. Nach "Handelsbrauch" ist es üblich, derartige Verträge schriftlich zu bestätigen, um eventuelle Streitigkeiten, ob ein Vertrag überhaupt geschlossen oder welche Vertragsbedingungen im einzelnen vereinbart worden sind, von Anfang an zu vermeiden. Reagiert der Empfänger nicht darauf, so wird unter bestimmten Voraussetzungen sein Schweigen als Zustimmung interpretiert werden; er muß also unverzüglich widersprechen, wenn er mit dem Inhalt des Schreibens nicht einverstanden ist.

Bei der Zusendung unbestellter Waren, ein in der Praxis häufig zu beobachtender Tatbestand, kommt ein Vertrag durch Schweigen nicht zustande. Selbst wenn der betreffende Versender in einem beigefügten Anschreiben eine Frist mit der Bedingung gesetzt hat, falls keine Antwort erfolge, davon auszugehen, daß der Vertrag zustande gekommen ist, so ändert dies nichts daran. Ein solches Vorgehen stellt im übrigen auch einen Verstoß gegen das Gesetz gegen den unlauteren Wettbewerb dar. Zur Rücksendung besteht ebenfalls keine Verpflichtung, allenfalls zur Bereithaltung, wobei man mit der Ware nicht sorgfältiger umgehen muß, als man mit eigenen Sachen umgehen würde.

Im bürgerlichen Recht gilt der Grundsatz der *Formfreiheit* als ein Bestandteil der Privatautonomie. Das bedeutet, daß ein Vertrag formlos wirksam ist; es sei denn, nach dem Gesetz ist eine bestimmte Form vorgeschrieben oder vertraglich vereinbart. So können Verträge auch mündlich beziehungsweise fernmündlich geschlossen werden. In bestimmten Fällen ist für Rechtsgeschäfte, insbesondere Verträge, allerdings gesetzlich die Einhaltung einer beistimmten Form vorgegeben. Derartige Formvorschriften besitzen unter anderem eine Schutz- und Warnfunktion; sie schaffen (für Dritte) Transparenz und unterstützen eine Beweissicherung. So bedürfen etwa Bürgschaftserklärungen der Schriftform, Grundstückskaufverträge darüber hinaus der notariellen Beurkundung.

Ist ein Vertrag wirksam geschlossen, dann ist er grundsätzlich bindend. Eine einseitige Aufkündigung vertraglicher Verpflichtungen ist dann nur dort möglich, wo dies entweder vertraglich vereinbart oder vom Gesetz gestattet ist, zum Beispiel bei Anfechtung wegen Irrtums oder Rücktritt wegen Verzuges. Eine Anfechtung wegen Irrtums ist etwa möglich, wenn man sich versprochen oder verschrieben hat. Der betreffende Vertrag ist dann rückwirkend nichtig. Allerdings muß derjenige, der angefochten hat, dem anderen den "Vertrauensschaden" ersetzen, das heißt die Auslagen, die derjenige, der auf die Gültigkeit des Vertrages vertraut hat, hatte.

In der Praxis besteht häufig die irrtümliche Annahme, daß man jeden Vertrag innerhalb einer Woche widerrufen könne. Ein solches Widerrufsrecht besteht aber nur in ganz bestimmten, gesetzlich geregelten Fällen. Zum Zwecke des Verbraucherschutzes wird ein solches (einwöchiges) Widerrufsrecht besonders schutzwürdigen Verbrauchern eingeräumt. Hierzu zählen vor allem Kunden von Haustürgeschäften sowie Kreditnehmern. Bei Haustürgeschäften, zum Beispiel die Akquisition von Zeitungsabonnenten, ist die Gefahr der Überrumpelung sehr groß. Vielfach wird dem Käufer erst nachdem sich der "Werber" verabschiedet hat, klar, daß er sich bei ruhiger Überlegung ganz anders verhalten hätte. Eine Anfechtung, sei es wegen Irrtums oder auch arglistiger Täuschung, ist in diesen Fällen nur selten möglich. Allerdings gewährt ihm das Haustürwiderrufsgesetz von 1986 ein - binnen einer Woche auszuübendes - Widerrufsrecht. Auf dieses ist er besonders hinzuweisen. Es darf nicht zu seinem Nachteil abgeändert werden. Ähnliches gilt bei Verträgen, die bei "Kaffeefahrten" oder "auf der Straße" zustande kommen. Ebenfalls ein Widerrufsrecht innerhalb einer Woche gewährt das Verbraucherkreditgesetz (VerbrKrG) einem Kreditnehmer. Sein Zweck ist der Schutz des häufig geschäftlich unerfahrenen Privatmannes. Voraussetzung ist deshalb auch eine private Nutzung des Kredites.

Ein Zustandekommen von Verträgen ist davon abhängig, ob die Vertragspartner geschäftsfähig sind. So sind Willenserklärungen von Kindern unter sieben Jahren ohne rechtliche Wirkung, 7 - 18 jährige sind beschränkt geschäftsfähig. Die Wirksamkeit ihrer Willenserklärung ist abhängig von der Zustimmung ihrer gesetzlichen Vertreter.

Hinsichtlich der „digitalen Willenserklärung" soll das neue Informations- und Kommunikationsdienstegesetz (IuKDG) durch ein administratives Verfahren für die Vergabe von Signaturschlüsseln durch Zertifizierungsstellen einen Schutz für persönliche und geschäftliche Daten schaffen.

Allgemeine Geschäftsbedingungen

Unternehmen, die mit einer großen Zahl gleicher oder ähnlicher Geschäfte konfrontiert sind, verwenden aus Vereinfachungsgründen vorformulierte Vertragsbedingungen, die *Allgemeinen Geschäftsbedingungen*. Wesentliches Ziel für die Unternehmen ist es dabei, eine für sie günstige Gestaltung der dispositiven gesetzlichen Vorschriften zu erreichen. Konkret kann dies eine Abänderung dieser Vorschriften, aber auch deren Erweiterung bedeuten. Häufige Beispiele sind in diesem Zusammenhang ein Haftungsausschluß oder eine Haftungsbegrenzung. Allgemeine Geschäftsbedingungen lassen das Geschäftsrisiko für die Unternehmen kalkulierbarer werden. Darüberhinaus können sie auf den Märkten, auf denen sie Anwendung finden, die Transparenz erhöhen. Beispiele sind die "AGB-Banken", die "Allgemeinen Deutschen Spediteurbedingungen", die "Allgemeinen Versicherungsbedingungen" und im Baurecht die "Verdingungsordnung für Bauleistungen".

Für gesetzlich nicht geregelte beziehungsweise durch vorhandene gesetzliche Vorschriften nur unzureichend zu erfassende Vertragsarten, wie den Leasingvertrag, den Factoringvertrag, den Baubetreuungsvertrag, den Vertragshändlervertrag oder auch den Franchisevertrag enthalten Allgemeine Geschäftsbedingungen detaillierte Spezialregelungen.

Da im Hinblick auf die Allgemeinen Geschäftsbedingungen der Vertragspartner so gut wie keine Einflußmöglichkeit auf den Vertrag hat (vertragliche Einschränkung der „Inhaltsfreiheit"), besteht die Gefahr eines Machtmißbrauchs, den die Rechtsprechung schon früh erkannt hat. So hat sie im Wege der Rechtsfortbildung dem Gebot von Treu und Glauben folgend Grundsätze über eine Inhaltskontrolle von vorformulierten Vertragsbedingungen entwickelt. Diese Problematik aufgreifend, hat der Gesetzgeber im Jahre 1976 das Gesetz zur Regelung des Rechts der Allgemeinen Geschäftsbedingungen (AGB-Gesetz) erlassen. Dieses Gesetz hat inzwischen erhebliche rechtspraktische Bedeutung erlangt, da es in einem Rechtsstreit vor Gericht eine Überprüfung der verwendeten Klauseln auf ihre Wirksamkeit und Zulässigkeit gestattet. Das Gericht kann die betreffenden Klauseln für unwirksam erklären.

Darüberhinaus sieht das AGB-Gesetz, ebenso wie das Gesetz gegen den unlauteren Wettbewerb, die Möglichkeit eines Verbandsklageverfahrens vor. Klagebefugt sind alle im AGB-Gesetz genannten Verbände, zum Beispiel Verbraucherschutzverbände. Zweck der Einrichtung eines Verbandsklageverfahrens ist es, den Rechtsverkehr von unwirksamen Klauseln frei zu halten. In welcher Weise die AGB-Klauseln überprüft werden, ergibt sich im einzelnen aus dem AGB-Gesetz. Von zentraler Bedeutung ist dabei die Inhaltskontrolle. In § 11 AGB-Gesetz sind kasuistisch Klauseln aufgezählt, die unwirksam sind, in § 10 solche mit einer Wertungsmöglichkeit. § 9 AGB-Gesetz enthält eine Generalklausel, durch die die Allgemeinen Geschäftsbedingungen, die nicht unter die §§ 11 und

10 AGB-Gesetz fallen, erfaßt werden können. Ist ein Kaufmann oder ein Unternehmen Vertragspartner, so findet eine Inhaltskontrolle nur nach § 9 AGB-Gesetz statt.

Nach § 9 AGB-Gesetz ist eine Klausel unwirksam, wenn sie den Vertragspartner des Verwenders entgegen den Geboten von Treu und Glauben unangemessen benachteiligt. Diese liegt nach § 9 Absatz 2 AGB-Gesetz im Zweifel vor, wenn „eine Bestimmung mit den wesentlichen Grundgedanken der gesetzlichen Regelung, von der abgewichen wird, nicht zu vereinbaren ist" oder wenn diese „wesentliche Rechte und Pflichten, die sich aus der Natur des Vertrages ergeben, so einschränkt, daß die Erreichung des Vertragszwecks gefährdet ist". Diese Formulierung läßt erkennen, daß es hier im wesentlichen auf die Umstände des Einzelfalls ankommt. In der Praxis besitzt § 9 AGB-Gesetz mit Abstand die größte Bedeutung

Durch die sogenannte „Richtlinie der EU über mißbräuchliche Klauseln in Verbraucherverträgen" wurde der Verbraucherschutz in den Allgemeinen Geschäftsbedingungen erweitert. So dehnt § 24 a AGB-Gesetz den Schutz des AGB-Gesetzes auf vorformulierte Verbraucherindividualverträge aus.

Außerdem ist es nun für ausländische Unternehmen schwieriger, sich einer Kontrolle durch das deutsche AGB-Gesetz zu entziehen, indem sie etwa in ihren Vertragsklauseln die Geltung ausländischen Rechts vereinbaren; während bisher nur die Gerichte Einhalt gebieten konnten, bestimmt nunmehr § 12 AGB-Gesetz die Anwendung des AGB-Gesetzes, wenn ein deutlicher Bezug zu Deutschland besteht.

Allgemeine Geschäftsbedingungen werden vielfach als ein potentielles Marketingsubinstrument bezeichnet. Ein Blick in die Praxis zeigt jedoch, daß die Verwender von Allgemeinen Geschäftsbedingungen in den seltensten Fällen von diesen abweichen. Die Ursache ist wohl darin zu sehen, daß die Verwender die günstige Position, die sie durch die Allgemeinen Geschäftsbedingungen inne haben, nicht aufgeben wollen. Sicherlich fehlt aber auch ein diesbezügliches Marketing-Bewußtsein.

Kaufvertrag

Ziel aller Marketingaktivitäten ist es letztlich, ein Produkt zu verkaufen. Der *Kaufvertrag* ist die häufigste Vertragsart. Während in der Umgangssprache darunter alle Vorgänge von den Vertragsverhandlungen bis hin zur Übergabe von Ware und Geld subsumiert werden, verbirgt sich - juristisch betrachtet - hinter ihm eine komplizierte Konstruktion. Danach beinhaltet der eigentliche Kaufvertrag lediglich eine Verpflichtung ("Verpflichtungsgeschäft"). Davon zu trennen ist die Erfüllung dieser Verpflichtung ("Verfügungsgeschäft", zum Beispiel die Übereignung einer verkauften Ware). Diese Trennung von Verpflichtungs- und Verfügungsgeschäft ist Ausdruck des sogenannten Abstraktionsprinzips.

Ein Kaufvertrag kommt durch eine Einigung über den Kaufgegenstand und den Kaufpreis zustande. Kaufgegenstand können neben Sachen auch Rechte, Ideen oder auch der "goodwill" eines Unternehmens sein. Probleme treten auf, wenn der Verkäufer nicht oder zumindest nicht vertragsgemäß leistet. Dies kann einmal der Fall sein, wenn die Sache zwischen Kauf und (tatsächlicher) Erfüllung zerstört oder schwer beschädigt worden ist und eine Lieferung nicht mehr möglich ist ("Unmöglichkeit"). Die Leistungserbringung kann sich auch verzögern, wodurch beim Käufer unter Umständen ein Schaden entsteht. Ist die Verzögerung schuldhaft (vorsätzlich oder fahrlässig) durch den Verkäufer verursacht worden, dann spricht man von Verzug. Es kann aber auch vorkommen, daß der Verkäufer zwar leistet, der Kaufgegenstand aber mit Mängeln behaftet ist ("Schlechterfüllung"). Für Unmöglichkeit der Leistung und Verzug gibt es allgemeine Regeln im Schuldrecht. Als Grundprinzip läßt sich festhalten: Hat der Verkäufer die Unmöglichkeit oder die Verzögerung zu vertreten, dann muß er den dadurch entstandenen Schaden, zum Beispiel einen entgangenen Gewinn, dem Vertragspartner ersetzen. Unter "vertreten müssen" versteht man fahrlässiges und vorsätzliches Handeln. Liegt kein Verschulden vor, dann wird der Verkäufer bei Unmöglichkeit von seiner Leistungspflicht frei, kann aber seinerseits auch nicht die Gegenleistung (das Geld) verlangen. Bei unverschuldeter Verzögerung besteht keine Schadensersatzpflicht. Entsprechende Rechte hat auch der Verkäufer, wenn der Käufer seine Leistung (die Zahlung des Kaufpreises) nicht vertragsgemäß erbringt.

Für eine Schlechtleistung des Verkäufers bestehen im Kaufrecht spezielle Regeln, die sogenannten *Gewährleistungsvorschriften*. Hat dieser zum Beispiel eine mängelaufweisende Ware verkauft, so steht dem Käufer das Recht auf Wandelung oder Minderung zu; während die Wandelung eine Rückabwicklung des Vertrages darstellt, kann der Käufer bei der Minderung die Sache behalten und den die Wertminderung ausmachenden Teil zurückverlangen beziehungsweise von Anfang an weniger bezahlen. Der Käufer kann frei entscheiden, welches Recht er wählt.

In der Praxis wird der Verkäufer aber versuchen, die Gewährleistungsrechte des Käufers auszuschließen und ihm statt dessen in seinen Allgemeinen Geschäftsbedingungen ein Nachbesserungsrecht einräumen. Dies ist oftmals für den Verkäufer vorteilhaft, um die Wandelung, die "scharfe Waffe in der Hand des Käufers", zu umgehen. Eine solche Vereinbarung ist nach dem AGB-Gesetz allerdings nur zulässig, wenn in der Klausel dem Käufer ausdrücklich das Recht vorbehalten wird, im Falle des Mißlingens der Nachbesserung, Wandelung (oder Minderung) verlangen zu können.

Hat der Verkäufer bestimmte Eigenschaften einer Ware zugesichert, die diese nicht hat, oder hat er Fehler dieser Ware arglistig verschwiegen, so steht dem Käufer alternativ auch ein Schadensersatzanspruch zu.

Gewährleistungsansprüche müssen innerhalb von sechs Monaten ab Übergabe geltend gemacht werden. Die Aufforderung zur Nachbesserung unterbricht nicht die Verjährungsfrist; diese verlängert sich allerdings um die Nachbesserungszeit. Im Handelsverkehr besteht für den Käufer die Pflicht zur sofortigen Rüge, wenn er mit der gelieferten Ware nicht einverstanden ist.

Der *internationale* Warenverkauf, der vorliegt, wenn die Vertragsparteien in verschiedenen Ländern ansässig sind, wird vom „Übereinkommen der Vereinten Nationen über Verträge über den internationalen Warenkauf" („Convention on

Contracts for the International Sale of Goods"; kurz, CISG oder UN-Kaufrecht)
geregelt. In der Bundesrepublik ist das UN-Kaufrecht seit dem 1.1.1991 in Kraft.
Ziel dieses Übereinkommens ist es, für grenzüberschreitende Kaufverträge ein
einheitliches (materielles) Recht zu schaffen. Zu beachten ist allerdings, daß die
Parteien die Anwendbarkeit des UN-Kaufrechts vertraglich ausschließen können.
Ist das der Fall, dann entscheiden regelmäßig die Vorschriften des Internationalen Privatrechts, insbesondere die Artikel 27 ff EGBGB, darüber, welche nationale Rechtsordnung anwendbar sein soll.

Mietvertrag

Der *Mietvertrag* beinhaltet eine zeitweilige, entgeltliche Gebrauchsüberlassung
von Sachen, zum Beispiel von Kraftfahrzeugen oder Büroräumen.
Während im Wohnungsmietrecht gravierende Schutzvorschriften, etwa in bezug
auf Mieterhöhungen oder auch Kündigungsmöglichkeiten bestehen, kennt das
Gewerbemietrecht derartige Einschränkungen der Vertragsfreiheit nicht. Auch
im Mietrecht gibt es besondere Gewährleistungsvorschriften. Im Unterschied
zum Kaufrecht tritt an die Stelle der Wandelung die Kündigung, da bei diesem
"Dauerschuldverhältnis" eine Rückabwicklung der erbrachten Leistungen nicht
möglich ist.

Leasingvertrag

Dem Mietvertrag ähnlich ist der *Leasingvertrag*. Leasinggeschäfte, die ihren
Ursprung in den USA hatten, haben seit den 60-er Jahren auch in Deutschland
Verbreitung gefunden. Ihre zunehmende Bedeutung, gerade auch für akquisitorische Marketingaktivitäten, beruht darauf, daß sie für den Leasingnehmer eine
erleichterte Finanzierungsmöglichkeit darstellen. Darüberhinaus bedeutet die
steuerliche Geltendmachung der Leasingraten als Betriebsausgaben einen weiteren wichtigen Vorteil.
Im Rahmen eines Leasingvertrages überläßt ein Leasinggeber einem Leasingnehmer eine bewegliche Sache, zum Beispiel ein Faxgerät, aber auch eine unbewegliche Sache, zum Beispiel eine Immobilie ("Immobilienleasing") zum Gebrauch und erhält dafür ein in Raten zu zahlendes Entgelt ("Leasingraten").
Die häufigste Erscheinungsform des Leasingvertrages ist das Finanzierungsleasing. Hier sucht sich zunächst ein Kunde die gewünschte Ware bei einem Hersteller oder Händler aus. Dieser schaltet daraufhin ein Leasingunternehmen zur
Finanzierung ein. Im Falle einer Einigung schließt dieses als "Leasinggeber" mit
dem Kunden als "Leasingnehmer" den eigentlichen Leasingvertrag und mit dem
Hersteller oder Händler einen Kaufvertrag und zahlt diesem den Kaufpreis (vgl.
Abbildung 21).
Üblicherweise wird dem Kunden nach Ablauf der vereinbarten Laufzeit eine
Kaufoption eingeräumt.

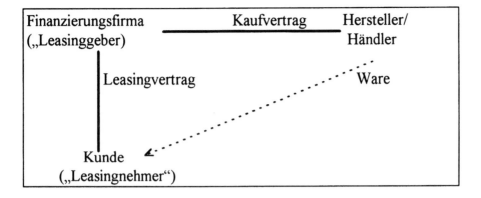

Abbildung 21: Das Finanzierungsleasing

Auf den Leasingvertrag finden im wesentlichen die Vorschriften zum Mietvertrag Anwendung. Der wesentliche Unterschied zu diesem liegt aber darin, daß der Leasinggeber die Risiken für Sachmängel, Untergang, Beschädigung oder Instandsetzung regelmäßig nicht trägt, da er durch Vertrag diese auf den Leasingnehmer abwälzt. Nach der Rechtsprechung wurde diese Vereinbarung als zulässig erachtet, jedoch nur dann, wenn der Leasinggeber dem Leasingnehmer seine Ansprüche aus dem Kaufvertrag (mit dem Lieferanten) abtritt (BGH, NJW 1985, 129, 130). Anderenfalls ist sie unzulässig, da der Leasingnehmer sonst rechtlos gestellt wäre. Der Leasinggeber übernimmt hier also vornehmlich eine Finanzierungsfunktion.

Ist der Leasinggegenstand mangelhaft, kann der Leasingnehmer Rückgängigmachung des Kaufvertrages verlangen. Damit entfällt für den Leasingvertrag die "Geschäftsgrundlage". In diesem Fall wird der Leasingvertrag beendet und der Leasingnehmer ist nicht mehr zu weiteren Zahlungen verpflichtet (BGH, NJW 1985, 796).

Bei kürzeren Laufzeiten findet das "Operatingleasing" (ohne Kaufoption) Anwendung. Auch ein Hersteller kann unter bestimmten Voraussetzungen als Leasinggeber auftreten („Herstellerleasing").

Darlehensvertrag

Der *Darlehensvertrag* ist in der Kreditwirtschaft von großer Bedeutung. Da er lediglich in fünf Paragraphen des BGB gesetzlich geregelt ist, spielen die Allgemeinen Geschäftsbedingungen der unterschiedlichen Kreditinstitute hier eine wichtige Rolle, zum Beispiel die "AGB-Banken". Auf Sie üben wiederum viele Faktoren Einfluß aus, so das Kreditwesengesetz, das Bundesbankgesetz sowie die Richtlinien, die die Bundesbank für ihr eigenes Verhalten setzt.

Dienstvertrag

Gegenstand eines *Dienstvertrages* ist die Erbringung einer Leistung gegen Entgelt. Dabei kann es sich um eine selbständige oder unselbständige Tätigkeit handeln. Selbständig in diesem Sinne handelt etwa ein Unternehmensberater oder auch ein Steuerberater, die im wesentlichen Zeit und Ort ihres Tätigwerdens selbst bestimmen. Ein Dienstverhältnis über unselbständige Dienste bezeichnet man als Arbeitsverhältnis. Hier finden vor allem die Vorschriften des Arbeitsrechtes Anwendung.

Während die Nichterbringung der Leistung neben den allgemeinen Vorschriften des Schuldrechts im Dienstvertragsrecht geregelt ist, findet man dort für den Fall einer Schlechtleistung kein spezielles Gewährleistungsrecht. Dies gibt es nur im Kauf-, Miet- und Werkvertragsrecht. Durch die Rechtsprechung ist diese "Lücke" durch das Rechtsinstitut der "positiven Forderungsverletzung" geschlossen worden, durch das ein Geschädigter Schadensersatz für schuldhafte Schlechtleistung verlangen kann.

Hinsichtlich der Haftung eines Arbeitnehmers sind von der Rechtsprechung ihn begünstigende Grundsätze entwickelt worden.

Dienstverhältnisse werden in der Regel durch eine Kündigung beendet. Selbständige Dienstverhältnisse sind dabei unter Einhaltung relativ kurzer gesetzlicher Fristen kündbar. Liegt ein "wichtiger Grund" vor, zum Beispiel ein ungerechtfertigtes und unentschuldigtes Fernbleiben, etwa wegen vorgetäuschter Krankheit und nichtgenehmigter Nebentätigkeit, dann ist auch eine fristlose Kündigung möglich.

Aus sozialen Gründen unterliegen abhängige Dienstverhältnisse einem verstärkten Kündigungsschutz, vor allem rechtlich begründet durch das Kündigungsschutzgesetz. Es findet Anwendung auf Unternehmen mit in der Regel mehr als zehn Arbeitnehmern, die länger als sechs Monate beschäftigt sind. Die Kündigung muß danach sozial gerechtfertigt sein, das heißt ihre Gründe müssen in der Person, zum Beispiel bei häufigen Krankheiten, oder im Verhalten, zum Beispiel bei Arbeitspflichtverletzungen, wie häufiges Zuspätkommen des betreffenden Arbeitnehmers liegen oder sie muß durch dringende betriebliche Erfordernisse, zum Beispiel bei einer schlechten Ertragslage des Unternehmens, bedingt sein. In jedem Fall hat der Unternehmer die Kündigung ausführlich zu begründen.

Werkvertrag

Bei einem *Werkvertrag* ist im Gegensatz zum Dienstvertrag nicht ein bloßes Tätigwerden, das heißt der bloße Arbeitseinsatz, von Bedeutung, sondern die Herbeiführung eines bestimmten "Erfolges". Erst dieser "Erfolg" begründet die Zahlungspflicht des Auftraggebers. Die Vergütung wird mit der "Abnahme" fällig.

Liegen die angestrebten Erfolge im kaufmännischen Bereich, paßt das für den handwerklichen Bereich zugeschnittene Werkvertragsrecht oft nicht. So gelten vorrangig die handelsrechtlichen Bestimmungen, wie zum Beispiel zum Speditionsgeschäft (§§ 407 ff HGB) oder zum Frachtgeschäft (§§ 415 ff HGB).

Gegenstände eines Werkvertrages können vielgestaltig sein. Die Erstellung oder Veränderung von Sachen, zum Beispiel die Errichtung eines Gebäudes, aber auch die Erbringung einer Dienstleistung, zum Beispiel die Durchführung eines Transportauftrages oder auch die Erstellung eines Gutachtens.

Der Gesetzgeber hat für eine Reihe von Werkverträgen Sonderregeln geschaffen, um der jeweils bestehenden Interessenlage besser - als in den werkvertraglichen Paragraphen des BGB möglich - gerecht zu werden. Soziale Motive waren nicht ausschlaggebend, abgesehen vom 1979 geschaffenen Reisevertragsrecht, um Problemen, die aus dem stark gewachsenen Pauschaltourismus erwuchsen, besser begegnen zu können.

Eine dieser Sonderregelungen stellt die Makler- und Bauträgerverordnung dar, die bei Bauträgerverträgen zu beachten ist. Ein Bauträgervertrag liegt vor, wenn eine Vertragspartei auf dem ihr gehörenden Grundstück im eigenen Namen für einen zukünftigen Erwerber ein Bauvorhaben durchführt. Die Makler- und Bauträgerverordnung gilt ebenfalls für den Baubetreuungsvertrag, durch den sich eine Vertragspartei zur wirtschaftlichen und finanziellen Betreuung eines Bauvorhabens verpflichtet.

Wegen der großen praktischen Bedeutung sei an dieser Stelle auf die bei Bauverträgen häufig vereinbarte Verdingungsordnung für Bauleistungen (VOB) hingewiesen. Die VOB (Teil B) stellt also besondere Allgemeine Geschäftsbedingungen (und nicht wie oft irrtümlich angenommen ein Gesetz) dar, die der Kontrolle durch das AGB-Gesetz unterliegen.

Auch für Speditions-, Fracht- und Kommissionsgeschäfte findet man derartige Sonderregeln.

Leistungsstörungen bei der Erfüllung des Werkvertrages werden im wesentlichen in den allgemeinen Vorschriften des Schuldrechts geregelt. Ebenso wie beim Kauf- und Mietvertrag besteht darüberhinaus ein spezielles Gewährleistungsrecht mit relativ kurzen Verjährungsfristen für Mängelansprüche.

In der Marketingpraxis spielen Werkverträge einmal eine Rolle, wenn zum Beispiel Beratungsfirmen beauftragt werden, bestimmte Aufgaben zu übernehmen, zum anderen vor allem aber in der Zusammenarbeit mit Werbeagenturen. So kann der Entwurf und die Erstellung von Anzeigen, Plakaten oder auch von Werbefilmen Inhalt derartiger Werbeagenturverträge sein. Werbeagenturverträge können allerdings auch Dienstverträge sein, wenn eine Agentur - gegen Zahlung einer monatlichen Pauschale - die diesbezügliche Betreuung der betreffenden Firma übernimmt. Die Werbemittel, die von der Agentur erstellt worden sind, sind Eigentum des Auftraggebers. Da diese jedoch regelmäßig im Besitz der Agentur verbleiben, ist ein häufig in der Praxis zu beobachtendes Problem für den Auftraggeber darin zu sehen, nun auch tatsächlich an sein Eigentum zu kommen, was sich insbesondere bei einem Agenturwechsel oftmals als notwendig erweist.

Kapitel 2: Die richtige Rechtsform

Am Anfang einer jeden Unternehmensgründung steht eine Idee für ein neues Produkt oder eine neue Dienstleistung. Bevor nun aber dieses Produkt oder diese Dienstleistung produziert und vertrieben werden kann, hat der Unternehmensgründer viele Hindernisse zu überwinden. So benötigt er unter anderem vielfältige Informationen, Kredite, eventuell Partner und er benötigt eine Rechtsform für sein Unternehmen. Folgende Rechtsformen stehen ihm grundsätzlich zur Verfügung (vgl. Abbildung 22).

ÜBERBLICK ÜBER DIE RECHTSFORMEN

Einzelunternehmung	Personengesellschaften	Kapitalgesellschaften
Einzelfirma	Gesellschaft bürgerlichen Rechts (GbR)	Aktiengesellschaft (AG)
	Offene Handelsgesellschaft (OHG)	Kommanditgesellschaft auf Aktien (KGaA)
	Kommanditgesellschaft (KG)	Gesellschaft mit beschränkter
	Stille Gesellschaft	Haftung (GmbH)

Mischform	Sonderformen	
GmbH & Co. KG	Genossenschaften	
	Europäische Wirtschaftliche Interessenvereinigung (EWIV)	

Abbildung 22: Überblick über wichtige Rechtsformen

Numerus clausus der Gesellschaftsformen

Möchte sich jemand als Unternehmer betätigen, so kann er dies als Einzelkaufmann tun oder er kann mit anderen eine Gesellschaft gründen. Betreibt er sein Unternehmen alleine, so genügt nach dem Handelsgesetzbuch die Eintragung seines Unternehmens und damit verbunden seines Namens, der eigentlichen "Firma", ins Handelsregister.

Die Rechtsform der *Einzelfirma* eignet sich vor allem für Gewerbebetriebe, bei denen kein großer Kapitaleinsatz erforderlich ist. Gründung und Führung eines Einzelunternehmens verursachen in der Regel keine außergewöhnlichen rechtlichen oder steuerrechtlichen Probleme.

Schließt sich ein Kaufmann mit anderen zu einer Gesellschaft zusammen, so büßt er zunächst die alleinige Entscheidungsbefugnis ein; außerdem muß er nun den Gewinn teilen. Auf der anderen Seite vermindert sich aber auch sein Risiko. Für Geschäftsschulden haftet er nicht mehr beziehungsweise nicht mehr alleine mit seinem gesamten Vermögen. Auch bei Krankheit oder Unfall ist eine Vertretung leichter.

Das Gesetz stellt für ein, von mehreren Personen betriebenes Unternehmen bestimmte Gesellschaftsformen zur Verfügung. Zu beachten ist, daß im Gesellschaftsrecht der im Privatrecht geltende Grundsatz der Privatautonomie, insbesondere der Inhaltsfreiheit durchbrochen wird. Neue, von der Kodifikation abweichende Gesellschaftsformen können aus Gründen der Rechtssicherheit nicht gebildet werden. Man spricht in diesem Zusammenhang vom "*numerus clausus der Gesellschaftsformen*". Trotzdem ist es zulässig, bestimmte Gesellschaftsformen miteinander zu kombinieren, zum Beispiel die GmbH & Co.KG.

Als Gesellschaftsformen stehen zwei Grundtypen zur Auswahl: die Personen- und die Kapitalgesellschaften. Der wesentliche Unterschied zwischen diesen liegt im persönlichen Einsatz der Gesellschafter. Während bei Personengesellschaften die Einzelpersönlichkeiten der Unternehmer im Mittelpunkt stehen, ist dagegen bei Kapitalgesellschaften die "Kapitalbeteiligung" von zentraler Bedeutung. Jeder Unternehmer muß sich den "Konfektionsanzug", den das Gesetz bereit hält, heraussuchen, der am besten zu seiner "Figur" paßt.

Personengesellschaften

Als *Personengesellschaften* werden vom Gesetz vier Formen zur Auswahl gestellt. Hierzu zählen die Gesellschaft bürgerlichen Rechts (GbR), die Offene Handelsgesellschaft (OHG), die Kommanditgesellschaft (KG) und die Stille Gesellschaft.

Die Grundform der Personengesellschaft ist die *Gesellschaft bürgerlichen Rechts* (GbR). Sie ist im BGB geregelt und entsteht durch einen nicht formbedürftigen Vertrag. Das Vermögen der Gesellschaft gehört allen Gesellschaftern gemeinschaftlich ("zur gesamten Hand"). In einer GbR ist jeder Gesellschafter gleichberechtigt und zur Geschäftsführung und Vertretung berechtigt; dies ist allerdings nur zusammen mit den anderen möglich, es sei denn, im Gesellschaftsvertrag ist etwas anderes vereinbart.

Die GbR kann zur Erreichung "jedes beliebigen Zwecks" gegründet werden. Dieser kann vermögensrechtlicher oder auch ideeller Natur sein; auch kann er in zeitlicher Hinsicht entweder dauernd oder zeitlich beschränkt sein. Durch dieses Merkmal der beliebigen Zweckverfolgung tritt die GbR häufig in Erscheinung, ohne daß es den Teilnehmern immer bewußt ist. So ist eine GbR eine geeignete Gesellschaftsform für:

- Bürogemeinschaften oder Zusammenschlüsse von Freiberuflern, zum Beispiel für Rechtsanwaltssozietäten, Gemeinschaftspraxen von Ärzten oder Architekten,
- Zusammenschlüsse von Kleingewerbetreibenden, die als "Minderkaufleute" im Sinne des Handelsgesetzbuches keine OHG oder KG betreiben dürfen,
- Zusammenschlüsse von größeren Unternehmen, die nur für einen bestimmten, vorübergehenden Zweck erfolgen, zum Beispiel Bankkonsortien,
- Arbeitsgemeinschaften im Baugewerbe (ARGE),

- Wettgemeinschaften, zum Beispiel Lottogemeinschaften,
- Mitfahrgemeinschaften oder auch
- Bauherrngemeinschaften.

Ist das Ziel eines derartigen Zusammenschlusses ein "vollkaufmännisches Handelsgewerbe", so entsteht eine Offene Handelsgesellschaft. Die *Offene Handelsgesellschaft* ist im Handelsgesetzbuch gesetzlich geregelt. Auch hier haften alle Gesellschafter für die Gesellschaftsschulden mit ihrem Privatvermögen unbeschränkt. Die Stärke der OHG beruht auf dem Einsatz der persönlichen Fähigkeiten und der Leistungskraft der Gesellschafter sowie ihres persönlichen Vermögens und Kredits. Sie ist die ideale Gesellschaftsform für "drei nicht feindliche Brüder", die das Risiko der unbeschränkten Haftung nicht scheuen und die Finanzierung ihrer Vorhaben durch den Kapitalmarkt nicht benötigen. Als Gesellschafter einer OHG können auch Kapitalgesellschaften in Betracht kommen, zum Beispiel eine GmbH oder auch eine AG.

Obwohl die OHG keine eigene Rechtspersönlichkeit besitzt, ist ihr vom Gesetz eine gewisse (Teil-)Rechtsfähigkeit zuerkannt worden. Damit soll die Teilnahme (der Gesellschafter) am Rechtsverkehr erleichtert werden. So kann die OHG unter ihrer Firma Rechte erwerben und Verbindlichkeiten eingehen, Eigentum und andere Rechte an Grundstücken erwerben - dabei werden lediglich die OHG, nicht aber die einzelnen Gesellschafter im Grundbuch eingetragen - sowie klagen und verklagt werden.

Eine weitere Personengesellschaft ist schließlich die *Kommanditgesellschaft*. Sie ist ebenfalls im Handelsgesetzbuch gesetzlich geregelt. Verweise im Gesetz auf die OHG belegen, daß sie auf dieser aufbaut.

In einer KG gibt es zwei Arten von Gesellschaftern: die Komplementäre und die Kommanditisten. Die Besonderheit gegenüber der OHG (und der GbR) besteht darin, daß bei den Kommanditisten die Haftung für die Gesellschaftsschulden auf ihre Einlage beschränkt ist; die Komplementäre haften dagegen - genau wie die Gesellschafter einer OHG - persönlich und unbeschränkt.

Aufgrund seines größeren Haftungsrisikos ist nur der Komplementär zur Geschäftsführung und zur Vertretung der Gesellschaft nach außen berechtigt; der Kommanditist nur dann, wenn ihm der Gesellschaftsvertrag dies ausdrücklich zugesteht.

Die Rechtsform der KG wird häufig dann gewählt, wenn etwa ein Geschäftsbetrieb einmal auf die Kinder übergeleitet werden soll. In diesem Fall behält der Vater als Komplementär die Geschäftsführung des Unternehmens solange in der Hand, bis die Kinder in die Rolle des "Unternehmers" hineingewachsen sind. Solange stehen ihnen als Kommanditisten nur beschränkte Rechte zu.

Im Geschäftsleben hat sich heute eine weitere Gesellschaftsform eingebürgert, die *GmbH & Co KG*. Es handelt sich hierbei um eine Kommanditgesellschaft, an der eine GmbH als Komplementärin beteiligt ist. Die unbeschränkte Haftung des Komplementärs wird dadurch auf das Stammkapital der GmbH beschränkt.

Die *Stille Gesellschaft* schließlich ist ebenfalls im Handelsgesetzbuch normiert. Sie ähnelt im Grundsatz einer Darlehensgewährung, allerdings mit dem Unterschied, daß der "Stille Gesellschafter" am Gewinn und, sofern nichts anderes im Gesellschaftsvertrag vorgesehen ist, auch am Verlust beteiligt ist. Im Falle eines wirtschaftlichen Zusammenbruchs haftet er nur in Höhe seiner einbezahlten oder rückständigen Einlage. Die Stille Gesellschaft eignet sich immer dann, wenn ein Gesellschafter nicht im Handelsregister erscheinen und auch sonst keine sichtbare Rolle im Geschäftsleben spielen möchte.

Nach einem 1995 in Kraft getretenen Gesetz sollen Angehörige der freien Berufe künftig in sogenannten *Partnergesellschaften* zusammenarbeiten können. Mit diesem „Gesetz zur Schaffung von Partnergesellschaften und zur Änderung anderer Gesetze" soll die Lücke zwischen der Rechtsform der GbR und den Kapitalgesellschaften geschlossen und der besonderen Interessenlage bei der gemeinsamen Berufsausübung von Freiberuflern Rechnung getragen werden. Dabei soll dem Bedürfnis nach einer Risikobegrenzung unter Berücksichtigung der Interessen der Auftraggeber Rechnung getragen werden. Diese Gesellschaftsform ist als rechtsfähige Personengesellschaft ausgestaltet, die nur Personen der freien Berufe zugänglich ist; wie die OHG stellt sie eine Sonderform der GbR dar. In rechtlicher Hinsicht lehnt sich diese Rechtsform eng an das Recht der OHG an, ohne jedoch zu einer solchen zu werden. Sie kann unter ihrem Namen klagen und verklagt werden kann, ist grundbuchfähig und unterliegt nicht der Gewerbesteuer.

Kapitalgesellschaften

Zu den *Kapitalgesellschaften* zählen insbesondere die Gesellschaft mit beschränkter Haftung (GmbH), die Aktiengesellschaft (AG) und die Kommanditgesellschaft auf Aktien (KGaA). Die Grundform der Kapitalgesellschaften ist der bürgerlich-rechtliche Verein.

Die *Gesellschaft mit beschränkter Haftung* ist in einem eigenen Gesetz, dem GmbH-Gesetz geregelt. Sie ist ebenfalls auf ein Handelsgewerbe ausgerichtet; ihr Unternehmensgegenstand kann aber auch künstlerischer, zum Beispiel Theaterbetriebs-GmbH oder wissenschaftlicher, zum Beispiel Berufsfortbildungs-GmbH, Art sein.

In einigen Wirtschaftsbereichen, zum Beispiel im Bank- und Versicherungswesen, ist die GmbH nicht zulässig.

Vorteile einer GmbH sind in erster Linie der relativ geringe Gründungskapitalbedarf (Mindeststammkapital DM 50.000,-), die Haftungsbegrenzung auf das Gesellschaftsvermögen und die flexiblen Gestaltungsmöglichkeiten des Innenverhältnisses.

Organe der GmbH sind die Gesellschafterversammlung, der Geschäftsführer und bei mehr als 500 Beschäftigten ein Aufsichtsrat.

Auch die *Aktiengesellschaft* ist in einem eigenen Gesetz, dem Aktiengesetz (AktG) gesetzlich geregelt. Ihr Grundkapital (mindestens DM 100.000,-) ist in Aktien (Mindestnennbetrag DM 5,-) aufgeteilt.

Die Haftung gegenüber Gläubigern ist auf das Gesellschaftsvermögen beschränkt.

Um die Käufer von Aktien zu schützen, sind gesetzlich geregelte Gründungsvorschriften zwingend einzuhalten.

Die AG ist heute die typische Gesellschaftsform für Großunternehmen, doch besitzt sie als Rechtsform auch für kleinere und mittlere Betriebe erhebliche Bedeutung. Ihr Hauptvorteil kommt in der Möglichkeit zum Ausdruck, auch größere Beträge über den Kapitalmarkt aufnehmen zu können.

Oberstes Organ der AG ist die Hauptversammlung der Aktionäre. Ein bindend vorgesehener Aufsichtsrat, der üblicherweise zu 2/3 aus, von der Hauptversammlung gewählten Aktionärsvertretern und zu 1/3 aus Arbeitnehmervertretern besteht, bestellt und kontrolliert einen Vorstand. Dieser leitet die Gesellschaft eigenverantwortlich und weisungsunabhängig und vertritt sie nach außen.

Ziel des 1994 verabschiedeten "Gesetzes für kleine Aktiengesellschaften und zur Deregulierung des Aktienrechts" ist es, die Rechtsform der AG durch besondere Vorschriften für mittelständische Unternehmen, die bisher vornehmlich in der Form der GmbH organisiert sind, attraktiver zu machen; im internationalen Vergleich haben die mittelständischen Betriebe eine verhältnismäßig geringe Eigenkapitalausstattung. So soll durch diese Regelungen die Gründung einer AG und damit der Zugang zum Kapitalmarkt (Börse) - im Interesse einer Verbesserung der Eigenkapitalausstattung - erleichtert werden. Bei der "kleinen AG" handelt es sich aber um keine neue Rechtsform, sondern um eine - im Aktiengesetz geregelte - Sonderform der AG. Dementsprechend wurden einige zu "perfektionistisch" gewordene Vorschriften geändert. So wurden die strengen Formvorschriften für kleine, nicht börsennotierte Aktiengesellschaften gelockert und zum Beispiel die Einpersonen-AG - entsprechend der Einmann-GmbH - zugelassen; hinzu kommt, daß Aktiengesellschaften mit weniger als 500 Beschäftigten von der Arbeitnehmer-Mitbestimmung ausgenommen sind, was bisher nur für die GmbH galt. Die Praxis zeigt bisher, daß zahlreiche mittelständische Unternehmen diese "neue" Rechtsform als Alternative zur GmbH akzeptieren.

Von geringer praktischer Bedeutung ist heute die *Kommanditgesellschaft auf Aktien* (KGaA). Sie stellt eine besondere Form der Aktiengesellschaft dar. Da mindestens ein Gesellschafter als Komplementär - Vorstandsfunktion wahrnehmend - den Gesellschaftsgläubigern unbeschränkt haftet, finden diesbezüglich die Vorschriften über die Kommanditgesellschaft Anwendung; im übrigen besitzt das Aktiengesetz Geltung.

Eine Sonderform stellt die *Genossenschaft* dar, eine Rechtsform, die ebenfalls in einem eigenen Gesetz geregelt ist. Ihre Aufgabe ist es, den "Erwerb und die Wirtschaft" ihrer Mitglieder ("Genossen") durch einen gemeinwirtschaftlichen Geschäftsbetrieb zu fördern. Wichtige Erscheinungsformen sind Einkaufs- und Kreditgenossenschaften.

Die Zusammenarbeit europäischer Unternehmen war in der Vergangenheit aufgrund der verschiedenen Interpretationen der Rechtsformen in den einzelnen Mitgliedsstaaten erschwert. Die Unternehmen haben versucht, alle Einzelheiten so gut wie möglich vertraglich zu regeln. Trotz dieser Verträge kamen nicht selten erhebliche Unsicherheiten darüber auf, welche rechtlichen Folgen nun auf sie zukommen. Um diesen Irritationen entgegen zu wirken und die europäische Zusammenarbeit zu fördern, hat der Ministerrat der EG die Verordnung zur Schaffung einer *Europäischen Wirtschaftlichen Interessenvereinigung* (EWIV) erlassen. Die EWIV ist seit dem 01.01.1989 zugelassen. Sie ist eine Rechtsform für europäische Unternehmen. In ihrer inneren Struktur weist die EWIV starke Ähnlichkeit mit der OHG in Deutschland auf. Ihre Gründung erfolgt durch den Abschluß eines Gesellschaftervertrages. Inhalt muß unter anderem der Name und der Sitz der Gesellschaft, ihr Unternehmensgegenstand und Angaben über die Mitglieder sein. Damit eine EWIV entstehen kann, ist ihre Eintragung in ein entsprechendes nationales Register erforderlich, etwa in das deutsche Handelsregister. Oberstes Organ sind die gemeinschaftlich handelnden Mitglieder, von denen mindestens zwei aus verschiedenen Ländern stammen müssen.

Die nachstehende Übersicht verdeutlicht noch einmal zusammenfassend die wesentlichen Charakteristika von Personen- und Kapitalgesellschaften (vgl. Abbildung 23).

	Personengesellschaften	Kapitalgesellschaften
Status	keine eigene Rechtspersönlichkeit, keine juristische Person;	eigene Rechtspersönlichkeit, juristische Person;
Gesellschafterbezug	grds. von den einzelnen Gesellschaftern abhängig; bei Kündigung oder Tod i.d.R. Auflösung;	grds. unabhängig vom Gesellschafterbestand; Gesellschafterwechsel möglich;
Aktivitäten	Geschäftsführung und Vertretung durch Gesellschafter selbst;	von selbständigen Organen wahrgenommen (Gesellschafterversammlung, Geschäftsführer, Vorstand);
Haftung	Gesellschafter haften als Gesamtschuldner mit persönlichem Vermögen;	juristische Person haftet selbst, nicht aber Gesellschafter persönlich;
Auftreten	unter dem Namen der Gesellschafter; wenn Handelsgesellschaft: Unter Firma.	unter Firma.

Abbildung 23: Personen- und Kapitalgesellschaften
(Quelle, Müssig, Peter: DVW 1/1994, S. 5)

Für die Rechtsformwahl können verschiedene Kriterien herangezogen werden, die es im folgenden auf ihre Marketingrelevanz hin zu analysieren gilt.

Wer soll haften ?

Eines der wichtigsten Kriterien zur Ermittlung der geeigneten Rechtsform eines Unternehmens ist die Frage der *Haftung*, also die Frage, wer für Verbindlichkeiten des Unternehmens aufkommen muß und bis zu welcher Höhe. Bei Einzelunternehmen, Gesellschaften bürgerlichen Rechts und Offenen Handelsgesellschaften ist diese Frage leicht zu beantworten: Alle Gesellschafter haften unbeschränkt für alle Verbindlichkeiten des Unternehmens, also neben der Einlage auch mit ihrem gesamten Privatvermögen. Anders sieht es bei Kommanditgesellschaften aus; hier haftet der Komplementär voll mit seiner Einlage und seinem Privatvermögen, während die Kommanditisten nur bis zur Höhe ihrer Einlage zur Haftung verpflichtet sind. Bei der Stillen Gesellschaft sind Haftungsfragen nicht relevant, da der Stille Gesellschafter nach außen nicht in Erscheinung tritt und die Haftung lediglich auf die aktiv tätig werdenden Gesellschafter beschränkt ist. Der Stille Gesellschafter ist also eher Gläubiger als Gesellschafter der Unternehmung.

Bei den Kapitalgesellschaften bleibt die Haftung grundsätzlich auf die jeweiligen Gesellschaftseinlagen, seien es nun Gesellschaftsanteile, Aktien oder Genossenschaftsanteile beschränkt.

Die Entscheidung für eine bestimmte Form der Haftung und die daraus resultierende Rechtsform des Unternehmens weist - den Aspekt der Produkthaftung einmal ausgenommen - relativ geringe Marketingrelevanz auf. So wirkt sich etwa eine beschränkte Haftung kommunikationspolitisch kaum negativ aus.

Exkurs: Persönliche Haftung des Marketing-Managers

Haftungsverschärfungen für "Manager"

Die persönliche Haftung von "Managern" und Aufsichtsräten für Fehlentwicklungen in ihrem Unternehmen hat sich in den vergangenen Jahren erheblich verschärft. Obwohl es gesetzliche Haftungsgrundlagen schon seit langer Zeit gibt, bestand noch in den achtziger Jahren das Hauptrisiko eines unsorgfältigen oder leichtfertigen Managers im wesentlichen darin, entlassen zu werden (Thümmel, 1996, S. 19). Soweit Geschäftspartner oder Kunden des Unternehmens (Schadensersatz-)Ansprüche wegen eines Fehlverhaltens des Managers anmeldeten, wurden diese regelmäßig von den Unternehmen übernommen.

Diese Situation hat sich mittlerweile verändert. So ist bei zahlreichen Unternehmensinsolvenzen deutlich geworden, daß die Manager nicht nur "Pech" hatten, sondern teilweise auch mit großer Nachlässigkeit, mitunter auch kriminell, handelten; durch diese "Fehlentscheidungen" der Manager sind erhebliche (auch volkswirtschaftliche) Schäden verursacht worden; Stichwort in diesem Zusammenhang sind zum Beispiel VW-Devisenspekulationen, Unfälle in der Chemischen Industrie, "Schneider-Pleite", Südmilch oder Metallgesellschaft, wobei in diesen Fällen nicht nur die handelnden Personen (Vorstände oder Geschäftsführer) im Blickpunkt standen, sondern auch deren Kontrollorgane, die Aufsichtsräte. Aus diesem Grund versuchen Konkursverwalter oder "leer ausgehende" Gläubiger verstärkt, die handelnden Personen in die Pflicht zu nehmen. Aber auch außerhalb der Insolvenz sind Unternehmen und ihre Anteilseigner immer weniger bereit, durch das Management verursachte Schäden hinzunehmen. Dieser Wandel in der Anspruchsmentalität in bezug auf die Haftung eines Managers hat verschiedene Ursachen. Zu nennen ist hier die Globalisierung der Märkte, die sich hieraus ergebenden Verflechtungen von Unternehmen, der wachsende Wettbewerbsdruck und das breite Spektrum der Aufgabenstellung; die so notwendige Zusammenarbeit zwischen den einzelnen Personen und Institutionen ist für Vorstände und Geschäftsführer nur noch schwer durchschaubar. Es bleibt daher nicht aus, daß sie nicht nur für eigene Fehler, sondern unter dem Gesichtspunkt des Organisationsverschulden auch für Fehler Dritter persönlich in Anspruch genommen oder sogar auch strafrechtlich belangt werden können; insbesondere im Bereich der Produkthaftung ist durch die BGH-Entscheidungen im "Lederspray-Verfahren" oder im "Holzschutzmittelprozeß" die strafrechtliche Verantwortlichkeit verschärft worden.

Eine weitere Ursache liegt darin, daß aus dem Ausland, speziell aus den USA, andere Anspruchsmentalitäten beziehungsweise Verhaltensmuster zunehmend übernommen werden. So ist zum Beispiel in den USA die Anspruchsmentalität viel höher als in Deutschland. Etwas überspitzt formuliert, sucht ein Raucher in den USA, der einen Husten bekommt, nicht zunächst einen Arzt, sondern einen Rechtsanwalt auf, um die betreffende Zigarettenfirma auf Schadensersatz zu verklagen. In den USA ist die Managerhaftung ein alltägliches Thema; dabei kommen den Geschädigten auch die prozessualen Besonderheiten des US-Rechts entgegen, zum Beispiel der verfassungsrechtlich gesicherte Anspruch des Klägers auf eine Entscheidung durch Geschworene ("jurytrial"), die mögliche Verhängung eines über den tatsächlichen Schaden hinausgehenden Strafschadensersatz ("punitive damages") oder die erfolgsabhängige Anwaltshonorierung ("contingency fee").

Außerdem wächst in Zeiten rückläufiger Konjunktur oder Stagnation das Bedürfnis aller Beteiligten, nach "zusätzlichen" Schuldnern Ausschau zu halten, die für entstandene Schäden einstehen können.

Abgrenzung zur Haftung eines leitenden Angestellten

Bevor nun einige, für einen Manager wesentliche Haftungstatbestände angesprochen werden, gilt es zunächst, den hier zugrunde gelegten Begriff des "Managers" näher zu konkretisieren. *Managerhaftung* bedeutet das Einstehenmüssen von Vorständen, Geschäftsführern oder Aufsichtsräten für pflichtwidrig verursachte Schäden. Nicht hiervon erfaßt ist also die Haftung der sogenannten leitenden Angestellten, zum Beispiel der Prokuristen oder Generalbevollmächtigten, eine große Personengruppe innerhalb des Unternehmens. Im Unterschied zur Managerhaftung (Organhaftung) ist aber ihre Haftung sowohl dem eigenen Unternehmen als auch Dritten gegenüber weitgehend von den Grundsätzen der Arbeitnehmerhaftung geprägt; diese arbeitsrechtlichen Haftungsgrundsätze sehen für Arbeitnehmer weitgehende Haftungsbeschlüsse beziehungsweise -beschränkungen vor (u.a. BAG, SAE 1988, 285; Großer Senat des BAG, SAE 1996, 1). Der Grund hierfür ist, daß die Höhe des Schadens, den ein Arbeitnehmer infolge leichter Fahrlässigkeit verursacht in der Regel seine Leistungsfähigkeit weit übersteigt und ihn dadurch für die Zukunft unzumutbar belastet.

Bei den Personengesellschaften, also der GbR, der OHG oder der KG, gibt es keine entsprechenden Haftungsregelungen. Der Grund besteht darin, daß es sich

bei den Personengesellschaften nicht um juristische Personen, sondern um sogenannte Gesamthandsgemeinschaften handelt und die Geschäftsführung nach dem
Gesetz nicht durch angestellte Manager, sondern durch die Gesellschafter selbst
erfolgt. Die Haftung für fehlerhafte Geschäftsführung ist also eine Haftung, die
sich aus dem Gesellschaftsverhältnis und der sich hieraus resultierenden Treue-
pflichten ergibt. Bei einem einzelkaufmännischen Unternehmen gibt es ebenfalls
keine Managerhaftung in diesem Sinne, weil diese Unternehmensform - ebenfalls
wie dies bei Personengesellschaften der Fall ist - keine von dem Unternehmens-
träger getrennten Organe kennt, sondern nur den Geschäftsinhaber selbst; seine
Haftung ist mit derjenigen des Unternehmens identisch. Streitigkeiten zwischen
leitenden Angestellten und den Organen werden daher vor den Arbeitsgerichten
ausgetragen, während ansonsten, zum Beispiel bei Streitigkeiten zwischen GmbH
und Geschäftsführer, die Zivilgerichte zuständig sind.
Es gibt ein breites Spektrum an Haftungsvorschriften, die für sich betrachtet kein
abgeschlossenes Haftungssystem darstellen. Bei der Frage nach der Haftung ist
zunächst zwischen der Innenhaftung, das heißt der Haftung des Managers gegenüber dem eigenen Unternehmen und der Außenhaftung, das heißt der Haftung
des Managers für Schäden, die bei Dritten und nicht beim eigenen Unternehmen
entstehen, zu unterscheiden. Hat der Manager als gesetzlicher Vertreter der juristischen Person im Rahmen der Erfüllung seiner Aufgaben gehandelt und ist bei
einem Dritten ein Schaden entstanden, haftet nach dem Gesetz neben dem Manager stets auch die Gesellschaft. Regelmäßig wird sich der Geschädigte zwecks
Schadensersatz auch an diese halten. Die Frage nach einem Regreßanspruch der
Gesellschaft gegen den Manager bestimmt sich dann nach den Haftungsgrund-
sätzen im Innenverhältnis, die - anders als die Außenhaftung - weitgehend spezialgesetzlich geregelt ist, zum Beispiel im GmbHG oder im AktG; entscheidend
ist, ob die Drittschädigung auch eine Pflichtverletzung gegenüber dem Unternehmen bedeutet. Wird der Manager direkt von dem Dritten in Anspruch genommen, stellt sich die Frage, ob und inwieweit der Manager einen Anspruch auf
Freistellung hat. In der Praxis ist die Außenhaftung des Managers dann relevant,
wenn das Unternehmen insolvent ist, weil dann eine Freistellung nicht hilft.
Im folgenden sollen einige für den Marketing-Manager wichtige Haftungstatbestände im Außenverhältnis, das heißt der Haftung des Managers für Schäden, die
bei Dritten (also nicht beim eigenen Unternehmen) entstehen, dargestellt werden.

Einzelne Haftungstatbestände

Während die Innenhaftung, das heißt die Haftung des Managers gegenüber dem
eigenen Unternehmen, im wesentlichen spezialgesetzlich geregelt ist, fehlt es an
derartigen Spezialvorschriften bei der Außenhaftung. Maßgebend sind hier
grundsätzlich die allgemeinen deliktsrechtlichen Regelungen (§§ 823ff BGB);
danach besteht eine Schadensersatzpflicht bei einer rechtswidrigen, fahrlässigen
oder vorsätzlichen Rechtsgutverletzung Dritter.
Gegenüber den Kunden des Unternehmens kommt eine persönliche Haftung des
Managers insbesondere im Bereich mangelhafter Aufklärung über Gefahren des

getätigten Geschäfts in Betracht. Eine besondere „haftungsgeneigte" Branche ist die Vermittlung von Kapitalanlagen. Dem Kunden steht ein Schadensersatzanspruch dann zu (über das Rechtsinstitut "culpa in contrahendo"), wenn der Manager besonderes persönliches Vertrauen für sich in Anspruch genommen hat oder er - was seltener der Fall ist - ein besonderes wirtschaftliches Eigeninteresse an dem abzuschließenden Geschäft hat.

Im Bereich des Kapitalanlagegeschäfts hat sich ein weiterer Haftungstatbestand herauskristallisiert, die sogenannte *Prospekthaftung*. Haftungsgrundlage ist nicht mehr die Inanspruchnahme von konkretem, sondern von "typisiertem" Vertrauens, das notwendigerweise mit der Verwendung von Werbematerial zu Kapitalanlagen verbunden ist. Nach den Grundsätzen der Prospekthaftung haften diejenigen für Vollständigkeit und Richtigkeit eines Werbeprospekts über bestimmte Anlagemodelle, mit deren Wissen der Prospekt in den Verkehr gebracht worden ist. Der wesentliche Aspekt liegt in der Praxis bei dieser Vollständigkeit des Prospektes hinsichtlich des Verlustrisikos sowie eventuell vom Kunden zu zahlender Prämien; ein schuldhaftes Verschweigen solcher wesentlichen Angaben führt zu einem Schadensersatzanspruch des Kunden (Thümmel, 1996, S.136).

Weitere wichtige Haftungstatbestände finden sich im Bereich der Produkthaftung. Die Grundsätze zur Produkthaftung sind Gegenstand des sich anschließenden Kapitels. An dieser Stelle sei jedoch darauf hingewiesen, daß im Produkthaftungsbereich diesbezüglich die Produktbeobachtungspflicht, die Folgenwarnpflicht und die Rückrufpflichten besondere Praxisrelevanz besitzen. Hat der Manager von einem Produktfehler Kenntnis erlangt, sei es im Herstell-, Konstruktions-, oder Instruktionsbereich, ist er verpflichtet, unverzüglich zu reagieren; bei pflichtwidriger Säumnis haftet er persönlich. Dies gilt nicht nur für Unternehmensleiter, in deren Verantwortungsbereich das Produkt oder der Vertrieb fällt. Darüber hinaus kann eine Schadensersatzpflicht des Managers bei Produktfehlern vorliegen, von denen er keine Kenntnis hatte, ihn aber ein Organisationsverschulden trifft. So wird nach der Rechtsprechung bei Produktfehlern eine Pflichtverletzung auch darin gesehen, wenn der Manager keine ausreichenden organisatorischen Vorkehrungen (zum Beispiel Einrichtung spezieller Personalstellen; Auswahl geeigneter Mitarbeiter) zur rechtzeitigen Feststellung von Herstell-, Konstruktions- oder Instruktionsfehlern (unzugängliche Bedienungsanleitung) getroffen hat (Thümmel, 1996, S. 137).

Ein weiterer Bereich ist die Schadensersatzpflicht wegen unerlaubter Umweltbeeinträchtigungen. Für die Frage nach der Haftung sind zunächst die Vorschriften des Umwelthaftungsgesetzes maßgebend. Das Umwelthaftungsgesetz begründet eine Ersatzpflicht des Betreibers bestimmter umweltbeeinträchtigender Anlagen gegenüber dem Verletzten unabhängig vom Verschulden. Neben dem Umwelthaftungsgesetz finden auch hier die allgemeinen deliktsrechtlichen Vorschriften Anwendung. Entsprechend zur Produkthaftung ist der Manager für Schäden verantwortlich, wenn er in Kenntnis von Gefährdungen nicht unverzüglich die erforderlichen Maßnahmen einleitet oder ein Organisationsverschulden vorliegt.

Schutz durch Versicherung

Eine Absicherung des Managers vor diesen zunehmenden Haftungsrisiken bietet sich durch ein auf dem deutschen Markt neuen Versicherungskonzept an, die sogenannten Directors und Officers Policen (D & O Policen), die das betreffende Unternehmen für seine Manager abschließen kann. In den USA ist eine entsprechende Absicherung des Top-Managements selbstverständlich. Der Unterschied zur herkömmlichen Rechtsschutzversicherung besteht darin, daß diese grundsätzlich nicht nur die Prozeßkosten in einem gerichtlichen Verfahren abdecken, sondern sämtliche Haftpflichtrisiken der Unternehmensleiter (Thümmel, 1996, S. 144).

Woher kommt das Kapital?

Ein zweites wichtiges Kriterium für die Wahl der geeigneten Rechtsform ist die Frage der Kapitalaufbringung. In den meisten Fällen verfügen der Unternehmensgründer beziehungsweise später die Gesellschafter nicht über ausreichend eigenes Kapital. Die Wahl der Rechtsform ist für die Finanzierungsmöglichkeiten, etwa für den Zugang zum Kapitalarkt, von entscheidender Bedeutung.

Die Einzelfirma hat in bezug auf die Eigenkapitalbeschaffung keinen Zugang zum Kapitalmarkt; für sie gibt es diesbezüglich keine besonderen Vorschriften. Als Kapitalquellen stehen ihr im wesentlichen Banken und Privatdarlehen offen. Ähnlich verhält es sich bei der GbR und der OHG. Der Vorteil dieser beiden letztgenannten Rechtsformen liegt darin, daß durch die Aufnahme neuer Gesellschafter auch Kapital „von innen" in die Gesellschaften gelangen und so eine mögliche Abhängigkeit von Banken verringert werden kann. Bei der KG sind die Finanzierungsmöglichkeiten in Form der Aufnahme von Kommanditisten wesentlich erleichtert, da sich nun auch Personen an dem Unternehmen beteiligen können, die ihre Haftung auf die Einlage begrenzt wissen wollen. Die Rechtsform der GmbH bietet im Hinblick auf die Kapitalaufbringung die Vorteile, daß alle beteiligten Gesellschafter nur mit ihrem Anteil haften und die Gesellschaftsanteile handelbar sind.

Alle vorgenannten Rechtsformen bieten aber noch keinen Zugang zum Kapitalmarkt. Dieser ist erst der Aktiengesellschaft möglich, die somit die besten Finanzierungsmöglichkeiten bietet. Die Stückelung des Grundkapitals von mindestens DM 100.000,- in Anteile von mindestens DM 5,- und die strengen Vorschriften zum Erhalt dieses Grundkapitals ermöglichen die Beschaffung größerer Beträge über den Kapitalmarkt. Die gleichen Finanzierungsmöglichkeiten wie die AG bietet die Kommanditgesellschaft auf Aktien, bei der das Kommanditkapital in Aktien überführt worden ist.

Für Marketingaktivitäten sind die mit der Wahl der Rechtsform verbundenen Kapitalbeschaffungsmöglichkeiten des Unternehmens von entscheidender Bedeutung. Eine solide Kapitalbasis ermöglicht eine intensivere Produktpolitik, die

Verbesserung der Produkte, die Erweiterung des Sortiments und die Finanzierung umfangreicher Forschungs- und Entwicklungsvorhaben. Mit einer ausreichenden Kapitalausstattung kann in der Einführungsphase ein Produkt umfassend beworben und über hohe Rabatte in den Handel gebracht werden.

Wer bekommt den Gewinn?

Auch um die Verteilung der zu erwarteten Gewinne zu regeln, ist die Entscheidung für eine Rechtsform wichtig.

Die entsprechenden Gesetze über die Rechtsformen enthalten Vorschriften zur Gewinnverteilung; diese gelten aber nur, wenn in den Gesellschaftsverträgen nichts anderes vereinbart wurde. Rechtsformabhängig ist auch die wichtige Frage der Gewinnbesteuerung. In der Einzelfirma steht der Gewinn, auch aufgrund der Haftung, ausschließlich dem Eigentümer zu. Eine eventuell Gewerbesteuerpflicht ergibt sich aus der Art der ausgeübten Tätigkeit. In der KG und der OHG wird die Gewinnverteilung üblicherweise in den Gesellschaftsverträgen festgelegt. Ist nichts vereinbart worden, werden vier Prozent der Kapitaleinlage angesetzt und der Rest des Gewinnes nach Köpfen verteilt. Gewerbesteuer muß dann entrichtet werden, wenn die Mitunternehmer als Gewerbetreibende im Sinne des Gewerbesteuergesetzes gelten. In der Stillen Gesellschaft kann die Gewinnverteilung nur vertraglich geregelt werden. Eine Steuerpflicht entspricht der der KG und der der OHG.

In einer GmbH wird der Gewinn, sofern der Gesellschaftsvertrag nichts anderes vorsieht, im Verhältnis der Geschäftsanteile verteilt. Als Kapitalgesellschaft mit eigener Rechtspersönlichkeit unterliegt die GmbH der Körperschaftssteuer. Über die Verteilung der Gewinne einer AG und einer KGaA entscheidet die jeweilige Hauptversammlung. Gewinne werden pro Aktie genannt und sind für die Aktionäre steuerpflichtig (Privatpersonen unterliegen der Kapitalertragssteuer). Für die Gesellschaft besteht wie bei der GmbH Körperschaftssteuerpflicht.

Direkte Marketingrelevanz kommt der durch das Gewinnverteilungskriterium bestimmten Rechtsformwahl kaum zu. Allerdings führen steuerliche Bestimmungen oft dazu, daß es günstiger ist, den Gewinn etwa in Marketingaktivitäten des Unternehmens zu reinvestieren, als ihn auszuschütten.

Wer soll leiten?

Bei dieser ebenfalls wichtigen Frage geht es um die Führung und Vertretung des Unternehmens nach außen und um die Mitwirkungs- und Kontrollrechte der nicht leitenden Gesellschafter und Anteilseigner. Die gesetzlich vorgeschriebenen Regelungen können im einzelnen durch die Gesellschaftsverträge abgeändert werden.

In der Einzelfirma kann der Eigentümer nach eigenem Ermessen die Geschäfte führen oder jemanden mit der Unternehmensführung beauftragen. Da es nur einen Eigentümer gibt, bestehen keine speziellen Vorschriften. Die Mitglieder einer GbR sind nach außen grundsätzlich alle gleichberechtigt; sie führen das Unternehmen gemeinsam. Diese Vorschrift ist aber dispositiv; sie kann im Gesellschaftsvertrag verändert werden. Ebenfalls dispositiv ist die Verpflichtung zur gemeinsamen Geschäftsführung in einer OHG; auch ein Nichtgesellschafter kann zur Geschäftsführung berufen werden. In einer KG obliegt die Geschäftsführung dem vollhaftenden Komplementär, während den Kommanditisten nur geringe Kontrollrechte verbleiben.

Die Kapitalgesellschaften besitzen als juristische Personen eigene Rechtspersönlichkeit. Ihnen fehlt allerdings die natürliche Handlungsfähigkeit. Aus diesem Grunde werden bei der GmbH, der AG und der KGaA natürliche Personen als Führungskräfte eingesetzt, die dann im Namen der jeweiligen Gesellschaft handeln. Bei kleinen Kapitalgesellschaften (Einmann-GmbH und -AG) wird auf diese Trennung von Gesellschafter und Geschäftsführer verzichtet. In einer GmbH wird die Geschäftsführung von der Gesellschafterversammlung bestellt; es kann auch ein Aufsichtsrat zur Kontrolle dieser Geschäftsführung eingesetzt werden.

Bei einer AG ist ein solcher Aufsichtsrat, der den zur Geschäftsführung und Vertretung berechtigten Vorstand bestellt und kontrolliert, bindend vorgeschrieben.

In einer KGaA übernehmen die Komplementäre die Funktionen des Vorstandes einer AG.

Aus Marketingüberlegungen ist im Hinblick auf die Leitungsbefugnis solchen Rechtsformen der Vorzug zu geben, die zum einen das Einstellen von Marketingexperten begünstigen und zum anderen ein schnelles, flexibles, vor allem marktorientiertes Agieren ermöglichen. So wird zum Beispiel bei der Gründung reiner Vertriebsgesellschaften oftmals die Rechtsform der OHG bevorzugt.

Wer soll was wissen?

Ein weiteres Kriterium für die Wahl der Rechtsform eines Unternehmens ist die mögliche Pflicht zur Veröffentlichung von Bilanzen, Gewinn- und Verlustrechnungen sowie Geschäftsberichten. Diese mögliche Publizitätspflicht veranlaßt einige Unternehmen, außergewöhnliche Rechtsformkonstruktionen zu wählen, um die Öffentlichkeit nicht informieren zu müssen.

Sofern eine bestimmte Größe nicht überschritten wird, besteht für Einzelunternehmen und Personengesellschaften keine Publizitätspflicht. Für die Kapitalgesellschaften GmbH, AG und KGaA besteht die Pflicht für Veröffentlichungen gestaffelt je nach der Größe der jeweiligen Unternehmung. Indikatoren für die Unternehmensgrößen sind dabei der Umsatz und die Anzahl der Mitarbeiter. Neben der Publizitätspflicht besteht für große Kapitalgesellschaften auch die Pflicht, den Geschäftsbericht von unabhängigen Wirtschaftsprüfern überprüfen zu lassen.

In den letzten Jahren hat sich die Publizitätspflicht von einer ungeliebten Pflichtübung zu einem wichtigen kommunikationspolitischen Marketinginstrument gewandelt. Aus langweiligen, von Zahlen überquellenden Geschäftsberichten sind kleine "Kunstwerke" geworden. In ihnen läßt sich über die reinen Zahlen hinaus das Unternehmen in schönen Bildern und guten Worten der Öffentlichkeit nahebringen.

Und in Europa?

Um im Hinblick auf den europäischen Binnenmarkt eine Rechtsform zu schaffen, die eine Zusammenarbeit zwischen Unternehmen, die sich in verschiedenen Ländern der Europäischen Union befinden, erleichtern soll, ist die Europäische Wirtschaftliche Interessenvereinigung geschaffen worden.

Für Unternehmen mit europaweiten Marketingaktivitäten ist diese Rechtsform eine neue interessante Alternative. Zu den bekanntesten und wirtschaftlich bedeutsamsten Unternehmen in dieser Rechtsform zählt die "Airbus Industries".

Die richtige Rechtsform?

Die Analyse der Entscheidungsparameter zur Wahl einer Rechtsform für ein Unternehmen läßt erkennen, daß es sowohl allgemein wie auch marketingspezifisch keine ideale Rechtsform gibt. Gründe dafür sind die Interdependenzen zwischen den verschiedenen Kriterien (viel fremdes Geld ist schön, viel fremde Mitsprache nicht) und die komplexe Situation der jeweiligen Unternehmensgründung. Der Entscheidung zur Gründung beziehungsweise Umwandlung einer Unternehmung gehen so viele Überlegungen voraus, die alle speziell aufeinander abgestimmt werden müssen, so daß eine Empfehlung zur Wahl einer bestimmten Rechtsform ohne die Beachtung der genauen Einzelumstände nicht abgegeben werden kann.

Betrachtet man zusammenfassend noch einmal speziell die Marketingrelevanz der einzelnen Entscheidungskriterien für die Rechtsformwahl einer Unternehmung, so hat sich gezeigt, daß vor allem den Fragen der Kapitalbeschaffung und der Leitung außerordentliche Bedeutung beizumessen ist. Unternehmen, die ein ausgeprägtes Innovationsmarketing betreiben, haben einen hohen Kapitalbedarf; als Rechtsform ist hier die AG mit ihrer Zugangsmöglichkeit zum Kapitalmarkt zu bevorzugen. Für Vertriebsgesellschaften, die eine relativ geringe Kapitalausstattung benötigen, andererseits aber schnell und flexibel am Markt reagieren müssen, ist dagegen die OHG mit ihren möglichen Leitungsstrukturen eine empfehlenswerte Option.

Kapitel 3: Sichere Daten

Für die Anbieter auf einem Markt ist es - speziell für ihr Innovationsmarketing - von größter Bedeutung, die aktuellen, vor allem aber auch die zukünftigen Bedürfnisse der Verbraucher zu kennen. Diesem Ziel dient die Marktforschung, die so zu einer größeren Markttransparenz beiträgt. *Marktforschung* kann aber nur funktionieren, wenn ihr entsprechendes Vertrauen von den Personen entgegengebracht wird, von denen sie sich Informationen erhofft. Dieses Vertrauen gilt es auch zu schützen.

Datenschutzrechliche Rahmenbedingungen

Das am 1. Januar 1978 in Kraft getretene *Bundesdatenschutzgesetz* (BDSG) regelt, ob und wie mit personenbezogenen Daten umgegangen werden darf. Sein Grundsatz ist dabei das Recht auf informationelle Selbstbestimmung, das sich aus Artikel 1, Abs. 1 und Artikel 2, Abs. 1 des Grundgesetzes ableitet. Es gilt ein Verbot mit Erlaubnisvorbehalt, das heißt, daß grundsätzlich die Verarbeitung und Nutzung personenbezogener Daten verboten ist, es sei denn, der Betroffene stimmt dem zu oder ein Gesetz erlaubt oder ordnet es an. Das BDSG unterscheidet in öffentliche Stellen (Behörden usw.) und nichtöffentliche Stellen (Marktforschungsinstitute usw.). Die letzteren müssen die Daten nach Treu und Glauben erheben; eine freiwillige Mitwirkung der Betroffenen wird dabei vorausgesetzt. Jeder hat das Recht auf Auskunft über die zu seiner Person gespeicherten Daten (Datenursprung, Speicherungszweck und Weitergabe). Nichtöffentliche Stellen sind verpflichtet, diejenigen zu benachrichtigen, über die sie Daten ohne deren Kenntnis verarbeitet haben. Die Betroffenen können verlangen, daß die sie betreffenden Daten berichtigt, gesperrt oder gelöscht werden. Ist jemand der Ansicht, daß ihm durch ungesetzlichen Umgang mit seinen Daten Schaden zugefügt worden ist, so kann er Schadensersatzansprüche geltend machen; dabei herrscht Beweislastumkehr. Aufsichtsbehörden für nichtöffentliche Stellen sind die Datenschutzbeauftragten der Länder.

Weitreichender und spezieller ist der *internationale Kodex für die Praxis der Markt- und Sozialforschung* (ESOMAR), das Standesrecht der Marktforscher.

Das *Internet* bietet nicht nur neue Kommunikationsmöglichkeiten, sondern aus juristischer Sicht auch sehr bedenkliche Arten der Datenerhebung, da sich die Daten hier besonders einfach auch ohne Wissen des Befragten erheben lassen. Die Betreiber von Internet-Angeboten können durch eine speziell für das Internet entwickelte Software zur Marktforschung genaue Angaben über jeden Nutzer erhalten. Hierzu gehören Tag, Uhrzeit und Dauer des Besuches sowie die E-Mail-Adresse und der Name. Weiter läßt sich ermitteln, wie häufig einzelne Angebote von dem Anwender bis zur tatsächlichen Bestellung frequentiert werden sowie die Anzahl der mehrfachen und neuen Besucher. Dadurch erhalten die Unternehmen genaue Informationen über die Interessen der potentiellen Kunden und deren Kaufverhalten, um diesen dann per E-Mail individuelle Angebote zu übermitteln. Rechtliche Bedenken bestehen dahingehend, daß durch die Daten über die Internetbenutzer deren Persönlichkeitsprofile erstellt werden können (Strömer, 1997, S. 185).

Grundsätzlich gilt, daß das Internet kein „rechtsfreier Raum" ist. Auch hier unterliegen alle Marktforschungsaktivitäten, das heißt der Umgang mit personenbezogenen Daten, gesetzlichen deutschen Vorschriften, soweit sie im Hoheitsgebiet der Bundesrepublik stattfinden. „Stattfinden" bedeutet in diesem Sinne, daß Daten aus Deutschland oder nach Deutschland mitgeteilt werden. Unter den deutschen Datenschutz sind auch Daten gestellt, die im Rahmen eines Datentransfers durch Deutschland durchgeleitet werden, solange dieser andauert.

Der Betroffene muß grundsätzlich auf seine Freiwilligkeit hingewiesen werden und seine vorherige Einwilligung zur Teilnahme geben. Es können zum Beispiel im Rahmen eines Fragebogens auf einer bestimmten „Homepage" oder über „Newsgroups" die Bereitschaft zur Teilnahme angefragt werden. Allerdings darf ein „Web-Angebot" nicht von der Einwilligung des Besuchers in die Nutzung seiner Daten abhängig gemacht werden. Bei dieser Art der Rekrutierung ist jedoch keine Kontrolle des Teilnehmers und der Validität der demographischen Daten möglich. Die Einwilligung kann ebenso telefonisch eingeholt werden, bevor die Befragungsunterlagen per E-Mail übermittelt werden. Die konventionelle Art des Kontaktierens empfiehlt sich für Expertenbefragungen beziehungsweise Untersuchungen, die auf Quotenmerkmalen basieren. Für Markforschung im Internet gilt ebenso das Anonymisierungsgebot. Die personenbezogenen Daten müssen von den anonymisierten Marktforschungsdaten getrennt gespeichert werden (Weinknecht, 1996, S. 14ff.). Zu den personenbezogenen Daten zählen in diesem Zusammenhang Auskünfte darüber, ob jemand Hard- oder Software benutzt und zu welchem bestimmten Zeitpunkt eine bestimmte Information abgerufen wurde (Strömer, 1997, S. 186).

Das Internet ist ein globales Medium und wird auch für internationale Forschungszwecke eingesetzt. Der *EG-Datenschutzrichtlinie* unterliegen alle Unternehmen, die im Gemeinschaftsgebiet eine Niederlassung haben. Personenbezogene Daten dürfen nur dann an Drittländer übermittelt werden, wenn dort ein angemessenes Schutzniveau herrscht. Auch die Durchsendung von Daten durch Drittländer wird von der Richtlinie erfaßt, da bei der Absendung der Daten keine Kenntnis darüber vorliegt, über welche Server in welchen Ländern die Daten gehen werden (Weinknecht, 1996, S. 14ff.).

Neue Dienste - neue Gesetze

Eine weitere, für die Marktforschung im Internet relevante Gesetzesgrundlage ist heute ebenfalls das *Gesetz zur Regelung der Rahmenbedingungen für Informations- und Kommunikationsdienste* (Informations- und Kommunkationsdienste-Gesetz IuKDG) von 1997. Unter die Vorschriften dieses Gesetzes fallen alle Informations- und Kommunkationsdienste, die eine individualisierte Nutzung unter anderem von Daten ermöglichen und denen eine Übermittlung per Telekommunikation zugrunde liegt (Teledienste). Das IuKDG beinhaltet in seinem Artikel 2, dem

Gesetz über den Datenschutz bei Telediensten (Teledienstedatenschutzgesetz TDDSG) Regelungen betreffend der Marktforschung im Internet, die teilweise über das Datenschutzrecht hinausgehen.

Demnach dürfen Diensteanbieter die mittels Teledienste erhobenen Daten nur für Zwecke der Marktforschung verwenden, wenn der Nutzer seine ausdrückliche Einwilligung erteilt hat (§ 3 (1) und (2) TDDSG). Die Erbringung von Telediensten hat unabhängig davon zu erfolgen, ob der Nutzer in die Verwendung seiner Daten für andere Zwecke eingewilligt hat (§ 3 (3) TDDSG). Die Einwilligung kann unter bestimmten Voraussetzungen auch elektronisch erteilt werden (§3 (7) TDDSG).

Weiterhin muß die Gestaltung technischer Einrichtungen für die Inanspruchnahme von Telediensten darauf ausgerichtet sein, keine oder möglichst wenig personenbezogene Daten zu erheben und zu verarbeiten. Die in § 4 TDDSG vorgeschriebenen Schutzmechanismen stellen unter anderem sicher, daß Nutzungsprofile nur unter Verwendung von Pseudonymen zulässig sind, die von den Daten über den Träger des Pseudonyms getrennt werden. Dadurch soll verhindert werden, daß vorgeschaltete Marktforschung nicht zu individualisierender Werbung führen kann. Die Nachfragedaten, die spätestens nach Ende der jeweiligen Nutzung gelöscht werden müssen, dürfen nur in anonymisierter Form an Anbieter übermittelt werden, deren Teledienste der Nutzer ebenfalls in Anspruch genommen hat. Diese Nachfragedaten, zum Beispiel Daten über Suchschritte in Telediensten, sind dann auch für Marktforschungszwecke zulässig.

Die Speicherung von Daten ohne die vorherige Information und Einwilligung des Betroffenen sind auch im Internet rechtswidrig. Das derzeitige Problem besteht darin, daß die Daten oftmals heimlich, also ohne Einwilligung gespeichert werden.

Die datenschutzrechtlich einwandfreieste Lösung ist der elektronische Fragebogen, ergänzt um eine Belehrungsklausel für den Befragten. Dieser sollte, um auch zukünftigen Anforderungen zu genügen, die Erfordernisse der EG-Datenschutzrichtlinie und des TDDSG berücksichtigen.

Probleme der Praxis

Bisher ist noch kein Prozeß hinsichtlich Datenschutzverletzungen in der Marktforschung bekannt. Das ist unter anderem darauf zurückzuführen, daß sowohl die Datenschutzbeauftragten betriebsintern, als auch die Aufsichtsbehörden durch ihre Kontrollen die Realisierung des Datenschutzes sicherstellen. Auch Einweisungen, die betriebsintern geregelt werden, unterliegen zeitweise der Überprüfung der Aufsichtsbehörde.

Unter die Meldepflicht bei der Behörde fallen jedoch nur wenige Institute (etwa 15 %), da sich die Erhebungen nicht grundsätzlich auf personenbezogene Daten beziehen. In den meisten Fällen werden die Befragungen derart durchgeführt, daß zum Beispiel Kinobesucher nach ihrer Meinung zu bestimmten Werbespots befragt werden. Eine andere Möglichkeit ist die Befragung aufgrund bestimmter Stichproben-Verfahren, nach denen in entsprechenden Regionen beziehungsweise Straßen jeder zweite Haushalt (von Tür zu Tür) befragt wird. Beide Arten der Untersuchung erfolgen ohne Erhebung personenbezogener Daten; deshalb unterliegen diese auch nicht den Vorschriften des BDSG; im Gegensatz zur Panelforschung, deren Ziel es ist, einen gleichbleibenden Kreis von Untersuchungseinheiten (Personen, Haushalte, Unternehmen) in regelmäßigen Abständen wiederholt zum gleichen Untersuchungsgegenstand zu befragen. Aus diesem Grund müssen hierbei personenbezogene Daten verarbeitet werden. Da dies aufgrund der erforderlichen großen Grundgesamtheit sehr zeit- und kostenaufwendig ist, wird sie nur von wenigen Instituten durchgeführt.

Obwohl die Aktivitäten der Marktforscher ständigen Kontrollen unterliegen und die Institute grundsätzlich bemüht sind, den datenschutzrechtlichen Anforderungen gerecht zu werden, sind in der Praxis auftretende Schwierigkeiten, insbesondere die Gewährleistung der Anonymität, nicht von der Hand zu weisen. Probleme treten dabei häufig bei Untersuchungen zur Kundenzufriedenheit auf, bei denen die Namen und Anschriften direkt vom Auftraggeber stammen. Unzufriedene Kunden verlangen, ihre persönlichen Beschwerden an den Auftraggeber weiterzuleiten. Doch selbst wenn diese ausdrücklich darum bitten, dürfen die Institute dieser Bitte nicht nachkommen, um den Grundsatz der Anonymität nicht zu verletzen. In Einzelfällen begeben sich die Institute in eine rechtliche Grauzone, indem sie den Verbrauchern die Telefonnummer des Auftraggebers mitteilen.

Bei Gruppendiskussionen soll die Anonymität der Befragten dadurch abgesichert werden, daß diese nicht namentlich angesprochen werden. Doch es kommt gelegentlich vor, daß die Teilnehmer sich selbst mit ihrem Namen vorstellen. Bei Konsumentenbefragungen hat dies jedoch keine Auswirkungen, da sie dem Auftraggeber ohnehin nicht bekannt und ihr Name damit uninteressant ist. Schwieriger gestaltet sich jedoch die Durchführung von Gruppendiskussionen oder Einzelinterviews, in denen exponierte Persönlichkeiten wie Ärzte, Abteilungsleiter oder Geschäftsführer befragt werden. Hierbei besteht die Gefahr, daß sie dem beobachtenden Auftraggeber bekannt sind. Der Auftraggeber muß sich in diesem Fall verpflichten, keine Rückmeldungen oder Rückfragen bei den betreffenden Personen vorzunehmen.

Bei ausländischen Studien bestehen Schwierigkeiten dahingehend, daß insbesondere Auftraggeber aus den Vereinigten Staaten, die in der Bundesrepublik „business-to-business"-Befragungen (Befragungen von Geschäftsleuten) in Auftrag geben, immer wieder genaue Angaben über Name, Firma, Branche, Position des Teilnehmers und Umsatz des Unternehmens verlangen. Damit soll ein genaues Datenprofil erstellt und nur die für die Marktforschungsstudie relevanten Personen eingeladen werden. Da die Vorschriften für die Marktforschung in den Vereinigten Staaten weniger restriktiv sind, treffen die deutschen Institute bei den Auftraggebern diesbebezüglich oftmals auf wenig Verständnis. Bereits die Nennung von Firma und Position des Befragten können in bestimmten Fällen zur Identifizierung führen (Vorstandsvorsitzender der Firma X). Es hat sich in der Praxis ein Vorfall ereignet, bei dem ein amerikanischer Auftraggeber eine Marktforschungsstudie sowohl in der Bundesrepublik, als auch in den Niederlanden und England durchführte. Da im Gegensatz zum deutschen Datenschutzrecht in den beiden anderen Ländern der Umgang mit Adressdaten freier gehandhabt wird, sind diese Institute dem Wunsch nach Namensnennungen nachgekommen. Der Auftraggeber hat sich daraufhin telefonisch an die Untersuchungsteilnehmer gewandt, um zu überprüfen, ob diese auch tatsächlich an der Befragung teilgenommen haben. Dies hatte zur Folge, daß sowohl die Betroffenen, die durch die nicht berücksichtigte Zeitverschiebung auch in der Nacht angerufen wurden, als auch die niederländischen und englischen Institute sehr erbost auf die unnötige Kontrolle reagiert haben. Im eigenen Ermessen der Institute liegt jedoch die Möglichkeit, die Weitergabe der personenbezogenen Daten an deutsche Auftraggeber zu genehmigen, sofern diese der Verbandsmitgliedschaft angehören und sich den Berufsgrundsätzen verpflichtet haben.

Ahndung

Die Umsetzung der Richtlinien wird in der Praxis dahingehend erschwert, daß diese nicht Recht im formalen Sinn, sondern nur Vereinbarungen sind. Die Richtlinien stehen in keiner Vereinssatzung und werden nirgends abgestimmt; somit haben sie auch keine Gesetzeskraft. Die Institute gehen im Hinblick auf diese Richtlinien keine Haftung gegenüber den Auftraggebern ein. Mitglieder der Arbeitsgemeinschaft Deutscher Marktforscher (ADM) sind Unternehmen und keine Einzelpersonen. Sie können nicht zur Berufsethik verpflichtet werden, sondern nur dazu, sich nicht wettbewerbswidrig im Sinne des UWG zu verhalten. Im Falle einer Klage wegen Wettbewerbsverstößen, fallen Verstöße gegen die Richtlinien nicht ins Gewicht, da sich der Verletzte auf kein Gesetz berufen kann. Die Einhaltung der Richtlinien ist somit gerichtlich nicht durchsetzbar. Bei Verletzungshandlungen gegen den Kodex der Marktforschungsverbände wird ein sogenanntes „Ehrengericht" beziehungsweise „Ad hoc-Gericht" einberufen. Dieses Gericht ist in der Satzung der Verbände geregelt und besteht aus durch die Mitgliederversammlung gewählte Personen. Während eines Gespräches mit dem Betroffenen wird geklärt, ob ein Verstoß vorliegt. Bei einem erstmaligen oder geringfügigen Verstoß kommt es zur Abmahnung, im schlimmsten Fall jedoch zum Ausschluß aus den Verbänden. Dieser Ausschluß kommt einer „Ächtung" des betroffenen Institutes oder Marktforschers gleich. Ausführliche Berichte über das Vergehen in den Fachblättern stellen die Konkurrenzfähigkeit des betroffenen Instituts in Frage. Zu derartigen Ausschlüssen kam es bislang nur in Fällen, in denen Institute unter dem Deckmantel der Marktforschung Telefon-Marketing betrieben hatten.

Grundlage: Vertrauen

Das oberste Gebot für alle Marktforscher ist, das *Vertrauen der Öffentlichkeit* in diese Forschung zu bewahren. Viele Menschen stehen Befragungen, in denen sie persönliche Daten preisgeben müssen, ohnehin kritisch, sogar mißtrauisch gegenüber. Die Angst vor Mißbrauch der persönlichen Daten scheint größer zu sein, als Opfer einer Gewalttat zu werden. Begründet wird die Angst dadurch, daß jeder für sich selbst die Möglichkeit in Betracht zieht, sich gegen Gewalttaten oder Verkehrsunfälle durch Achtsamkeit schützen zu können. Die mißbräuchliche Verwendung von Daten kann hingegen jeden einzelnen unwissend treffen.

Für Aktivitäten im Rahmen der Marktforschung gilt letztlich, das Verhalten und die Psyche der Verbraucher zu durchleuchten. Daran knüpft sich die Forderung, mit den derart gewonnenen Erkenntnissen verantwortungsvoll umzugehen, und diese nicht zur psychologisch geschickten Ausnutzung für problematische Marketingkonzepte und -maßnahmen bereitzustellen. Dabei sind die Beziehungen zwischen Forscher und Auftraggeber sowie zwischen Forscher und Untersuchungsperson angesprochen. Die ausnahmslose Anonymität und Freiwilligkeit der Befragten sowie die strikte Trennung von Forschung und forschungsfremden Tätigkeiten sind nicht nur wegen der inhaltlichen Bedeutung des Forschungsbegriffes selbst, sondern auch wegen der damit verbundenen wissenschaftlich-methodischen Grundanforderungen unerläßlich.

Die Verhaltenskodizes bilden gemeinsam mit dem BDSG bereits einen umfangreichen Schutz. Der Gesetzgeber ist zudem bestrebt, im Hinblick auf den Fortschritt in der Informations- und Kommunikationstechnologie und mit Umsetzung der EG-Richtlinie in deutsches Recht eine ständige Verbesserung des Datenschutzes zu erreichen.

Um Verletzungshandlungen entgegenzuwirken, sollten Marktforschungsinstitute neben der Kontrolle durch die Aufsichtsbehörden eine betriebsinterne Überwachung durchführen, auch falls die Bestellung eines betrieblichen Datenschutzbeauftragten (bDSB) unter den gegebenen Umständen gesetzlich nicht vorgeschrieben ist. Zudem können bei bestehenden Zweifel hinsichtlich Rechtsfragen jederzeit die Marktforschungsverbände beratend zur Seite stehen. Zielsetzung der Verbände ist es nämlich auch, über aktuelle Entwicklungen im Bereich des Datenschutzes in den Fachblättern zu informieren.

Aufgrund des unmittelbaren Kontaktes zu den Betroffenen ist es unerläßlich, die Interviewer durch Aus- und Weiterbildungsmaßnahmen für den verantwortungsbewußten Umgang mit personenbezogenen Daten und auch mit den Betroffenen selbst zu sensibilisieren. Denn eine erfolgreiche Durchführung von Studien sowie die Zuverlässigkeit der Forschungsergebnisse sind abhängig von der Motivation und Teilnahmebereitschaft der Bevölkerung. Nur auf diese Weise kann die Marktforschung relevante Marktinformationen liefern und für notwendige Entscheidungen im Marketingprozeß mit eingebunden werden.

Kapitel 4:"Herz" mit Haftung

In der Öffentlichkeit beobachtet man in den letzten Jahren eine immer kritischere Einstellung gegenüber den Risikopotentialen der angebotenen Produkte und Dienstleistungen. Neben Qualität und Preis spielt heute die Sicherheit eine immer wichtiger werdende Rolle als Kaufentscheidungskriterium. Spektakuläre Fälle wie die der "Contergan"-Katastrophe, der dioxinbelasteten Holzschutzmittel oder des "Milupa-Kindertees" haben das Vertrauen der Verbraucher schwer belastet.

Solche Vorkommnisse können für das betreffende Unternehmen zu einem dramatischen Imageverlust und damit verbunden entsprechenden Umsatzrückgängen führen. Sie können im Extremfall letztlich sogar eine Geschäftsaufgabe erzwingen.

Neben diesen längerfristigen Konsequenzen, die aus mangelhaften Produkten erwachsen können, sieht sich der betroffene Unternehmer aber oftmals auch nicht unerheblichen Schadensersatzansprüchen gegenüber. Es ist wichtig für ihn, die rechtlichen Rahmenbedingungen, die diesen Schadensersatzansprüchen zugrundeliegen können, zu kennen. Eine möglichst weitgehende Erfüllung der rechtlichen Anforderungen an die Sicherheit seiner Produkte vermag für ihn das Haftungsrisiko zu minimieren.

Welche *Haftungsvorschriften* nun im einzelnen bestehen und welche Anforderungen von der Rechtsprechung diesbezüglich an den Unternehmer gestellt werden, soll im folgenden näher betrachtet werden.

Vertragliche Haftung

Typischerweise handelt es sich bei Produkthaftungsfällen um folgende Situation: Ein Verbraucher kauft zum Beispiel bei einem Elektrohändler eine Waschmaschine. Ein fehlerhafter Wasserschlauch führt nach kurzer Zeit dazu, daß Wasser ausläuft und Schäden im Keller verursacht werden.

Die bereits erwähnten Gewährleistungsrechte auf Wandelung oder Minderung nutzen dem Käufer wenig, da diese nur den eigentlichen Kaufgegenstand betreffen, nicht aber weitergehende Folgeschäden.

Eine Schadensersatzpflicht des Händlers für derartige Folgeschäden besteht nur dann, wenn er bestimmte Eigenschaften des Produktes zugesichert hat oder vertragliche Pflichten schuldhaft von ihm verletzt worden sind. Dies würde zum Beispiel dann vorliegen, wenn der Händler dem Kunden ausdrücklich zugesichert hat, daß der Wasserschlauch absolut funktionstüchtig ist oder wenn er diesen beim Transport durch Nachlässigkeit beschädigt hat. Beides wird in der Regel nicht der Fall sind.

So bleibt also nur der Weg, den Hersteller in Anspruch zu nehmen. Das Problem besteht nun aber darin, daß zwischen dem geschädigten Verbraucher und dem

Hersteller keine vertraglichen Beziehungen bestehen, aus denen dieser Rechte herleiten kann.

Garantieverträge, die hier eine Rolle spielen könnten, beschränken sich in der Regel nur auf Nachbesserungen. Werbeaussagen des Herstellers finden in diesem Zusammenhang keine Berücksichtigung.

Mangels vertraglicher oder vertragsähnlicher Ansprüche bleibt dem geschädigten Verbraucher lediglich der Weg über das Deliktsrecht (unerlaubte Handlung). Zentrale Vorschrift ist hier der § 823 BGB. Es handelt sich also um eine außervertragliche Schadenshaftung.

Deliktische Haftung

Die Vorschrift des § 823 Absatz 1 BGB kann als Grundlage für das heutige Produkthaftungsrecht bezeichnet werden: "Wer vorsätzlich oder fahrlässig das Leben, den Körper, die Gesundheit, die Freiheit, das Eigentum oder ein sonstiges Recht eines anderen widerrechtlich verletzt, ist dem anderen zum Ersatze des daraus entstehenden Schadens verpflichtet". Für eine erfolgreiche Durchsetzung des Anspruches aus § 823 Absatz 1 BGB ist es erforderlich, daß der Geschädigte nachweist, daß sein Schaden durch eine Sorgfaltspflichtverletzung des Schädigers verursacht worden ist und daß den Schädiger ein Verschulden trifft. Dies entspricht dem allgemeinen prozessualen Grundsatz, daß jede Partei grundsätzlich für das Vorliegen der tatsächlichen Voraussetzungen der für sie günstigen Rechtsnormen die Beweislast trägt. Ein geschädigter Endverbraucher hat nun in der Regel jedoch keinen Einblick in die internen (Wirtschafts-)Abläufe eines Unternehmens, so daß es für ihn erfahrungsgemäß außerordentlich schwierig beziehungsweise sogar unmöglich sein wird, die Ursache des schadensstiftenden Mangels ausfindig machen und benennen zu können.

Beweislastumkehr

Diese Problematik hat dazu geführt, daß der Bundesgerichtshof in einem Urteil zu dem berühmt gewordenen "Hühnerpest"-Fall im Jahre 1968 die Beweislastpflicht hinsichtlich des Verschuldens umgekehrt hat. Ein Tierarzt hatte auf einer Hühnerfarm die Tiere gegen Hühnerpest geimpft, die jedoch kurz darauf an dieser Krankheit verendeten. Der Tierarzt haftete mangels Verschulden nicht, da er die eigentliche Impfung ordnungsgemäß durchgeführt hatte. Der Impfstoff war verunreinigt gewesen. Die Besitzerin der Farm wandte sich daraufhin an den Hersteller des Impfstoffes. Obwohl sie auch diesem kein schuldhaftes Verhalten nachweisen konnte, wurde der Hersteller doch vom Bundesgerichtshof, der die Beweislast mit der Begründung "umdrehte", er sei "näher am Produktionsgeschehen", zum Schadensersatz verurteilt: "Wird bei bestimmungsgemäßer Verwendung eines Industrieerzeugnisses eine Person oder eine Sache dadurch geschädigt, daß das Produkt fehlerhaft hergestellt war, so muß der Hersteller beweisen, daß ihn hinsichtlich des Fehlers kein Verschulden trifft" (BGHZ 51, 91ff.).

Nicht der geschädigte Verbraucher muß also mehr nachweisen, daß der Produzent den Fehler schuldhaft verursacht hat; vielmehr muß sich der Produzent entlasten. Der Verbraucher muß lediglich den Nachweis führen, daß es zu einer Schädigung gekommen ist und daß diese durch die Verwendung des fehlerhaften Produktes eingetreten ist.

Grundgedanke der Produkthaftung aus unerlaubter Handlung ist, daß denjenigen, der Produkte herstellt und in die Öffentlichkeit bringt, eine "allgemeine Verkehrssicherungspflicht" dafür trifft, daß nur ordnungsgemäß hergestellte, fehlerfreie Produkte auf den Markt kommen. Ein Warenhersteller hat in diesem Zusammenhang die Pflicht, alle zumutbaren Maßnahmen zu ergreifen, damit Dritte durch diese Produkte keine Rechts- beziehungsweise Rechtsgutverletzungen erleiden. Es wird dabei auf die Nichtbeachtung bestimmter Pflichten abgestellt. Der Tatbestand des § 823 Absatz 1 BGB wird also durch ein "Unterlassen" erfüllt.

Als Hersteller gilt dabei nicht nur derjenige, der das schadensstiftende Endprodukt hergestellt hat. Auch der Zulieferer und derjenige der das Endprodukt lediglich aus zugelieferten Teilen zusammengesetzt hat, gilt als Hersteller. Als "Hersteller" haftet nach diesen Grundsätzen nicht der Händler, selbst wenn er das (fremde) Produkt mit seiner Handelsmarke versehen hat, es sei denn, daß er dadurch die Übernahme einer eigenen Prüfungspflicht hinsichtlich der Produktsicherheit zum Ausdruck gebracht hat ("Quasi-Hersteller"). Auch ein Importeur haftet grundsätzlich nicht für entstandene Produktschäden.

Die Rechtsprechung hat spezifische *Verkehrssicherungspflichten* des Herstellers entwickelt und unterscheidet im Rahmen der Gefahrenabwehr nach Konstruktions-, Fabrikations-, Instruktions- und Produktionsbeobachtungsfehler.

Konstruktionsfehler

Ein *Konstruktionsfehler* liegt vor, wenn das Produkt nicht nach dem "Stand der Technik" konstruiert und bei einem bestimmungsgemäßen Gebrauch durch einen durchschnittlichen, "vernünftigen" Benutzer nicht betriebssicher ist. Beispiele sind ein Kraftfahrzeug mit fehlerhafter Bremsanlage, eine Motorsäge ohne ausreichende Schutzvorrichtung oder ein scharfkantiges Kinderspielzeug.

Ist ein Produkt zum Zeitpunkt des Inverkehrbringens nach dem "Stand der Technik" konstruiert, jedoch aufgrund neuerer wissenschaftlicher oder technischer Kenntnisse im Laufe der Zeit veraltet, dann entfällt mangels Verschulden eine Haftung. Für *Entwicklungsrisiken*, die nicht voraussehbar waren, wird nicht gehaftet. So zählten beispielsweise Sicherheitsgurte jahrzehntelang nicht zur sicherheitstechnischen Standardausrüstung eines Kraftfahrzeuges. Die zu dieser Zeit in Verkehr gebrachten Kraftfahrzeuge waren in dieser Beziehung "fehlerfrei", denn sie entsprachen den allgemeinen Sicherheitserwartungen jener Zeit.

In bestimmten Bereichen hat ein Hersteller aber auch für Entwicklungsrisiken einzustehen. Der Gesetzgeber hat - ausgelöst durch den Contergan-Fall - durch die Verabschiedung des Arzneimittelgesetzes 1976 die Arzneimittelhersteller in die Pflicht genommen, auch für derartige "Entwicklungsrisiken" einzustehen.

Fabrikationsfehler

Unabhängig von Planung und Konstruktion kann es zu *Fabrikationsfehlern* kommen, das heißt, wenn bei der eigentlichen Fertigung Fehler entstehen, vor allem dann, wenn die erforderlichen Qualitätskontrollen vernachlässigt worden sind. Im Volksmund spricht man von „Montagsproduktionen".

Für Fabrikationsfehler haftet der Produzent nicht, wenn er nachweisen kann, was allerdings in der Praxis selten gelingt, daß er alle erforderlichen Sicherungsmaßnahmen getroffen hat und dennoch infolge eines einmaligen Fehlverhaltens eines Arbeitnehmers beziehungsweise Fehlleistung einer Maschine ein Fehler entstanden ist. Für derartige "Ausreißer" entfällt die deliktische Haftung des Herstellers.

Instruktionsfehler

Ein *Instruktionsfehler* liegt dann vor, wenn ein Schaden durch eine ungenügende Gebrauchsanleitung hervorgerufen oder wenn vor gefahrbringenden Eigenschaften eines Produktes nicht ausreichend gewarnt worden ist. Grundgedanke ist dabei, daß sich bei sachgerechtem und sorgfältigem Umgang - auch bei gefährlichen Produkten - Schäden vermeiden lassen müssen.

Ein Verbraucher vertraut darauf, vom Hersteller umfassend informiert zu werden, um die Produkte ohne Gefahren benutzen zu können. Der Hersteller möchte andererseits nicht für alle Eventualitäten eintreten müssen und vertraut auf einen "umsichtigen" Benutzer.

In der Praxis sind die Anforderungen an die Produktaufklärung ein häufiger Streitpunkt. Der Bundesgerichtshof hat schon mehrfach Rechtsstreitigkeiten in diesem Bereich zu entscheiden gehabt. Als Maßstab gilt in diesem Zusammenhang die risikolose Benutzung durch einen "durchschnittlichen" Verbraucher. So muß beispielsweise nicht auf die speziellen Gefahren eines Küchenmessers hingewiesen werden, da dieses als allgemeines Erfahrungswissen vorausgesetzt werden kann. Ebenso muß nicht vor den Folgen einer völlig sachfremden Benutzung gewarnt werden. So hat beispielsweise einmal der Käufer eines chemischen Reinigungsmittels die Herstellerfirma auf Schadensersatz und Erstattung von Beerdigungskosten verklagt. Ein im Betrieb des Käufers tätig gewesener Auszubildender hatte die Dämpfe des Reinigungsmittels mit der Absicht eingeatmet, sich zu berauschen. Daran ist er gestorben. Als Begründung für die Klage führte der Käufer an, daß die Herstellerfirma nicht ausreichend auf die Giftigkeit hingewiesen hatte. Die Klage wurde abgewiesen mit der Begründung, daß der Herstellerfirma keine Instruktionspflicht hinsichtlich der Gefahren eines völlig zweckentfremdeten Gebrauchs, den Mißbrauch als Rauschmittel, oblag.

Allerdings darf sich ein Hersteller auch nicht darauf verlassen, daß die Produkte ausschließlich von einem fachkundigen Publikum benutzt werden, wenn es auch anderen zugänglich ist.

Als allgemeine Regel läßt sich festhalten, daß, je schwerwiegender die Folgen für den Verbraucher sein können, desto höher sind die Anforderungen an die Instruktionspflicht des Herstellers.

Als erhebliche Verschärfung der Instruktionspflicht des Herstellers kann die Entscheidung des Bundesgerichtshofes im "Milupa-Kindertee"-Fall aus dem Jahr 1992 angesehen werden, in dem die Herstellerfirma des Kindertees zu Schadenersatz und Schmerzensgeld verurteilt worden war, weil sie nach Ansicht des Gerichts nicht ausreichend auf die Gefahren hingewiesen hatte, die sich - vor allem für die Zähne der kleinen Kinder - durch ein "Dauernuckeln" ergeben können ("Milupa-Kindertee", BGH in ZIP 1992, 38ff.).

In den vergangenen Jahren hat der BGH in dieser Hinsicht die Produkthaftung noch erweitert. So sind danach nicht nur die Hersteller von Kindertees, sondern auch die Produzenten von Frucht- und Gemüsesäften und die Hersteller von solchen Flaschen, die Babys halten können, verpflichtet, auf die Gefahren des sogenannten „Dauernuckelns" hinzuweisen (u.a. BGH v. 31.1.1995, VI ZR, 27/94).

In den USA ist ein Fall berühmt geworden, in dem jemand Schadensersatz von einem Mikrowellenhersteller zugesprochen worden war, der seine Katze zum Trocknen in diesen Herd gesetzt hatte. Der Hersteller hätte - so das Gericht - vor diesem "Fehlgebrauch" warnen müssen. Obwohl die amerikanische Produkthaftung weitaus schärfer ist als in Deutschland, so stellt allerdings selbst für dortige Verhältnisse dieses Beispiel einen Extremfall dar.

Die Verkehrssicherungspflicht des Herstellers endet allerdings nicht mit dem Inverkehrbringen der Produkte; vielmehr muß er seine (veräußerten) Produkte beobachten, um festzustellen, ob sich Anhaltspunkte für bis dahin nicht bedachte Produktgefahren ergeben. Versäumt er dies, so spricht man von einem Produktbeobachtungsfehler.

Produktbeobachtungsfehler

Die Anforderungen, die an die *Produktbeobachtungspflichten* des Herstellers gestellt werden, sind äußerst unterschiedlich. Dies hängt unter anderem davon ab, wie lange sich ein Produkt schon auf dem Markt befindet. Handelt es sich um ein lang auf dem Markt befindliches und bewährtes Produkt, dann sind die Anforderungen an die Beobachtungspflicht geringer als an Neuproduktentwicklungen.

Die Produktbeobachtungspflicht erstreckt sich auch auf ergänzendes Zubehör, selbst dann, wenn es von anderen Herstellern stammt. So ist der Fall eines Motorradfahrers bekannt geworden, der ein, nicht vom Hersteller gefertigtes Zubehörteil (Lenkradverkleidung) nachträglich an seine Maschine angebracht hat. Die dadurch hervorgerufene extreme Instabilität führte zu einem Unfall mit beträchtlichen Folgen. Da sich dieses Zubehörteil schon lange im größerem Umfang auf dem Markt befand und dem Motorradhersteller bekannt war, daß es vermehrt Unfälle seiner Motorräder mit diesen Lenkradverkleidungen gegeben hatte, wäre er verpflichtet gewesen, diese Zubehörteile und deren Einfluß auf das Fahrverhalten seiner Motorräder zu kontrollieren und die Kunden zu warnen ("Honda-Fall", BGHZ 99, 167).

Ergibt eine derartige Produktbeobachtung Hinweise auf mögliche Gefahren, so muß der Hersteller, um mögliche Schadensersatzpflichten zu begrenzen, entsprechend aktiv werden. Welche Maßnahmen konkret zu treffen sind, hängt vom jeweiligen Einzelfall ab. Sie können von zusätzlichen Warnhinweisen bis hin zu Rückrufaktionen reichen (Reaktionspflicht).

In diesem Zusammenhang ist das sogenannte Produktsicherheitengesetz, das der Bundestag in Umsetzung einer EG-Richtlinie verabschiedet hat, zu beachten. Ziel der Richtlinie ist es, für den Gemeinsamen Markt gleiche Verpflichtungen für Hersteller und Händler in bezug auf die Sicherheit von Produkten festzulegen. Dieses Gesetz, durch das einheitliche Wettbewerbsbedingungen geschaffen werden sollen, normiert die Verpflichtung für Hersteller und Händler, dem privaten Endverbraucher nur sichere Produkte zu überlassen; nicht erfaßt werden im übrigen Produktionsanlagen, Investitionsgüter und andere nur zur beruflichen Nutzung bestimmten Produkte.

Diese Regelung bleibt neben den bisherigen Regeln und Vorschriften, insbesondere zur Produktbeobachtungspflicht, bestehen. Im einzelnen regelt dieses Gesetz u.a. den Begriff „sicheres Produkt" und bestimmt, in welchen Fällen die Behörden die Öffentlichkeit vor einem nicht sicheren Produkt warnen beziehungsweise nicht sichere Produkte zurückrufen und sicherstellen müssen; Bußgeldvorschriften und eine Verordnungsermächtigung sind vorgesehen.

Zweifel an der Notwendigkeit einer solchen Regelung, zugeschnitten für den privaten Verbraucher sowie an ihrer Praktikabilität seien hier angebracht. Abgesehen von der Frage, ob der Handwerker, der durch eine defekte Bohrmaschine geschädigt wird, weniger schutzwürdig ist als ein Heimwerker, bestehen Zweifel, ob eine solche differenzierte Regelung erforderlich ist, die eine Behörde zu Warnungen und Rückrufen verpflichtet, wenn die „Produkte nicht sicher sind". Im Hinblick auf die Praktikabilität ist fraglich, woher eine Behörde ihre Kompetenz nehmen soll und ob der Staat im Zweifel auch bereit ist, die Haftung zu übernehmen, was meistens nicht der Fall ist. Es sollte daher Aufgabe der unternehmerischen Verantwortung bleiben, die Produkte zu beobachten und bei Gefahr eigenverantwortlich über eine Warnung oder einen Rückruf zu entscheiden.

Anspruchskonkurrenz

Eine Haftung des Herstellers im Rahmen des Deliktsrechts wird ebenfalls durch die Vorschrift des § 823 Absatz 2 BGB begründet, wonach derjenige, der "gegen ein den Schutz eines anderen bezweckenden Gesetzes verstößt" ("Schutzgesetz"), dem anderen zum Schadensersatz verpflichtet ist. Als "Schutzgesetze" kommen in erster Linie Vorschriften aus dem Strafgesetzbuch in Betracht, aber auch das Lebensmittelgesetz oder das eben schon erwähnte Arzneimittelgesetz.

Die Haftung des Herstellers aus § 831 Absatz 1 S. 1 BGB für Schäden, die ein Gehilfe in Ausübung seiner Tätigkeit einem anderen widerrechtlich zufügt, spielt im Produkthaftpflichtbereich nur eine geringe Rolle. Der Hersteller kann sich einer Haftung regelmäßig dadurch entziehen, daß er den sogenannten Entlastungsbeweis (§ 831 Absatz 1 S. 2 BGB) führt, also den Nachweis erbringt, daß er bei der Auswahl der bestellten Personen und bei der Beschaffung von Vorrichtungen und Gerätschaften oder bei der Leitung der Arbeitsausführung die im Verkehr erforderliche Sorgfalt beachtet hat oder der Schaden auch bei Anwendung dieser Sorgfalt eingetreten sein würde.

Ist der Hersteller mit dem Verbraucher direkt vertraglich verbunden, so können beide Ansprüche - die vertraglichen und die deliktischen - grundsätzlich nebeneinander geltend gemacht werden. Allerdings sind unterschiedliche Verjährungsfristen zu berücksichtigen; so verjähren die Gewährleistungsvorschriften in sechs Monaten, während die deliktischen Ansprüche einer dreijährigen Verjährungsfrist unterliegen.

Umstritten in der Rechtsprechung ist die Frage, ob ein Hersteller nach § 823 Absatz 1 BGB auch für Schäden am erstellten oder verkauften Produkt selbst einzustehen hat; dieser Anspruch wäre - wegen der längeren Verjährungsfrist - insoweit günstiger. In einer Reihe von Entscheidungen hat der BGH - unter dem Stichwort „weiterfressender Schaden" - eine Ersatzpflicht grundsätzlich dann bejaht, wenn aufgrund des Mangels eines funktionell abgrenzbaren Einzelteils, zum Beispiel eines Autoreifens, Teile des ansonsten mangelfreien Restes des Gesamtproduktes, zum Beispiel des dazugehörigen PKWs, beschädigt oder zerstört werden (BGH, NJW 1978, 2241).

Die Anforderungen an den Hersteller, die sich aus der deliktischen Haftung ergeben, sind heute so hoch, daß eigentlich nur noch zwei Einwände möglich sind, um einer Haftungsverpflichtung zu entgehen.

Dies ist zum einen der Einwand, daß ein Entwicklungsfehler, zum anderen der Einwand, daß ein Fabrikationsfehler vorliegt. Bei letzterem muß allerdings der Nachweis erfolgen, daß es sich um einen "Ausreißer" handelt, der trotz aller Sicherheitsvorkehrungen unvermeidbar war. Aus der ursprünglichen "Verschuldenshaftung" ist quasi eine "Gefährdungshaftung" geworden.

Produkthaftungsgesetz

1985 wurde die EG-Richtlinie zur Angleichung der Rechts- und Verwaltungsvorschriften der Mitgliedstaaten über die Haftung für fehlerhafte Produkte erlassen. Durch ein sogenanntes Transformationsgesetz, das Produkthaftungsgesetz (PHG), am 1.1.1990 in Kraft getreten, setzte die Bundesrepublik Deutschland diese Richtlinie in nationales Recht um.

Das neue Gesetz trat neben die bisherigen rechtlichen Vorschriften und entwickelten Grundsätzen zur Produkthaftung. Es modifiziert und ergänzt diese. Das Produkthaftungsgesetz, das sich nur auf Produkte bezieht, die nach seinem Inkrafttreten auf den Markt gekommen sind und noch kommen, verfolgt in erster Linie den Zweck, den Verbraucherschutz in der EU zu vereinheitlichen und Wettbewerbsverzerrungen zu vermeiden. So ist es schwer einzusehen, warum in einem gemeinsamen europäischen Wirtschaftsraum ein Hersteller in Deutschland oder Frankreich einer strengeren Haftung unterliegen soll als ein Hersteller aus dem südeuropäischen Raum.

Allerdings wird durch das Produkthaftungsgesetz eine Rechtsvereinheitlichung in der EU nur teilweise verwirklicht, da das neue Recht nicht an die Stelle der bisherigen Regelungen tritt, sondern spezialgesetzlich neben den bestehenden deliktsrechtlichen Bestimmungen gilt.

Wenn auch die bereits bestehende Deliktshaftung oftmals über das neue Produkthaftungsgesetz hinausgeht, zum Beispiel in bezug auf die Gewährung von Schmerzensgeld, oder hinsichtlich des Ersatzes von Sachschäden, der nach dem PHG nur dann vorgesehen ist, wenn der Schaden nicht das fehlerhafte Produkt selbst betrifft und die Sache für den privaten Ge- oder Verbrauch bestimmt ist, so bedeutet das PHG doch eine gewisse Verschärfung in der Herstellerhaftung. Dies gilt insbesondere für Fabrikationsfehler. Hier kann der Hersteller den "Ausreißer"-Einwand nicht mehr geltend machen. Außerdem ist der Kreis derjenigen Unternehmer, der nach dem Gesetz als "Hersteller" gilt, erheblich erweitert worden. So fallen jetzt auch diejenigen darunter, die fremde Produkte unter eigenem Namen vertreiben sowie die Importeure. Läßt sich kein Hersteller ausmachen, so kann unter Umständen auch auf den Händler zurückgegriffen werden. Ziel dieser sogenannten Auffanghaftung ist es zum einen, eine Offenlegung der tatsächlichen Verhältnisse zu fördern, vor allem aber den diesbezüglichen Gefahren, die aus dem Vertrieb von anonymen ("no-name"-) Produkten erwachsen können, entgegen zu wirken.

Die Haftung nach dem PHG ist unabdingbar, das heißt sie kann nicht, zum Beispiel durch Allgemeine Geschäftsbedingungen, ausgeschlossen werden. Die Verjährung beträgt auch hier drei Jahre.

Abschließend ist hervorzuheben, daß sich aus der Produkthaftung - wie oben schon im Rahmen der Ausführungen zur Managerhaftung erwähnt - auch strafrechtliche Folgen ergeben können. So wurden die Geschäftsführer eines bekannten Lederspray-Herstellers wegen Körperverletzung zu Haft- und Geldstrafen verurteilt, weil sie ein Erzeugnis ihres Hauses, von dem sie wußten, daß lebensbedrohende Gefahren für den Verwender bestehen, nicht versuchten, aus dem Verkehr zu ziehen ("Lederspray-Entscheidung", BGH in NJW 1990, 260).

Produkthaftung im Ausland

Im Gegensatz zu Deutschland und den meisten anderen europäischen Staaten findet man in Südeuropa oftmals noch die traditionelle Verschuldenshaftung ohne Beweislastumkehr. Dort muß ein geschädigter Verbraucher den vollen Verschuldensnachweis führen.

Dagegen ist in den USA das Produkthaftungsrisiko extrem hoch. Beim amerikanischen Produkthaftungsrecht handelt es sich um ein von der Rechtsprechung entwickeltes Fallrecht mit bindender Wirkung für rangniedrigere Gerichte ("case law"). Wesentlich verschärft wird die Produkthaftung dort durch die Besonderheiten des Verfahrensrechts. Die Hemmschwelle zu klagen ist aufgrund des geringen Kostenrisikos des Klägers (keine Kostenerstattungspflicht der unterlegenen Partei, relativ niedrige Gerichtskosten, häufig lediglich ein Erfolgshonorar für den Rechtsanwalt) äußerst niedrig. Die im Vergleich zu Europa außergewöhnlich hohen Entschädigungsbeträge sind dabei nur vor dem Hintergrund zu verstehen, daß die Gerichte die ansonsten unzureichende soziale Sicherung der Geschädigten zu berücksichtigen haben.

Sicherheit durch Versicherung

Grundsätzlich stehen einem Hersteller zwei Strategien offen, das ihm aus der Produkthaftung erwachsene Risiko zu mindern. Zunächst kann er - soweit möglich - das Risiko auf Versicherungsträger übertragen. Hier ist die bestehende Betriebshaftpflichtversicherung zu nennen; außergewöhnliche, produktspezifische Risiken können eine Deckungssummenerhöhung oder auch individuelle Zusatzvereinbarungen notwendig machen. Vor allem aber kann ein Hersteller eigene Maßnahmen ins Auge fassen, um das Produkthaftungsrisiko zu minimieren. In erster Linie fällt hierunter eine effiziente Qualitätssicherungspolitik.

Qualitätssicherung als oberstes Gebot

Betriebliche *Qualitätssicherungspolitik* beinhaltet eine umfassende Wareneingangs- und -ausgangskontrolle sowie eine permanente Produktionsüberwachung. Eine begleitende Dokumentation vermag in diesem Zusammenhang bei Rechtsstreitigkeiten wichtige Entlastungsbeweise zu liefern. Moderne Qualitätssicherungssysteme müssen den Aufgaben und dem Risikoprofil des betreffenden Unternehmens entsprechen.

Die richtige Auswahl, vor allem die richtige Kombination von Qualitätssicherungssystemen ("*Total Quality Management*") ist entscheidend. Wichtige Systeme sind hier zum Beispiel die FMEA (Fehlermöglichkeiten und Einflußanalyse), die mögliche Fehler bei der Entwicklung eines Produktes und Planung eines Prozesses frühzeitig entdecken und vermeiden helfen soll sowie das SPC (Statistical Process Control), das dem Nachweis produzierter Qualitätsleistung, der geregelten Prozeßführung und einer frühzeitigen Diagnosevorhersage im Produktionsablauf dienen soll, um "Out of Control"-Situationen zu verhindern.

Qualitätssicherungssysteme sind Managementsysteme, die an der Spitze beginnen und alle Mitarbeiter umfassen müssen. Führen heißt in diesem Zusammenhang vor allem auch vorleben. Eine das gesamte Unternehmen betreffende Verpflichtung zur Qualität macht eine Festlegung entsprechender Grundsätze durch die Unternehmensleitung in Form einer konkreten Qualitätspolitik notwendig. Es gilt, die unmittelbare Verantwortung jedes einzelnen Mitarbeiters für die Produkt- und Dienstleistungsqualität herauszustellen. Vor dem Hintergrund einer zwangsläufigen Verknüpfung der einzelnen Arbeitsvorgänge mit vor- und nachgelagerten Arbeitsvorgängen sollte sich jeder Mitarbeiter im Rahmen dieses Prozesses dabei sowohl als "firmeninterner" Kunde wie auch als "firmeninterner" Lieferant in einem derartigen Arbeitsprozeß betrachten.

Bedienungsanleitungen - ein vernachlässigtes Marketing-instrument?

Ein weiteres wichtiges Instrument, das Haftungsrisiko zu mindern, darüber hinaus aber auch allgemeine Marketingziele zu fördern, sind *Bedienungsanleitungen*. Empirische Untersuchungen haben ergeben, daß 90 % der Kunden ein Gerät erst ausprobieren, bevor sie einen Blick in die Bedienungsanleitung werfen. Aber auch die restlichen 10 % erhalten oft nicht die gewünschten Informationen. Eine gute Bedienungsanleitung sollte heute folgenden Aspekten gerecht werden:
- Berücksichtigung der Bedürfnisse unterschiedlicher Zielgruppen,
- einheitliches Konzept,
- didaktischer Aufbau zur Ermöglichung von Lernschritten und schließlich eine
- klare begreifbare Ausdrucksweise und Darstellung (auch im Hinblick auf eine spätere Übersetzung).

Kapitel 5: Patente Innovationen

Innovationsfähigkeit als Wettbewerbsurteil

Innovationen kommt einzelwirtschaftlich, aber auch gesamtwirtschaftlich große Bedeutung zu. *Einzelwirtschaftlich*, also für das einzelne Unternehmen, können sie einen Wettbewerbsvorteil bedeuten. Wettbewerbsvorteile lassen sich dabei grundsätzlich in zeitlicher, kostenmäßiger und qualitätsbetonter Ausrichtung erzielen. Gerade die Produkte deutscher Unternehmen zeichnen sich in diesem Zusammenhang häufig durch einen Qualitätsvorsprung aus. Der Begriff „made in Germany" besitzt noch immer Weltgeltung.

Die Absatzmärkte der traditionellen Wirtschaftszweige sind weitestgehend gesättigt, Produkte meist ausgereift und die Entwicklungspotentiale äußerst gering. Schwellenländer, zumeist Niedriglohnländer, konkurrieren um Märkte mit Gütern aus weitgehend standardisierter Produktion. Produktlebenszyklen werden verkürzt. Aus diesen Gründen müssen sich Unternehmen heute vor allem ihre Stärken in bezug auf ihre Forschungs- und Entwicklungspotentiale besinnen. In diesem Zusammenhang sind Innovationen der Schlüssel zur Qualitätsführerschaft und ein unabdingbarer permanter Überlebensfaktor im Wettbewerb.

Es ist verständlich, daß viele Unternehmen in einer erfolgreichen Phase wirtschaftlicher Kontinuität mit den vorhandenen Produkten oder Personen nicht die Notwendigkeit für Veränderungen sehen. Eingefahrene Vorgehensweisen, besonders wenn sie erfolgreich sind, behindern innovatives Denken und Handeln im Unternehmen. Oftmals fehlt die Erkenntnis, daß wirtschaftliches Handeln nicht von Kontinuität, sondern von Diskontinuität (Forster, 1986, S. 53) bestimmt wird. So sollte es nicht vorrangig Ziel eines Unternehmens sein, den Standard seiner Position, zum Beispiel eine Rolle als Marktführer zu behaupten, sondern diesen Vorsprung zu nutzen, in andere innovative Projekte zu investieren, um die Zukunft des Unternehmens sicherzustellen.

Unternehmen, die ihre Produkte technisch nicht weiterentwickeln und lediglich in einem existierenden, noch nicht ausgeschöpften Marktpotential weitere Absatz- und Wachstumsmöglichkeiten zu extrapolieren versuchen, droht Gefahr, durch technologisch fortschrittlichere Konkurrenzprodukte nachhaltig in ihrem Markterfolg beschränkt, letzlich sogar in ihrem Fortbestand gefährdet zu werden (Staudt, 1986, S. 546).

Diese Erkenntnisse machen die Notwendigkeit deutlich, Kapazitäten für Innovationen bereitzuhalten und Projekte auch mit Weitblick zu verfolgen. Innovationsstrategien sollen die Unternehmenspolitik des Optimierens und Rationalisierens nicht verdrängen, sondern aktiv ergänzen, unterstützen und Veränderungen herbeiführen.

Auch aus *gesamtwirtschaftlicher* Perspektive nehmen heute Innovationen eine exponierte Stellung ein. Konsumenten profitieren von einer verbesserten Güterversorgung und der daraus resultierenden gesellschaftlichpolitischen Wohlfahrtsentwicklung. Folgen sind volkswirtschaftliches Wachstum und damit Sicherung der Beschäftigung sowie eine stärkere Position im internationalen Wettbewerb.

Daher liegt es auch im staatlichen Interesse, durch gezielte Innovationsförderung die Innovationsfreudigkeit der Wirtschaft zu unterstützen. Da deutschen Unternehmen die Demonstration ihrer Wettbewerbsfähigkeit durch Kostenvorteile häufig verschlossen bleibt, gilt es für sie, ihr Augenmerk vor allem einer überlegenen Innovationsfähigkeit zu schenken. Aus diesem Grunde sind primär die erfolgreiche Vermarktung von Innovationen und deren Schutz im Inland und auf den internationen Märkten der wichtigsten Mitbewerber die Hauptaktionsfelder marktorientierter Führungskräfte.

Beim Innovieren das Vermarkten nicht vergessen

Innovationen können als die Umsetzung einer Idee von ihrer Entstehung bis zur erfolgreichen praktischen Anwendung (Little, 1988, S.15) auf dem Markt verstanden werden. Derartige Ideen müssen sich nicht nur auf Produktinnovationen beziehen, sondern können auch Verfahrens-, Service- und Sozialinnovationen betreffen. Gerade letzere erlangen durch eine tendenzielle Stärkung des tertiären Wirtschaftsbereiches einen größeren Stellenwert.

Innovationsmarketing als Teil eines umfassenden Innovationsmanagements befaßt sich mit der marktlichen Verwertbarkeit von Innovationen und damit der Schaffung und Steigerung von differenziertem Kundennutzen. Marketing mit einer derartigen Zielrichtung zeichnet nicht nur Verantwortung auf dem externen Marktbereich. Soll es wirksam sein, muß dieser Aktionsrahmen durch ein internes Innovationsmarketing ergänzt werden. Dieses unternehmensbezogene Marketing gilt es zunächst näher zu betrachten.

Internes Innovationsmarketing

Eine erfolgreiche marktliche Innovationsverwertung erfordert *innerhalb* des Unternehmens eine enge Abstimmung von Technologie- und Absatzstrategien. Umsetzungsprobleme ergeben sich häufig dabei aufgrund unterschiedlicher Zeithorizonte, in welchen sich die verschiedenen Bereiche des Unternehmens mit Innovationen auseinandersetzen. Während sich Produktions- und Vertriebsverantwortliche primär mit der kurz- und mittelfristigen Nachfrage beschäftigen, suchen Forschung und Entwicklung typischerweise nach Lösungsansätzen für den noch nicht artikulierten Bedarf von übermorgen (Little, 1988, S.137).

In der betrieblichen Praxis ist häufig zu beoachten, daß die technisch- und marktorientierten Bereiche mit fehlendem Weitblick arbeiten, die interne Kommunikation mangelhaft ist und folglich die Umsetzung unkooperativ. Die Forschungs- und Entwicklungsverantwortlichen setzen sich nicht genügend mit dem möglichen Anwendungspotentialen auseinander und die Marktgerechtheit als

Entwicklungsziel wird nicht bedacht. Es besteht gerade bei „technology-push"-Innovationen die Gefahr, am konkreten Kundenbedürfnis vorbei zu entwickeln. Spätere Anwender suchen häufig nicht die perfekte technische Lösung, sondern bewerten Bedienungsfreundlichkeit und Robustheit oft höher. Gerade Qualitätsführer zeichnen sich durch ein marktfernes „overengineering" aus. So betrachtet werden gerade an die Kommunikationspolitik des Innovationsmarketing hohe Anforderungen gerichtet, um das latente oder neue Kundenintresse und das Interesse der Forschungs- und Entwicklungs-Abteilung zum Ausgleich zu bringen.

Externes Innovationsmarketing

Auch beim *externen* Innovationsmarketing spielt die Kommunikationspolitik eine Pilotrolle, denn die informatorische Vorbereitung potentieller Kunden auf neue Produkte und Leistungen steht im Mittelpunkt dieser Marketingaktivitäten. In einem *ersten* Schritt ist es wichtig, den Kunden in die Phase der Ideenfindung mit einzubeziehen, denn es hat sich gezeigt, daß circa 60 - 80 % derartiger Anstöße vom Kunden kommen. Besonders aufschlußreich ist dabei die Kommunikation von Verkaufs- und Serviceorganisation mit dem Kunden. Ein dialogfähiger Verkäufer ist in Zusammenarbeit mit dem Kunden oder Wiederkäufer in der Lage, eine Bedarfsentwicklung zu beobachten und zu beurteilen.
Die Serviceorganisation ist nicht nur für die Sicherstellung der technischen Funktionsfähigkeit der Produkte verantwortlich, sondern sollte sich auch mit dem Nutzer identifizieren und seine Probleme im Umgang mit den Produkten in die Serviceverantwortung miteinbeziehen (Little, 1988, S.148). Sinnvoll ist auch, Forschungs. und Entwicklungs-Mitarbeiter einmal mit kaufmännischen Aspekten - zum Beispiel im Rahmen von Qualifizierungsseminaren - zu konfrontieren.
In einem *zweiten* Schritt geht es darum, den Kunden in die Vorbereitung der Markteinführung einzubeziehen, das heißt nicht nur die eigene Marketing- und Vertriebsorganisation, sondern auch den Markt mit dem Innovationsvorhaben vertraut zu machen.
Dies sollte in drei Stufen ablaufen (Little, 1988, S.151f):
Im Rahmen eines *Vorfeld-Marketing* wird dabei zunächst durch oftmals schwierige Marktforschungsmaßnahmen die Produktidee konkretisiert und mit dem innovationsfreundlichen Kunden das Erreichen der optimalen Marktakzeptanz und des Nutzenpotentials erörtert.
Das *Pilot-Marketing* ist auf den innovationsorientierten und experimentierfreudigen Nutzer ausgerichtet. Aufgrund gemeinsamer Interessen von Herstellern und Händlern hinsichtlich der Erlangung eines Innovationsvorsprungs gilt es, erste Erfahrungen mit möglichen Vertriebs- und Vermarktungsformen zu machen, um so die zukünftige Art der Marktpenetration zu bestimmen.
Das *Breitenmarketing* schließlich bildet den letzten Schritt der Markterprobung. Hierbei sollte im Sinne von „Social Awareness Public Relations" die breite Öffentlichkeit auf die unmittelbar bevorstehende Markteinführung bereits vorbereitet werden. Dies kann durch Fachmessen mit hohem Aufmerksamkeitswert, zum

Beispiel die Detroit Motorshow oder die Hannover-Messe, oder durch die üblichen Medien im Print- und Funkbereich geschehen.

Als Indiz für eine erfolgreiche Wirkung dieser Maßnahmen kann die Anzahl der - vor Produkteinführung - eingegangenen Bestellungen, beziehungsweise bereits abgeschlossener Vorverträge angesehen werden. Kritische Stimmen äußern, daß die Anwendung dieses Stufenmarketing die Konkurrenz zu schnell auf die geplanten Innovationen aufmerksam werden läßt. Dieses Problem ist allerdings geringer einzuschätzen als die Gefahr, ein neues Produkt „hinter verschlossenen Türen" am Markt vorbeientwickelt zu haben.

Über die Kommunikationsinhalte hinaus führt eine wirksame Kommunikationspolitik auch zur schnelleren Innovationsumsetzung. Gerade die Zeit wird als Wettbewerbsfaktor auf stagnierenden Märkten heute bedeutender.

Kommunikative Konsumentenvorbereitung ist dabei auch nur ein Aspekt. Eine kürzere Diffusionszeit neuer Produkte kann auch dadurch erreicht werden, daß eventuell bereits Konzepte oder Studien statt fertiger Produkte verkauft werden. Dabei besteht allerdings das Problem, daß bei sehr frühem Markteintritt durch unausgereifte Produkte ein ungünstiges Image von Beginn an transportiert werden muß. Deshalb sollte beispielsweise eine Serviceinnovation erst dann angeboten werden, wenn die entsprechenden Mitarbeiterschulungen abgeschlossen sind.

Aber auch die Kundenstruktur als solche hat Einfluß auf die Länge der Diffusionszeit. Entsprechend ihrer Innovationsfreudigkeit lassen sich fünf verschiedene Typen von Verbrauchern unterscheiden, die sich durch ihre Offenheit und ihr Interesse gegenüber Neuerungen auszeichnen (vgl. Abbildung 24):

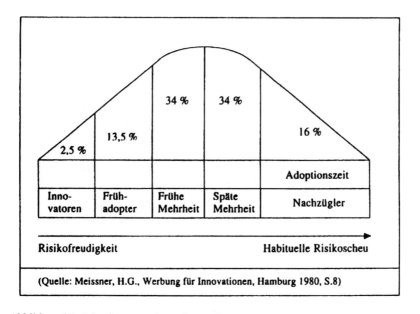

Abbildung 24: Adaptionsprozeß von Innovationen
(Quelle: Meissner, H.G., Werbung für Innovationen, Hamburg 1980, S.8)

Die Abbildung zeigt die relativen Anteile der Verbraucher im Zeitverlauf. Der darüber dargestellte Verlauf des Diffusionsprozesses ist typisch für die Verbreitung von Innovationen und ist bei einer 90 %igen Übernahme der Neuerung durch potentielle Verbraucher abgeschlossen (Aregger, 1976, S.112).
Jede Innovation und ihre anschließende Vermarktung gilt es, gegen Nachahmer zu schützen. Einem derartigen Schutz dienen in rechtlicher Hinsicht die gewerblichen Schutzrechte, neben dem Markengesetz, dem Gebrauchsmuster- und dem Geschmacksmustergesetz, vor allem das Patentgesetz.

Patentrecht

Grundlage des Patentrechtes ist das *Patentgesetz*. Es gewährt dem Patentinhaber ein subjektives, das heißt nur ihm zustehendes Recht mit absolutem, das heißt gegenüber jedermann wirkendem Schutz. Es entsteht durch Anmeldung und Registrierung beim Deutschen Patentamt in München. Drei Kriterien müssen dabei erfüllt sein:
* *Neuheit*:
  Neuheit bedeutet in diesem Zusammenhang, daß eine Erfindung nicht zum Stand der Technik gehört.
* *Erfindungshöhe*:
  Damit wird gefordert, daß eine Erfindung aus erfinderischer Tätigkeit hervorgangen sein muß und einen sprunghaften Fortschritt in der technischen Entwicklung darstellt.
* *Gewerbliche Anwendbarkeit*
  Dieses Kriterium bedeutet, daß nur solche Innovationen patentierbar sind, die eine gewerbliche Anwendung gestatten.
Es wird unterschieden zwischen Erzeugnis- und Verfahrenspatenten.
Das *Europäische Patentübereinkommen* (EPÜ), durch das ein für die Vertragsstaaten gemeinsames Recht für die Patenterteilung geschaffen worden ist, ermöglicht einem Erfinder, durch eine einzige Patentanmeldung beim Europäischen Patentamt in München in mehreren, von ihm benannten europäischen Staaten nationale Patente zu erlangen. Auf dem EPÜ baut das *Gemeinschaftspatentübereinkommen* (GPÜ) auf. Während durch das EPÜ nur ein einheitliches Patenterteilungsverfahren geschaffen worden ist, regelt das GPÜ die gesamte Laufzeit der Patente nach einheitlichen Grundsätzen für alle Staaten der Europäischen Union. International ist in diesem Zusammenhang noch die *Patent Cooperation Treaty* (PCT) zu erwähnen.
In Deutschland gibt es spezielle *Patentanwälte*, die neben der Rechtsberatung vor allem die Vertretung vor dem Patentamt und den Patentgerichten übernehmen.

Patentstrategien bei eigenen Innovationen

Innerhalb des Innovationsmarketing kommen Patenten zwei grundlegende *Funktionen* zu:

Dabei steht im Vordergrund zunächst die *Schutzfunktion* von Patenten. Dem Erfinder wird ein zeitlich begrenztes Recht der ausschließlichen Verwendbarkeit zugestanden. Durch dieses „Monopol auf Zeit" soll ihm die Möglichkeit gegeben werden, Investionsausgaben zur Innovationsgenerierung zu amortisieren. Dies ist der eigentliche Anreiz erfinderischer Tätigkeit. Daneben haben Patentanmeldungen auch eine *Informationswirkung*, die nicht unterschätzt werden sollte. Vielfach sind die Datenbanken der Patentämter Basis von Patentanalysen durch Mitbewerber, die daraufhin über fremde Investitionsziele informiert, zu eigenen Substitutsleistungen inspiriert oder zu Gegenstrategien ermutigt werden.

Strategische Patentanalyse

Bereits vor einer Patentanmeldung, teilweise bereits sogar schon vor dem Beginn entsprechender Forschungs- und Entwicklungs-Aktivitäten, kann es für ein Unternehmen interessant sein, mit Hilfe von Datenbanken eine *strategische Patentanalyse* durchzuführen. Eine laufende Beobachtung der technischen Neuerungen und Veränderungen im Bereich von Schlüssel- und Zukunftstechnologien erlaubt dabei oftmals ein frühes Erkennen von Technologiesprüngen. Dafür steht auch die Dokumentation des Deutschen Patentamtes mit 24 Millionen Patenten zur Verfügung. Die *Inpadoc* (International Patent Documentation Center) führt darüberhinaus einen „Online Patentfamiliendienst" über die Anmeldeaktivitäten in 52 angeschlossenen Ländern durch.

In bezug auf Innovationen stehen einem Unternehmer grundsätzlich drei Verhaltensweisen offen: Er kann für die betreffende Innovation ein Patent anmelden, er kann sie freigeben, das heißt, er kann Nachahmungen gestatten, oder er kann schließlich die Innovation geheimhalten.

Eine *Patentanmeldung* weist den oben schon angesprochenen möglichen Nachteil einer umfangreichen Informationsaußenwirkung für potentielle Mitbewerber auf. Auf der anderen Seite wird durch sie ein Produkt 20 Jahre lang gegen Nachahmung geschützt. Innerhalb der 20-jährigen Patentschutzfrist sollte ein Unternehmen versuchen, eine starke Kundenbindung an die betreffenden Produkte zu erreichen, weil durch diese „Brand-Loyalty", wie etwa auf dem Arzneimittelmarkt zu beobachten, eine nicht zu unterschätzende Marktbarriere für Konkurrenzentwicklungen errichtet werden kann.

Im Rahmen einer Optimierung ihrer betrieblichen Steuerpolitik versuchen Unternehmen häufig, Gewinne in steuerlich günstigere Länder zu verlagern. Eine Voraussetzung dafür sind Tochtergesellschaften im Ausland; diesen können dann für Patentgebühren unterbewertete Transferpreise berechnet werden.

Patentrechtsverletzungen begründen einen Anspruch auf Unterlassung, Schadensersatz oder Gewinnherausgabe. Um welche Beträge es sich hier handeln kann, mag das einige Jahre zurückliegende Beispiel des „Procter and Gamble"-Konzerns dienen, dem 125 Mio. Dollar Schadensersatzgelder wegen unerlaubt kopierter Keksrezepturen durch einen japanischen Konkurrenten zugesprochen worden sind.

Da bei einer Ablehnung einer Patentanmeldung durch das Europäische Patentamt eine nationale Anmeldung nicht mehr möglich ist, empfehlen Patentanwälte immer erst die Anmeldung beim Deutschen Patentamt.

Auch eine *Freigabe* von Innovationen kann eine mögliche Strategie darstellen. Selbst wenn ein Wettbewerber später Schutzrechte an der gleichen Erfindung erwirbt, so steht dem betreffenden Unternehmen zur Wahrung „seines wirtschaftlichen Besitzstandes" ein Vor- oder Mitbenutzungsrecht zu. Das Risiko einer Patentierung durch einen Wettbewerber läßt sich durch entsprechende Publikationen über die betreffenden Innovationen verringern.

Eine *Geheimhaltung* von Innovationen wird in nur sehr seltenen Fällen als Alternative zur Anmeldung gewählt. Eine derartige Geheimhaltung eignet sich vor allem bei Verfahrensinnovationen und bei einer kurzen Nutzungsdauer einer Erfindung. Vorteile sind ein Schutz ohne zeitliche Verzögerung, geringere Kosten, sowie keine Informationsaussenwirkung für Mitbewerber. Nachteile sind die Gefahren einer möglichen Patentanmeldung durch die Mitbewerber und der (möglichen) Weitergabe von Informationen bei Personalfluktuation.

Patentstrategien bei fremden Innovationen

Man spricht davon, daß heute zwischen den großen Unternehmen ein „technologischer Dschungelkampf" mit Hilfe der eigenen Patentabteilungen, vor allem aber spezialisierter Patentanwälte betrieben wird. So kommt es nicht nur bei Bekanntgabe eines Patents zu Kontaktaufnahmen beispielsweise hinsichtlich einer Lizenzerteilung, sondern es wird häufig ein schriftlicher Einspruch eingelegt. Dies ist innerhalb von drei Monaten nach Veröffentlichung im Patentblatt möglich. Dieser wird zwar in der Regel zurückgewiesen, führt jedoch zu einer Verzögerung des Verfahrens.

Schließlich besteht noch während der gesamten Patentdauer die Möglichkeit einer Nichtigkeitsklage. Sie wird häufig von finanzstärkeren Unternehmen genützt, um kleinere „Newcomer" einzuschüchtern. Die angesprochene Informationsaussenwirkung von Patenten kann zur Imitation anregen, einer Strategie, der im Wettbewerb - wie das Beispiel ostasiatischer Unternehmen zeigt - großer Erfolg beschieden sein kann.

<u>Exkurs:</u> Technology Assessment

Innovationen können die Umwelt nachhaltig verändern. Gentechnologie, Atomtechnik, Mikroelektronik oder neue Kommunikationsformen haben dabei nicht nur Auswirkungen auf die direkte Aufgabenumwelt von Kunden, Konkurrenten und Lieferanten, sondern finden zunehmend auch gesamtgesellschaftlich Beachtung.

Technology Assessment/Technikfolgen-Abschätzung (TA) wird mit einer ungenügenden Berücksichtigung der Gesamtzusammenhänge zwischen Gesellschaft, Technik und Umwelt ursächlich begründet. Es beinhaltet zwei Bereiche, und zwar die *Technikfolgenforschung*, die als wissenschaftlicher Prozeß anzusehen

ist, und die *Technikbewertung*, die zwar wissenschaftlich abgeleitet, aber entscheidungsorientiert ist. Dort wo sich diese beiden Bereiche in praktischen Anwendungsfällen überschneiden, spricht man von Technikfolgen-Abschätzung. Die VDI-Richtlinie 3780,2 definiert Technikfolgenbewertung als das planmäßige, systematische, organisierte Vorgehen, das den Stand einer Technik und ihre Entwicklungsmöglichkeiten analysiert, unmittelbare und mittelbare technische, wirtschaftliche, gesundheitliche, ökologische. humane, soziale und andere Folgen dieser Technik und möglicher Alternativen abschätzt, aufgrund definierter Ziele und Werte diese Folgen beurteilt oder auch weitere wünschenswerte Entwicklungen fordert, Handlungs- und Gestaltungsmöglichkeiten daraus herleitet und ausarbeitet, so daß begründete Entscheidungen ermöglicht und gegebenenfalls durch geeignete Institutionen getroffen und verwirklicht werden können. Diese Richtlinie ist ein wichtiger erster Schritt zur Erzielung eines Mindestmaßes an methodischer Standardisierung, um Transparenz und Glaubwürdigkeit von Technikfolgen-Abschätzung zu ermöglichen (Zangenmeister, 1992, S.41).
Eine vertiefte Anwendung des Technikfolgengedankens findet sich auch in der *Produktfolgenabschätzung*. Im Rahmen der Produktpolitik wird bei der konkreten Produktgestaltung und - produktion außerbetrieblichen Folgen bereits Rechnung getragen (Schade, 1992, S.76f). Aus diesem Grunde ist es wichtig, im Innovationsmarketing auch Technik- und Produktfolgen zu berücksichtigen. Diese Berücksichtigung beginnt bereits in den frühesten Entwicklungsphasen des Innovationsprozesses und endet erst mit der Umsetzung eines entsprechenden Marketingplans. Betriebe, die dabei in erster Linie ökonomischer Rationalität folgen, haben es schwer, gesellschaftlichen Ansprüchen zu genügen und diese gleichzeitig mit ihren ökonomischen Zielsetzungen zu vereinbaren. Gerade technologische Paradigmawechsel können nicht losgelöst von ökologischen, sozialen, technologischen und psychologischen Aspekten betrachtet werden.
Für einzelne Auswirkungsbereiche einer Technologie werden partielle Folgenanalysen durchgeführt, wobei Auswirkungen auf Ökologie und Gesundheit im Vordergrund stehen. So führt die zunehmene Beachtung des Faktors Umweltschutz seitens der Verbraucher, der Umweltschutzverbände und letzlich des Gesetzgebers in den vergangenen Jahren zu einer erhöhten Reglungsdichte durch ökologische Auflagen für wirtschaftliche Tätigkeiten.
Unternehmen, die ihre Abfall-, Abluft- und Abwasserprobleme umweltverträglich regeln konnten und zudem noch energiesparend wirtschaften, können diese Pionierarbeit erfolgreich im Marketing kommunizieren. Ihre Produkte werden in der Öffentlichkeit eher akzeptiert als die der wenig umweltsensibleren Mitbewerber. Kaufargumente - und darin dokumentiert sich gesellschaftlicher Wertewandel - werden nicht mehr allein von Produktqualität und Preis bestimmt. Auf diese Weise können sich auch freiwillige Investitionen in Geschäftsbereichen mit höherer öffentlicher Aufmerksamkeit durch langfristig wachsende Produktakzeptanz auszahlen und machen auch ein eventuell später nötiges und wesentlich teureres Nachrüsten obsolet. Unternehmen haben somit ein Eigeninteresse am Umweltschutz, da die Erforschung und Anwendung umweltfreundlicher Technologien auch neue Geschäftsfelder eröffnen können. Technikfolgen-Abschätzung kann aber auch negative Folgen haben. So kann eine weitestgehende Be-

rücksichtigung der verschiedensten gesellschaftlichen Einzelinteressen, aber auch einer generellen Technologiefeindlichkeit dazu führen, daß Forschungsvorhaben, die mit einem gewissen Risiko behaftet sind, nur zögernd angegangen werden oder ganz unterbleiben. In diesen Fällen ist es Aufgabe des Marketing, unbegründete Ängste und massive Partikularinteressen durch Information abzubauen und breiten gesellschaftlichen Wertewandel zu antizipieren.

Kapitel 6: Der Umwelt zuliebe

Umweltbewußtsein und Umweltpolitik

Die Konzeption eines ökologieorientierten Marketing hat heute neben einem ständig wachsenden *Umweltbewußtsein* der Verbraucher vor allem die diesbezüglichen rechtlichen Rahmenbedingungen, das Umweltrecht, zu berücksichtigen, Einflußfaktoren, zwischen denen Interdependenzen bestehen. Dem Umweltrecht in der Bundesrepublik Deutschland liegen die Zielvorstellungen zugrunde, die die Bundesregierung 1971 für ihre *Umweltpolitik* definiert hat: Danach gilt es, dem Menschen eine Umwelt zu sichern, wie er sie für seine Gesundheit und für ein menschenwürdiges Dasein braucht. Boden, Luft und Wasser, Pflanzen- und Tierwelt sind vor nachteiligen Wirkungen menschlicher Eingriffe zu schützen; Nachteile derartiger Eingriffe sind zu beseitigen. Grundprinzipien staatlicher Umweltpolitik bilden in diesem Zusammenhang
- das Vorsorgeprinzip,
- das Verursacherprinzip und
- das Kooperationsprinzip.

Nach dem *Vorsorgeprinzip* soll durch vorausschauendes Handeln bereits dem Entstehen möglicher Umweltbelastungen beziehungsweise -schädigungen vorgebeugt und durch schonenden Umgang mit den zur Verfügung stehenden Ressourcen die ökologischen Grundlagen langfristig gesichert werden. Nach dem *Verursacherprinzip* sollen demjenigen die Kosten der Vermeidung, der Beseitigung oder des Ausgleichs von Umweltbelastungen zugerechnet werden, der sie verursacht hat. Nach dem *Kooperationsprinzip* schließlich soll ein Zusammenwirken der Betroffenen bei die Umwelt betreffenden Entscheidungen verbessert, also vor allem eine diesbezügliche Zusammenarbeit von Unternehmen und staatlichen Stellen gefördert werden.

Wenn auch eine Realisierung dieser Prinzipien - in erster Linie des Verursacherprinzips - in der Praxis auf große Schwierigkeiten stößt, so bedeuten sie doch eine grundsätzliche Umorientierung; sie stellen die Grundlage für die mehr als 250 Gesetze und Verordnungen dar, die heute das Umweltrecht in Deutschland bilden.

Umweltrecht

Das *Umweltrecht* umfaßt
- das Umweltverfassungsrecht mit den entsprechenden Normen des Grundgesetzes, des Einigungsvertrages und des EG-Vertrages;
- das Allgemeine Umweltverwaltungsrecht; dieses enthält Gesetze zur Errichtung eines Umweltbundesamtes, zur Errichtung einer Stiftung „Deutsche

Bundesstiftung Umwelt", zu Umweltstatistiken sowie zu Umweltverträglich-
keitsprüfungen;

- das Umweltprivatrecht mit den entsprechenden Normen des Bürgerlichen
  Gesetzbuches und dem Umwelthaftungsrecht;
- das Umweltstrafrecht mit den entsprechenden Normen des Strafgesetzbuches
  und des Gesetzes über Ordnungswidrigkeiten;
- das Besondere Umweltverwaltungsrecht; dieses bezieht sich im einzelnen auf
  * die Naturpflege; hier ist das Bundesnaturschutzgesetz und im weiteren
    Sinne das Tierschutzgesetz zu nennen;
  * den Gewässerschutz; diesem dienen die Vorschriften des Wasserhaus-
    haltsgesetzes und des Wasch- und Reinigungsmittelgesetzes;
  * die Abfälle; das hier eingreifende Gesetz zur Vermeidung und Entsor-
    gung von Abfällen konkretisiert sich in einer Reihe von Verordnun-
    gen: Die Klärschlamm- und Lösungsmittelentsorgungsverordnungen,
    die Abfall- und Reststoffbestimmungs und -überwachungsverord-
    nungen, die Abfallverbringungsverordnung, die Getränkeverpackungs-
    und die allgemeine Verpackungsverordnung und schließlich auch der
    neue Entwurf einer IT-Altgeräteverordnung; Ziel des 1994 vom Bun-
    destag verabschiedeten Kreislaufwirtschafts- und Abfallgesetzes (1996
    in Kraft getreten) ist eine grundsätzliche Umgestaltung der Abfallwirt-
    schaft in eine Kreislaufwirtschaft. Hersteller, Verarbeiter und Vertrei-
    ber von Erzeugnissen tragen danach die „Produktverantwortung" in
    bezug auf die mehrfache Verwendbarkeit und Langlebigkeit von Pro-
    dukten sowie ihre umweltverträgliche Verwertung und Entsorgung. Es
    soll eine Reduzierung des Abfallaufkommens bewirken und so dazu
    beitragen, einen Entsorgungsnotstand zu verhindern und die Umwelt
    zu schonen. Durch Rücknahmepflichten sollen die Kosten der Abfall-
    verwertung und -entsorgung den Herstellern angelastet werden. Es soll
    ein Anreiz werden, verwertungsfreundliche Produkte zu entwickeln.
  * die Luftreinhaltung und Lärmbekämpfung; hier ist in erster Linie das
    Bundes-Immissionsschutzgesetz und das Benzinbleigesetz, das den
    Gehalt von Bleiverbindungen in Otto-Kraftstoffen begrenzt, zu nen-
    nen. Das Bundes-Immissionsgesetz konkretisiert sich wiederum in ei-
    ner Vielzahl von Verordnungen; diese betreffen unter anderem Groß-
    und Kleinfeuerungsanlagen, den Schwefelgehalt von leichtem Heizöl
    sowie den Verkehrs- und Baumaschinenlärm;
  * die Kernenergie; einer friedlichen Nutzung der Kernenergie und einem
    Schutz vor sich aus ihr möglicherweise ergebender Gefahren dient das
    Atomgesetz;
  * die Energieeinsparung; diesbezügliche gesetzliche Grundlagen sind
    das Energieeinsparungsgesetz und das Stormeinsparungsgesetz;
  * gefährliche Stoffe; im Mittelpunkt steht hier das Chemikaliengesetz
    mit einer Vielzahl von Verordnungen, das Pflanzenschutzgesetz, das
    Düngemittelgesetz und das Gentechnikgesetz.

In Deutschland ist 1995 ein Gesetz über eine freiwillige Umweltprüfung von
Unternehmen in Kraft getreten. Dieses auf einer EG-Verordnung („Öko-Audit")

von 1993 beruhende Ausführungsgesetz soll den Rahmen für ein Managementsystem schaffen, mit dem Unternehmen ein Umweltprogramm aufstellen, ein Umweltmanagement-System einführen und eine Umweltprüfung vornehmen. Die richtige Anwendung des Systems wird von unabhängigen (Umwelt-) Gutachtern sichergestellt (zum Beispiel vom TÜV). Ein Umweltzeichen, das bei positiver Begutachtung verliehen wird, kann für die Werbung verwendet werden. Es ist zu erwarten, daß dieses Gesetz den Wettbewerb „im Sinne der Umwelt" stärken wird.

Umweltschutzorientiertes Marketing

Der vorstehende Überblick macht deutlich, daß heute eine Vielzahl rechtlicher, den Umweltschutz betreffender Normen in betrieblichen Entscheidungsprozeßen Berücksichtigung finden muß. Ob diese unter dem Primat eines ökologieorientierten Marketing stehen sollen oder nicht, steht oftmals gar nicht mehr zur Diskussion, sondern lediglich die Art und Weise einer Realisierung. So sind die Hersteller von Wasch- und Reinigungsmitteln durch Gesetz zwingend an bestimmte Zusammensetzungen ihrer Produkte - etwa in bezug auf Phosphorverbindungen - gebunden; darüber hinaus schreibt der Gesetzgeber - damit Gestaltungsspielräume in der Verpackungspolitik einschränkend - hier vor, das auf den Verpackungen bestimmte Angaben zu machen sind, die etwa die Inhaltsstoffe oder umweltschonende Dosierempfehlungen betreffen.
Besondere Marketingrelevanz kommt den entsprechenden Verordnungen zu, die im Rahmen des Gesetzes zur Vermeidung und Entsorgung von Abfällen erlassen worden sind, in erster Linie der Verpackungsverordnung und dem neuem Entwurf einer IT-Altgeräteverordnung. Beide gilt es daher, in den nächsten Abschnitten näher zu betrachten.

Kapitel 7: Verpacken kann teuer werden

Verpackung ein (Produkt-) Lebenlang

Ein wichtiger Bestandteil der meisten Produkte und damit auch der sie betreffenden Marketing-Aktivitäten ist die Verpackung. *Verpackung* wird dabei als Sammelbezeichnung für alle Arten von Umhüllung eines oder mehrerer Produkte verstanden, unabhängig davon, welche Funktionen sie im einzelnen erfüllen soll. Man unterscheidet in diesem Zusammenhang *drei* Arten der Verpackung:

- *Transportverpackungen*, wie zum Beispiel Säcke, Kartons oder auch Kisten, dienen dem Schutz der Ware zwischen Hersteller und Händler und der Sicherheit des Transportes.
- *Verkaufsverpackungen* stellen die eigentliche Verpackung des Produktes dar und werden vom Endverbraucher zum Transport der Ware oder bis zu ihrem Verbrauch verwendet; als Beispiele sind hier Joghurtbecher oder auch Marmeladengläser zu nennen.
- *Umverpackungen* schließlich sind, wie etwa Folien, zusätzliche Verpackungen um Verkaufsverpackungen und haben vor allem die Funktionen, die Warenabgabe im Wege der Selbstbedienung zu ermöglichen, den Diebstahl der Ware zu erschweren oder zu verhindern und Werbungszwecken zu dienen.

Die Verpackung begleitet das Produkt von der Herstellung, über die Konfektionierung, den Transport, die Lagerung, die Präsentation bis hin zum Verbrauch. Während des Ablaufes dieses "Produktlebens" erfüllt sie verschiedene Funktionen.

Schutz und Sicherheit

Der *Schutz des Produktes* stellt eine der grundlegenden Funktionen fast jeder Verpackung dar. Bei vielen Erzeugnissen ist die Verpackung Voraussetzung dafür, daß sie überhaupt angeboten werden können. Diese Schutzfunktion beinhaltet dabei den Produktschutz und - im Sinne einer Qualitätssicherungsfunktion - die Produktsicherheit. Sie trägt Sorge, daß im System der Warenverteilung die Qualität des Produktes von der Herstellung bis hin zum Verbrauch weitestgehend erhalten bleibt.

Produktschutz konkretisiert sich in diesem Zusammenhang im Schutz vor physischen Beeinträchtigungen, aber auch im Schutz vor Produktalterung. Eine besondere Rolle spielt dies im Lebensmittelbereich. Um deren Haltbarkeit zu verlängern, werden von den Unternehmen verschiedene Verfahren angewandt; so kann etwa Obst mit einem durchsichtigen PVC-Film versiegelt werden, um den Stoffwechsel zu verzögern. Weit verbreitet sind diesbezüglich auch Vakuumverpackungen.

Neben den Anforderungen, die im Hinblick auf den Schutz des Produktes gestellt werden, muß eine Verpackung vielfach aber auch sicherstellen, daß der Verbraucher und seine Umgebung jederzeit - von der Abpackung bis zum Gebrauch der Ware, also vorallem beim Öffnen der Verpackung, bei der Entnahme des Produktes sowie beim Wiederverschluß - vor einem unerwünschtem Austreten des Inhalts geschützt bleiben.

Zur Produktsicherheit wird ebenfalls der Bereich des Zugriffsschutzes gerechnet. Darunter ist zum einen eine entsprechende Kindersicherung zu verstehen; immer häufiger wird zum anderen aber auch verlangt, daß unerlaubten oder kriminellen Zugriffen auf den Packungsinhalt vorgebeugt wird ("Erstöffnungsgarantie").

Logistik

Eine geeignete Verpackung macht oft ein Produkt erst lager-, umschlags- und transportfähig. Distributionverluste können durch sie verringert werden.

Anforderungen, die die Verpackung im *Logistikkontext* erfüllen muß, liegen dabei in einer optimalen Lager- und Transportkapazitätennutzung, in einer Regalgängigkeit in den Ladengeschäften und schließlich in einer Raumnutzung beim Konsumenten, zum Beispiel hinsichtlich vorgegebener Kühlschrankfächer.

Die Normierung von Verpackungen, ihre Stapelfähigkeit, insgesamt ihr "Handling", sind Voraussetzungen für eine rationelle Distribution der Produkte bis an den Verkaufspunkt.

Verpackung kann verkaufen

Die Verpackung kann als indirektes Instrument einer Marktkommunikation auch *verkaufsfördernd* wirken. Die kaufanregende, ebenso wie die beratende Funktion, wird gerade in Zeiten reduzierten Verkaufspersonals und damit zunehmender Anonymisierung des Kaufaktes immer mehr auf die Verpackung übertragen. Die Verpackung ist in dieser Beziehung heute oft der eigentliche "Verkäufer" des Produktes. Dieser Aufgabe wird die Verpackung durch ihre aufmerksamkeitssteigernde Wirkung gerecht; selbst wenn im ersten Moment noch nicht einmal eine Vorstellung über den Packungsinhalt besteht, so kann die Verpackung aufgrund ihrer Gestaltung Interesse wecken.

Eine sortimentsorientierte Verpackung vermag darüber hinaus den Such- und Orientierungsaufwand des Verbrauchers zu reduzieren.

Nach Kotler gelten als Kommunikationsinhalte der Verpackung:

- Die Marke und die Markenpersönlichkeit,
- der Produktinhalt und damit verbundene Anreize und eine
- Zielgruppenausrichtung.

Gerade der letzte Aspekt betont die Wirkung der Verpackung im Bereich der Markenpositionierung und Imagebildung. Es wird versucht, durch entsprechende Gestaltung der Verpackung den sozialen Status der Verwender zu reflektieren; dazu gehört das Wecken von Emotionen, Assoziationen und Gruppenzugehörigkeitsgefühlen. Eng damit verbunden sind Hinweise auf die Qualität des Inhalts und die Suggestion eines bestimmten Wertes der Ware.

Eine diesbezügliche, ökologieorientierte Marktkommunikation steht vor dem Problem, daß hier für einen Bereich geworben werden muß, der dem einzelnen zunächst keinen direkten Nutzen verspricht, sondern ein Kollektivgut berührt. Da der Mensch aber von Natur aus in der Regel egoistisch ist, muß die Kommunikationspolitik den Verbrauchern einen persönlichen Nutzen suggerieren. Dabei kann eine Individualisierung des Umweltbewußtseins erfolgen:

- durch soziale Anerkennung beim Kauf umweltfreundlicher Produkte,
- durch Prestige aufgrund demonstrativer Vernunft,
- durch das Gefühl, Konsumpionier zu sein,
- durch das Gefühl, sich etwas leisten zu können (bei teuren Öko-Produkten),
- durch das Gefühl, sparsam zu wirtschaften (bei billigen Öko-Produkten) und schließlich
- durch das Gefühl, persönlich einen Beitrag zum Umweltschutz geleistet zu haben (Müller, 1992, S. 320).

Verpackung informiert

Eine Verpackungsfunktion, die eng mit der Verkaufsförderungsfunktion verknüpft ist, besteht in der *Information* des Konsumenten über Inhalt und Gebrauch des Produktes. Sie setzt in der Phase ein, in der das Kaufinteresse bereits geweckt worden ist. Es ist dann die Aufgabe der Verpackung, die Transformation dieses generellen Interesses in eine definitive Kaufentscheidung zu unterstützen.

Beachtung ist in diesem Zusammenhang zunächst vor allem den gesetzlichen Produktkennzeichnungspflichten zu schenken. So dürfen keine Angaben über wichtige Inhaltsstoffe oder ausreichende Sicherheitshinweise fehlen. Vorschriften regeln beispielsweise, ob und wie Haltbarkeitsdaten, Herkunftsgebiete oder mögliche Produktveränderungen zu deklarieren sind. In der Europäischen Union arbeiten verschiedene Kommissionen an einer diesbezüglichen Vereinheitlichung.

Über die streng gesetzlichen Informationspflichten hinaus, erwarten Verbraucher heute aber auch Angaben über den Verwendungszweck und die Gebrauchssicherheit des Produktes sowie über seine ökologische Verwertbarkeit beziehungsweise die seiner Verpackung. Ebenso muß dem gesteigerten Gesundheitsbewußtsein der Konsumenten durch entsprechende Hinweise Rechnung getragen werden.

Meistens werden heute Informationen nur in Schriftform als nicht mehr ausreichend angesehen. Eine zusätzliche graphische und fotografische Darstellung vermag wesentliche Inhalte schneller zu transportieren und sie auch Zielgruppen zugänglich zu machen, die mit der nationalen Schriftsprache weniger vertraut sind. Größere Diskrepanzen zwischen den informatorischen Aussagen und den tatsächlichen Produkteigenschaften, wie auch Diskrepanzen zwischen Form und Art der Verpackung und ihrem tatsächlichen Inhalt ("Mogelpackung") verbieten sich oftmals aus rechtlichen und marketing-ethischen Erwägungen, vor allem aber aus der Tatsache heraus, daß einmal getäuschte Kunden in der Regel für die Zukunft für das betreffende Unternehmen verloren sind.

Umweltfreundlich

Die Verpackung steht heute in der öffentlichen Diskussion im Mittelpunkt von Umweltschutzüberlegungen. Grundsätzlich können durch eine entsprechende Verpackungsgestaltung und -verwertung, letztlich vor allem durch eine weitestmögliche Verpackungsvermeidung, wirksame Beiträge zum *Umweltschutz* geleistet werden. Das Postulat, Verpackungen ressourcenschonend zu gestalten, hat sich heute bei Industrie und Handel auf breiter Basis durchgesetzt. Als Beispiel sind hier etwa ein Verzicht auf Umverpackungen oder vor allem auch ein verstärkter Einsatz von Mehrwegverpackungen zu nennen.

Verpackungsverordnung - ein Etappenziel

1991 trat in der Bundesrepublik Deutschland die *Verordnung über die Vermeidung von Verpackungsabfällen* in Kraft. Der Wandel vom personalintensiven Einzelhandel zu Selbstbedienungsläden und die zunehmende Verdrängung der Mehrweg- durch die Einwegverpackung hatten ein enormes Ansteigen der Verpackungen und damit auch des entsprechenden Verpackungsmülls in den letzten Jahren ausgelöst. Zielsetzungen der so nötig gewordenen Verordnung sind es, die gewerbliche Wirtschaft zu zwingen, sämtliche Verpackungen außerhalb der öffentlichen Abfallentsorgung zu erfassen und Abfälle aus Verpackungen zu vermeiden beziehungsweise zu verwerten. Der Verpackungsverordnung unterliegen alle Hersteller von Verpackungen und Erzeugnissen, aus denen Verpackungen hergestellt werden sowie alle - gleich auf welcher Handelsstufe -, die Verpackungen und Waren in Verpackungen in Verkehr bringen. Geregelt werden danach folgende Verpackungen:
- Transportverpackungen
  Diese müssen von Hersteller und Vertreiber nach Gebrauch zurückgenommen und einer erneuten Verwendung oder einer stofflichen Verwertung zugeführt werden. Die Rücknahmepflicht kann nicht durch andere Maßnahmen ersetzt werden.
- Verkaufsverpackungen
  Seit Januar 1993 ist der Vertreiber verpflichtet, vom Endverbraucher alle Verpackungen in der Verkaufsstelle oder in deren unmittelbarer Nähe zurückzunehmen, die er nach Art, Form, Größe und nach Füllgut in seinem Sortiment führt. Hersteller und Vertreiber sind verpflichtet, die vom Händler zurückgenommenen Verpackungen zurückzunehmen und einer Wiederverwendung oder Verwertung zuzuführen. Sie werden von dieser Rücknahmepflicht befreit, wenn im Einzugsgebiet ein flächendeckendes Erfassungssystem eingeführt worden ist. Zudem werden die Hersteller und Vertreiber von Verkaufsverpackungen verpflichtet, die vom Gesetzgeber vorgeschriebenen

Erfassungs-, Sortierungs- und Verwertungsquoten einzuhalten. Hersteller und Vertreiber können sich für die getrennte Erfassung von derartigen Verpackungen, für deren Sammlung, Transport und Sortierung externer Dienstleister bedienen.

- Umverpackungen
  Seit 1992 besteht eine Rücknahmepflicht für Umverpackungen. Der Handel muß danach die Umverpackungen bei der Abgabe der Waren entfernen oder dem Käufer die Möglichkeit geben, die Umverpackungen entfernen zu können. Diese Rücknahmepflicht kann nicht durch eine andere Maßnahme ersetzt werden.
- Getränkeverpackungen
  Seit 1993 besteht für alle Getränkeverpackungen mit einem Füllvolumen ab 0.2 l, die keine Mehrwegverpackungen sind, eine Pflichtbepfandung. Um das bestehende Getränkemehrwegsystem zu schützen, erfolgen mögliche Freistellungen nur solange, wie der Anteil der Getränkemehrwegverpackungen nicht unter 72 % sinkt.

1992 wurde von der EU-Kommission ein Richtlinienentwurf verabschiedet, der bis 1995 von den Mitgliedstaaten umgesetzt werden mußte. Danach müssen die Entsorgungskosten auf jeder Verpackung ausgewiesen werden, Verwertungsquoten - allerdings geringere als in Deutschland - festgelegt, Umsetzungsfristen - allerdings auch längerfristigere als in der deutschen Verpackungsordnung vorgeschrieben - vorgegeben und schließlich die Entsorgung durch eine "Holschuld" desjenigen, der Verpackungen in den Verkehr bringt, einheitlich geregelt werden. Daneben soll eine - allerdings freiwillige - Kennzeichnung verwertbarer Bestandteile erfolgen.

Dominoeffekt

Durch die Verpackungsverordnung stehen Industrie und Handel erstmals in kollektive Produktverantwortung. Der primär zunächst betroffene Handel stellt aufgrund der Anforderung, die an ihn gestellt sind, entsprechende Anforderungen an seine industriellen Lieferanten; diese wiederum leiten diese Anforderungen an ihre Verpackungsmittelhersteller weiter. Eine derartige Kettenreaktion findet ihr Ende dort, wo Verpackungsmaterialien erzeugt werden, also bei den chemischen oder organischen Rohstofferzeugern

Grüne Punkte und gelbe Säcke

Die *Duale System Deutschland GmbH* (DSD) als integriertes Entsorgungs- und Recyclingsystem wurde 1990 von den Verbänden der Wirtschaft als Antwort auf die Verpackungsverordnung gegründet. Mit dem Aufbau des Dualen Systems wird seitens der beteiligten Unternehmen das Ziel verfolgt, durch die Errichtung eines flächendeckenden, haushaltsnahen Erfassungssystems für gebrauchte Verpackungen eine Befreiung von den Pfand- und Rücknahmeverpflichtungen der

Verpackverordnung zu erreichen. Es werden vornehmlich *Verkaufsverpackungen* erfaßt. Für alle in das DSD aufgenommenen Verpackungsmaterialien liegen Abnahme- und Verwertungsgarantien der Industrie vor. Handel und Hersteller werden verpflichtet, gebrauchte Verpackungen außerhalb der bestehenden öffentlichen Entsorgung zu erfassen und zu verwerten (Meffert/Kirchgeorg, 1998, S. 272f.).

Die in das Duale System einbezogenen Verpackungen werden mit einem "grünen Punkt" gekennzeichnet. Die Trägerorganisation DSD GmbH hat die Nutzungsrechte am "*grünen Punkt*" und genehmigt seine Verwendung auf Verpackungen nur gegen Zahlung eines Entgelts. Der Handel hat sich verpflichtet, nach einer Übergangszeit nur noch mit dem "grünen Punkt" gekennzeichnete Verpackungen zu vertreiben. Das Entgelt, das zunächst an Verpackungsvolumen und verkauften Stückzahlen ausgerichtet war, wird seit Ende 1993 nach Verpackungsmaterial und Gewicht bestimmt.

Vorreiter Handel?

Seit 1993 tritt auch der Einzelhandel als Lizenznehmer des DSD auf, da auch dort Waren, zum Beispiel lose angebotene Lebensmittel, verpackt werden. Daneben gilt weiterhin die Rücknahmepflicht für Transport- und Umverpackungen, wofür auf den Verkaufsflächen Behälter bereitgestellt werden müssen. Ein Verzicht auf Umverpackungen kann gerade in Selbstbedienungsgeschäften Probleme bei der Warenpräsentation und der Diebstahlsprävention bereiten.

Der Handel als durch die Verpackungsverordnung primär direkt Betroffener übt heute starken Druck auf die Industrie in der Form aus, daß er Produkte mit aufwendiger Verpackung aus seinem Sortiment herausnimmt, um andererseits Produkte mit geringer Verpackung in das Sortiment neu aufzunehmen; für den Handel bedeutet dies gleichzeitig eine günstigere Lager- und Ausstellungsraumnutzung.

Im Handel werden zur Zeit innovative *Mehrwegtransportsysteme* entwickelt, durch die in großen Umfang in Zukunft weiter Verpackungsmaterial eingespart werden soll. Der Erfolg derartiger Systeme wird vom Beteiligungsgrad und der Akzeptanz, die ihnen entgegengebracht wird, abhängen.

Konsequenzen für die Industrie

Da der Handel in Zukunft nur noch Produkte führen will, die mit dem "grünen Punkt" versehen sind, sind die Kosumgüterhersteller weitgehend gezwungen, mit der Entrichtung einer Gebühr diesen für ihre Verpackungen zu erwerben. So zahlen etwa alleine die Verwender von Kunstoffverpackungen über zwei Mrd. DM im Jahr an das DSD. Um diese Kosten zu senken, wird vielfach versucht, auf andere, mit nicht so hohen Gebühren belastete Verpackungsmaterialien, wie zum Beispiel Altpapier, auszuweichen. Da die neue Gebührenordnung nicht nur nach Material, sondern auch nach Gewicht gestaffelt ist, liegt daneben der Versuch nahe, Einsparungen auch am Gewicht der Verpackung vorzunehmen. Dies kann oftmals nur in enger Zusammenarbeit mit den Packmittelherstellern durchgeführt werden. Schließlich können noch durch eine Einführung von Nachfüllpackungen, wie sie vielfach schon im Wasch- und Reinigungsmittelmarkt zu finden sind, Gebühren eingespart werden, Maßnahmen, die es darüber hinaus komunikativ zu nutzen gilt.

Auch der Packmittelhersteller muß umdenken

Die Hersteller von Verpackungen, vor allem die Kunststoffverpackungshersteller, stehen heute unter großem Druck der Industrie. Sie sind gefordert, die notwendigen technischen Voraussetzungen zu schaffen, um den aus der Verpackungsverordnung erwachsenen Anforderungen gerecht werden zu können. Dies wird Investitionen in Milliardenhöhe nötig machen. Flankierend gilt es, umfangreiche Aufklärungs- und Imagekampagnen durchzuführen.

Weniger ist oft mehr

Verbraucher werten die ökologischen Eigenschaften eines Produktes und seiner Verpackung heute immer höher. Solange Funktionalität und Servicefreundlichkeit dabei weitgehend erhalten bleiben, sind sie in der Regel sogar bereit, Einbußen in ästhetischer Sicht hinzunehmen.
Verpackungsentscheidungen ergeben sich in dieser Hinsicht aus einem Konsens gesellschaftlicher Interessen, den zuvor erwähnten Funktionen, die Verpackung erfüllen muß und den eigentlichen Unternehmenszielen. So muß einerseits die Verpackung gewichts- und volumenmäßig minimiert werden, im Idealfall ganz wegfallen, andererseits soll sie vor allem aber auch den Anforderungen der Kommunikationspolitik, wie Werbewirksamkeit und Informationsvermittlung gerecht werden. Ihr Gestaltungsspielraum wird bei vielen Produkten noch weiter eingegrenzt werden, da unter anderem Mehrwegquoten vorgeschrieben und neue Kennzeichnungspflichten der Verwertungsmöglichkeiten die Fläche zur Produktinformation und -werbung einschränken werden.
Recycling hat in den letzten Jahren immer mehr an Bedeutung gewonnen. Bei einem diesbezüglichen Recycling wird die Verpackung durch die Rückführung in die Produktion wiederverwertet. Schon bei der Gestaltung und Entwicklung von Verpackungen sind alle konstruktiven und werkstofftechnischen Möglichkeiten zu nutzen, um Rohstoffe einzusparen und die Rückgewinnung und Verwertung gebrauchter Werkstoffe zu erleichtern, um zukünftig Produktionskosten zu reduzieren. Recycling stellt für das Marketing eines Unternehmens einen wichtigen Faktor dar, denn Produkte, die umweltfreundlich sind, genießen beim Verbraucher auch ein besseres Image (Hopfenbeck, 1990, S. 286ff.).

Kapitel 8: Elektroschrott - quo vadis?

Die Elektroindustrie ist immer noch eine der Schlüsselindustrien der deutschen Wirtschaft. Unternehmen wie Siemens sind weltbekannt. 1996 erarbeiteten in diesem Bereich über 1 Mio. Beschäftigte einen Umsatz von mehr als DM 200 Milliarden. Ein Teil dieses Umsatzes fiel auf echte Neuanschaffungen wie CD-Player, Camcorder, Satelliten-Schüsseln; ein anderer Teil wurde dadurch erzielt, daß der Verbraucher bereits vorhandene Elektrogeräte wie Waschmaschinen oder Staubsauger gegen neue ausgetauscht hat, weil das alte Gerät defekt war oder einfach, um technisch auf dem neuesten Stand zu sein.

Der Wachstumsprozeß in der Elektroindustrie hat in den letzten Jahren zu stetig steigenden Zuwachsraten an Elektronik-Schrott geführt; so nimmt pro Jahr allein der Computerschrott um 7,5 % zu. 1997 betrug der gesamte Elektronik-Schrottanfall über 1,5 Mio. Tonnen. Obwohl der Anteil des Elektronik-Schrottes am Gesamtmüllaufkommen zwar noch sehr gering ist, so birgt er doch aufgrund der in ihm enthaltenen Rohstoffe wie Schwermetalle, Quecksilber und vieler chemischer Verbindungen eine große Gefährlichkeit in sich.

Die IT-Altgeräteverordnung

Die Bundesregierung hat sich 1986 mit dem Abfallgesetz beziehungsweise 1996 mit dem neuen Kreislaufwirtschafts- und Abfallgesetz die Möglichkeiten geschaffen, Rechtsverordnungen zur Abfallvermeidung, zu erlassen.

Hierzu gehört die im vorhergehenden Kapitel dargestellte Verpackungsverordnung. In den letzten Jahren werden aber verstärkt auch Lösungen speziell in bezug auf den Elektroschrott gesucht. Während der vom Bundesumweltministerium 1992 erarbeitete Entwurf einer Elektronikschrottverordnung (ESV) noch sämtliche elektrische und elektronische Geräte beinhaltete, werden in jüngster Zeit in Deutschland eher sektorale Lösungen, das heißt spezifische Lösungen für Weiße (Waschmaschinen, Kühlschränke), Braune (Unterhaltungselektronik) und IT-Ware (Computer) diskutiert. Am weitesten sind wohl die Überlegungen in bezug auf Geräte der Informations- Büro- und Unterhaltungstechnik vorangeschritten. Hier existiert seit Mai 1997 bereits ein konkreter Entwurf einer Verordnung über Entsorgung entsprechender Geräte, die IT-Altgeräte-Verordnung (ITVO), die von vielen als mögliches Vorbild auch für die anderen Sektoren angesehen wird.

Der Entwurf sieht eine unentgeltliche Rücknahmepflicht des Herstellers beziehungsweise des Vertreibers und eine gemeinwohlverträgliche Beseitigung der IT-Altgeräte durch ihn vor. Auf der anderen Seite wird auch der Endverbraucher verpflichtet, gebrauchte IT-Geräte an Rücknahmestellen oder Sammlungen der öffentlich-rechtlichen Entsorgungsträger abzugeben. Diese erfassen die in ihrem Gebiet aus privaten Haushaltungen anfallenden IT-Geräte und stellen sie in besonderen Übergabestellen (verwertungsspezifisch sortiert) für die Abholung durch den Hersteller bereit. Der Entwurf der ITVO beziehungsweise entsprechender Ansätze bei Weißen und Braunen Waren gehören nicht zu den gesetzlichen Bestimmungen, die gelesen und dann ad acta gelegt werden können. Ihre Auswirkungen werden alle Bereiche eines Elektrounternehmens betreffen; speziell im Marketing würde ihnen großer Bedeutung beizumessen sein.

Anforderungen an die Produktpolitik

Im Mittelpunkt der hier möglicherweise auf das Marketing zukommenden Anforderungen steht die *Produktpolitik*. Als Verbrauchsgüter mit mehr oder weniger kurzer Lebensdauer konzipierte Elektrogeräte sollen nun Gebrauchsgüter werden, die möglichst ewig halten. Dieser Grundgedanke steht natürlich zunächst im Gegensatz zu den Marketingzielen eines Unternehmens, vor allem des Umsatzwachstums: Was ewig hält, braucht nicht ersetzt zu werden.
Es bestehen aber Möglichkeiten einer ökologieorientierten Produktgestaltung, die sich mit traditionellen unternehmerischen Zielen vereinbaren lassen. Eine Variante ist die weitgehende Ersetzung fossiler Rohstoffe durch regenerative. Darüber hinaus gilt es grundsätzlich, umweltschädliche durch umweltfreundliche Materialien zu substituieren. In einigen Bereichen ist diese Substitution zwar nicht möglich; dort wäre eine konsequente Einsparung von Rohstoffen in Form etwa kleinerer Gehäuse für Elektrogeräte nicht nur für die Umwelt, sondern auch für die Kostensituation des betreffenden Unternehmens von Vorteil. Auch die größtmögliche Verwertung der zurückgenommen Geräteteile und des aus ihnen gewonnen Recyclingmaterials kann zu einer weiteren Kostenreduzierung führen. Voraussetzung dafür ist eine schon bei der Produktplanung bedachte "Recyclingfreundlichkeit" der Geräte. Dazu gehören unter anderem die Möglichkeit einer einfachen Zerlegung der Geräte, eine Kennzeichnung der in ihnen enthaltenen Materialien und die Verwendung möglichst weniger verschiedener Stoffe zur Vereinfachung der späteren Trennung.
Als spektakuläres Beispiel mag in diesem Zusammenhang das vom Berliner Institut für Zukunftsstudien und Technologiebewertung und dem Elektrounternehmen Loewe entwickelte Fernsehgerät dienen, das ein Maximum an Material- und Energieeinsparung, Schadstoffarmut und Wiederverwertbarkeit erlaubt. Statt aus 4.000 verschiedenen Stoffen, wie bei einem herkömmlichen Gerät, besteht die Neuentwicklung lediglich aus 30 verschiedenen Materialien. Die heute üblichen 5000 g Schadstoffe, wie Schwermetalle und halogenhaltige Flammenhämmer, wurden auf lediglich 50 g reduziert. Der Engergieverbrauch wurde drastisch gesenkt; das Altgerät kann (ohne Bildröhre) problemlos im Stahlofen zu hochwertigem Neumaterial umgeschmolzen werden. Heute schon bestehen manche Fernsehgeräte zu 100 % aus Recyclingkunststoff: Technisch ist fast alles möglich.
Andere, von stark ökologieorientierten Betriebswirten geforderte Änderungen in der Produktpolitik, wie weitgehende Reparaturmöglichkeiten jedes Gerätes oder die Einrichtung von Nutzungsgemeinschaften für alle Arten von Elektrogeräten "ein Staubsauger pro Mehrfamilienhaus ist eigentlich ausreichend" sind dagegen aus marketingorientierter Sicht eher kritisch zu beurteilen.

Anforderungen an die Distributionspolitik

Mögliche Modifizierungen in der *Distributionspolitik* aufgrund der geplanten ITVO betreffen im wesentlichen die Marketinglogistik; sie beziehen sich dabei weniger auf den Bereich der abzusetzenden Neuprodukte, als vor allem auf die zurückzunehmenden Altgeräte, also den Elektronik-Schrott. Folgenden Distributionsfunktionen kommt dabei besondere Bedeutung zu :

- Sicherstellung der verordnungsgemäßen Rücknahme der Altgeräte,
- Sicherstellung einer umweltgerechten Aufbereitung beziehungsweise eines Recyclings der Altgeräte zur späteren Verwendung,
- Suche nach Verwendungsmöglichkeiten für Altgeräte, Teile und Recyclingprodukte innerhalb des Unternehmens,
- Information potentieller externer Verwender über Anwendungsbereiche und Verfügbarkeit solcher Produkte und
- Akquisition von Abnehmern.

Mit den oben stehenden Distributionsfunktionen ist ein einzelnes Unternehmen sicher überfordert. Eine derartige Distributionspolitik bezüglich der Altgeräte ist nur über Unternehmensgrenzen hinweg möglich. Für eine entsprechende Umsetzung ist die Zusammenarbeit von Herstellern, Händlern, Konsumenten und Kommunen erforderlich.

Auch bezüglich der Distributionspolitik gibt es heute aus Kreisen stark ökologieorientierter Wirtschaftswissenschaftler Anregungen, die mit den traditionellen Marketingzielen nur schwer vereinbar sind, die aber teilweise auch bei genauerer Betrachtung der globalen Umweltproblematik nicht gerecht werden, wie etwa die Weitergabe nicht mehr genutzter Geräte an Verbraucher in der Dritten Welt. Ein derartiger "*Kaskaden-Effekt*" würde das Müllproblem nur verlagern und letzlich eine umweltgerechte Entsorgung unmöglich machen.

Anforderungen an die Preispolitik

Grundsätzlich hat die Rücknahme der Geräte kostenlos zu erfolgen. Für Geräte allerdings, die vor dem Inkrafttreten der geplanten ITVO verkauft oder direkt von dem Endverbraucher importiert worden sind, darf die rücknehmende Institution Entgelte bis zur Höhe der tatsächlich anfallenden Kosten erheben. Diese betragen für das Recycling, inkl. Transport, für Elektrogroßgeräte zur Zeit etwa DM 50,-. Ein Verzicht auf eine mögliche Entgelterhebung beim gleichzeitigen Kauf eines neuen Elektrogerätes eröffnet dem Handel preispolitische Spielräume. Ein solcher "Rabatt" ist allerdings aus Kostengesichtspunkten lediglich beim Verkauf hochwertiger Geräte sinnvoll.

Für Geräte, die nach Inkrafttreten der geplanten ITVO verkauft werden, besteht dagegen eine kostenlose Rücknahmepflicht. Da der Wert der Recyclingprodukte auf absehbare Zeit nicht den tatsächlichen Recyclingkosten entspricht, entstehen hier Mehrkosten, die *preispolitisch* berücksichtigt werden müssen. Sofern diese Kosten nicht voll auf den Verkaufspreis aufgeschlagen werden können, müssen sich Produzenten, Groß- und Einzelhändler auf die Verteilung der verbleibenden Kosten einigen. In diesem Zusammenhang ist dann die Erklärung möglicher Preiserhöhungen aufgrund der geplanten ITVO aus Marketingsicht eine wesentliche Aufgabe der Kommunikationspolitik.

Anforderungen an die Kommunikationspolitik

Aus der geplanten ITVO ergeben sich keine unmittelbaren Anforderungen an die *Kommunikationspolitik* von Elektrounternehmen. Diese muß jedoch den veränderten Anforderungen an die anderen Instrumente Rechung tragen. Im Verhältnis zu tatsächlichen oder potentiellen Kunden hat sie die Aufgabe, über Sinn und Zweck der ITVO aufzuklären und so Produktänderungen, vor allem aber mögliche Preiserhöhungen plausibel zu machen. Eine erfolgreiche Kommunikationspolitik sollte die Verbraucher, die ja in der Regel in Deutschland ein hohes Umweltbewußtsein aufweisen, von der Notwendigkeit zum Recycling des Elektronik-Schrottes und den damit verbundenen Änderungen in der Produkt-, Distributions und Preispolitik der betroffenen Unternehmen überzeugen. Wichtig und für die Unternehmen hilfreich wäre in diesem Zusammenhang eine zusätzliche Verbraucherinformation durch Gesetzgeber und die örtlichen Entsorger.
Eine größere Bedeutung als bisher kommt auch der Kommunikation mit Mitbewerbern und den vor- und nachgelagerten Handelsstufen zu. Die oben beschriebene gemeinsame Distributionspolitik aller von der ITVO betroffenen Kreise erfordert eine weitgehende und permanente Kommunikation, um die Vorschriften erfüllen zu können. Eine solche Kommunikationspolitik sollte aber nicht erst zum Zeitpunkt der Rückholung von Altgeräten einsetzen, sondern schon vorher, etwa bei der Auswahl und Kennzeichnung der verwandten Rohstoffe und Bauteile.

ITVO: Restriktion oder Chance ?

Die geplante ITVO und entsprechende Verordnungen in bezug auf Weiße und Braune Waren berühren alle Unternehmen der Elektroindustrie; Siemens ist genauso betroffen wie der kleine Elektroeinzelhändler "an der Ecke". Neben den Bereichen Forschung und Entwicklung sowie Produktion kommen speziell auf das Marketing große Herausforderungen zu. Um die Verordnung in den Unternehmen erfolgreich umzusetzen, ist es notwendig, sie nicht als Restriktion, sondern als Chance zu sehen. Eine erfolgreiche Profilierungstrategie als ökologieorientierter Anbieter schafft beim umweltbewußten Verbraucher in Deutschland eine Präferenzposition, die zum einen die Weitergabe der durch die Verordnung entstandenen Kosten erlaubt und zum anderen größere Marktanteile sichert.
Die deutschen Konsumenten sind bereit, für Umweltschutz zu bezahlen. Diese Bereitschaft in Marktanteile umzusetzen, ist eine große, aber lösbare Aufgabe für das Marketing eines Unternehmens.

Kapitel 9: Die Marke - ein ungeschütztes Kapital?

Levis verkauft Jeans, Coca-Cola koffeinhaltige Erfrischungsgetränke, Lacoste verkauft Sportbekleidung und Mercedes-Benz Autos. Diese Produkte werden auch von den Unternehmen Edwin, Erfrischungsgetränke Spreewald, Dinosaurus und Talbot angeboten, die aber weitgehend unbekannt sind. Die erstgenannten Unternehmen verkaufen im Prinzip die gleichen Produkte, aber jeder kennt sie: es sind *Markenartikel*.

Nicht jeder markierte Artikel ist ein Markenartikel. Von einem Markenartikel spricht man erst, wenn

- das Produkt mit hohem Bekanntheitsgrad schon über einen längeren Zeitraum erhältlich ist,
- es in dieser Zeit eine gleichbleibend gute Qualität aufweist und
- es überregional vertrieben wird.

Dies zu erreichen, erfordert, speziell im Marketingbereich, große Anstrengungen. Ist dann aus einem lediglich markierten Artikel ein Markenartikel geworden, kann die Marke das wichtigste Kapital des Unternehmens darstellen. Diese rechtlich ausreichend zu schützen, wird für die betroffenen Unternehmen zu einem existentiellen Problem.

Funktionen

Man unterscheidet heute drei wesentliche *Funktionen* der Marke:

Ein Ziel des Markenartikelkonzeptes ist die *Individualisierung* der mit ihr ge-kennzeichneten Ware oder Dienstleistung. Erreicht wird dieses Ziel über die *Unterscheidungs- oder Herkunftsfunktion* der Marke. Mit ihr kann das eigene Produkt nach Herkunft oder Warenart von den Produkten anderer Anbieter oder auch Produkten des gleichen Anbieters abgehoben und so für den potentiellen Abnehmer identifizierbar gemacht werden.

Die *Garantie- oder Vertrauensfunktion* spricht auf die in der Realität zu beob-achtende Wirkung an, daß der Abnehmer aus dem bisherigen Gebrauch einer Marke auf eine anhaltend gleich gute Qualität der Ware oder Dienstleistung schließt und ihr daher ein Vertrauen schenkt, das sich durch den anhaltenden Kauf dieser Produkte in einer Markentreue zeigt.

Die *Werbe- oder Suggestivfunktion* schließlich hängt eng mit der Garantiefunkti-on zusammen. Von der Marke geht ein Werbeeffekt aus. Neben der gleichblei-benden Qualität haben auch noch weitere Eigenschaften einer Marke Einfluß auf die Attraktivität und damit die Stärke ihrer Werbefunktion. Zu diesen Eigen-schaften gehören der Eigenwert der Marke, ihre Originalität und ihr Bekannt-heitsgrad.

Bedeutung

Für das Marketing eines Herstellers ist der Markenartikel von besonderer Bedeutung. Die Marke ermöglicht ihm, die vorhandene Marktanonymität zu durchbrechen, um mit dem potentiellen Käufer direkt in Kontakt zu treten und dabei klar auf sein Angebot Bezug nehmen zu können. Er kann seine kommunikationspolitischen Instrumente zielgerichtet einsetzen und über Information und Suggestion die Aufmerksamkeit der Konsumenten direkt auf seine Produkte lenken. So wird erreicht, daß der Kunde etwa bei Schokolade direkt an "Ritter Sport" oder "Milka" denkt und nicht an die billige no-name Schokolade. Die Markierung stellt also ein produktpolitisches Instrument dar, über das das Verhalten der Konsumenten und damit Stellung und Erfolg am Markt entscheidend beeinflußt werden können. Dieser Einfluß kann bis zu einer Art Nachfragesog führen, den die Händler bei der Gestaltung ihres Sortimentes berücksichtigen müssen. So gehören Fernsehgeräte der Marke Sony fast in jedes gut sortierte Unterhaltungselektronikgeschäft. Dies stärkt die Herstellerposition im vertikalen Marketing. Eine so erreichte Produktprofilierung bei den Verbrauchern verleiht darüber hinaus dem Markenartikelhersteller eine Präferenzposition, die ihm große preispolitische Spielräume eröffnet.

Rechtliche Grundlagen

Rechtliche Grundlage für die Markenpolitik ist das 1995 in Kraft getretene *Markengesetz* (MarkenG). Durch dieses Gesetz - als wesentlicher Bestandteil des Gesetzes zur Reform des Markenrechts - wurde eine entsprechende EG-Richtlinie in deutsches Recht umgesetzt. Damit wurde eine Angleichung der Rechtsvorschriften in den Mitgliedsstaaten betreffend des Markenrechts bewirkt. Das MarkenG löst damit das bis zu diesem Zeitpunkt geltende Warenzeichengesetz (WZG) ab. Der wesentliche Unterschied zum „alten" WZG besteht darin, den Kennzeichenschutz umfassend zu regeln und Verweise auf andere Gesetze zu vermeiden. Das MarkenG regelt den Schutz von durch Eintragung oder durch Benutzung im geschäftlichen Verkehr erworbenen Marken und von sonstigen im geschäftlichen Verkehr benutzten Kennzeichen, zum Beispiel geschäftlichen Bezeichnungen, Unternehmenskennzeichen, geographische Herkunftsangaben und die international registrierten Marken; vor Inkrafttreten dieses Gesetzes waren die diesbezüglichen (Schutz-) Vorschriften teilweise im WZG, aber auch im Gesetz gegen unlauteren Wettbewerb (UWG) enthalten. Das MarkenG verwendet dabei einheitlich den (umfassenden) Begriff „Marke" für alle Kategorien von Marken, etwa Warenmarken, Dienstleistungsmarken oder Kollektivmarken und gibt damit den bisher im deutschen Recht verwendeten Begriff des „Warenzeichens" auf.

Nach dem MarkenG sind praktisch alle (nur denkbaren) Zeichen, insbesondere Wörter einschließlich Personennamen, Abbildungen, Buchstaben, Zahlen, Hörzeichen, dreidimensionale Gestaltungen einschließlich der Form einer Ware oder ihrer Verpackung sowie sonstige Aufmachungen einschließlich Farben und Farbzusammenstellungen, wie etwa Gelb/Rot für Shell, geschützt, wenn sie geeignet sind, Waren oder Dienstleistungen eines Unternehmens von denjenigen anderer Unternehmen zu unterscheiden (vgl. § 3 MarkenG).

Zu beachten ist, daß bei der Anmeldung einer Marke das Vorhandensein eines Geschäftsbetriebes keine Voraussetzung (mehr) für den Erwerb des Markenschutzes durch Eintragung ist. Diese Änderung wird zu einer enormen Steigerung des Stellenwertes einer Marke als verkehrsfähiges Wirtschaftsgut führen, weil sie in einem wesentlich größeren Umfang „handelbar" ist.

Es lassen sich drei *Kategorien* von Marken nach ihrer Entstehung unterscheiden:
- Marken durch Eintragung,
- Marken durch Benutzung mit Verkehrsgeltung und
- Marken durch notorische Bekanntheit.

In der ersten Alternative entsteht der Markenschutz durch die Eintragung in das „Markenregister".

Voraussetzung für die Eintragung ist
- das Vorhandensein der - oben erwähnten - allgemeinen Merkmale des § 3 MarkenG,
- das Fehlen von „absoluten" Eintragungshindernissen, daß
- kein Plagiat einer notorisch bekannten Marke vorliegt sowie
- das Fehlen relativer Eintragungshindernisse.

Im deutschen Patentamt in München werden dann außer den formellen Anmeldeerfordernissen die - oben dargestellten - materiellen Kriterien in bezug auf die Zeichenform, die absoluten Eintragungshindernisse und die amtsbekannte Notorietät älterer Marken geprüft; in der Diskussion steht zur Zeit, ob eine Umbenennung in Deutsches Patent- und Markenamt erfolgen soll, um die eigenständige Bedeutung des Markenschutzes deutlicher zu machen.

Als absolute Eintragungshindernisse (§ 8 MarkenG) können zum Beispiel die fehlende Unterscheidungskraft (für ein koffeinhaltiges Erfrischungsgetränk den Namen „Cola") oder ein ersichtlich täuschender Inhalt des Zeichens (Bienenbild für Sirup) sein. Von einer Eintragung ebenfalls ausgeschlossen ist eine Marke, wenn sie mit einer im Inland im Sinne des Art. 6 der Pariser Verbandsübereinkunft (PVÜ) notorisch bekannten Marke identisch oder dieser ähnlich ist, zum Beispiel Coca Cola oder Mercedes; auch diesbezüglich erfolgt eine Prüfung „von Amts wegen".

Die relativen Eintragungshindernisse, zum Beispiel die Identität einer Marke mit einer anderen Marke älteren Zeitranges, werden dagegen nicht im Eintragungsverfahren geprüft, sondern nur aufgrund eines Widerspruchs oder einer Klage auf Löschung wegen Nichtigkeit.

Nach Abschluß dieser Amtsprüfung wird nun - sofern die genannten Voraussetzungen erfüllt sind - die Marke in das vom Patentamt geführte „Markenregister" eingetragen und bekanntgemacht; damit ist der Markenschutz entstanden. Diesbezüglich wurde das Eintragungsverfahren - im Gegensatz zum WZG - vereinfacht. Früher war zunächst nach Abschluß der Amtsprüfung eine Bekanntmachung der angemeldeten Marke vorgesehen, gegen die Widerspruch erhoben werden konnte. So konnte insbesondere von einem Inhaber und Anmelder früher angemeldeter „Warenzeichen" innerhalb von drei Monaten Widerspruch erhoben werden, wenn das neu angemeldete Zeichen mit dem prioritätsälteren identisch oder verwechselbar war (Fruchtgummi Hariboh statt Haribo oder Pflegeserie Novea statt Nivea). Nach Abschluß des Widerspruchsverfahrens erfolgte dann erneut eine Veröffentlichung.

Nach dem MarkenG wird daher das Widerspruchsverfahren sozusagen „nachgeschaltet", wodurch - nach Auffassung der Gesetzesverfasser - überflüssige Doppelarbeit vermieden und Kosten reduziert werden sollen. Die Markenveröffentlichungen werden insbesondere in den Unternehmen genau studiert. Dadurch soll festgestellt werden, ob neue Marken mit eigenen, früher angemeldeten Marken kollidieren, das heißt also, ob die - oben erwähnten - relativen Eintragungshindernisse bestehen. In diesem Fall kann „Widerspruch" innerhalb einer Frist von drei Monaten erhoben werden. Führt die Prüfung des Widerspruchs zu dem Ergebnis, daß ein relatives Schutzhindernis vorliegt, dann wird die Eintragung der „neuen" Marke gelöscht; anderenfalls wird der Widerspruch zurückgewiesen. Zu beachten ist, daß das Widerspruchsverfahren auf eine relativ zügige Erledigung einer großen Zahl von Fällen ausgerichtet ist, das nicht geeignet ist, komplizierte Sachverhalte und Rechtsprobleme zu klären. Aus diesem Grund hat der Inhaber einer „neuen" Marke, die aufgrund des Widerspruchs eines Dritten gelöscht worden ist, die Möglichkeit, innerhalb von sechs Monaten durch eine Eintragungsbewilligungsklage gegen den Widersprechenden vor einem ordentlichen Gericht die Eintragung zu erreichen.

Ist eine eingetragene Marke in den letzten fünf Jahren nach der Anmeldung nicht benutzt worden, kann allerdings ein Widerspruch - selbst gegen eine identische Marke - nicht mehr zum Erfolg führen. Bei der Anmeldung einer Marke „auf Vorrat" ist daher eine Überprüfung des Alters und gegebenenfalls eine Neuanmeldung wichtig, damit die Marke nicht verlorengehen kann.

Unabhängig davon kann eine Löschung wegen des Bestehens absoluter Eintragungshindernisse auf Antrag eines Dritten oder in besonderen Fällen von Amts wegen vor dem Patentamt herbeigeführt werden. Für die Verfahren über die Löschung eingetragener Marken wegen des Bestehens älterer Rechte sind - wie erwähnt - die ordentlichen Gerichte zuständig. Als Rechtsbehelf im patentamtlichen Verfahren ist die Erinnerung vorgesehen, soweit ein Beamter des gehobenen Dienstes oder ein vergleichbarer Angestellter die angegriffene Entscheidung getroffen hat; im übrigen findet die Beschwerde vor dem Patentgericht statt.

Ein Markenschutz entsteht im übrigen nicht nur durch Eintragung, sondern auch durch Benutzung eines „Zeichens" im geschäftlichen Verkehr, soweit es innerhalb beteiligter Verkehrskreise als Marke „Verkehrsgeltung" erworben hat (§ 4 Ziff 2 MarkenG). Dieses Recht beruht auf der Durchsetzung der Aufmachung der bestimmten Produkte in den beteiligten Wirtschaftskreisen. Die Rechtsprechung sieht als Durchsetzung den Bekanntheitsgrad bei einem beachtlichen, nicht unerheblichen Teil der potentiellen Abnehmer an.

Eine „notorische" Bekanntheit liegt dann vor, wenn eine Marke im Sinne des Art. 6 des PVÜ allgemein bekannt ist. Ist diese Notorietät amtsbekannt, dann wird die Eintragung zurückgewiesen; damit kann das Patentamt bereits offenkundigen Mißbrauchsfällen entgegentreten.

Schutz von Markenrechten

Die wirtschaftliche Funktionsfähigkeit eines Markenartikelkonzeptes erfordert die Möglichkeit, seine Markenrechte im Rahmen der Rechtsordnung zu verteidigen. Ein unkontrolliertes Verwenden von Marken würde zur Benutzung ähnlicher oder identischer Marken führen, die die beschriebenen Funktionen nicht erfüllen könnten und damit die „echten" Markenartikel ruinieren würden. Dem Schutz der Marke dient neben dem beschriebenen Widerspruchsrecht auch die in der Vorschrift des § 14 MarkenG aufgeführten Unterlassungs- und Schadensersatzansprüche gegen die Verwendung übereinstimmender Zeichen im Bereich gleichartiger Waren. Die Strafandrohung reicht bis zu fünf Jahren Freiheitsentzug. Die Rechtsprechung ist sich seit langem darüber einig, daß die Schutzrechte nur zum Schutz der rechtlich anerkannten Funktionen der Marke eingesetzt werden können. Das bedeutet, daß das Recht, Waren mit einem geschützten „Zeichen" zu markieren, nur das erstmalige Inverkehrsetzen erfaßt. Ist eine Ware vom „Zeicheninhaber" oder mit dessen Zustimmung durch Dritte in Verkehr gesetzt worden, so kann der weitere Vertrieb in rechtlicher Hinsicht nicht mehr behindert oder unterbunden werden. Nicht davon berührt ist das Recht zur Kennzeichnung der Ware, auf das auch nach dem Inverkehrsetzen noch Unterlassungsansprüche geltend gemacht werden können, insbesondere bei nachträglichen Qualitätsänderungen. Ein Beispiel hierfür sind Autos, die von Tuning-Firmen zwar verändert werden, doch weiterhin noch als eine bestimmte Marke, etwa als Mercedes, zu erkennen sind, aber den Markennamen und den „Stern" nicht mehr führen dürfen.

Die Marke im Rechtsverkehr

Die Marke ist - entsprechend des Urheberrechts oder des Patentrechts - ein Immaterialgüterrecht, das heißt ein Recht an einem nicht körperlichen Gut; es hat eine absolute Schutzwirkung. Das BVerfG sah sogar in dem Recht an einem Warenzeichen ein grundrechtlich geschütztes Eigentum gem. Art. 14 Grundgesetz. Das Recht an einer Marke ist vererblich und kann auch durch Rechtsgeschäft übertragen werden. Der Übergang einer Marke wird dann auf Antrag im Register eingetragen. Die Schutzdauer ist - im Gegensatz zu Patent, Gebrauchsmuster oder Geschmacksmuster - zeitlich nicht begrenzt. Der Schutz dauert zwar zunächst „nur" zehn Jahre, kann aber - gegen eine Gebühr - um jeweils weitere zehn Jahre verlängert werden.
Wie in vielen anderen Ländern auch, so kann auch in Deutschland das Recht an einer eingetragenen Marke - unabhängig von der Übertragung des Geschäftsbetriebes, zu der sie in der Regel gehört, übertragen werden.
Eine weitere Möglichkeit, das Recht an einer Marke weiterzugeben, ist die in § 30 MarkenG geregelte *Lizenzvergabe* für Markenrechte; sie kann ausschließlicher oder nicht ausschließlicher Natur sein. Das absolute Recht und damit die Möglichkeit zur Erteilung weiterer Lizenzen verbleibt beim Lizenzgeber. Ein

Beispiel dafür ist das Recht an der Marke „Micky Maus". Der Disney-Konzern vergibt Lizenzen zur Nutzung der „Maus" an unterschiedlichste Firmen. Von Kleidung über Körperpflegeartikel bis zum Schulheft ist alles mit diesem Symbol versehen zu bekommen, wobei so gut wie nichts selbst von Disney produziert oder vertrieben wird.

Schutz von geschäftlichen Bezeichnungen

Das MarkenG schützt darüber hinaus auch „geschäftliche Bezeichnungen" (vor 1994; § 16 UWG). Dieser Oberbegriff beinhaltet die Unternehmenskennzeichen und Werktitel, Geschäftsabzeichen und sonstige zur Unterscheidung des Geschäftsbetriebs bestimmte Zeichen; demgegenüber ist eine Marke ein Kennzeichen für Waren und Dienstleistungen.

Diese Vorschrift bezieht sich vor allem auf Verwechslungen. Unter einem Unternehmenskennzeichen versteht man nach dem MarkenG Zeichen, die im geschäftlichen Verkehr als Name, Firma oder als besondere Bezeichnung eines Geschäftsbetriebes oder eines Unternehmens benutzt werden (zum Beispiel „Spiegel", BGHZ 21, 87ff). Zu den Geschäftsbezeichnungen gehören vor allem die sogenannten Etablissementbezeichnungen, das heißt frei gewählte Worte mit Namensfunktion, etwa "Hotel Zur Krone" oder „Eiscafe Milano". Der Schutz der besonderen Geschäftsbezeichnung entsteht mit dem Zeitpunkt der Ingebrauchnahme, sofern sie von Natur aus unterscheidungskräftig ist; anderenfalls tritt eine Schutzwirkung erst dann ein, wenn es „Verkehrsgeltung" erlangt hat, zum Beispiel bei reinen Buchstabenzusammenstellungen wie im Falle von VW oder BMW.

Dem Inhaber einer geschäftlichen Bezeichnung steht ein ausschließliches Recht zu. Die Voraussetzungen für Unterlassungs- oder Schadensansprüche ergeben sich aus § 15 MarkenG. Darüber hinaus besteht eine „Anspruchskonkurrenz" mit dem Namensrecht (§ 12 BGB) und dem Firmenrecht (§§ 17, 37 HGB).

Im MarkenG sind auch Regelungen enthalten, die den Schutz geographischer Herkunftsangaben vorsehen (§§ 126 ff MarkenG). Der Unterschied zu den „Marken" besteht im wesentlichen darin, daß es hier um Angaben über die „geographische" Herkunft von Waren oder Dienstleistungen geht und nicht um die „betriebliche" Herkunft. Während Markenrechte sogenannte Ausschließlichkeitsrechte zugunsten eines bestimmten Inhabers darstellen, handelt es sich hier um Rechtspositionen, die allen Unternehmen eines bestimmten Gebietes in bezug auf ihre Waren oder Dienstleistungen zustehen; so kann zum Beispiel die Bezeichnung „Schwarzwälder Uhren" von allen dort tätigen Uhrenproduzenten verwendet werden.

Markenrechtliche Grundlagen in der Europäischen Union

In der Europäischen Union wiesen die Bemühungen zur Schaffung von einheitlichen Bedingungen zum Schutz von Marken zwei Zielrichtungen auf. Auf der einen Seite ging es um die Schaffung einer „Gemeinschaftsmarke" und zum anderen um eine Vereinheitlichung der nationalen Markenrechte.

Zur *Vereinheitlichung der nationalen Markenrechte* hatte der Ministerrat der EG 1988 eine Erste Richtlinie (89/104 EWG) zur Angleichung der Rechtsvorschriften der Mitgliedstaaten verabschiedet. 1995 wurde diese Richtlinie - mit zweijähriger Verspätung - durch ein 50 Artikel umfassendes Markenrechtsreformgesetz endgültig in deutsches Recht umgesetzt.

Seit 1994 gilt mit der Gemeinschaftsmarkenverordnung ein *europaweit* wirkendes Markenrecht. Durch die Eintragung bei dem 1996 eingerichteten „Europäischen Markenamt" in Alicante/Spanien kann für alle Mitgliedstaaten der EU einheitlicher Markenschutz erworben werden. Bislang haben jedoch - trotz insgesamt schon weit über 70.000 Anträgen - erst rund 500 Marken den langen Weg durch das wohl recht bürokratische Verfahren überstanden und sind offiziell eingetragen. Dieses neue EU-Markenrecht tritt neben die fortbestehenden nationalen Gesetze.

Die Verabschiedung zögerte sich immer wieder hinaus, da einige Mitgliedsstaaten eine Beschränkung auf drei Sprachen - vergleichbar mit dem Europäischen Parlament - anstrebten, andere Mitgliedstaaten jedoch heftige Kritik an der Beschränkung der Sprachen einer europäischen Behörde äußerten. Als Kompromiß wurden fünf Sprachen beschlossen. Die Bundesregierung stimmte diesem Kompromiß nur unter großen Bedenken zu, um einer weiteren Verwässerung vorzubeugen. Sie war der Meinung, daß eine Sprachregelung, wie sie beim Europäischen Patentamt in München gilt, nämlich drei Sprachen (Englisch, Französisch, Deutsch) sich hervorragend bewährt hat und das die nun beschlossene Regelung eine schwere Belastungsprobe für das Funktionieren des Gemeinschaftsmarkenrechts werden kann.

Weitere Möglichkeiten, Marken über Deutschland hinaus schützen zu lassen, sind das *Madrider Markenabkommen über die internationale Registrierung von Fabrik- und Handelsmarken* (MMA) und die *Pariser Verbandsübereinkunft*.

Das MMA vereinfacht das Verfahren zur Erlangung des Markenschutzes in den Vertragsstaaten, da eine einzige Registrierung beim internationalen Büro in Genf ausreicht, um die Marke zu schützen. Die Eintragung bewirkt, daß der Marke in allen hier beanspruchten Ländern der gleiche Schutz zukommt wie eine dort unmittelbar bewirkte Hinterlegung. Dieses ist jedoch nur ein verfahrensrechtlicher Vorteil. Der Inhalt und Umfang des Markenschutzes richten sich weiterhin nach den einzelnen nationalen Gesetzen. Es entsteht also durch die internationale Registrierung kein einheitliches internationales Schutzrecht, sondern ein Bündel selbständiger nationaler Marken.

Die PVÜ legt fest, daß in allen Verbandstaaten die Angehörigen von Mitgliedstaaten wie eigene Staatsangehörige behandelt werden; man spricht hier von Assimilation, die sich jedoch nur auf die technischen Schutzrechte bezieht, das heißt ein Franzose kann in Deutschland ein Patent anmelden und wird hierbei wie ein Deutscher behandelt und sein Patent nach deutschem Recht geprüft und beschieden. Das Markenrecht wird hier in Art. 6 PVÜ behandelt.

Schutzrechtsmanagement

Zum Schutz der Markenrechte, wie auch anderer gewerblicher Schutzrechte, haben Ahlert/Schröder das Konzept eines *Schutzrechtsmanagements* entwickelt, in dem nach einer präventiven, defensiven und offensiven Schutzrechtspolitik differenziert wird.

Inhalt einer *präventiven* Schutzrechtspolitik sind dabei Entscheidungen, die den Erwerb und den Gebrauch des Markenrechts ermöglichen. Das Ziel ist die Antizipation von Beeinträchtigungen kommender Marketingaktivitäten, die entstehen können, wenn der Erwerb des eigenen Markenrechts beziehungsweise der Nutzungserlaubnis an fremden Markenrechten zu spät oder gar nicht erfolgt. Daraus ergeben sich für eine präventive Schutzrechtspolitik folgende spezielle Aufgaben:

- Beobachtung der relevanten Rechtsgrundlagen, also des Markenrechts in Deutschland und in der Europäischen Union;
- interne Kommunikation zur frühzeitigen Feststellung von schutzwerten Ideen;
- Prüfung der im Einzelfall geforderten Voraussetzungen zur Erlangung des Schutzes der Marke;
- Anmeldung des gewünschten Markenrechts und schließlich
- Überwachung der Laufzeiten der bestehenden Markenrechte.

Eine *defensive* Schutzrechtspolitik beschäftigt sich dagegen mit den Angriffen Dritter auf entstandene oder in Entstehung befindliche Markenrechte. Formen solcher rechtlichen Angriffe sind:

- Widersprüche gegen Markenanmeldungen und
- Löschungsanträge gegen bestehende Marken.

Für das betreffende Unternehmen stellt sich nun die Frage, ob es gegen diese Angriffe auf das eigene Markenrecht informell (durch Verhandlungen) oder formell (gerichtliche beziehungsweise amtliche Verfahren) reagieren soll. Das informelle Vorgehen ermöglicht eher die Lenkung der Konflikte und damit ein an die rechtlichen und ökonomischen Risiken des Falles speziell angepaßtes Verhalten. Durch einen möglichen Teilverzicht kann so ein möglicher Totalverlust des umstrittenen Markenrechtes verhindert werden.

Rechtliche Ansatzpunkte für eine *offensive* Schutzrechtspolitik liegen in den eigenen Markenrechten und den damit erworbenen Unterlassungs- und Schadensersatzansprüchen gegenüber Dritten und in den gesetzlich geregelten Möglichkeiten gegen Markenrechte Dritter aktiv zu werden. Danach bilden folgende drohende oder tatsächliche Handlungen Dritter Ansatzpunkte für eine offensive Schutzrechtspolitik:

- Die widerrechtliche Markierung von Waren oder deren Verpackung mit geschützten Zeichen,
- die Verwendung von geschützten Zeichen auf Ankündigungen, Preislisten, Geschäftsbriefen, Rechnungen oder dergleichen sowie
- das Inverkehrsetzen oder der Verkauf widerrechtlich gekennzeichneter Waren.

Aus der Tatsache, daß alle Maßnahmen in der Schutzrechtspolitik selbst durchzuführen beziehungsweise in Gang zu bringen sind, ergeben sich nach Ah-
lert/Schröder für den offensiven Schutz von Markenrechten folgende Aufgaben:

- Genaue Beobachtung der relevanten Märkte zur Aufdeckung eventueller
  Verletzungen eigener Schutzrechte,
- Beobachtung des Markenregisters,
- Sammlung und Sicherung von Beweismitteln wie Plagiaten und unbefugt
  gekennzeichneten Waren,
- Feststellung der Erfolgsaussichten Dritter bei deren Angriff auf eigene Mar-
  kenrechte sowie schließlich
- Vorbereitung und Begleitung von Widerspruchsverfahren gegen die Zulas-
  sung fremder Markenrechte.

Das Markenrecht hat sich vor allem mit der Entwicklung und der steigenden
Bedeutung des Markenartikels im modernen Marketing und der Internationalisierung des Handels zu einem komplexen und umfassenden Rechtsgebiet entwickelt.
Neben deutschen sind dabei auch europäische und internationale Bestimmungen
zu berücksichtigen. Entscheidungen mit markenrechtlichen Parametern sind
heute weder „nebenbei" von Marketing-Experten zu treffen, noch von einem
Wirtschaftsjuristen allein, dem in den meisten Fällen das Marketingwissen fehlt.
Eine erfolgversprechende Implementierung fundierter Markenartikelkonzepte sowie der Schutz der Marke setzen also eine konstruktive Zusammenarbeit von
Marketing- und Rechtsexperten eines Unternehmens voraus.

Kapitel 10: Vor Piraten wird gewarnt

Produktpiraterie stellt heute auf vielen Märkten ein großes Problem dar. Im Gegensatz zu den klassischen Piraten stehlen diese Piraten allerdings nicht die Produkte selbst; sie schädigen die betroffenen Unternehmen durch das illegale Nachahmen ihrer Produkte und Marken.

Die Erscheinungsformen der Produktpiraterie sind vielfältig. Der häufigste Fall ist eine sogenannte 1:1 Kopie; hier sind Marke und äußere Aufmachung des Plagiates dem Original identisch. Unter Plagiaten versteht man aber auch solche Produkte, die nur den Markennamen übernommen haben oder nur äußerlich gleich sind. Auch Produkte, die aus der Erscheinungsform und der Marke zweier verschiedener Produkte zusammengesetzt wurden, sogenannte Hybrid-Fälschungen, gelten als Plagiate.

Piraterie - ein lohnendes Geschäft ?

Die wirtschaftlichen Vorteile für den Hersteller und den Vertreiber solcher Plagiate liegen auf der Hand. Er kann heute aufgrund der technischen Entwicklungen fast alle Produkte so fälschen, daß diese für den Kunden nicht ohne weiteres als Fälschungen zu erkennen sind. Minderwertigere Produkte können so zu einem relativ hohen Preis verkauft werden. Den auf diesem Wege erzielten Umsätzen stehen andererseits geringe Kosten gegenüber. Das Marketing hat weitgehend der Hersteller des Originals übernommen; Qualitätssicherung, Garantie- und Serviceleistungen und ähnliches entfallen.

Die Vorteile für die "Piraten" führen aber zu erheblichen Schäden für Markenartikelhersteller, Verbraucher und die Volkswirtschaft .

Piraten verursachen Schäden

Produktpiraterie führt bei den Unternehmen der Markenartikelindustrie zu direkten Umsatzverlusten, wenn die Verbraucher den Kauf der Kopien vorziehen oder aufgrund der Unsicherheit (ist das Produkt das Original oder die Kopie?) ganz auf den Kauf verzichten. Für diese Unternehmen ist aber auch eine potentielle Schädigung des Images ihrer Marke mindestens genauso bedeutend. Ein über Jahre erarbeitetes Markenimage kann durch das Kursieren nachgeahmter Produkte zerstört und der gewählten Marketingstrategie so die Grundlage entzogen werden.

Darüber hinaus entstehen oft noch hohe Kosten, bei dem Versuch der Unternehmen Ihre Produkte zu schützen, etwa für Testkäufe, private Ermittler und schließlich Anwalts- und Gerichtskosten.

Aus Sicht der Verbraucher können Plagiate eine gute und eine schlechte Seite haben. Hat der Kunde das entsprechende Gut im Konsens, also im Wissen, daß es nicht das Originalprodukt ist, erworben, wird er in der Regel mit dem Kauf zufrieden sein. Üblich sind solche "Konsensgeschäfte" beim Handel mit Plagiaten bekannter Schmuck- oder Kleidungshersteller. Der Kunde will also gar nicht eine echte Rolex-Uhr kaufen, sondern durch den bewußten Erwerb eines Plagiates nur seiner Umwelt vormachen, daß er sich eine solche leisten kann.

Anders zu beurteilen ist die Produktpiraterie für den Verbraucher, wenn er das Plagiat ohne das Wissen, daß es nicht das Original ist, erworben hat. Dabei kann es neben dem reinen monetären Schaden, weil der Kunde für sein Geld keine gleichwertige Gegenleistung bekommen hat, aber noch zu wesentlich gefährlicheren Auswirkungen kommen. Durch die Verbreitung von Plagiaten vor allem etwa bei Lebensmitteln, Medikamenten oder auch bestimmten technischen Produkten können Gesundheit und Leben der Verbraucher direkt bedroht sein. So waren in Europa nachgeahmte Herzmedikamente in den Apotheken erhältlich, die nur die Hälfte des Wirkstoffes des Originalproduktes enthielten.

Neben den Unternehmen und den Verbrauchern schadet die Produktpiraterie aber auch der gesamten Volkswirtschaft. So führen die jährlich etwa. DM 10 Mrd. (geschätzter) Verlust, den die deutsche Industrie durch Produktpiraterie erleidet, zu Steuerausfällen in Millionenhöhe. Gleichzeitig entstehen Aufwendungen für etwa 50.000 „produktpirateriebedingte" Arbeitslose.

Schätzungen gehen davon aus, daß heute der Handel mit Plagiaten 5 % des Gesamtwelthandels beträgt.

Rechtliche Grundlagen

Um das Ausmaß der Produktpiraterie einzudämmen und die beschriebenen Folgen zu mildern, wurden auf nationaler und internationaler Ebene vielfältige Rechtsvorschriften entwickelt und Vereinbarungen getroffen.

Auf nationaler Ebene

In Deutschland stehen verschiedene Vorschriften zur Bekämpfung der Produktpiraterie zur Verfügung, die jedoch in verschiedenen Gesetzen verstreut sind. Dazu gehören :

- Das Patentgesetz,
- das Gebrauchsmustergesetz,
- das Geschmacksmustergesetz,
- das Markengesetz,
- das Halbleiterschutzgesetz,
- das Urhebergesetz und
- das Gesetz gegen unlauteren Wettbewerb.

Speziell zur Bekämpfung der Produktpiraterie trat 1990 das "Gesetz zur Stärkung des geistigen Eigentums und zur Bekämpfung der Produktpiraterie" (PrPG) in Kraft. In seiner Form ist es ein sogenanntes Artikelgesetz, das heißt, daß es mit seinem Inkrafttreten die oben aufgeführten Gesetze teilweise ändert und sich

dann selbst auflöst. Zur besseren Durchsetzung der bestehenden Schutzrechte
enthält es folgende Bestimmungen:

- Eine erweiterte Möglichkeit zur Einziehung und Vernichtung gefälschter
  Waren und ihrer Produktionsmittel.
- Ausnahmen sind nur dann zulässig, wenn die Vernichtung der Plagiate im
  Einzelfall unverhältnismäßig erscheint und die Rechtsverletzung auch auf
  andere Weise behoben werden kann.
- Eine Verschärfung der strafrechtlichen Sanktionen, die in der Höhe denen bei
  Betrug und Diebstahl angeglichen wurden, also bis zu fünf Jahren Freiheits-
  entzug und Geldstrafen.
- Die hohe Strafandrohung soll vor allem gewerbsmäßige (Wiederholungs-)
  Täter abschrecken. Eine Schuldrechtsverletzung wird zudem als Offizialdelikt
  ausgestaltet; ihre Verfolgung hat also schon von Amts wegen und nicht erst
  aufgrund einer Anzeige zu erfolgen.
- Die Schaffung eines besonderen Auskunftsanspruches.
- Der Geschädigte kann durch das neue Gesetz von den Strafverfolgungsbehör-
  den Auskunft über Name und Anschrift der Hersteller, Lieferanten und sonstiger Vorbesitzer der Plagiate verlangen sowie über die Kunden und über die
  hergestellten und ausgelieferten Mengen. Das Gesetz erleichtert so dem Betroffenen zum einen die Möglichkeit, weitergehende, zivilrechtliche Schritte
  zu veranlassen und zum anderen die Möglichkeit, über den gefaßten Fälscher
  hinaus Vertriebswege und etwaige Hintermänner aufzuspüren.
- Die Schaffung verbesserter Beschlagnahmemöglichkeiten von Plagiaten
  durch die zuständigen Zollbehörden.
- Das PrPG schafft mit dieser Regelung die Möglichkeit, offensichtlich gegen
  bestehende Schutzrechte verstoßende Waren gegen Antrag bereits an der
  Grenze einzuziehen.

Auf internationaler Ebene

Aufgrund der Internationalisierung des Welthandels und insbesondere der
Schaffung des Europäischen Binnenmarktes kann ein wirksamer Kampf gegen
Produktpiraterie, wenn überhaupt, nur mit grenzüberschreitenden Mitteln ge-
wonnen werden. Folgende internationale Organisationen, Einrichtungen und
Verbände sowie multilaterale Abkommen sind zur Zeit zur Bekämpfung der
länderübergreifenden Produktpiraterie von Bedeutung;

- Die Anti-Piraterie-Verordnung der Europäischen Gemeinschaft
  Diese Verordnung 1988 beinhaltet Maßnahmen zum Verbot der Überführung
  nachgeahmter Waren in den zollrechtlich freien Warenverkehr innerhalb der
  EU. Im Gegensatz zu den entsprechenden deutschen Gesetzen gilt sie aber
  nur für identische Plagiate, also für 1:1 Kopien. Trotz dieser Einschränkung
  ist die Verordnung von Bedeutung, da die Zollkontrollen mit der Schaffung
  des Binnenmarktes an die Außengrenzen der Gemeinschaft verlegt worden

sind und eine Überwachung der Schutzrechte von Firmen in EG-Binnenländern ohne sie nur schwer möglich wäre.

- Verhandlungen im Rahmen des GATT (General Agreement of Tariffs and Trade; Weltfreihandelsabkommen)

  Im Rahmen des GATT drängten vor allem die hochentwickelten Industrienationen auf ein Abkommen zur Eindämmung der weltweiten Produktpiraterie. Da die Produktion von Plagiaten in den Schwellenländern Südostasiens und Südamerikas einen bedeutenden Wirtschaftsfaktor darstellt, wehren sich diese Länder aber gegen jede weitgehende Vereinbarung. Ein wirksamer Beitrag zur Bekämpfung der Produktpiraterie ist vom GATT nicht zu erwarten.

- World Intellectual Property Organization (WIPO); Weltorganisation für geistiges Eigentum

  Die WIPO ist eine Unterorganisation der Vereinten Nationen (UN) mit Sitz in Genf. Ihre Aufgabe besteht im wesentlichen darin, für die Mitgliedsstaaten Mustervorschriften zum Schutz des geistigen Eigentums und damit auch gegen die Produktpiraterie zu entwickeln. Da diese Muster jedoch nicht umgesetzt werden müssen, ist die WIPO ohne praktische Bedeutung.

- Counterfeiting Intelligence Bureau (CIB)

  Die CIB ist eine von der Internationalen Handelskammer gegründete Organisation zur Bekämpfung internationaler Wirtschaftskriminalität. Durch intensive Kontakte zu staatlichen Ermittlungsstellen und eigene Anwälte und Ermittler versucht die CIB, ihre Mitglieder (Unternehmen und Verbände) im Kampf gegen Wirtschaftsverbrecher zu unterstützen.

- Pariser Verbandsübereinkunft (PVÜ)

  Die von der WIPO verwaltete PVÜ überwacht die internationale Registrierung von Schutzrechten. Im wesentlichen sieht die Übereinkunft vor, daß Rechte von ausländischen Firmen in einem Drittland nicht schlechter gestellt werden dürfen als Rechte der dort ansässigen Firmen. Da typische Herkunftsländer für Plagiate wie Thailand, Taiwan und Singapur der PVÜ nicht beigetreten sind, ist auch diese eine "stumpfe Waffe" gegen internationale Produktpiraten.

- Madrider Markenabkommen (MMA)

  Das ebenfalls von der WIPO verwaltete MMA vereinfacht die internationale Registrierung von Markenrechten. Ein beim MMA angemeldetes Markenrecht wird automatisch an die entsprechenden Stellen aller Mitgliedsstaaten zur Überprüfung und Eintragung weitergegeben. Für die Bekämpfung der Produktpiraterie ist es nur insofern von Bedeutung, als die Gewährung eines internationalen Markenschutzes schnell und unkompliziert erfolgen kann.

- Haager Musterabkommen (HMA)

Das HMA entspricht im wesentlichen dem MMA; Inhalt ist die internationale Registrierung von Geschmacksmustern.

Reicht es, Recht zu haben ?

Die dargestellten nationalen und internationalen Rechtsvorschriften und Vereinbarungen zur Bekämpfung der Produktpiraterie erscheinen auf den ersten Blick
allein schon ihres Umfanges wegen erfolgversprechend. Bei näherer Betrachtung
wird aber schnell klar, daß vor allem die internationalen Vereinbarungen oftmals
nicht viel mehr als gutgemeinte Worte ohne jede praktische Bedeutung sind.
Darüber hinaus nutzt aber auch das beste Abkommen nichts, wenn die entschei-
denden Länder ihm nicht beigetreten sind. Vom erhobenen Zeigefinger der
WIPO im Auftrag der UN wird sich wohl kein Produzent in Thailand davon
abhalten lassen, zu fälschen, was immer er mag.
Die nationalen Vorschriften sind zur Durchsetzung der Schutzrechte schon eher
geeignet; da sie aber an den deutschen Grenzen enden, ist auch ihre Bedeutung
gering. Es liegt also viel an den Markenartikelherstellern selbst, sich gegen Produktpiraten zu verteidigen. Dies kann mit Hilfe der Marketinginstrumente geschehen.

Produktpolitische Maßnahmen

Ziel einer gegen Produktpiraterie gerichteten *Produktpolitik* ist es zunächst, den
Piraten das Kopieren der Produkte zu erschweren beziehungswweise die Unterscheidung des Originals von der Kopie zu erleichtern. Ein Instrument hierfür ist
die "intelligente" Verpackung. Ein so verpacktes Produkt ist etwa durch Klebe-
verschlüsse mit Hologrammen, Infrarot-Code Auszeichnungen, versteckten La-
ser-Markierungen oder sogar elektronischen Sicherungen geschützt. Da solche
Sicherungen nur mit speziellen Anlagen anzubringen sind, wird dem "Piraten"
ein identisches Kopieren erschwert. Der Kunde oder der Wiederverkäufer kann
dann aufgrund fehlender Sicherungen ein Original vom Plagiat unterscheiden.
Auch Echtheitszertifikate können hier unterstützend eingesetzt werden.
Eine weitere Schutzmöglichkeit im Rahmen der Produktpolitik ist eine stetige
Variation der Produkte; denn wird das Produkt in sehr kurzen Zeitabständen
verändert, kommt ein Fälscher kaum nach, Plagiate zu produzieren. Allerdings
besteht bei dieser Strategie die Gefahr, daß das Produkt seine Identität verliert.
Handelt es sich bei dem zu schützenden Produkt nicht um ein Massengut, ist
auch eine Limitation des Produktes zum Schutz vor Produktpiraten denkbar.

Kontrahierungspolitische Maßnahmen

Die *Kontrahierungspolitik* bietet nicht viele Möglichkeiten gegen die Produktpiraterie. Eine Maßnahme besteht in der Überprüfung der Preispolitik. Besitzt ein
Unternehmen der Markenartikelindustrie preispolitisch einen großen Spielraum,
so könnte es versuchen, sich den Preisen der Plagiate zu nähern, um so deren
Vertrieb "im Konsens" zu erschweren.

Distributionspolitische Maßnahmen

Im Rahmen der *Distributionspolitik* beinhaltet vor allem die Wahl der Absatzwege Ansatzpunkte zur Eindämmung der Produktpiraterie. So sichert der Vertrieb nur über eigene Absatzorgane, speziell eigene Niederlassungen, dem Hersteller die Kontrolle über den Verbleib seiner Ware und gibt vor allem dem Kunden die Gewißheit, nur dort Originalware zu erhalten. Besonders bewährt hat sich daneben auch das Franchising-System. Zum einen weiß auch hier der Kunde, daß er Originalware nur in diesen Läden bekommt, zum anderen ist der örtliche Franchisingnehmer aufgrund seiner engen Verbindung zum Hersteller daran interessiert, daß in seinem Verkaufsgebiet keine Plagiate angeboten werden.
Wichtig für die Hersteller erfolgreicher, plagiatsgefährdeter Produkte ist aber auch die ständige Lieferfähigkeit, da Fälscher oft Lieferengpässe der Originalhersteller zum Vertrieb ihrer Plagiate ausnutzen.

Kommunikationspolitische Maßnahmen

Mögliche *kommunikationspolitische* Maßnahmen gegen die Produktpiraterie gehen in zwei Richtungen.
Zum einen sollen sowohl Verbraucher wie Händler über Plagiate und deren Erkennung aufgeklärt werden. Während die Verbraucher aber, außer durch spektakuläre Aktionen wie etwa der Vernichtung von großen Mengen gefälschter Produkte, eher schwer zu erreichen sind, bieten sich für die Information der Händler vielfältige Möglichkeiten, etwa durch Produktinformationen, Veröffentlichungen in Verbandspublikationen oder einfach über die persönliche Information durch den Vertreter.
Zum anderen ist eine intensive Kommunikation innerhalb der Markenartikelindustrie, auch über Branchengrenzen hinweg, nötig, um den Fälschern durch eine Konzentration der Kräfte entgegenzuwirken. Wichtig ist schließlich auch eine enge Zusammenarbeit mit den betroffenen staatlichen Institutionen.

Kapitel 11: „Richtig abgesetzt"

Die *Distributionspolitik* ist heute ein immer wichtiger werdendes Marketinginstrument. Man gliedert sie üblicherweise in die akquisitorische und in die physische Distribution („*Marketing-Logistik*"). Während es bei der *akquisitorischen* Distribution im wesentlichen um die Wahl der Absatzwege- und organe geht, beinhaltet die *physische* Distribution Fragen der Lagerhaltung und des Transports.

Zunächst sollen die rechtlichen Rahmenbedingungen näher betrachtet werden, die auf die Gestaltung der akquisitorischen Distribution Einfluß nehmen. Ein Unternehmen kann für den Verkauf seiner Produkte eigene oder fremde Verkaufsorgane einsetzen. Zu den *eigenen* Verkaufsorganen gehören unter anderem die Geschäftsleitung, der Herstellerversand (etwa auf Kundenanfragen), ein eigenes Filialsystem, eigene Automaten und vor allem der „Reisende", der als Angestellter der Firma im Namen und für Rechnung der Firma verkauft.

Der Reisende

Ein *Reisender* wird aufgrund eines Dienstvertrages tätig, in dessen Rahmen ihm regelmäßig auch eine Vollmacht erteilt wird, die ihn berechtigt, bestimmte Rechtsgeschäfte im Namen des Unternehmens wirksam vorzunehmen. Diese Vollmacht ist rechtlich vom Dienstvertrag zu unterscheiden. Ihre Erteilung erfolgt zunächst nach den Vorschriften des BGB, doch gibt es darüber hinaus im Handelsrecht - den besonderen Interessen des Handelsverkehrs nach zügiger Abwicklung der Geschäfte sowie dem Vertrauensschutz Rechnung tragend - spezielle Sonderformen: die Handlungsvollmacht und die Prokura.

Reisende verfügen in der Regel über eine *Handlungsvollmacht*. Ihr Umfang wird durch den Vollmachtgeber, nicht durch das Gesetz bestimmt. Üblicherweise wird einem Reisenden eine „Arthandlungsvollmacht" erteilt. Sie gilt für alle Rechtsgeschäfte, die eine bestimmte Art von Geschäften, zum Beispiel den Verkauf von Produkten des betreffenden Unternehmens, gewöhnlich mit sich bringt. Daneben unterscheidet man noch die „Generalhandlungsvollmacht", die sich auf alle Rechtsgeschäfte bezieht, die mit dem Betrieb eines derartigen Unternehmens gewöhnlich verbunden sind, und der „Spezialhandlungsvollmacht", die für diejenigen Rechtsgeschäfte gilt, die ein einzelnes konkret bestimmtes Geschäft betreffen. Wegen ihres unterschiedlichen Umfanges ist die Handlungsvollmacht nicht in das Handelsregister „eintragungsfähig" und daher nicht für Geschäftspartner deutlich erkennbar. Ist man sich über Art und Umfang der Handlungsvollmacht eines Reisenden, mit dem man einen Vertrag abschließen möchte, nicht im klaren, so empfiehlt es sich, durch ein „kaufmännisches Bestätigungsschreiben" den Vertragsabschluß zu bestätigen. Grundsätzlich ist ein Außendienstmitarbeiter nicht befugt, abgeschlossene Verträge zu ändern, insbesondere Zahlungsfristen zu gewähren sowie Zahlungen anzunehmen, es sei denn, er ist hierzu wieder eigens bevollmächtigt worden.

Von Bedeutung ist in diesem Zusammenhang die handelsrechtliche „Rechtsscheinvollmacht". Sie erlaubt einem Geschäftspartner, darauf vertrauen zu dürfen, daß Personen, die mit Einverständnis des Geschäftspartners in dessen Verkaufsräumen tätig sind, auch zur Vornahme der dort üblichen Geschäfte bevollmächtigt sind.

Sehr selten wird einem Reisenden eine Prokura erteilt. Eine *Prokura* ist eine sehr weitreichende Vollmacht. Ihre Erteilung richtet sich zunächst nach den Vorschriften des BGB. Darüber hinaus schreibt das HGB zwingend vor, daß sie nur persönlich und ausdrücklich durch den Inhaber des (vollkaufmännischen) Handelsgeschäftes oder des gesetzlichen Vertreters erteilt werden darf. Man unterscheidet Einzel- und Gesamtprokura. Die Prokura ist in das Handelsregister einzutragen, jedoch auch ohne diese Eintragung wirksam. Sie kann durch den Dienstvertrag nicht im Außenverhältnis, das heißt gegenüber den Geschäftspartnern, sondern lediglich im Innenverhältnis, das heißt im Verhältnis zu dem vertretenen Unternehmen beschränkt werden. Hält sich der Reisende nicht an die Beschränkungen, so kann er sich im Innenverhältnis wegen Vertragsverletzung schadensersatzpflichtig machen.

Die Prokura ermächtigt den Reisenden, Darlehen aufzunehmen, Wechselverbindlichkeiten einzugehen, Forderungen zu erlassen und schließlich Prozesse zu führen. Ausgeschlossen sind nach dem Gesetz solche Geschäfte, die nur dem Inhaber des Unternehmens zustehen, vor allem die Veräußerung des Geschäftsbetriebes.

Eine Prokura kann jederzeit widerrufen werden. Ansonsten endet sie mit der Beendigung des Arbeitsverhältnisses. Das Erlöschen der Prokura ist ebenfalls im Handelsregister einzutragen. Diese Eintragung sollte möglichst schnell vorgenommen werden, da sich Geschäftspartner wegen der „Rechtsscheinwirkung" des Handelsregisters auf ein Vorliegen der Prokura berufen können, solange diese eingetragen ist.

Neben eigenen findet man in der Praxis auch *fremde* Absatzorgane. Zu den betriebsfremden Absatzorganen zählen dabei in erster Linie der Handelsvertreter, der Handelsmakler und der Kommissionär.

Der Handelsvertreter

Der *Handelsvertreter* ist „als selbständiger Gewerbetreibender ständig damit betraut, für einen anderen Unternehmer Geschäfte zu vermitteln oder in dessen Namen abzuschließen" (§ 84 Absatz 1 S. 1 HGB). Diese Selbständigkeit unterscheidet ihn vom angestellten Reisenden. Er unterliegt keinen Weisungen, besitzt eigene Geschäftsräume, führt Handelsbücher, kann für mehrere Unternehmen tätig werden, erhält eine Provision statt einer festen Vergütung und ist in das Handelsregister eingetragen. Während auf den angestellten Reisenden die arbeitsrechtlichen Vorschriften Anwendung finden, gelten für den Handelsvertreter die speziellen Regeln des HGB.

Handelsvertreter findet man in fast allen Branchen; so unterscheidet man etwa hier Warenvertreter, Versicherungsvertreter, Bausparkassenvertreter und Beförderungsagenten. Auch Reisebüros können Handelsvertreter sein, soweit sie für bestimmte Transportunternehmen, insbesondere für Fluggesellschaften, Buchungen durchführen und vermitteln. Als Handelsvertretertätigkeit kann darüber hinaus auch der Konzertkartenvorverkauf oder das Betreiben einer Toto- und Lotto-Annahmestelle angesehen werden. Diese Vielgestaltigkeit der Erscheinungsformen ist im übrigen auch der Grund dafür, daß in der Praxis einigen Gewerbetreibenden oft gar nicht bewußt ist, daß sie eigentlich Handelsvertreter sind.

Ein Handelsvertreter kann - je nach Ausgestaltung des Handelsvertretervertrages - als Abschluß- oder Vermittlungsvertreter tätig werden. Man unterscheidet in diesem Zusammenhang Einfirmenvertreter, Generalvertreter und Bezirksvertreter. Beim *Einfirmenvertreter* liegt ein „arbeitnehmerähnliches" Verhältnis vor, zu dem das HGB bestimmte Schutzvorschriften beinhaltet. Einem *Generalvertreter* sind mehrere Untervertreter zugeordnet, die mit ihm, nicht mit dem betreffenden Unternehmen in einer vertraglichen Beziehung stehen. Ein *Bezirksvertreter* ist für ein bestimmtes Gebiet zuständig.

Durch den *Handelsvertretervertrag* werden die Rechte und Pflichten zwischen dem Handelsvertreter und dem von ihm vertretenen Unternehmen festgelegt. Er begründet ein Dauerschuldverhältnis, ist formlos gültig und bedarf lediglich der Schriftform, wenn die Übernahme eines „Delkredere" oder ein (nachvertragliches) Wettbewerbsverbot vereinbart wird.

Der Handelsvertreter erhält eine erfolgsabhängige Provision. Nach Beendigung des Handelsvertretervertrages sind nur diejenigen Geschäfte provisionspflichtig, die der Handelsvertreter vermittelt oder so eingeleitet und vorbereitet hat, daß der Abschluß überwiegend auf seine Tätigkeit zurückzuführen ist. Diese Frage der Kausalität ist in der Praxis nicht immer einfach zu beantworten. Die Höhe der Provision eines Handelsvertreters kann frei vereinbart werden. Sie richtet sich üblicherweise nach dem getätigten Umsatz. Nach dem HGB ist die Provision monatlich abzurechnen. Der Handelsvertreter kann darüber hinaus nach dem Gesetz bei der Provisionsabrechnung einen „Buchauszug" über alle Geschäfte verlangen, für die ihm eine Provision zusteht. Verpflichtet sich ein Handelsvertreter, für die Verbindlichkeiten eines Kunden einzustehen, erhält er eine zusätzliche Provision, die Delkredereprovision.

Ein Handelsvertretervertrag kann durch eine ordentliche (fristgemäße) oder bei Vorliegen eines wichtigen Grundes durch eine außerordentliche (fristlose) Kündigung beendet werden. Dem Handelsvertreter steht nach Beendigung seines Vertrages grundsätzlich ein „Ausgleichsanspruch" (als Äquivalent des arbeitsrechtlichen Kündigungsschutzes) für ein Weiternutzen der von ihm initiierten Geschäftsbeziehungen durch das betreffende Unternehmen zu. Als Höchstgrenze sieht das Gesetz eine Jahresprovision nach dem Durchschnitt der letzten fünf Jahre vor. Das Gesetz legt dabei das Tatbestandsmerkmal der „Angemessenheit" im Einzelfall zugrunde.

Oftmals unterliegt ein Handelsvertreter einem Wettbewerbsverbot; dieses bedarf der Schriftform und darf höchstens auf zwei Jahre festgelegt werden. Als Gegenleistung steht dem Handelsvertreter eine entsprechende Entschädigung (Karenzentschädigung) zu.

Der Handelsmakler

Neben dem Handelsvertreter wird auch ein *Handelsmakler* vermittelnd für Unternehmen tätig, im Gegensatz zu diesem aber nicht ständig. Darüber hinaus ist er verpflichtet, die Interessen beider Vertragsparteien wahrzunehmen, selbst wenn er nur von einer Vertragspartei beauftragt worden ist. Wichtige Einsatzfelder des Handelsmaklers, zu denen im übrigen nicht die Immobilienmakler gezählt werden, sind heute im wesentlichen noch die Waren- und Effektenbörsen.

Der Kommissionär

Der *Kommissionär* übernimmt gewerbsmäßig Waren oder auch Wertpapiere für Rechnung eines anderen, des Kommittenten, aber im eigenen Namen zu kaufen oder zu verkaufen. Er wird also zunächst selbst aus dem Geschäft unmittelbar berechtigt und verpflichtet. Er muß die für den Kommittenten günstigsten Geschäftsbedingungen anstreben (vgl. Abbildung 25).

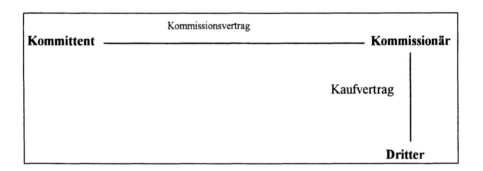

Abbildung 25: Kommissionsgeschäft

Nachdem das Geschäft getätigt ist, hat der Kommissionär den Geschäftsgegenstand an den Kommittenten zu übergeben. Als Gegenleistung steht ihm eine Provision und eine Aufwandsentschädigung zu. Während beim traditionellen Kommissionsgeschäft der Kommittent nach außen nicht in Erscheinung tritt, legen heute Unternehmen meistens großen Wert darauf, daß ihr Name beziehungsweise ihre Produkte bekannt werden. Das Kommissionsgeschäft hat daher seine frühere Bedeutung in den meisten Branchen weitgehend verloren. Man findet es noch im Wertpapierhandel oder auch noch im Kunst- oder Antiquitätenhandel.
Die nachstehende Abbildung verdeutlicht noch einmal die wesentlichen Ziele und Charakteristika der drei Formen von Absatzmittlern im Überblick (vgl. Abbildung 26):

Absatzmittler	Zweck	Charakeristika
Handelsvertreter	Vermittlung und Abschluß von Geschäften	- ständige Vertragsbeziehung zum Unternehmen, - Handeln im fremden Namen.
Handelsmakler	Vermittlung von Verträgen	- keine ständige Vertragsbeziehung zum Unternehmen, - Handeln im fremden Namen.
Kommissionär	An- und Verkauf von Waren oder auch Wertpapieren für den Kommittenten	- keine ständige Vertragsbeziehung zum Kommittenten, - Handeln im eigenen Namen für fremde Rechnung.

Abbildung 26: Selbständige Absatzmittler

Beim *indirekten* Absatz kommt als Zwischenstufe der Handel hinzu.
Im Gegensatz zu den vorgenannten Absatzmittlern trägt ein „eigentlicher" Händler das volle Absatzrisiko, da er im eigenen Namen und vor allem für eigene Rechnung kauft und verkauft. Er erwirbt also das Eigentum an den vom Hersteller erhaltenen Produkten. Grundsätzlich ist er diesem gegenüber nicht weisungsgebunden.
Ein effizienter Einsatz des Marketinginstrumentariums des betreffenden Herstellers setzt nun aber in der Regel gewisse Einflußmöglichkeiten auf den Händler voraus. Um einen entsprechenden Einfluß ausüben zu können, stehen einem Hersteller in rechtlicher Hinsicht verschiedene vertragliche Vereinbarungsformen zur Verfügung.
Die schwächste Form einer *Einflußnahme* stellt dabei die Vertriebsbindung dar.

Vertriebsbindung

Die *Vertriebsbindung* kann - vertraglich vereinbart - bestimmte Anforderungen, zum Beispiel hinsichtlich der Größe der Geschäftsräume, der Schaufenster oder auch der Personalqualifikation an den Händler beinhalten. Nur die Händler, die diese Anforderungen erfüllen, werden als „Fachhändler" beliefert. Sie erhalten darüber hinaus oftmals ergänzende Unterstützung in unterschiedlichster Form, zum Beispiel durch ein zur Verfügungstellen von Displaymaterial oder auch bei Werbemaßnahmen, in deren Rahmen sich der Hersteller entweder an den Kosten beteiligen kann oder selbst Werbematerial bereitstellt.

Depotsystem

Eine stärkere Einflußnahme liegt den *Depotsystemen* zugrunde. Diese Vertrags-
form, die man häufig in der Kosmetik- oder auch in der Kaffeebranche findet,
verpflichtet den betreffenden Händler im besonderen regelmäßig zur Führung des
gesamten Programms des Herstellers.
Den Depotsystemen liegen häufig Kommissionsagenturverträge zugrunde. Im
Gegensatz zum eigentlichen Kommissionär steht der Kommissionsagent - wie
ein Handelsvertreter - in „ständiger Vertragsbeziehung" zum Unternehmen, in
dessen Vertriebsorganisation er eingegliedert ist. Im Gesetz ist diese Sonderform
nicht zu finden. Die Ähnlichkeit mit einem Handelsvertreter rechtfertigen aber -
soweit Gemeinsamkeiten vorliegen - eine entsprechende Anwendung der diesen
betreffenden Vorschriften im Handelsgesetzbuch.

Vertragshändler

Eine wichtige Stellung im Vertriebsbereich vieler Branchen - vor allem bei
hochwertigen, erklärungs- und wartungsbedürftigen Produkten, wie etwa Kraftfahrzeugen - nimmt der *Vertragshändler* ein. Hier ist der Einfluß des Herstellers
auf den Handel noch größer als bei den vorgenannten Vertriebsformen. Der Unterschied zum einfachen Eigenhändler besteht darin, daß ein Vertragshändler fest
in die Vertriebsorganisation des betreffenden Herstellers eingegliedert ist. Gesetzlich ist der Vertragshändlervertrag nicht geregelt. Es handelt sich bei ihm um
einen auf Dauer geschlossenen Rahmenvertrag. Durch diesen wird ein Vertragshändler in die Vertriebsorganisation eines Herstellers oder dessen Lieferanten
eingegliedert. Er ist verpflichtet, den Absatz der Waren dieses Herstellers in
einem definierten Absatzmarkt zu fördern und sie zu verkaufen. Im Geschäftsverkehr muß er neben seiner eigenen Firma das Herstellerzeichen herausstellen.
Rechtlich ergibt sich in der Regel folgende Konstellation (vgl. Abbildung 27):

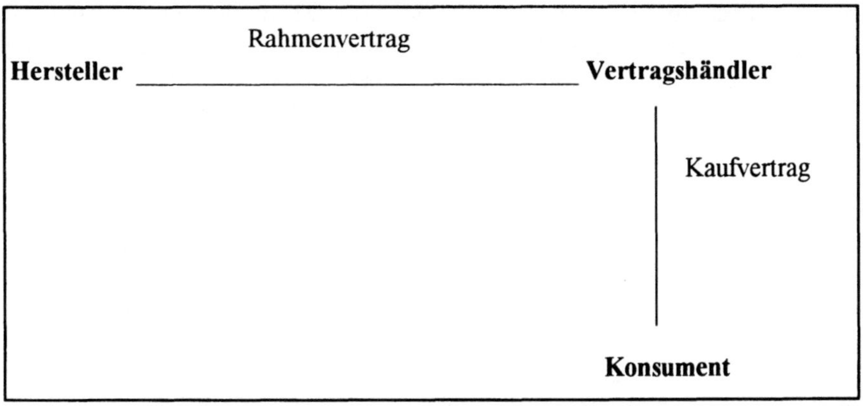

Abbildung 27: Vertragshändler

Häufige, im Vergleich zu den vorgenannten Vertriebsformen weitergehende
Vertragselemente sind:
- Klauseln, die ein Führen von Konkurrenzprodukten verbieten,
- Mindestabnahmemengen,
- weitestgehende Informationspflichten und
- Bereitstellung umfangreicher Kundendienstkapazitäten.

Der Hersteller ist im Gegenzug verpflichtet, etwaige Alleinvertriebsrechte des
Vertragshändlers zu schützen und ihn umfassend zu unterstützen.

Die rechtliche Einordnung des Vertragshändlers erweist sich - mangels einer
gesetzlichen Regelung - mitunter als schwierig. Wegen der großen Ähnlichkeit
zum Handelsvertreter wendet die Rechtsprechung auch hier einige wesentliche
Vorschriften des Handelsvertreterrechts entsprechend an, zum Beispiel hinsichtlich von Ausgleichsansprüchen oder Kündigungsvorschriften.

Franchising

Die stärkste Form, in der heute ein Hersteller Händler an sich binden kann, ist
das *Franchising*. Verstand man früher in Frankreich darunter zunächst das hoheitliche Privileg, das ein Handwerker durch Entrichtung einer Gebühr erwerben
konnte, um bestimmte Tätigkeiten ausüben zu dürfen, so erweiterte sich später -
zunächst in den Vereinigten Staaten - der Begriff allgemein auf die Erlaubnis,
Rechte, zum Beispiel Urheberrechte oder Warenzeichen, die einem anderen zustehen, gegen Entgelt in kommerzieller Weise zu nutzen. So vergab bereits um
1900 John S. Pemberton, der „Erfinder" des „Cola-Cola", entsprechende Lizenzen an lokale Abfüllstationen.

Durch einen Franchisevertrag räumt ein Franchisegeber einem Franchisenehmer
gegen Entgelt das Recht ein, bestimmte Waren oder Dienstleistungen zu vertreiben; der Franchisenehmer wird darüber hinaus vor allem verpflichtet, die Marke
und die Geschäftskonzeption des Franchisegebers zu übernehmen. Der Unterschied zum Vertragshändler besteht darin, daß ein Franchisenehmer an ein bis
ins einzelne geregeltes Organisations- und Marketingkonzept des Franchisegebers gebunden ist und in dieser Hinsicht auch dessen Weisungen unterliegt.
Vorallem ist er verpflichtet, Waren ausschließlich vom Franchisegeber oder von
dessen vorgegebenen Bezugsquellen zu beziehen. Gerade in der Hotel- und Fast-
foodbranche, aber auch in der Textilbranche ist das Franchising heute weit verbreitet.

Franchiseveträge sind gesetzlich nicht geregelt. Sie enthalten Elemente des
Dienst-, Werk-, Pacht- oder Kaufvertrages; vor allem aber enthalten solche Verträge Lizenzvereinbarungen über den Gebrauch gewerblicher Schutzrechte, zum
Beispiel die Marke und Know-how-Vereinbarungen. Hinzutreten können Vereinbarungen über besondere Dienstleistungen des Franchisegebers, über Lieferbedingungen, Eigentumsvorbehaltsklauseln, Wettbewerbs- und Schiedsabreden
oder auch über Miet- und Pachtverträge. Franchiseverträge können, je mehr sie
über die bloße Kooperation hinausgehen und den Franchisenehmer organisato-
risch einbinden, auch gesellschaftsrechtliche Fragen aufwerfen. Hinsichtlich der

rechtlichen Behandlung von Franchiseverträgen wird heute eine analoge Anwendung der Handelsvertretervorschriften in Betracht gezogen, zum Beispiel in bezug auf Ausgleichsansprüche nach Vertragsbeendigung oder der Entschädigung für die Dauer eines Wettbewerbsverbots.

Aus Marketingsicht weist das Franchisesystem bestimmte Vorteile auf. Der Franchisegeber kann sich - im Vergleich zu einem eigenen Filialsystem - ein relativ kostengünstiges, gleichzeitig umfassendes und von ihm gut zu kontrollierendes Vertriebssystem aufbauen. Neben einem - an seinen Regiekosten orientierten - Eintrittsentgelt (plus Kaution) erhält er laufende Franchisezahlungen, die heute bis zu fünf Prozent des Umsatzes ausmachen.

Der Vorteil für einen Franchisenehmer besteht darin, sich in ein etabliertes System eingliedern und so von den hier gewonnen Erfahrungen profitieren zu können; darüber hinaus kann er auf entsprechende Hilfestellung, etwa in bezug auf Verkaufstechniken oder Werbemaßnahmen vertrauen.

Bei der *physischen Distribution*, der Marketing-Logistik, geht es vornehmlich um Fragen des Transports, des Versands und der Lagerung. Die rechtlichen Rahmenbedingungen betreffen hier also den Einsatz von Spediteuren, Lagerhaltern und Frachtführern. Während im täglichen Sprachgebrauch die Abgrenzung zwischen den einzelnen Funktionsbereichen nicht immer deutlich vorgenommen wird, trifft das Gesetz hier eine genaue Unterscheidung.

Der Spediteur

Ein *Spediteur* hat grundsätzlich die Aufgabe, für den Transport einer Ware vom Hersteller oder Händler bis hin zum Abnehmer Sorge zu tragen. Hierunter fällt vorallem ein Vorbereiten des Gutes für den Transport, die Entscheidung für einen bestimmten Reiseweg und eine bestimmte Beförderungsart sowie die Auswahl eines entsprechenden Frachtführers. Dieser führt den eigentlichen Transport durch. Rechtlich betrachtet steht also nur der Spediteur in einer vertraglichen Beziehung zum Versender. Zwischen dem Versender und dem Frachtführer bestehen keine vertraglichen Beziehungen (vgl. Abbildung 28).

Der Speditionsvertrag stellt einen Werkvertrag mit „Geschäftsbesorgungscharakter" dar. Gegenstand sind Waren, nicht Personen, so daß ein Reisebüro keine Speditionstätigkeit ausübt. Da der Speditionsvertrag seinem Wesen nach dem Kommissionsgeschäft entspricht, finden auf die Rechte und Pflichten des Spediteurs auch die für den Kommissionär geltenden Vorschriften Anwendung.

Der Inhalt von Speditionsverträgen wird maßgeblich durch die *Allgemeinen Deutschen Spediteurbedingungen* (ADSp), besondere Allgemeine Geschäftsbedingungen, denen vor allem bei Haftungsfragen Bedeutung zukommt, geprägt. Durch sie soll diesbezüglich eine möglichst einheitliche Regelung für das Speditionsgewerbe erreicht werden.

Im Hinblick auf Fragen des Transports empfiehlt sich aus Marketingsicht aufgrund der heutigen großen Komplexität des gesamten Transportwesens, gleichzeitig aber auch aufgrund der Vielzahl der rechtlich hier zu beachtenden Vorschriften, der Einsatz sachkundiger Spediteure.

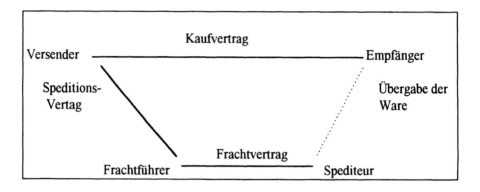

Abbildung 28: Speditionsgeschäft

Der Frachtführer

Ein *Frachtführer* übernimmt gewerbsmäßig die Beförderung von Gütern. Sein Vertragspartner kann der Absender des Gutes sein oder vielfach auch ein - wie oben schon erwähnt - Spediteur.
Auf das Frachtgeschäft finden die entsprechenden handelsrechtlichen Vorschriften Anwendung. Da allerdings zwischen einer Güterbeförderung zu Lande, zu Wasser und in der Luft zu unterscheiden ist, sind jeweils viele spezialgesetzliche Regelungen zu beachten. So findet in Deutschland bei Landfrachtgeschäften mit Kraftfahrzeugen zum Beispiel das Güterkraftverkehrsgesetz (GüGK), mit Eisenbahnen die Eisenbahnverordnung (EVO), mit der Post die aufgrund des Postgesetzes erlassenen Rechtsverordnungen Beachtung. Bei Wasserfrachtgeschäften gelten für Flußfrachtgeschäfte das Binnenschiffahrtsgesetz (BSchG), für Seefrachtgeschäfte die entsprechenden handelsrechtlichen Vorschriften. Für Luftfrachtgeschäfte besitzt das Luftverkehrsgesetz (LuftVG) Bedeutung.

Der Lagerhalter

Größere Spediteur- und Frachtführerunternehmen betreiben häufig auch - in der Regel aufgrund kombinierter Verträge - das Geschäft eines *Lagerhalters*, das heißt zugleich auch die Aufbewahrung von Produkten.
Man unterscheidet in diesem Zusammenhang die *Einzellagerung*, bei der die eingelagerten Güter für sich und gesondert von anderen Gütern aufbewahrt werden, und die häufig aus Kostengründen vereinbarte *Sammellagerung*, bei der eine Vermischung der zu lagernden Gütern mit anderen Gütern von gleicher Art und Qualität vorgenommen wird.
Der Lagervertrag ist zunächst im Handelsgesetzbuch gesetzlich geregelt. Da ein Lagerhalter wie ein Verkaufskommissionär den Besitz an dem betreffenden Gut erhält, finden hinsichtlich der Empfangnahme, der Aufbewahrung und der Versi-

cherung die Vorschriften zum Kommissionsgeschäft entsprechend Anwendung. Ergänzend gelten die zivilrechtlichen Vorschriften zum Verwahrungsvertrag. Als Sonderregel zum Lagervertrag sind die Verordnung über Orderlagerscheine (OLSchVO) - falls ein Orderlagerschein ausgestellt worden ist - und die Lagerordnung des Lagerhalters zu beachten.

Auch im Lagerhaltergeschäft werden Allgemeine Geschäftsbedingungen verwendet. Hierzu zählen beispielsweise die Bremer und die Hamburger Lagerungsbedingungen, die Allgemeinen Kaltlagerbedingungen und die Allgemeinen Lagerbedingungen des Deutschen Möbeltransports.

Weiterhin enthalten auch die ADSp Sonderbestimmungen für den Fall, daß der Spediteur auch ein Lagergeschäft betreibt. Die ADSp bedürfen allerdings einer Einbeziehung in den Vertrag.

Aus der Sicht der Marketing-Logistik kommt dem Lagerhaltungsgeschäft immer dann große Bedeutung zu, wenn - vor allem aus Kostengründen - kein eigener Lagerraum bereit gestellt werden kann. Mittels eines vom Lagerhalter ausgestellten Lagerscheines („Traditionspapiers") kann darüber hinaus eine Eigentumsübertragung an der Ware durch bloße Übergabe des Lagerscheins ermöglicht werden.

Kapitel 12: Unlauterer Wettbewerb und Wettbewerbsbeschränkungen

Wettbewerbsrecht

Wettbewerb fördert die Leistungsbereitschaft des einzelnen, darüber hinaus die Leistungsbereitschaft ganzer Unternehmen und dient so - auch im Hinblick auf das Wohl der Verbraucher - dem Fortschritt. Die Effizienz eines derartigen Wettbewerbs gilt es grundsätzlich zu gewährleisten beziehungsweise zu steigern.

Die persönlichen Freiheitsrechte, insbesondere die allgemeine Handlungsfreiheit des Grundgesetzes garantieren in der Bundesrepublik Deutschland neben der Unternehmens- und der Vertragsfreiheit auch die Wettbewerbsfreiheit (Grundsatz der Wettbewerbsfreiheit).

Wie jeder Wettbewerb, so bedarf auch der wirtschaftliche Wettbewerb zu seiner Aufrechterhaltung bestimmter Regeln, um vor allem auch Mißbräuche zu verhindern. Diesem Ziel dient das *Wettbewerbsrecht*, das durch vielfältige gesetzliche Vorschriften entsprechend in den Wirtschaftskreislauf eingreift. Wettbewerb in diesem Sinne ist auch ein Grundelement des Marketing. Die ihn betreffenden rechtlichen Vorschriften sind deshalb von zentraler Bedeutung für Entscheidungsprozesse im Marketing. Zum Wettbewerbsrecht zählen dabei im wesentlichen das Gesetz gegen den unlauteren Wettbewerb und dessen Nebengesetze, zum Beispiel das in der Diskussion stehende Rabattgesetz oder die Zugabeverordnung; Wettbewerbsrecht im weiteren Sinne umfaßt darüber hinaus auch das Kartellrecht, vor allem das Gesetz gegen Wettbewerbsbeschränkungen.

Während das Gesetz gegen Wettbewerbsbeschränkungen die „Existenz" eines grundsätzlich freien Wettbewerbs sichern soll, zum Beispiel durch das Verbot von bestimmten Monopolstellungen oder Kartellbildungen, dient das Gesetz gegen den unlauteren Wettbewerb dazu, die „Qualität" des Wettbewerbs zu sichern, vor allem durch Schutzvorschriften gegen unfaire Wettbewerbspraktiken, zum Beispiel bei vergleichender oder irreführender Werbung. Auf ein Fußballspiel übertragen, wäre eine vorherige Abrede über den Ausgang eines Spiels eine Wettbewerbsbeschränkung, ein Foul unlauterer Wettbewerb.

Die wesentlichen Aufgaben wettbewerbsrechtlicher Vorschriften bestehen also darin,

- den Wettbewerb aufrechtzuerhalten,
- Konkurrenten und Kunden vor „unlauteren" Geschäftspraktiken zu schützen und schließlich
- innerhalb der Gesellschaft für einen Ausgleich zwischen wirtschaftlichen und anderen, zum Beispiel ökologischen Interessen zu sorgen.

Gesetz gegen Wettbewerbsbeschränkungen

Das deutsche *Kartellrecht* ist in besonderem Maße vom amerikanischen Kartellrecht geprägt. Nach dem zweiten Weltkrieg leiteten die westlichen Besatzungsmächte - vor dem Hintergrund ihrer militärpolitischen Zielsetzungen - durch die Dekartellierungsgesetzgebung eine Wende in der (west-) deutschen Wirtschaftspolitik ein: Großunternehmen wurden „entflechtet", neue wettbewerbsbeschränkende Unternehmenszusammenschlüsse verboten.

1958 trat dann das *Gesetz gegen Wettbewerbsbeschränkungen* (GWB) in Kraft. Es stellt einen Kompromiß zwischen Verbots- und Mißbrauchsprinzip dar. Das GWB ist bis heute mehrmals novelliert worden; hervorzuheben ist vor allem die Novellierung von 1973, mit der eine wirksamere Fusionskontrolle, die Abschaffung der Preisbindung, das Verbot abgestimmter Verhaltensweisen sowie eine Verschärfung der Mißbrauchsaufsicht über marktbeherrschende Unternehmen eingeführt wurde. Kernstück des GWB ist sein erster Teil, die „Wettbewerbsbeschränkungen". Dabei geht es im wesentlichen um

- Kartelle,
- vertikale Wettbewerbsbeschränkungen,
- Fusionskontrolle und
- wettbewerbsbeschränkendes und diskriminierendes Verhalten.

Kartelle

Kartelle sind (zeitlich begrenzte) Abreden und Verhaltensabstimmungen wirtschaftlicher Unternehmen auf horizontaler Ebene, das heißt zwischen Unternehmen der gleichen Wirtschaftsstufe, zum Beispiel Absprachen zwischen verschiedenen Herstellern über eine Marktaufteilung oder Preisgestaltung, zur Beschränkung des Wettbewerbs. Ein derartiger Zusammenschluß kann auf einem schriftlichen Vertrag beruhen; es kann sich aber auch lediglich nur um Absprachen handeln, zum Beispiel über Produktmengen, Preise oder Absatzgebiete zwischen Angehörigen verschiedener Unternehmen, die „beim Frühstück" lediglich mündlich, ohne schriftliche Fixierung, getroffen werden („Frühstückskartell").

Ein freier Wettbewerb kann nicht nur durch vertragliche Vereinbarungen, sondern üblicherweise auch durch ein aufeinander abgestimmtes Verhalten eingeschränkt werden, das im Vergleich zum oben erwähnten „Frühstückskartell" nach dem GWB bereits dann vorliegt, wenn ein wechselseitiger Informationsaustausch über künftiges Marktverhalten „mit Koordinationserwartung" vorliegt. Ein solches Verhalten ist untersagt, wenn eine konkrete Gefährdung des Wettbewerbs nachgewiesen werden kann. Dies erweist sich oftmals jedoch als schwierig, da die betroffenen Unternehmen in der Regel „abgesicherte" Begründungen - mit dem Hinweis etwa auf allgemeine Kostensteigerungen - bereithalten.

Für den freien Wettbewerb stellen Kartelle grundsätzlich eine Gefahr dar. Durch ein Kartell werden zum einen die Wettbewerber benachteiligt, die diesem Kartell nicht angehören, zum anderen aber auch Abnehmer, denen die Wahlmöglichkeiten zwischen den Waren- oder Leistungsangeboten unterschiedlicher Unternehmen einschränkt oder sogar ganz genommen wird, da infolge der Kartellabsprache alle beteiligten Unternehmen zu den gleichen Bedingungen anbieten. Ein Beispiel in diesem Zusammenhang sind die großen Mineralölkonzerne, die in der Regel ihre Benzinpreise „im Gleichschritt" verändern.

Ein anschauliches Beispiel für die Sozialschädlichkeit derartiger „Wettbewerbsmanipulationen" ist auch das *Ausschreibungskartell*. Dabei verständigen sich mehrere Unternehmen, die an einer Ausschreibung teilnehmen, untereinander über ihre Angebote in der Form, daß ein Unternehmen als Niedriganbieter auftritt und die anderen „zum Schutz" nur höhere Scheinangebote einreichen.

Kartellverträge und -beschlüsse sind nach dem GWB grundsätzlich verboten. Zentrale Vorschrift, die ihre Unwirksamkeit anordnet, ist § 1 Absatz 1 GWB. Danach sind Verträge, die Unternehmen oder Vereinigungen von Unternehmen zu einem gemeinsamen Zweck schließen und Beschlüsse von Vereinigungen von Unternehmen unwirksam, soweit sie geeignet sind, die Erzeugung oder die Marktverhältnisse für den Verkehr mit Waren oder gewerblichen Leistungen durch Beschränkungen des Wettbewerbs zu beeinflussen, soweit das Gesetz nicht etwas anderes bestimmt. Das gleiche gilt auch bereits für „abgestimmte" Verhaltensabstimmungen. Die Vorschriften des § 1 GWB und des § 25 Absatz 1 GWB sind hinsichtlich des grundsätzlichen Kartellverbots stets zusammen zu betrachten. Dieses Verbot betrifft in erster Linie private Unternehmen; auch Freiberufler fallen dabei unter den „Unternehmensbegriff". Darüber hinaus gilt das Kartellverbot aber auch für die öffentlichen Unternehmen, die sich im geschäftlichen Verkehr betätigen, es sei denn, daß für ihre Leistungen nicht die Regeln des Marktes, sondern besondere öffentlich-rechtliche Vorschriften maßgebend sind (§ 98 Absatz 1 GWB).

Das Kartellverbot hat zur Folge, daß zunächst der ihm zugrunde liegende Vertrag oder Beschluß unwirksam ist; das bedeutet, daß er keine Wirkung zwischen den Parteien entfaltet und so vor einem Gericht nicht durchgesetzt werden kann. Darüber hinaus begeht derjenige, der sich über das Kartellverbot hinwegsetzt, eine mit Geldbuße bedrohte Ordnungswidrigkeit, deren Höhe heute in Einzelfällen bis zu mehreren Millionen DM betragen kann. Zu beachten ist, daß trotz nichtiger Kartellvereinbarungen die Verträge der Unternehmen mit den Kunden wirksam bleiben.

Ausnahmen vom grundsätzlichen Kartellverbot können bezüglich der Bildung von Strukturkrisenkartellen, Rationalisierungskartellen, Importkartellen, Exportkartellen mit Inlandwirkung oder Rabatt- und Konditionenkartellen gemacht werden. Sie sind allerdings *anmeldepflichtig*. Die Erlaubnis wird in der Regel auf drei Jahre erteilt. Alle Kartellverträge und -beschlüsse sind in ein beim Bundeskartellamt in Berlin zu führendes Kartellregister einzutragen. Reine Forschungs- und Entwicklungskooperationen unterliegen nicht dem Kartellverbot.

Auch wenn kein Erlaubnisgrund nach dem Gesetz für eine Kartellbildung vorliegt, kann der Bundesminister für Wirtschaft diese Erlaubnis erteilen, wenn „ausnahmsweise die Beschränkung des Wettbewerbs aus überwiegenden Gründen der Gesamtwirtschaft und des Gemeinwohls notwendig ist" (§ 8 Absatz 1 GWB).

Vertikale Wettbewerbsbeschränkungen

Das GWB erfaßt nicht nur die horizontalen („Kartelle"), sondern auch die vertikalen Beschränkungen. Unter *vertikalen Wettbewerbsbeschränkungen* sind solche Beschränkungen zu verstehen, die zwischen Unternehmen verschiedener Wirtschaftsstufen vereinbart werden. Sie betreffen also die Beziehungen zu Lieferanten und Absatzmittlern („*Vertikales Marketing*"). Die §§ 15 - 21 GWB regeln dabei im Prinzip drei Bereiche, nämlich

- Inhaltsbindungen,
- Abschlußbindungen sowie
- Beschränkungen im Geschäftsverkehr bei gewerblichen Schutzrechten.

Nach § 15 GWB werden in bezug auf die *Inhaltsbindung* Verträge für nichtig erklärt, durch die einem anderen Unternehmen vorgeschrieben wird, zu welchen Bedingungen und Preisen es seine Verträge mit Kunden ausgestalten soll. Wesentliche Ausprägung findet die Inhaltsbindung in der betrieblichen Praxis in der „Preisbindung der zweiten Hand". Diese wurde 1973 im Rahmen einer Novellierung des GWB verboten. Verlagserzeugnisse sind aus kulturpolitischen Gründen ausgenommen (heute auch CD-ROM, wenn diese ein Buch ersetzen). Durch die Preisbindung der zweiten Hand konnte ein Hersteller einem Händler die Ladenpreise vorschreiben. Ihr Verbot sollte eine Erhöhung der Handlungsfreiheit der betroffenen nachgelagerten Wirtschaftsstufen dienen. Gesamtwirtschaftlich erhoffte man sich eine Senkung des Preisniveaus. Heute kann ein Hersteller mit „unverbindlichen Preisempfehlungen" diesbezüglich „Orientierungsmaßstäbe" setzen. Sie sind zulässig, bedürfen keiner Anmeldung beim Kartellamt, werden von diesem aber überwacht. Voraussetzung für die Zulässigkeit empfohlener Preisempfehlungen ist im wesentlichen, daß diese ohne Druck angewendet werden, eine Voraussetzung, die in der Praxis oftmals bezweifelt werden darf.

Im Rahmen der Inhaltsbindung sind die sogenannten *Meistbegünstigungsklauseln* zu beachten. Echte Meistbegünstigungsklauseln - das gebundene Unternehmen wird Dritten keine besseren Konditionen gewähren als dem begünstigten Unternehmen - verstoßen gegen § 15 GWB. Sie haben nämlich im Ergebnis dieselbe Wirkung wie eine Preisbindung.

Bei Handelsvertretern und Kommissionären steht diese Vorschrift einer Preis- und Konditionenbindung nicht entgegen. Sie schließen die „Zweitverträge" nicht in eigenem Namen und auf eigene Rechnung. Außerdem gehört es zum Wesen des Handelsvertreter- und Kommissionsgeschäfts, daß der Agent voll den Weisungen des Geschäftsherrn unterliegt.

Der zweite Bereich betrifft die sogenannte *Abschlußbindung*. Hier beschränkt ein Unternehmen ein anderes in seiner Freiheit, Verträge mit Dritten zu schließen. Es lassen sich vier Formen von Abschlußbindungen unterscheiden, und zwar Ausschließlichkeitsbindungen, Vertriebsbindungen, Verwendungsbeschränkungen und die sogenannten Kopplungsgeschäfte.

Diese Abschlußbindungen sind zwar grundsätzlich zulässig, unterliegen aber einer Mißbrauchsaufsicht. Es besteht ein „Untersagungsvorbehalt" der Kartellbehörde (in der Regel des Bundeskartellamtes). Diese Behörde kann die vertragliche Bindung verbieten, wenn diese den Wettbewerb - gerade auch im Hinblick auf einen uneingeschränkten Marktzugang - wesentlich beeinträchtigt. Werden diese vertraglichen Bindungen untersagt, dann hat das zur Folge, daß sie unwirksam sind, eine gerichtliche Durchsetzung nicht möglich ist und daß ein Bußgeld - oftmals in nicht unbeträchtlicher Höhe - verhängt werden kann. Im übrigen sollte man nicht darauf vertrauen, daß sich derartige Abschlußbindungen verschleiern lassen; die Konkurrenz „schläft" nicht.

Im folgenden seien die Ausschließlichkeitsbindungen als praktisch wichtigster Anwendungsfall des § 18 GWB und die Vertriebsbindung erwähnt.

Unter *Ausschließlichkeitsbindung* versteht man die vertragliche Verpflichtung, keine Geschäftsbeziehungen zu Dritten aufzunehmen, so beispielsweise keine Waren oder gewerbliche Leistungen von Dritten zu beziehen oder an diese abzugeben, zum Beispiel bei Bierlieferungsverträgen. Bei Verträgen dieser Art wird nach der Rechtsprechung eine Bindungsfrist von maximal 10 Jahren gerade noch als zulässig erachtet.

Vertriebsbindungen, das heißt vertragliche Bindungen, die gelieferten Waren nicht an Dritte abzugeben, dienen in der Regel zum Aufbau und der Kontrolle der Absatzwege eines Herstellers. Typische - für § 18 GWB zu beachtende - Vertriebsbindungen sind der Vertragshändler- und der Franchisevertrag.

Für Handelsvertreter und Kommissionäre gelten diese Verbote nicht. Hier kann der betreffende Unternehmer die Verkaufspreise festlegen und die Abschlußbindung vereinbaren

Verträge über den Erwerb oder die Benutzung von Patenten, Gebrauchsmustern, Topographien oder Sortenschutzzeichen sind unwirksam, falls sie dem Erwerber oder Lizenznehmer Beschränkungen im Geschäftsverkehr auferlegen, die über den Inhalt der Schutzrechte hinausgehen. Von diesem Verbot sieht das Gesetz Ausnahmen vor.

Eine wichtige Vorschrift für horizontale und vertikale Wettbewerbsbeschränkungen ist § 34 GWB. Danach sind diesbezügliche Verträge schriftlich abzufassen. Ausreichend ist, wenn die Beteiligten Urkunden unterzeichnen, die auf einen schriftlichen Beschluß, auf die schriftliche Satzung oder auf eine Preisliste Bezug nehmen. Zweck dieser Regelung ist es, den Kartellbehörden eine Überprüfung der wettbewerbsbeschränkenden Verträge zu ermöflichen. Verträge, die dieser Formvorschrift nicht entsprechen, sind nichtig.

Fusionskontrolle

Viele Unternehmen erlangen heute - vielfach auch durch Beteiligungen oder Übernahme anderer Unternehmen - eine *marktbeherrschende Stellung*. Als Kriterium werden dabei vor allem der Marktanteil, aber auch die Finanzkraft, der Zugang zu Beschaffungs- und Absatzmärkten sowie die rechtlichen und tatsächlichen Schranken für den Marktzutritt anderer Unternehmen herangezogen. Voraussetzung ist dabei immer eine entsprechende Abgrenzung des relevanten Marktes, möglichst in räumlicher, sachlicher und zeitlicher Hinsicht.

Bedeutsamer ist daneben die Möglichkeit des Bundeskartellamtes, bereits im Vorfeld einen Unternehmenszusammenschluß zu untersagen, wenn durch diesen Zusammenschluß eine marktbeherrschende Stellung entsteht. Als *Zusammenschluß* gelten dabei

- die Fusion, das heißt die „Verschmelzung" von zwei Unternehmen zu einem,
- die Beteiligung (in der Regel über 50 %) und
- der Konzern, das heißt der Zusammenschluß selbständiger Unternehmen unter einheitlicher Leitung.

Man unterscheidet in diesem Zusammenhang zwischen lediglich anzeigepflichtigen und anmeldepflichtigen Zusammenschlüssen.

Anzeigepflichtig sind Zusammenschlüsse, durch die ein Marktanteil von mehr als 20 %, mehr als 10.000 Beschäftigte und mehr als 500 Mio. DM Umsatz erreicht werden. Zusammenschlüsse müssen dagegen *angemeldet* werden, wenn eines der am Zusammenschluß beteiligten Unternehmen im letzten abgeschlossenen Geschäftsjahr Umsatzerlöse von mindestens zwei Mrd. DM hatte oder mindestens zwei der am Zusammenschluß beteiligten Unternehmen im letzten abgeschlossenen Geschäftsjahr Umsatzerlöse von jeweils einer Mrd. DM oder mehr hatten.

Während „nur" anzeigepflichtige Vorhaben schon vorher vollzogen werden dürfen, setzt bei anmeldepflichtigen Vorhaben deren Realisierung die Erteilung einer entsprechenden Erlaubnis des Bundeskartellamtes voraus. Wurde ein anmeldepflichtiger Zusammenschluß vor der Erlaubniserteilung vollzogen, so kann das Bundeskartellamt Bußgelder in Höhe bis zu einer Mio. DM verhängen und den Zusammenschluß als unwirksam erklären sowie dessen Rückabwicklung anordnen („Entflechtung"). Bei *anmeldepflichtigen* Vorhaben ist ihre, auf die Erlaubniserteilung folgende Realisierung anzuzeigen. Sowohl Anzeigen als auch Anmeldungen sind umfangreich zu belegen und an Fristen gebunden.

Um die Zusammenschlußkontrolle auf die wettbewerbspolitisch bedeutsamen Fälle zu beschränken, enthält das GWB eine *Toleranzklausel*, nach der solche Zusammenschlüsse unberücksichtigt bleiben, bei denen die beteiligten Unternehmen insgesamt weniger als 500 Mio. DM aufweisen. Weiterhin werden bestimmte Anschlußfusionen begünstigt, und letztlich sollen Bagatellmärkte (Umsatz unter 10 Mio. DM) ausser Betracht bleiben. Schließlich hat der Bundesminister für Wirtschaft nach dem Gesetz als eine Art Berufungsinstanz die Möglichkeit, abgelehnte Zusammenschlüsse *ausnahmsweise* „aus gesamtwirtschaftlichen Gründen" doch noch zu genehmigen. Berühmtes Beispiel ist die Übernahme der Messerschmidt-Bölkow-Blohm GmbH (MBB) durch die Daimler-Benz AG.

Auslandszusammenschlüsse, die im Hinblick auf eine marktbeherrschende Stellung auch Auswirkungen auf den deutschen Markt haben, sind ebenfalls anzeige- beziehungsweise anmeldepflichtig. Ein Auslandszusammenschluß in diesem Sinne ist etwa die Gründung einer gemeinsamen Tochtergesellschaft eines englischen und eines französischen Unternehmens in Deutschland (§ 98 Abs. 2 GWB); dieser kann unter Umständen unter die Zusammenschlußkontrolle des Bundeskartellamtes fallen und daher anzeige- beziehungsweise sogar anmeldepflichtig sein, wenn die beteiligten Unternehmen bereits am deutschen Markt (zum Beispiel mit Tochtergesellschaften) vertreten sind. Sofern eine marktbeherrschende Stellung vorliegt, kann das Bundeskartellamt zwar nicht den Auslandszusammenschluß untersagen, aber es kann einen Verkauf der deutschen Tochtergesellschaft verlangen. Bei Nichtbeachtung können deren Anteile gepfändet werden. Diese Grundsätze sind auch - etwa bei joint-venture-Aktivitäten - in vielen anderen Ländern zu beachten; dann ist dort jeweils eine nationale Anmeldung erforderlich.

In der Bundesrepublik Deutschland besteht eine *Monopolkommission*, deren Aufgabe es ist, die Entwicklung der Unternehmenskonzentration regelmäßig zu begutachten sowie bei der Ausübung der Mißbrauchsaufsicht und Fusionskontrolle gutachterlich Stellung zu nehmen.

Während also - zusammenfassend noch einmal festgestellt - Kartelle grundsätzlich verboten sind, sind Zusammenschlüsse dagegen erlaubt, soweit durch sie keine marktbeherrschende Stellung begründet oder verstärkt wird.

Marktmißbräuchliches und diskriminierendes Verhalten

Im Rahmen einer ihr nach dem GWB zustehenden *Mißbrauchsaufsicht* kann das Bundeskartellamt die betroffenen (marktbeherrschenden) Unternehmen einer besonderen Verhaltenskontrolle unterwerfen. Liegt ein vermuteter Mißbrauch vor, so steht es dabei zunächst vor der schwierigen Aufgabe, den Nachweis zu erbringen, daß das Unternehmen tatsächlich eine marktbeherrschende Stellung innehat. Hierfür bezieht es in der Regel Informationen von Industrie- und Handelskammern sowie den Konkurrenzunternehmen („Konkurrenz als Korrektiv"). Darüber hinaus muß eine mißbräuchliche Ausnutzung der beherrschenden Marktstellung nachgewiesen werden, eine Aufgabe, die in der Vergangenheit nur selten erfüllt werden konnte.

So enthält das GWB ein sogenanntes *Druckverbot*. Sein Ziel ist die Sicherung der wirtschaftlichen Entscheidungsfreiheit von Unternehmen. Dabei geht es im vertikalen Marketing um ein Entgegenwirken - vor allem seit Aufhebung der Preisbindung der zweiten Hand - von Preisdisziplinierungsversuchen, etwa in Form von vorgetäuschten Lieferengpässen.

Das GWB verbietet es außerdem Unternehmen, zu *Liefer- und Bezugssperren* gegenüber anderen Unternehmen aufzufordern (Boykott). Unternehmen unterliegen darüber hinaus auch einem *Diskriminierungsverbot* gegenüber kleinen oder mittleren Unternehmen, die als Anbieter oder Nachfrager von ihnen abhängig sind, das heißt, daß diese keine ausreichende zumutbare Möglichkeit besitzen, auf andere Unternehmen auszuweichen. So fällt zum Beispiel hierunter der Ausschluß eines Händlers von der Weiterbelieferung durch ein „marktbeherrschendes" Unternehmen ohne sachlichen Grund.

Verstöße gegen das Boykott- und Diskriminierungsverbot begründen Unterlassungs-, Beseitigungs- und auch Schadensersatzansprüche. Zuwiderhandlungen stellen zudem auch mit zum Teil (erheblichen) Bußgeldern bedrohte Ordnungswidrigkeiten dar. Zu bachten ist, daß bei einem Verstoß gegen das Verbot auch die betroffenen Unternehmen selbst die Möglichkeit haben, zu klagen. Im Laufe der Zeit hat es hierzu eine große Anzahl richterlicher Entscheidungen gegeben.

Ausreichend für die Anwendung dieser Vorschrift ist danach bereits das Vorliegen einer relativen Marktmacht, das heißt, daß eine Abhängigkeit besteht.

Europäisches Kartellrecht

Wesentliches Element des europäischen Binnenmarktes, seit 1993 Wirklichkeit, ist ein effizienter Wettbewerb. Diesen in rechtlicher Hinsicht zu gewährleisten, ist eine wichtige Aufgabe des Ministerrates der Europäischen Union, der auf Vorschlag der Kommission Verordnungen, Richtlinien und Empfehlungen erläßt. Deutsches und europäisches Kartellrecht sind grundsätzlich nebeneinander anwendbar. Für rein deutsche Sachverhalte ist das europäische Recht ohne Bedeutung; es findet erst dann Anwendung, wenn eine Beeinträchtigung des zwischenstaatlichen Handels möglich ist. Sofern sich in diesen Fällen deutsches und europäisches Kartellrecht widersprechen, hat das Gemeinschaftsrecht grundsätzlich Vorrang vor nationalem Recht.

Die Kommission als eigentliches „Exekutivorgan" kontrolliert die Einhaltung des Gemeinschaftsrechts durch die Mitgliedsstaaten.

Das Rechtsprechungsorgan der Europäischen Union ist der Europäische Gerichtshof in Luxemburg. Seit 1989 wird der Europäische Gerichtshof dabei von einem sogenannten Gericht 1. Instanz der Europäischen Gemeinschaft („Court of First Instance") entlastet. Dieses Gericht hat die Aufgabe, in bestimmten Streitfällen die Flut von Klageanträgen einzudämmen zu helfen.

Auch im europäischen Recht geht man - wie im deutschen Recht - in erster Linie auf Kartelle und Fusionen ein. Während der EG-Vertrag (EGV) in seinen Artikeln 85 und 86 ein umfassendes Kartellverbot enthält, besteht bezüglich von Fusionen seit 1990 eine spezielle Fusionskontrollverordnung.

Artikel 85 EGV erfaßt dabei sowohl horizontale als auch vertikale Wettbewerbsbeschränkungen. Von dem grundsätzlichen Kartellverbot ausgenommen sind zunächst kleine und mittlere Unternehmen mit weniger als 200 Mio. ECU Gesamtumsatz und einem EU-Marktanteil von weniger als fünf Prozent. Neben dieser sog. *de-minimis-Bekanntmachung* hat die Kommission in einer weiteren Bekanntmachung eine Reihe von Kooperationsvereinbarungen zusammengestellt, die unabhängig von der Größe der betroffenen Unternehmen grundsätzlich nicht als Wettbewerbsbeschränkung angesehen werden. Sie beinhaltet über einen allgemeinen Erfahrungsaustausch hinaus vor allem eine gemeinsame Implementierung von Forschungs- und Entwicklungsprojekten und eine gemeinsame Nutzung von Produktions-, Lager-, Transport- und Vertriebskapazitäten. Darüber hinaus hat die Kommission in *Gruppenfreistellungsverordnungen* bestimmten Vertragstypen immanente Wettbewerbsbeschränkungen von dem grundsätzlichen Anwendungsbereich des § 85 EGV ausgenommen. Zu nennen sind hier etwa die Verordnung über Forschungs- und Entwicklungs-Gemeinschaftsunternehmen und die Verordnung über Patentlizenzvereinbarungen. Finden die Gruppenfreistellungsverordnungen keine Anwendung, besteht noch die Möglichkeit, eine *Einzelfreistellung* zu beantragen.

Die (Einzel-) Freistellung kann wahlweise im Rahmen eines förmlichen Verfahrens oder mittels eines „comfort letters" erfolgen. Der Unterschied besteht darin, daß ein „comfort letter" zwar einfacher und schneller erhältlich ist („einfaches" Verwaltungsschreiben), aber keine Bindungswirkung gegenüber Dritten entfaltet. Es sichert den Antragsteller lediglich vor einer Inanspruchnahme durch die Kommission; Konkurrenten könnten also jederzeit gegen diese Kartellabsprache vorgehen.

Nach Artikel 86 EGV ist die mißbräuchliche Ausnutzung einer beherrschenden Stellung eines oder mehrerer Unternehmen auf dem Gemeinsamen Markt oder auf einem wesentlichen Teil desselben verboten, soweit dies dazu führen kann, den Handel zwischen den Mitgliedstaaten zu beeinträchtigen. Im zweiten Absatz dieses Artikels sind Beispiele für einen solchen Mißbrauch genannt, so etwa die unmittelbare oder mittelbare Erzwingung von unangemessenen Einkaufs- oder Verkaufspreisen oder sonstigen Geschäftsbedingungen.

Verstöße gegen das europäische Kartellverbot können von der Kommission mit zum Teil erheblich höheren Bußgeldern geahndet werden, als dies dem Bundeskartellamt nach dem GWB möglich ist.

Die seit 1990 geltende *Verordnung (EWG) über die Kontrolle von Unternehmenszusammenschlüssen*, die Anwendung findet, wenn der weltweite Gesamtumsatz der betroffenen Unternehmen mehr als fünf Mrd. ECU beträgt und mindestens zwei Beteiligte einen gemeinschaftsweiten Umsatz von jeweils mehr als 250 Mio. ECU erzielen und der Schwerpunkt des EU-Umsatzes aller Beteiligten (2/3 des gemeinschaftsweiten Umsatzes) nicht in ein und demselben Mitgliedstaat erzielt wird. Unternehmen müssen, wenn dem Zusammenschluß gemeinschaftsweite Bedeutung zukommt, diesen vor Vollzug bei der Kommission anmelden. Die Kommission kann den angemeldeten Zusammenschluß durch Entscheidung für *vereinbar* mit dem gemeinsamen Markt erklären; sie kann diese mit Auflagen und Bedingungen verbinden. Ist der Zusammenschluß für *nicht vereinbar* mit dem Gemeinsamen Markt erklärt worden, dann ist er im Falle des vorzeitigen Vollzuges wieder zu „entflechten". Für die Entscheidung kommt es darauf an, ob durch den Zusammenschluß eine beherrschende Stellung begründet oder verstärkt wird, durch die ein Wettbewerb im Gemeinsamen Markt oder in einem wesentlichen Teil desselben erheblich behindert würde. Wird diese Verordnung angewendet, ist eine nationale Fusionskontrolle ausgeschlossen. Für viele Unternehmen ist es aufgrund der großzügigeren Genehmigungspraxis der EU-Kommision und der „Bündelwirkung", das heißt, daß die Wirkung in allen Mitgliedstaaten gegeben ist, von Vorteil, unter die europäische Fusionskontrolle zu fallen.

Strategische Allianzen

Die Anforderungen, die der technologische Wandel und die Globalisierung der Märkte an die Unternehmen stellen, werden heute immer größer. *Strategische Allianzen* stellen in diesem Zusammenhang zwischen Alleingang und totalem Zusammenschluß eine dritte, oftmals erfolgversprechender Option für viele Unternehmen dar. Die Erscheinungsformen strategischer Allianzen können sehr unterschiedlich sein. Als *Ziele* stehen dabei Überlegungen im Mittelpunkt, wie etwa

- durch Synergieeffekte Kostenvorteile zu erreichen sind,
- durch unternehmensübergreifende Forschungs- und Entwicklungsaktivitäten Entwicklungszeiten reduziert werden können,
- Kompetenzdefizite durch entsprechende Kooperationen aufgeholt werden und so „know-how"-Vorteile erzielt werden können und wie schließlich durch
- Vertriebskooperationen Marktzutrittschancen erhöht werden können.

Strategische Allianzen werden als marktwirtschaftliche Antwort auf die Herausforderung des internationalen Wettbewerbs betrachtet, wenn die beteiligten Unternehmen darauf abzielen, ein Leistungsniveau zu erreichen, daß ihnen alleine zu erreichen nicht möglich wäre. Auf der anderen Seite müssen strategische Allianzen aber auch als eine Form „privatwirtschaftlichen Protektionismus" bezeichnet werden, wenn mit einer entsprechenden Einbindung von wichtigen ausländischen Wettbewerbern in derartige Kooperationen eine globale Interessenkoordinierung zwischen den beteiligten Großunternehmen abgesichert und so die Intensität des internationalen Wettbewerbs abgemildert werden soll (Kartte, 1992, S. 403).

Wettbewerbsrechtlich sind strategische Allianzen „Zwitter", da sie nicht in die übliche kartellrechtliche Systematik passen (Kartte, 1992, S. 406). Strategische Allianzen enthalten in vielen Fällen Verhaltensabstimmungen, oft aber auch Strukturveränderungen, etwa in Form von Beteiligungen.

Das deutsche, aber auch das europäische Kartellrecht lassen grundsätzlich einen weiten Raum für derartige Kooperationen. Da Unternehmensstrategien heute aber oftmals über den europäischen Raum weit hinausgreifen, wird es in Zukunft darum gehen, eine Sicherung des Wettbewerbs auch im Weltmaßstab anzulegen (Kartte, 1992, S. 419f.).

Gesetz gegen den unlauteren Wettbewerb

Bereits 1909 wurde in Deutschland das - bisher mehrfach modifizierte - *Gesetz gegen den unlauteren Wettbewerb* (UWG) erlassen. Seine Ziele sind der Schutz

- der unternehmerischen Betätigung gegen unlautere Wettbewerbshandlungen der Konkurrenten,
- des Verbrauchers vor Beeinträchtigung durch unlautere Wettbewerbsmaßnahmen sowie schließlich
- des öffentlichen Interesses; die Allgemeinheit soll vor „Auswüchsen" des Wettbewerbs bewahrt werden.

Es wird durch Nebengesetze wie das Rabattgesetz, die Zugabeverordnung und die Preisangabenverordung ergänzt.

Das UWG stellt Verhaltensnormen auf, zunächst in § 1 als „großer Generalklausel" in bezug auf Verstöße gegen die guten Sitten sowie in seinem § 3 als „kleiner Generalklausel" in bezug auf irreführende Angaben. Daneben beziehen sich seine Paragraphen auf eine Vielzahl von Sondertatbeständen, so

- § 4, die strafbare Werbung,

- § 6, der Konkurswarenverkauf,
- § 6a, der Verkauf an Letztverbraucher,
- § 6b, der Kaufscheinhandel,
- § 6c, die progressive Kundenwerbung beziehungsweise das „Schneeballsystem",
- § 7, die Sonderveranstaltungen,
- § 8, der Räumungsverkauf,
- § 14, die Anschwärzung sowie
- § 15 die geschäftliche Verleumdung - als Straftatbestand.

Während das GWB vornehmlich in den vertragsrechtlichen Bereich eingreift, weist das UWG einen deliktsrechtlichen Ansatzpunkt auf.

Verstoß gegen die guten Sitten

§ 1 als zentrale Vorschrift des UWG besagt: „Wer im geschäftlichen Verkehre zu Zwecken des Wettbewerbes Handlungen vornimmt, die gegen die guten Sitten verstoßen, kann auf Unterlassung und Schadensersatz in Anspruch genommen werden". Voraussetzung für die Anwendbarkeit dieser Vorschrift - sowie für die generelle Anwendbarleit des UWG - ist also, daß

- ein *Handeln im geschäftlichen Verkehr* vorliegen muß, das heißt also keine rein privaten, amtlichen oder geschäftsinternen Tätigkeiten. Der Begriff des geschäftlichen Verkehrs umfaßt dabei auch die Tätigkeit von Freiberuflern;
- ein *Handeln zu Zwecken des Wettbewerbs* (Wettbewerbsverhältnis) und schließlich
- ein *Verstoß gegen die guten Sitten* vorliegen muß.

Dem Begriff der *guten Sitten* kommt dabei zentrale Bedeutung zu. Es handelt sich um einen unbestimmten Rechtsbegriff, der einer Konkretisierung durch Wissenschaft und Rechtsprechung bedarf. Zu beachten ist, daß dieser Begriff nicht im Sinne der im Zivilrecht geltenden Formel vom „Anstandsgefühl aller billig und gerecht denkenden Menschen" (§ 138 BGB) ausgelegt werden kann, sondern eindeutig auf die Wettbewerbshandlungen und damit auf den Wettbewerb im Wirtschaftsleben zu beziehen ist. Ein Verstoß gegen die guten Sitten bedeutet also einen Verstoß gegen die Grundsätze des Leistungswettbewerbs. Während § 138 BGB als Grenze einer (sehr) weitreichenden Vertragsfreiheit von den Gerichten als letzte „Notbremse" gezogen wird, werden relativ viele Wettbewerbshandlungen als sittenwidrig im Sinne von § 1 UWG eingestuft.

Wissenschaft und Rechtsprechung haben im Laufe der vergangenen Jahrzehnte zahlreiche Fallgruppen herauszukristallisieren, um den unbestimmten Rechtsbegriff zu konkretisieren und um damit das nötige Maß an Berechenbarkeit und Sicherheit zu erreichen, ein Bestreben, daß allerdings einen ständigen Wandel des allgemeinen Anstandsmaßstabes zu berücksichtigen hat. Außerdem muß beachtet werden, daß in unterschiedlichen Branchen oftmals unterschiedliche Maßstäbe anzusetzen sind.

Im folgenden werden einige wichtige Fallgruppen dargestellt. Die von der Rechtsprechung als unlauter eingestuften Wettbewerbshandlungen im Rahmen des Direktmarketing - insbesondere der Vertreterbesuch, das Telemarketing und die Direktwerbung -, werden wegen ihrer besonderen praktischen Bedeutung im folgenden Kapitel ausführlich dargestellt.

Eine Fallgruppe ist unter anderem der *Kundenfang* beziehungsweise die *unlautere Kundenbeeinflussung*. Es geht hier darum, daß die Entschließungsfreiheit der Abnehmer nicht mit einer unsachlichen Beeinflussung beeinträchtigt werden darf. Dabei wird auf den Abnehmer, der die ihm angepriesene Leistung vielleicht gar nicht haben will, in vielfältiger Weise psychologischer Druck ausgeübt. Zu den häufigsten Methoden einer derartigen Beeinflußung zählen vor allem die „Belästigung" der Kunden (zum Beispiel das „Bearbeiten" von Passanten auf der Straße, unerbetene Telefonwerbung an Private oder das Zusenden unbestellter Waren mit der Aufforderung, entweder den Preis zu bezahlen oder die Waren zurückzusenden), das „Verlocken" von Kunden (zum Beispiel durch Zugaben, Werbegeschenke) und das „Ausnutzen von Gefühlen und Trieben" (zumBeispiel die Werbung mit der Angst, mit dem Mitgefühl oder der Spielleidenschaft).

Eine weiter Fallgruppe hat die *Behinderung von Mitbewerbern* durch wettbewerbswidriges Verhalten zum Inhalt. Hierzu gehören im wesentlichen die Diskriminierung und der ruinöse Preiswettbewerb. Ein Hinweis auf eine unlautere Preisunterbietung sind dabei zum Beispiel lange Zeit unter Selbstkosten liegende Verkaufspreise („Dumpingpreise").

Unter das Verbot der Sittenwidrigkeit fallen auch Werbemaßnahmen, durch die auf die Person eines Konkurrenten in herabsetzender Weise bezug genommen wird, mit Hinweisen zum Beispiel auf seine Rasse, Konfession, Vorstrafen, Krankheiten, Parteizugehörigkeit oder allgemein auf seine Eigenschaft als „Fachmann".

Die Zulässigkeit vergleichender Werbung steht heute im Mittelpunkt der öffentlichen Diskussion. Ihre Befürworter erhoffen sich eine größere Markttransparenz und eine bessere Verbraucheraufklärung. Die Gegner befürchten eine „Verwirrung" der Kunden und bezweifeln die Objektivität der Werber.

Entgegen dem anglo-amerikanischen Recht ist *vergleichende Werbung* in Deutschland noch grundsätzlich unzulässig. Es ist also unlauter, die Vorzüge der eigenen Leistung beziehungsweise der eigenen Produkte durch einen Vergleich mit dem Konkurrenzunternehmen herauszustellen. Vergleichende Werbung ist allerdings - vorausgesetzt sie ist wahr - ausnahmsweise zulässig, zum Beispiel bei einem „Abwehrvergleich" oder im Falle eines „nützlichen Vergleiches". Grundsätzlich zulässig sind auch die sogenannten Systemvergleiche. Hierbei werden nicht die einzelnen Produkte, sondern „Systeme", zum Beispiel verschiedene Produktarten (Coffeinfreier Kaffee/Bohnenkaffee) oder Herstellungsverfahren miteinander verglichen. Sie sind zulässig, da hier nicht der einzelne Mitbewerber (möglicherweise) herabgesetzt wird.

Der Grund dieser (restriktiven) Rechtsprechung besteht darin, daß auf diese Weise einer möglichen Irreführung der Verbraucher und einer Herabwürdigung der Konkurrenz entgegengewirkt werden soll. Bei einem Vergleich liegt die Versuchung nahe, die Konkurrenzprodukte gegenüber seinen eigenen Waren in ein

„schlechtes Licht" zu stellen. Diese Herabsetzung stellt dann eine Behinderung des Mitbewerbers dar.

Vergleichende Werbung wird in Zukunft einer differenzierteren Betrachtungsweise unterzogen werden müssen, wenn die in der Diskussion stehende EG-Richtlinie über vergleichende Werbung in nationales Recht umgesetzt wird.

Eine Sonderform der vergleichenden Werbung ist die - ebenfalls grundsätzlich unzulässige - anlehnende Werbung. Hierbei nutzt ein Unternehmen in positiver Weise in seiner Werbung den guten Ruf der Produkte eines Konkurrenten, in dem es seine Produkte mit diesen in Verbindung bringt. Oftmals kann ein derartiges „Schmarotzen" über die eigene Branche hinausgehen. So beurteilte der Bundesgerichtshof die Einbeziehung eines Rolls Royce in eine Whisky-Werbung als sittenwidrige Rufausnutzung (BGH, in GRUR 83, 247).

Führt ein unabhängiges Testinstitut, zum Beispiel die bundeseigene „Stiftung Warentest", einen vergleichenden Warentest durch und veröffentlicht diese Ergebnisse, so kann ein Hersteller, dessen Produkte unter Umständen nicht so gut beurteilt worden sind, nicht auf Unterlassung oder Berichtigung nach § 1 UWG klagen, da dieser Test vornehmlich einer Verbraucheraufklärung dient und nicht zu Wettbewerbszwecken vorgenommen wurde. Eine Werbung mit derartigen Testergebnissen ist bei den „Gewinnern" beliebt und grundsätzlich zulässig, vor allem, wenn der Testbericht vollständig unter Fundstellenangabe wiedergegeben ist.

Eine ansonsten grundsätzlich zulässige - es sei denn, es bestehen besondere Schutzrechte - *Nachahmung fremder Leistungen* kann von der Rechtsprechung als sittenwidrig beurteilt werden, wenn sie systematisch erfolgt oder in der Absicht vorgenommen wird, über deren Herkunft zu täuschen. Darüber hinaus ist eine Nachahmung unzulässig, wenn sonstige wettbewerbswidrige Umstände hinzukommen, zum Beispiel die hierzu erforderlichen Kenntnisse durch strafbare Handlungen, etwa Industriespionage, erworben worden sind.

Zu beachten ist schließlich, daß die Vorschrift des § 1 UWG selbständig neben den oben erwähnten Sondertatbeständen steht und durch diese nicht ausgeschlossen wird; es besteht - juristisch ausgedrückt - Anspruchskonkurrenz. Neben § 1 UWG ist § 3 UWG die zentrale Norm des Wettbewerbsrechts.

Irreführende Angaben

§ 3 UWG spricht ein Verbot von *irreführenden Angaben* im Wettbewerb aus; wer danach „im geschäftlichen Verkehr zu Zwecken des Wettbewerbs über geschäftliche Verhältnisse, insbesondere über die Beschaffenheit, den Ursprung, die Herstellungsart oder die Preisbemessung einzelner Waren oder gewerblicher Leistungen oder des gesamten Angebots, über Preislisten, über die Art des Bezugs oder die Bezugsquellen von Waren, über den Besitz von Auszeichnungen, über Anlaß oder den Zweck des Verkaufs oder über die Menge der Vorräte irreführende Angaben macht, kann auf Unterlassung der Angaben in Anspruch genommen werden".

Eine derartige Irreführung über geschäftliche Verhältnisse muß im Einzelfall nicht zugleich auch einen Verstoß gegen die „guten Sitten" darstellen; es genügt also eine objektive Irreführung. Werbeaussagen dürfen nicht unwahr (Wahrheitsgebot) und nicht irreführend sein. So verstößt beispielsweise die Werbung eines Automobilherstellers mit einem niedrigen Benzinverbrauch eines bestimmten Modells gegen das UWG, wenn dies objektiv falsch ist.

Selbst eine wahre Werbeaussage kann „irreführend" und damit unzulässig sein, wenn sie mißverständlich formuliert ist.

Ebenfalls ein Verstoß gegen § 3 UWG stellen darüber hinaus irreführende Angaben dar über:

- die Beschaffenheit eines Produktes, zum Beispiel „Nappa" für Kunstleder,
- seinen Ursprung, zum Beispiel „Duft aus Paris" für ein deutsches Parfüm,
- die Herstellungsart, zum Beispiel „Bäckernudeln" für Industrieerzeugnisse oder „handgestrickt" bei maschineller Herstellung,
- Preisangaben, zum Beispiel „Discountpreise" für „normale" Preise,
- die Bezugsart, zum Beispiel „ab Werk" für Handelsware (bei unterschiedlichen Preisen),
- die Vorratsmenge, zum Beispiel „Restposten" bei noch umfangreichen Lagerbeständen („Lockvogelwerbung").

Ob eine „Irreführung" vorliegt, hat ein Gericht im Rahmen einer Beweisaufnahme, zum Beispiel durch Hinzuziehung eines Meinungsforschungsinstitutes zu prüfen. Ausreichend ist dabei, wenn bereits 10 % der angesprochenen Abnehmerkreise irregeführt werden. Als Maßstab legt die Rechtsprechung in Deutschland den „*flüchtigen*" Verbraucher zugrunde, während der Europäische Gerichtshof von einem „*kritischen*" Verbraucher als Beurteilungsmaßstab ausgeht.

Weitere Irreführungsatbestände finden sich heute auch verstärkt im Hinblick auf die umweltbezogene Werbung. 1989 hat der Bundesgerichtshof Grundsätze zur Beurteilung derartiger Werbeaktionen formuliert. Mit der allgemeinen Anerkennung der Umwelt als ein wertvolles und schutzbedürftiges Gut, hat sich in den letzten Jahren zunehmend ein verstärktes Umweltbewußtsein entwickelt, das dazu geführt hat, daß der Verbraucher vielfach Produkte beziehungsweise Leistungen bevorzugt, auf deren besondere Umweltverträglichkeit werblich hingewiesen wird. Gefördert wird ein solches Kaufverhalten auch durch den Umstand, daß sich Werbemaßnahmen, die an den Umweltschutz anknüpfen, als besonders geeignet erweisen, emotionale Bereiche im Menschen anzusprechen, die von einer Besorgnis um die eigene Gesundheit bis hin zum Verantwortungsgefühl für spätere Generationen reichen.

Gleichwohl bestehen noch weitgehende Unklarheiten, insbesondere über Bedeutung und Inhalt der verwendeten Begriffe, wie etwa „umweltfreundlich", „umweltverträglich" oder „umweltschonend" sowie der hierauf hindeutenden Zeichen zum Beispiel des „Blauen Engels". Eine *Irreführungsgefahr* ist daher besonders groß und es besteht ein gesteigertes Aufklärungsbedürfnis. An die aufklärenden Hinweise sind grundsätzlich „strenge" Anforderungen zu stellen, die sich im Einzelfall nach der Art des Produktes bestimmen. Fehlen die Hinweise, birgt dies in besonders hohem Maße die Gefahr in sich, daß bei den Verbrauchern irrige

Vorstellungen über die Beschaffenheit der Ware hervorgerufen und sie in ihrer Kaufentscheidung beeinflußt werden.

Werbung, die an die Belange des Umweltschutzes anknüpft, ohne daß ein sachlicher Zusammenhang zwischen Produkt und Werbeaussage besteht, ist nach ständiger Rechtsprechung sittenwidrig. Pauschal verwendete produktbezogene Aussagen, wie etwa die Verwendung der Vorsilbe „Bio.." oder „Öko.." sind unzulässig; um einer Irreführungsgefahr vorzubeugen, müssen sie konkretisiert werden, damit sie zulässig sind. Es sind unmißverständliche Aufklärungshinweise anzugeben, die erläutern, in welcher Weise das Produkt („umweltfreundlich, weil...") umweltfreundlicher ist als andere (vgl. BGHZ 105, 277, „Umweltengel"). Dies gilt besonders auch für entsprechende Signets wie Gütezeichen („Blauer Engel", „Pandabär") und markeneigene Ökolabels (stilisierte Erdkugel, Baum usw.); erklärungsbedürftige Hinweise, wie zum Beispiel „schadstoffarm" oder „luftentlastend" reichen in der Regel nicht aus.

Sonderveranstaltungen

Ein großer Teil der in der Praxis auftretenden Wettbewerbsverstöße beziehen sich auf *Sonderveranstaltungen*. Darunter sind Verkaufsveranstaltungen zu verstehen, die im Einzelhandel außerhalb des regelmäßigen Geschäftsverkehrs zur Beschleunigung des Warenabsatzes angekündigt und durchgeführt werden und dadurch den Eindruck besonderer Kaufvorteile erwecken. Nach § 7 UWG sind sie grundsätzlich verboten. Als Sonderveranstaltungen gelten nicht *Sonderangebote*, bei denen einzelne, nach Güte oder Preis gekennzeichnete Waren ohne konkrete zeitliche Begrenzung angeboten werden und diese Angebote sich in den regelmäßigen Geschäftsbetrieb einfügen. So ist beispielsweise eine Werbung mit „Sonderangeboten zum Urlaubsbeginn" zulässig. Ausnahmen vom Verbot von Sonderveranstaltungen bestehen für Saisonschlußverkäufe, Jubiläumsverkäufe und Räumungsverkäufe.

So dürfen nach dem Gesetz *Winter- und Sommerschlußverkäufe* (für Textilien, Schuhe, Taschen oder auch Sportartikel) während zwölf Werktagen, beginnend am letzten Montag im Januar und am letzten Montag im Juli angekündigt und durchgeführt werden.

Dagegen werden *Jubiläumsverkäufe* nur in ganz engen Grenzen zugelassen, nämlich zur Feier des Bestehens eines Unternehmens im selben Geschäftszweig nach Ablauf von jeweils 25 Jahren. Das bedeutet, daß „Jubiläumsverkäufe" beispielsweise nach zehnjährigem Bestehen sowie Verkäufe aus Anlaß einer Inventur unzulässig sind. Zu beachten ist, daß dieses Verbot nicht für Hersteller und Großhändler gilt, die an den Handel absetzen.

Räumungsverkäufe sind ebenfalls nur in ganz engen Grenzen zulässig, zum Beispiel bei Aufgabe des Geschäftsbetriebes oder erheblichen Umbaumaßnahmen. Diese eng gesetzten Grenzen sind zum Teil als Reaktion auf die mißbräuchlichen Praktiken im Teppichhandel zu verstehen.

Schutz der „Geschäftsbezeichnung"

Der Schutz der geschäftlichen Bezeichnung, der früher in § 16 UWG enthalten war, wird nunmehr - dem Sachzusammenhang entsprechend - durch die §§ 1, 5, 15 des Markengesetzes gewährleistet. Geschützt werden

- der Name, soweit er im geschäftlichen Verkehr Verwendung findet, auch der Wahlname, etwa das Pseudonym eines Künstlers, außerdem
- die Firma, das heißt der Name des Kaufmanns im Handelsverkehr,
- die besondere Geschäftsbezeichnung, das heißt ein frei gewähltes Wort mit Namensfunktion, zum Beispiel „Hotel zur Krone" oder „Eiscafe Milano",
- Druckschriftentitel; darunter fallen nicht nur Buchtitel, sondern auch solche von Filmen, Musikkompositionen oder Bühnenwerken und schließlich
- die Geschäftsabzeichen, die - soweit sie „Verkehrsgeltung" besitzen - den besonderen Geschäftsbezeichnungen im Schutz gleichgestellt werden, zum Beispiel die besondere Kleidung des Personals, eine besondere Lackierung der Geschäftswagen sowie eine bestimmte typische Architektur der Firmengebäude („Corporate Design").

Nebengesetze

Nebengesetze zum UWG sind das bereits erwähnte Rabattgesetz, die Zugabeverordnung (als Spezialgesetze zu § 1) und die Preisangabenverordnung.

Das in der Diskussion stehende *Rabattgesetz* von 1933 beschränkt die Zulässigkeit von Preisnachlässen (Rabatten) gegenüber dem Endverbraucher. So sind unter anderem Barzahlungsrabatte lediglich bis zur Höhe von drei Prozent des Rechnungsbetrages zulässig, außerdem Mengenrabatte im handelsüblichen Rahmen sowie Sondernachlässe für berufliche oder gewerbliche Verwerter, Großabnehmer und Werksangehörige. Alle anderen Rabatte sind unzulässig.

Unabhängig von den kontroversen Diskussionen und den Protesten des Einzelhandels wird die Reform des Rabattgesetzes wohl nur eine Frage der Zeit sein. In der Praxis wird heute das Rabattgesetz schon lange unterlaufen. Bei langlebigen Gebrauchsgütern, wie Elektrogeräten oder Autos, aber auch bei Bekleidungs- oder Sportartikeln sind Preisnachlässe, die oftmals durch Nebenabsprachen verdeckt werden, durchaus üblich. Eine Abschaffung des Rabattgesetzes mag vielleicht dazu führen, daß einige Händler zunächst ihre Preise anheben werden, um einem „basarähnlichen Feilschen" entsprechend begegnen zu können, doch wird sicher durch den Wettbewerb sehr bald wieder ein realistisches Preisniveau erreicht werden. Eine Abschaffung des Rabattgesetzes wird auch die Preisangabenverordnung betreffen.

Nach der *Zugabeverordnung* von 1932 ist es im Geschäftsverkehr verboten, neben der Hauptware oder -leistung eine Nebenware oder -leistung ohne besonderes Entgelt zu gewähren; Ausnahmen bestehen für geringwertige Gegenstände.

Die *Preisangabenverordnung* von 1985 schreibt die „Angabe von Endpreisen" an den Verbraucher vor. Sie dient seiner Information und schützt vor Irreführung.

Europäisches Wettbewerbsrecht

Während im Kartellrecht in der Europäischen Union eine einheitliche Regelung geschaffen werden konnte, enthalten die entsprechenden Verträge, speziell der EWG-Vertrag, in dem zwar von der Schutzwürdigkeit eines lauteren Wettbewerbs ausgegangen wird, keine, dem deutschen Recht vergleichbaren unmittelbaren Regelungen bei unfairen beziehungsweise unlauteren Wettbewerbspraktiken. 1984 beschloß der Ministerrat zwar die *Richtlinie zur Angleichung der Rechts- und Verwaltungsvorschriften über irreführende Werbung*; da jedoch das UWG im europäischen Vergleich die strengsten Maßstäbe ansetzt, waren Anpassungsmaßnahmen für Deutschland nicht erforderlich.

Angesichts der zunehmenden Internationalisierung des Marktgeschehens und der immer bedeutsameren grenzüberschreitenden Werbung ist das Bedürfnis nach einer europaweiten Regelung zur vergleichenden Werbung deutlich geworden. So steht zur Zeit eine *Richtlinie über vergleichende Werbung und zur Änderung der Richtlinie 84/450 EWG über irreführende Werbung* kurz vor der Verabschiedung. Es ist zu erwarten, daß danach vergleichende Werbung rechtlich nicht mehr als grundsätzlich unzulässig eingestuft wird. Allerding muß diese stets wahr sein und darf auch nicht irreführend sein; darüber hinaus dürfen nur Waren oder Dienstleistungen verglichen werden, die für den gleichen Bedarf oder die gleiche Zweckbestimmung vorgesehen sind. Vielfach wird in diesem Zusammenhang die Befürchtung geäußert, daß die neuen Bestimmungen zu einer Rechtsunsicherheit führen werden. So gehen nämlich deutsche Gerichte bei einer Beurteilung der „Irreführung" von Verbrauchern durch Medienkampagnen jeweils von dem Maßstab einer Minderheit (ca. 10 %) „flüchtiger Durchschnittsverbraucher" der jeweiligen Werbung aus; im Ausland wird dagegen teilweise die Werbung erst dann als unlauter angesehen, wenn sie eine Mehrheit der (kritischen) Verbraucher irreführt.

Eine Änderung der Rechtslage dürfte auch aufgrund der vor kurzem verabschiedeten sogenannten *Fernabsatzrichtlinie* zur Telefon- und Telefaxwerbung zu erwarten sein. Insbesondere bei der Telefonwerbung ist es fraglich, ob der BGH seine bisherige strikte Haltung aufrechterhalten kann. In anderen EU-Staaten, zum Beispiel in Großbritannien, wurde die (Direkt-) Werbung per Telefon (oder Telefax) stets etwas liberaler gesehen.

Abmahnung und einstweilige Verfügung

Wettbewerbsverstösse lösen regelmäßig zivilrechtliche (ausnahmsweise auch strafrechtliche) Ansprüche aus. Die meisten Vorschriften des UWG gewähren einen *Unterlassungsanspruch*, bei Verschulden auch einen *Schadensersatzanspruch*. Allgemein anerkannt ist auch ein sogenannter *vorbeugender Unterlassungsanspruch*, mit dem ein erstmaliger (bevorstehender) Wettbewerbsverstoß unterbunden werden kann. Daneben gibt es für Kunden, vor allem für den Endverbraucher, die Möglichkeit des Rücktritts vom Vertrag bei Irreführung; dies ist insbesondere dann von Bedeutung, wenn die kaufrechtlichen Gewährleistungsrechte nicht eingreifen.

Klagebefugt sind neben den unmittelbar Betroffenen (Kunden, Konkurrenten) grundsätzlich auch bestimmte, dem Verbraucherschutz dienende Verbände und Industrie- und Handelskammern.

Gerichtsstand ist neben dem Wohn- und Geschäftssitz auch der „Tatort", das heißt der Ort, an dem der Wettbewerbsverstoß begangen worden ist („fliegender Gerichtsstand"); letzterer gilt jedoch nur für den unmittelbar „Verletzten", nicht für Verbände oder nicht unmittelbar Betroffene.

In der Praxis werden die überwiegende Zahl aller Wettbewerbsverstöße durch *Abmahnungen* in einem sogenannten Abmahnverfahren außergerichtlich erledigt. In einem Abmahnschreiben ist dabei der Wettbewerbsverstoß zu beschreiben; dieses enthält weiterhin als wichtigen Bestandteil die „*strafbewehrte Unterlassungserklärung*", in der sich der Betroffene zu verpflichten hat, die konkrete Wettbewerbsverletzung zu unterlassen, anderenfalls eine Vertragsstrafe für jeden Fall der Zuwiderhandlung zu zahlen. Mit der Abgabe einer derartigen Erklärung kommt zwischen dem Klageberechtigten und dem „Verletzter" ein (schuldrechtlicher) Unterlassungsvertrag zustande, mit dessen Abschluß die Voraussetzung für eine Unterlassungsklage entfällt. Damit ist der Wettbewerbsstreit außergerichtlich beendet.

Eine Rechtspflicht zur Abmahnung besteht allerdings nicht, sie ist jedoch sinnvoll, da durch sie zum einen viele Streitigkeiten außergerichtlich erledigt werden können, zum anderen vor allem im Hinblick auf die Kostentragungspflicht in einem eventuellen späteren Prozeß. Nach der Zivilprozeßordnung hat nämlich der („obsiegende") Kläger die Prozeßkosten zu tragen, wenn der Beklagte den Vorwurf sofort anerkennt und er keinen Anlaß zur Klage gegeben hat. Bei Abmahnung und Nichtunterzeichnung der „strafbewehrten Unterlassungserklärung" besteht im Falle einer Klage dieses Risiko für den Kläger nicht mehr. Eine grundlose Abmahnung kann allerdings zu einer Schadensersatzpflicht führen. Die *Kosten* einer wettbewerbsrechtlichen Abmahnung hat grundsätzlich derjenige zu tragen, der den Wettbewerbsverstoß begangen hat. Dies gilt auch für die Kosten eines eingeschalteten Rechtsanwalts. Je nach der Höhe des angesetzten Streitwertes können hier auf einen zu Recht Abgemahnten nicht unerhebliche Kosten zukommen. Dies setzt allerdings voraus, daß sich die Einschaltung des Rechtsanwalts als notwendig erwiesen hat. Die Kostentragungspflicht wird auf den bürgerlich-rechtlichen Anspruch der „Geschäftsführung ohne Auftrag" gestützt. Die Rechtsprechung begründet dies damit, daß die Abmahnung dem Abgemahnten höhere Prozeßkosten erspare und demzufolge in seinem Interesse gehandelt werde.

Wird die „strafbewehrte Unterlassungserklärung" nicht unterschrieben, dann besteht Anlaß, gerichtlich vorzugehen. Da Wettbewerbsverstößen schnell begegnet werden muß, spielt das *einstweilige Verfügungsverfahren* eine große Rolle. Die Dringlichkeit beziehungsweise die Eilbedürftigkeit wird per Gesetz vermutet. Um eine endgültige Regelung zu erreichen, hat sich in der Praxis das Abschlußverfahren entwickelt. Dabei fordert der Anspruchsinhaber in einem „Abschlußschreiben" den Anspruchsgegner auf, in einer „Abschlußerklärung" auf einen

Widerspruch gegen die einstweilige Verfügung zu verzichten und die Regelung als endgültig anzuerkennen. Geschieht dies nicht, dann ist eine Klageerhebung erforderlich.

Das UWG sieht daneben unter bestimmten Voraussetzungen die Möglichkeit eines ebenfalls außergerichtlichen Güteverfahrens vor den *Einigungsstellen*, die bei den Industrie- und Handelskammern bestehen, vor.

Bei Erhalt einer Abmahnung sollte die „strafbewehrte Unterlassungserklärung" nicht ohne den Rat eines im Wettbewerbsrecht kompetenten Rechtsberaters abgegeben werden, da durch sie ein wirksamer Unterlassungsvertrag zustande kommt und im Falle eines erneuten Verstoßes die zugesagte Vertragsstrafe fällig wird. Ein zu unrecht Abgemahnter hat im übrigen die Möglichkeit einer *„Gegenabmahnung"*.

Wird die „strafbewehrte Unterlassungserklärung" nicht abgegeben, muß mit dem Erlaß einer einstweiligen Verfügung gerechnet werden. Damit diese nicht ohne Anhörung erlassen wird, hat der Antragsgegner die Möglichkeit, eine Schutzschrift bei Gericht zu hinterlegen und mitzuteilen, daß der angezeigte Wettbewerbsverstoß nicht vorliegt und der Antrag zurückzuweisen ist. Mit dieser *Schutzschrift* wird dem möglicherweise Betroffenen dann regelmäßig Gelegenheit zu einer Stellungnahme in einer mündlichen Verhandlung gegeben.

Bei der Novelle zur Änderung des UWG 1994 ging es im wesentlichen darum, Maßnahmen gegen den weit verbreiteten Mißbrauch der sogenannten „Abmahn- und Gebührenvereine" zu ergreifen. Hierunter versteht man Vereine, die angebliche Wettbewerbsverstöße nur deshalb verfolgen, um mit den dadurch entstehenden Aufwendungsersatzansprüchen Gewinne zu erzielen. Besonders betroffen waren in der Vergangenheit die Immobilienmakler mit ihrer Vielzahl von Zeitungsanzeigen. So wurden sie von den „selbsternannten" Wettbewerbshütern bereits für kleinste Mißachtungen, etwa der Preisangabenverordnung, abgemahnt (zum Beispiel der Angabe des Mietpreises ohne Nebenkosten oder der Begriff Kalt- und Warmmiete). Ebenfalls häufig abgemahnt wurde die Angabe „qm" statt „m^2", ein Verstoß gegen das Gesetz über Einheiten im Meßwesen. Doch auch andere Branchen blieben von den Aktivitäten der Abmahnvereine nicht verschont. In einigen Fällen wurden sogar Ladenbesitzer abgemahnt, weil im Schaufenster ein Preisschild umgekippt war. Viele Geschäftsleute waren verunsichert, wenn sie aus einer anderen Stadt von einem Verein, der sich beispielsweise „Verband zum Schutz des Wettbewerbs" nennt, eine Abmahnung erhielten. Die Fristen zur Abgabe der Strafbewehrten Unterlassungserklärung waren meist kurz bemessen, so daß in der Regel kaum Zeit für eine Rechtsberatung bleib. Meistens wurde dann (aus schlechtem Gewissen) anstandslos unterschrieben und bezahlt. Eine „erfolgreiche" Abmahnung brachte dann Gebühren in Höhe von circa DM 250.- ein. Wurde eine strafbewehrte Unterlassungserklärung unterschrieben, und erfolgte ein erneuter Verstoß, dann wurden Vertragsstrafen in Höhe von DM 5000,- und mehr fällig.

Nach dem novellierten UWG müssen Abmahner zukünftig „echte" Konkurrenten sein, und der Verstoß muß zu einem „erheblichen" Wettbewerbsvorteil führen. Handelt es sich beim Abmahnenden um einen Verband, so muß dieser nachweisen, daß der überwiegende Teil seiner Mitglieder aus der betroffenen Branche stammt. Damit soll der kommerzialisierten Abmahnpraxis gerade auch von Bagatellverstößen gegen das UWG, aber auch gegen seine Nebengesetze - vor allem die Preisangabeverordnung - entgegengewirkt werden. Zur Verfolgung wirklich gravierender Wettbewerbsverstöße hat die deutsche Wirtschaft bereits 1913 ein Selbstkontrollorgan geschaffen, die Zentrale zur Bekämpfung unlauteren Wettbewerbs („Wettbewerbszentrale") in Bad Homburg. Sie schaltet sich meist aufgrund von Beschwerden ihrer Mitglieder ein, zum Beispiel bei unangmeldeten Sonderveranstaltungen, bei überschrittenen Öffenungszeiten oder bei zweifelhaften Werbepraktiken wie den umstrittenen Anzeigen der Modefirma Benetton. Sie erhebt für Abmahnungen zur Zeit einen Kostenpauschale in Höhe von circa DM 250.-.

Kapitel 13: Direktiven für das Direkt-Marketing

Das Instrumentarium des Direkt-Marketing kann in drei Bereiche untergliedert werden:
- Der Vertreterbesuch,
- das Telemarketing und
- die Direkt-Werbung.

Auf die Rechtsprechung kommt es an

Maßnahmen des Direkt-Marketing unterliegen in rechtlicher Hinsicht in erster Linie dem *Gesetz gegen den unlauteren Wettbewerb* (UWG). Dieses beinhaltet in seinem § 1, der ein Verbot von Handlungen gegen die guten Sitten vorschreibt und in seinem § 3, der irreführende Angaben untersagt, Generalklauseln, deren Konkretisierung vornehmlich durch die Rechtsprechung erfolgt.

Der Vertreterbesuch

Der Vertreterbesuch, also der *persönliche Verkauf* am Ort des Abnehmers ("Personal Selling") ist ein Direkt-Marketinginstrument, das sowohl distributive als auch kommunikative Elemente in sich vereinigt. Direkter Vertrieb bedeutet in diesem Zusammenhang, daß der Absatz von Waren und Dienstleistungen und eine damit verbundene flankierende Beratung ohne ein Zwischenschalten selbständiger Handelsbetriebe erfolgt.

Der Vertreterbesuch gilt als das effektivste, zugleich aber auch kostenaufwendigste (im Durchschnitt DM 300,- pro Kundenkontakt) Marketinginstrument. Sei es das Ziel einer Neukundengewinnung, der Pflege bestehender Kunden oder auch das Ziel, ein neues Produkt einzuführen, der Vertreter ist hier kaum durch ein anderes Instrument substituierbar. Gerade im Rahmen einer Akquisition vermag ein Vertreter differenziert und individuell auf die Bedürfnisse der potentiellen Kunden einzugehen. Durch die direkte Kommunikation ergibt sich ein sofortiges "Feedback"; Informationsdefizite können abgebaut, Mißverständnisse ausgeräumt und Einzelheiten individuell vereinbart werden. Auch die Pflege des bestehenden Kundenstammes, vor allem aus Neukunden Stammkunden zu machen, erhält heute - gerade unter dem Gesichtspunkt der weit höheren Kosten für das Gewinnen neuer Kunden - zunehmende Bedeutung. ABC- und Kundenertragskraft-Analysen unterstützen hier eine bedarfsgerechte und gleichzeitig wirtschaftliche Kundenpflege.

Der Einsatz von Vertretern bei der Einführung neuer Produkte ist grundsätzlich immer dann sinnvoll, wenn ein Produkt besonders erklärungsbedürftig ist; neben einer Produktpräsentation, das heißt einer Visualisierung des Produktes, kann darüber hinaus auch eine Produktdemonstration, das heißt eine Vorführung des betreffenden neuen Produktes, den Erfolg positiv beeinflussen.

Sowohl im "Business"- wie auch im "Consumer"-Bereich sind *bestellte* Vertreterbesuche wettbewerbsrechtlich ausnahmslos zulässig. Dies hat seinen Grund darin, daß es für beide, den Gewerbetreibenden, wie auch den Verbraucher in der Regel nur von Vorteil ist, einen bestellten Aussendienstmitarbeiter zu empfangen. Beratungs- und Verkaufsgespräche, oftmals verbunden mit einer Produktpräsentation oder -demonstration, führen zu einem - ohne großen Aufwand zu erlangenden - Informationsgewinn für die Betreffenden. Gerade dem Konsumenten, der aus zeitlichen Gründen, zum Beispiel wenn er auf dem Lande wohnt, den stationären Handel nicht aufsuchen kann, bietet sich durch den Direkt-Vertrieb oftmals die einzige Chance, bestimmte Waren zu erwerben.

Auch der *unbestellte* Vertreterbesuch ist wettbewerbsrechtlich grundsätzlich zulässig. Allerdings gibt es gerade im "Consumer"-Bereich Ausnahmen. So ist ein unerbetener Vertreterbesuch im privaten Bereich unlauter, wenn sich der betreffende Aussendienstmitarbeiter bewußt über Hinweise wie "Vertreterbesuche unerwünscht" hinwegsetzt. Fehlt das Einverständnis für den Besuch eines Vertreters und erscheint derselbe dennoch beim Umworbenen, so liegt nicht nur ein Verstoß gegen § 1 UWG vor, sondern auch ein unzulässiger Eingriff in die verfassungsrechtlich geschützte Privatsphäre (LG Hamburg, Urteil vom 12.06.1986, Aktz. 12 0 214/86).

In manchen Branchen sind unbestellte Vertreterbesuche ganz untersagt. So ist es zum Beispiel Fortbildungsinstituten nicht gestattet, Fernlehrgänge im Rahmen von unbestellten Vertreterbesuchen Privatkunden anzubieten.

Einige Unternehmen versuchen vor dem eigentlichen Aussenden der Vertreter eine Kontaktanbahnung mit der betreffenden Zielgruppe zu erreichen; dabei werden oftmals Methoden angewandt, die gerade im "Consumer"-Bereich als wettbewerbsrechtlich problematisch anzusehen sind. So hat bereits 1968 der Bundesgerichtshof unbestellte Vertreterbesuche im Privatbereich für unzulässig erklärt, wenn dieselben durch eine irreführende Gutscheinwerbung erreicht worden sind: Ein Möbelunternehmen hatte derartige Gutscheine in den Printmedien eingesetzt, mit denen die Leser Kataloge anfordern konnten. Die auf diesem Wege gewonnenen Adressen wurden dann aber entgegen der Ankündigung nicht dazu genutzt, die schriftlich angeforderten Kataloge an die Interessenten zu verschicken; diese wurden vielmehr dann bei nicht bestellten Vertreterbesuchen übergeben. Derartige Vertreterbesuche sind ausnahmslos unlauter, da sie nicht nur gegen § 1, sondern auch gegen § 3 UWG verstoßen (BGH, Urteil vom 15.05.1968, Aktz. I ZR 17/66).

Ebenfalls wettbewerbsrechtlich unzulässig sind unerbetene Besuche von Außendienstmitarbeitern, wenn die betreffenden Firmen zwar die angebotenen Informationsmaterialien auch tatsächlich zusenden, diesen aber ein Schreiben mit dem Hinweis auf einen bevorstehenden Vertreterbesuch beifügen (OLG Stuttgart, Urteil vom 16.01.1970, Aktz. 2 U 125/69).

In diesem Zusammenhang sei darüber hinaus auch auf das "Gesetz über den Widerruf von Haustürgeschäften und ähnlichen Geschäften" hingewiesen, durch das sich Kunden binnen einer Frist von einer Woche aus Verträgen lösen können, falls sie diese "überrumpelt" und übereilt an der Haustür, aber auch auf

"Kaffeefahrten" abgeschlossen haben - Ausnahmeerscheinungen im großen
Spektrum des Direkt-Marketing.

Aus Marketingsicht schränkt die Rechtsprechung das Instrument des Vertreterbe-
suches in seiner Wirkung und Bedeutung kaum ein. Sowohl der bestellte wie
auch grundsätzlich der unbestellte Vertreterbesuch sind wettbewerbsrechtlich
zulässig. Unlauter sind Besuche von Außendienstmitarbeitern allerdings immer
dann, wenn diese nur durch den Einsatz von Instrumenten, wie etwa Gutscheinwerbung oder Preisausschreiben, erreicht werden können, die über die eigentliche
Zielsetzung des Unternehmens hinwegtäuschen oder mehrdeutig sind. Selbst
wenn diese rechtlich zulässig wären, stellten sie trotzdem keinen sehr erfolgversprechenden Weg dar. In der Regel muß nämlich davon ausgegangen werden,
daß die Teilnahme an einem Preisausschreiben wegen eines möglichen Gewinns
erfolgt und nicht aufgrund eines übermäßigen Interesses an den Leistungen des
betreffenden Unternehmens. Daher bedarf es auf dem Vorwege einer Analyse
darüber, wie stark das Interesse an der Ware oder abzusetzenden Dienstleistung
beim potentiellen Kunden tatsächlich ist, bevor ein Vertretereinsatz geplant wird.
Aufgrund der hohen, damit verbundenen Kosten wird in den meisten Fällen der
Besuch eines Außendienstmitarbeiters hier nicht zu empfehlen sein. Das Direkt-
Marketing beinhaltet diesbezüglich günstigere Instrumente, wie etwa das Telefonmarketing.

Telemarketing

Unter *Telemarketing* subsumiert man in der Praxis des Direkt-Marketing eine
Reihe von Instrumenten. Hierzu gehören in erster Linie das Telefon und das
heute immer wichtiger werdende Telefax, sowie Online Dienste, Instrumente, die
häufig auch kombiniert Anwendung finden.

Telefon

Im Rahmen von Direkt-Marketingmaßnahmen findet das Telefon sowohl im
"Business"- wie auch im "Consumer"-Bereich weitreichende Einsatzmöglichkei-
ten.

Man unterscheidet zwischen internem und externem Telefonmarketing. *Internes*
Telefonmarketing bedeutet, daß alle diesbezüglichen Aktionen vom betreffenden
Unternehmen selbst durchgeführt werden; dies bedingt die Schaffung von entsprechenden personellen und organisatorischen Voraussetzungen. Von *externem*
Telefonmarketing wird immer dann gesprochen, wenn derartige Aktivitäten auf
spezielle Agenturen übertragen werden; dabei handelt es sich in der Regel um
aktionsbezogene Maßnahmen, zum Beispiel zeitlich befristete Verkaufsaktionen.

Desweiteren kann man in aktives und passives Telefonmarketing unterscheiden.
Beim *aktiven* Telefonmarketing geht die Initiative zum Telefonanruf vom Pro-
dukt- oder Dienstleistungsanbieter aus, das heißt der potentielle - aktive oder

passive - Kunde wird von diesem direkt kontaktiert. Beim *passiven* Telefonmarketing wird der potentielle Kunde dagegen selbst aktiv und initiiert einen Anruf. Für das Telefon als erfolgversprechendes Direkt-Marketinginstrument gibt es eine Reihe von Gründen. Zunächst ist hier seine weite Verbreitung zu nennen. Darüber hinaus ist es relativ kostengünstig. Die sich aus fixen, vor allem dem Gehalt des die Telefongespräche durchführenden Mitarbeiters, und variablen, vor allem den Gebühren für die Tarifeinheiten, Bestandteilen zusammensetzenden Kosten betragen heute im Durchschnitt in Deutschland etwa DM 30,- pro Telefonkontakt.

Zum wichtigsten Einsatzfeld des Telefonmarketing zählt zweifellos die *Kundenbetreuung*. Dies ist neben den erwähnten Kostengesichtspunkten vor allem auch darauf zurückzuführen, daß eine Vielzahl von Kunden - wie Umfragen zeigen - diese Form eines Kontaktes gegenüber einem Vertreterbesuch präferieren. Telefonmarketing-Aktivitäten erlauben darüber hinaus oftmals auch solche Kunden zu berücksichtigen, die aus Kostengesichtspunkten von den Vertretern vernachlässigt werden müssen, die aber andererseits oftmals ein nicht zu unterschätzendes Umsatzpotential darstellen können. Kundenpflege kann ebenfalls durch passives Telefonmarketing betrieben werden. So können telefonisch Aufträge angenommen, Kundenanfragen, zum Beispiel nach Informationsbroschüren, und Reklamationen bearbeitet werden. Viele Firmen setzen heute hier diesbezüglich sogenannte Servicetelefone (mit Nummer 130, das heißt zum Ortstarif für den Anrufenden) ein. Vorrangiges Ziel ist die individuelle Beratung der anrufenden Kunden. Über dieses eigentliche Beratungsgespräch hinaus wird dann häufig versucht, zu einem Verkaufsgespräch zu gelangen.

Ein weiteres wichtiges Feld des Telefonmarketing ist die oben schon betrachtete *Marktforschung*. So können Kunden beispielsweise schnell und mit nur geringem Aufwand über die Marktchancen einer geplanten Produktinnovation befragt werden. Dem betreffenden Unternehmen kann sich dadurch die Chance eröffnen, entsprechende Kundenwünsche von Anfang an Berücksichtigung finden zu lassen.

Rechtlich ist das aktive Telefonmarketing im "Business"-Bereich, das heißt also, wenn der Adressat des Telefonanrufes Gewerbetreibender ist, grundsätzlich zulässig. Voraussetzung dafür ist allerdings, daß der betreffende Telefonkontakt aufgrund einer bestehenden Geschäftsbeziehung erfolgt (OLG Hamburg, Urteil vom 03.07.1986, Aktz. 3 U 55/86). Problematisch in diesem Zusammenhang ist nun, was unter einer bestehenden Geschäftsbeziehung zu verstehen ist, das heißt, ab wann eine Unternehmen-Kunden-Beziehung beginnt beziehungsweise beendet ist. Während für einen Käufer ein Kaufakt lediglich eine einmalige Handlung darstellen kann, sieht vielleicht das beteiligte Unternehmen dies als Beginn einer langfristigen Geschäftsbeziehung an, in der aus dem Einmalkäufer ein Wiederkäufer und schließlich ein Stammkunde werden kann. Nach der Rechtsprechung ist es möglich, bereits nach einem erfolgreichen Geschäftsabschluß vom Bestehen einer Geschäftsbeziehung auszugehen. So wurde etwa der Anruf eines Verlages bei einem Unternehmen, das zuvor bei ihm eine Werbeanzeige aufgegeben hatte, als zulässig angesehen (LG Oldenburg, Urteil vom 18.05.1987, Aktz. 5 0 1076/87).

Liegt im "Business"-Bereich keine geschäftliche Beziehung zugrunde, so sind Erstanrufe, sogenannte Kaltanrufe, grundsätzlich unzulässig. Begründet wird dies mit einer unzumutbaren Blockierung der Telefonleitung des Anschlußinhabers, eine damit unter Umständen einhergehende Behinderung seines Geschäftsablaufes, sowie schließlich die zeitliche Bindung der Mitarbeiter durch derartige, unerwünschte Telefongespräche. Schon eine potentielle Belästigung wird von der Rechtsprechung als hinreichender Grund für die Unzulässigkeit anerkannt (OLG Köln, Urteil vom 11.10.1991, Aktz. 6 U 77/91). Es reicht danach nicht aus, wenn dem Telefonkontakt lediglich eine "gewisse Sachbezogenheit" zum Geschäftsgegenstand des Umworbenen unterstellt wird. Danach dürfen etwa keine Unternehmen angerufen werden, die zwar bekannterweise bestimmte Betriebsmittel ständig benötigen, diese aber nur Hilfsfunktionen ausüben und nicht dem eigentlichen Betriebszweck dienen. So darf etwa ein Büromaterialhersteller einen Automobilhändler nicht anrufen, um ihm Büromaterial zu verkaufen. Besteht keine Geschäftsbeziehung und zielt der Telefonkontakt auch nicht auf den eigentlichen Geschäftszweck des Umworbenen, dann ist ein Anruf nur dann zulässig, wenn ein Interesse des Umworbenen ausdrücklich beziehungsweise konkuldent erkennbar ist. Dieses ist allerdings in der Regel nur schwer festzustellen.
Aktives Telefonmarketing wird auch nicht dadurch zulässig, wenn zu Beginn des Gesprächs versucht wird, das Einverständnis des Angerufenen einzuholen (OLG Hamm, Urteil vom 12.05.1992, Aktz. 411 286/91).
Ein konkretes Interesse kann zum Beispiel immer dann angenommen werden, wenn der Anrufer von einem Dritten erfahren hat, daß der potentielle Kunde einer telefonischen Kontaktaufnahme nicht desinteressiert gegenübersteht. Nach einem Urteil des Bundesgerichtshofes ist es danach maßgebend, ob dieser ein hinreichendes Interesse daran hat, auf diesem Wege mit einem Produkt- oder Dienstleistungsanbieter Kontakt aufzunehmen. Es spielt dabei keine Rolle, ob der Telefonanruf den eigentlichen Geschäftsgegenstand direkt oder auch nur im weiteren Sinne betrifft. Diese Voraussetzung wird dann als gegeben angesehen, wenn "nach den Umständen des Einzelfalles die Annahme gerechtfertigt ist, daß der Anzurufende den Anruf erwartet oder ihm jedenfalls positiv gegenübersteht" (BGH, Urteil vom 24.01.1991, Aktz. I ZR 133/89).
Unverlangte Telefonanrufe sind auch immer dann wettbewerbsrechtlich zulässig, wenn der Angerufene "Wiederverkäufer", "Weiterverarbeiter" oder "Vermittler" ist (LG Berlin, Urteil vom 23.09.1973, Aktz. 16 O 43/73). Ebenso ist es Vertretern, die ein Unternehmen wechseln, erlaubt, ihre bisherigen Kunden telefonisch aktiv zu kontaktieren, sofern das neue Unternehmen in der selben Branche tätig ist.
Aktives Telefonmarketing im "Consumer"-Bereich betrifft Privatpersonen in ihrer Wohnung, aber auch an ihrem Arbeitsplatz. Bereits 1961 wurden hier Erstanrufe durch ein Oberlandesgericht (OLG Hamburg, Urteil vom 19.01.1961, Aktz. 3 U 154/60) für unzulässig, 1970 dann durch den Bundesgerichtshof für generell unzulässig erklärt, wenn diese Art der Kontaktaufnahme nicht auf bestehenden Geschäftsbeziehungen beruht (BGH, Urteil vom 19.06.1970, Aktz. I ZR 115/68). Begründet wird das BGH-Urteil damit, daß ein aktives Telefonmarketing im "Consumer"-Bereich ein Eindringen in die verfassungsrechtlich ge-

schützte Privatsphäre darstellt, deren Schutz vor den wirtschaftlichen Interessen Dritter absoluter Vorrang einzuräumen ist. Außerdem bedeutet dieser Weg der Kontaktaufnahme für den Angerufenen eine Belästigung; da für diesen der Grund des Anrufes nicht im Vorhinein feststellbar ist, wird er sich veranlaßt sehen, sich in ein Gespräch einzulassen, um überhaupt erst einmal den Grund feststellen zu können.

Aktives Telefonmarketing im "Consumer"-Bereich ist nach einem Urteil des Bundesgerichtshofes dann zulässig, wenn der Umworbene ausdrücklich oder stillschweigend sein Einverständnis erklärt hat, telefonisch kontaktiert zu werden (BGH, Urteil vom 08.06.1989, Aktz. I ZR 178/87). Von einem ausdrücklichen Einverständnis kann dabei immer dann ausgegangen werden, wenn der Anzurufende dieses dem Unternehmen schriftlich mitgeteilt hat. Ein Eingetragensein im Telefonbuch kann nicht als stillschweigendes Einverständnis gewertet werden.

Im gleichen Urteil hat der BGH auch ausgeführt, daß eine bestehende Geschäftsbeziehung als nicht ausreichender Grund anzusehen ist, aktives Telefonmarketing im Privatbereich zu betreiben.

Grundsätzlich sind auch solche Telefonanrufe unzulässig, die zuvor schriftlich beim potentiellen Kunden angemeldet worden sind (KG, Urteil vom 20.03.1975, Aktz. 5 U 2650/74). Nach einer Entscheidung des Bundesgerichtshofes sind in diesem Zusammenhang Telefonanrufe für ebenfalls unzulässig gewertet worden, die nach Übersendung von angefordertem Informationsmaterial erfolgten. Die Zusendung von Produktinformationen wurde als nicht ausreichender Grund für die Zulässigkeit eines aktiven Telefonmarketing im Privatbereich angesehen; dies besitzt insbesondere dann Bedeutung, wenn der Umworbene sichtbar zu erkennen gegeben hat, zum Beispiel durch ein Durchstreichen der entsprechenden Rubrik auf der Antwortkarte, daß er keine unerbetenen Anrufe wünscht (BGH, Urteil vom 08.11.1989, Aktz. I ZR 55/88). Nach einem weitergehenden Urteil sind solche Telefonanrufe selbst dann unzulässig, wenn der Nachfrager seine Telefonnummer auf seinem Briefkopf angegeben hat (OLG Frankfurt, Urteil vom 01.02.1992, Aktz. 6 W 5/90). Schließlich ist es auch einem Verlagsunternehmen untersagt worden, Privatpersonen mit dem Ziel anzurufen, die Ursachen für eine vorangegangene Kündigung zu ermitteln beziehungsweise eine Rücknahme der Kündigung zu erreichen (OLG Koblenz, Urteil vom 20.12.1990, Aktz. 6 U 1859/88).

Aktives Telefonmarketing im "Consumer"-Bereich ist dann zulässig, wenn sich die Beteiligten privat kennen, sei es etwa aufgrund einer früheren gemeinsamen Ausbildungszeit, sei es etwa aufgrund einer gemeinsamen Berufs- oder Vereinstätigkeit (OLG Stuttgart, Urteil vom 06.02.1987, Aktz. 2 U 67/87; BGH vom 8.12.1994, GRUR 1995,220).

Passives Telefonmarketing unterliegt wie der bestellte Vertreterbesuch keinen wettbewerbsrechtlichen Einschränkungen.

Zusammenfassend kann festgestellt werden, daß ein aktives Telefonmarketing im "Business"-Bereich dann wettbewerbsrechtlich unproblematisch ist, wenn ein Unternehmen-Kunden-Verhältnis besteht. So können hier sämtliche Möglichkeiten, die das Telefonmarketing heute bietet, sei es der Verkauf, die Beratung, die Werbung oder auch nur ein Vereinbaren von Besuchsterminen zur wirt-

schaftlicheren Tourenplanung eines Vertreters ausgeschöpft werden. Eine Neukundengewinnung im Geschäftsbereich durch Telefonmarketingmaßnahmen ist
dagegen nur zulässig, wenn ein besonderer Grund im Interessenbereich des Umworbenen vorliegt. Zur Feststellung eines derartigen besonderen Grundes, das
heißt in der Regel eines potentiellen Kaufinteresses, ist letztlich der schriftliche
Weg empfehlenswert. Ein aktives Telefonmarketing ehemaliger Mitarbeiter,
seien es Reisende oder auch Handelsvertreter, bezüglich des bestehenden Kundenstammes, das rechtlich zulässig ist, kann durch eine entsprechende, in die
Verträge aufgenommene Wettbewerbsverbotsklausel verhindert werden.
Im "Consumer"-Bereich ist ein aktives Telefonmarketing nur in äußerst eng
gesteckten Grenzen möglich; lediglich dem Einsatz in den Fällen, in denen sich
die Beteiligten privat kennen, kommt noch eine gewisse Bedeutung zu. Dies gilt
insbesondere für solche Unternehmen, wie zum Beispiel einige Versandhandels-
unternehmen oder Versicherungen, die ihre Waren oder Dienstleistungen überwiegend beim privaten Verbraucher abzusetzen versuchen und dafür nicht nur
hauptberufliche, sondern vor allem nebenberufliche Mitarbeiter beschäftigen.
Besonders die nebenberuflichen Mitarbeiter unternehmen dabei häufig zuerst den
Versuch, die betreffenden Produkte oder Dienstleistungen im Freundes- oder
Bekanntenkreis zu verkaufen. Vor diesem Hintergrund besteht eine nicht zu
unterschätzende Möglichkeit, auch im privaten Bereich mit Hilfe des Telefons
aktiv neue Kunden zu gewinnen.

Telefax und Online Dienste

Der Einsatz des heute immer wichtiger werdenden Telefax als Instrument eines
Direkt-Marketing ist wettbewerbsrechtlich zunächst immer dann unbedenklich,
wenn zum Adressaten geschäftliche Kontakte bestehen und dieser "Wiederverkäufer", "Weiterverarbeiter" oder "Vermittler" ist. Eine Zulässigkeit wird
ebenfalls begründet, wenn ein sachbezogenes Angebot vorliegt, für das beim
Adressaten ein Bedürfnis besteht oder angenommen werden kann. Ebenso wie
beim aktiven Telefonmarketing ist auch bei Direkt-Marketingaktivitäten per
Telefax schließlich vor allem auch die Frage entscheidend, "ob ein sachlicher, in
der Interessensphäre des Adressaten liegender Grund besteht, das Angebot in
dieser Form zu übermitteln" (BGH, Urteil vom 06.10.1972, Aktz. I ZR 54/71.
OLG München, Urteil vom 08.02.1993, Aktz. 29U 671/93 und zur Telefaxwerbung, BGH, NJW 1996,660). Liegen diese Voraussetzungen nicht vor, ist ein
Einsatz unzulässig.
Begründet wird dies mit einer unzumutbaren Blockierung des Telefax-Gerätes
des Adressaten, da dies während der Empfangszeit von Werbeschreiben anderweitig weder aktiv noch passiv nutzbar ist. Da Werbeschreiben per Telefax zu
Anfang in der Regel nicht gleich als solche identifizierbar sind, würden darüber
hinaus Mitarbeiter unnötig zeitlich belastet werden; es tritt also eine Störung des
Geschäftsablaufs ein. Zudem verursachen eingehende Werbesendungen - anders
als Briefsendungen - Kosten beim Adressaten (Faxpapier, Toner- und Stromko-
sten sowie anteilige Kosten für die Wartung des Gerätes). Gegen die grundsätzli-

che Zulässigkeit unverlangter Telefaxwerbung spricht aber vor allem der Schutz der Allgemeinheit vor der Gefahr eines Ausuferns dieser Werbe- und Wettbewerbsstrategie durch Nachahmer (BGH v. 25.10.1995, Az. IX ZR 255/93, NJW 1996, 661).

Nach dem Mediendienstestaatsvertrag von 1997 muß Werbung als solche klar erkennbar sein und vom nicht werblichen Teil der Angebote eindeutig getrennt sein; eine ähnliche Regelung sah schon der (außer Kraft gesetzte) BTX-Staatsvertrag von 1983 (zuletzt von 1991) vor. Danach bestand eine Kennzeichnungsplicht für Werbeseiten im Angebotsdienst, aber nicht im Mitteilungsdienst. Der Bundesgerichtshof hat 1988 in einem Urteil diesbezüglich festgelegt, daß Werbeseiten an Privatpersonen per Bildschirmtext wettbewerbsrechtlich dann zulässig sind, wenn sie auch im Mitteilungsdienst entsprechend kenntlich gemacht worden sind (BGH v. 3.2.1988, GRUR 1988, 614).

Direkt-Werbung

Direkt-Marketing per Anschreiben ("*Mailing*") gewinnt heute immer mehr an Bedeutung, vor allem da hier die Zielgruppen mit großer Präzision angesprochen werden können. Dabei ist zu unterscheiden zwischen unadressierten Werbesendungen, die in erster Linie im "Consumer"-Bereich vorkommen, und adressierten Werbesendungen.

Die Verteilung von *unadressierten* Werbesendungen an "alle" Haushalte, die zum Absatzmarkt des betreffenden Unternehmens gehören, oder auch an nur ausgewählte Haushalte ist wettbewerbsrechtlich zunächst grundsätzlich zulässig (BGH, Urteil vom 20.12.1988, Aktz. VI ZR 182/88), selbst dann, wenn kein ausdrückliches Einverständnis des Umworbenen vorliegt. Allerdings dürfen Unternehmen keine Werbematerialien auf diesem Wege verteilen, oder - durch ein privates Unternehmen oder die Deutsche Post - verteilen lassen, wenn die Adressaten dies ablehnen, zum Beispiel durch entsprechende Briefkastenaufkleber wie "Werbung? Nein, danke!" (OLG Stuttgart, Urteil vom 21.08.1987, in: NJW-RR, 2. JG Heft 23, 1987, S. 1422). Eine entscheidende Rolle spielt in diesem Zusammenhang die konkrete, auf dem Briefkastenaufkleber geäußerte Willenserklärung; so werden nach der Rechtsprechung etwa Anzeigenblätter mit redaktionellem Inhalt nicht zu den "Wurfsendungen und Prospekten" gezählt (OLG Karlsruhe, Urteil vom 27.06.1984, Aktz. 6 U 44/87). In seiner letzten Entscheidung zur unadressierten Werbung hat der Bundesgerichtshof ausgeführt, daß nicht schon ein Verstoß gegen § 1 UWG vorliegt, wenn bei einem sehr hohen Verteilvolumen nur in wenigen Fällen auch potentielle Kunden angesprochen werden, die dies eigentlich nicht wünschen (BGH, Urteil vom 30.04.1992, Aktz. I ZR 287/90).

Der addressierte Werbebrief, der mit Aussendungskosten von heute durchschnittlich 5,- DM ein relativ günstiges Direktmarketinginstrument darstellt, ist wettbewerbsrechtlich grundsätzlich zulässig. Dabei ist zunächst zu beachten, daß ein solcher Brief spätestens nach seiner Öffnung als Werbebrief inhaltlich zu erkennen sein muß (BGH, Urteil vom 16.02.1973, Aktz. I ZR 160/71).

Unzulässig ist der adressierte Werbebrief immer dann, wenn ein Widerspruch des Adressaten vorliegt. Dies gilt sowohl für den "Consumer"-Bereich (OLG München, Urteil vom 29.05.1984, Aktz. 13 U 5383/83) wie auch für den "Business"-Bereich (OLG Hamburg, Urteil vom 26.01.1989, Aktz. 3 U 181/88). Prinzipiell ermöglicht die bisherige Rechtsprechung allerdings auch eine ausnahmsweise Versendung von Werbebriefen trotz Widerspruchs des Adressaten, wenn die Erfüllung dieses Widerspruchs nur mit einem unverhältnismäßig hohen Aufwand erreicht werden kann.

E-Mail Werbung

Zahlreiche Unternehmen sind im Internet bereits mit einer eigenen „Homepage" präsent, um dem (Internet-)Benutzer beziehungsweise dem potentiellen Kunden den „Zugang" zu ihrem Unternehmen zu vereinfachen. Durch das Internet finden umgekehrt auch immer mehr Unternehmen den Weg zum Kunden, in der Regel durch die *E-Mail* (elektronische Post).

Die Übersendung von Werbebotschaften per E-Mail weist gegenüber den traditonellen Medien, wie zum Beispiel Wurfsendungen, Telefon, den Vorteil auf, daß sie kostengünstiger und schneller ist, leichter eine größere Zahl an Personen erreicht und bessere Darstellungsmöglichkeiten bietet, zum Beispiel durch bewegte Bilder, eventuell sogar in Verbindung mit Sprache.

Dies hat dazu geführt, daß immer mehr Unternehmen ihre Kunden mit unverlangter E-Mail Werbung „überhäufen"; im Fachjargon spricht man mitunter von Junk-E-mail oder Spamming. Es dürfte wohl nur eine Frage der Zeit sein, wann diese Form der Werbung, der ein Internetnutzer „schutzlos" ausgeliefert ist, die Gericht beschäftigen wird. Dabei werden die Gerichte nicht auf Spezialgesetze zurückgreifen können, da der Gesetzgeber bisher diesbezüglich für das Internet keine entsprechenden Regelungen erlassen hat. Der 1997 in Kraft getretene Mediendienstestaatsvertrag geht auf Werbung nur im Zusammenhang mit dem Jugensschutz, dem Gebot der Trennung von Werbung und übrigem Angebot und dem Sponsoring ein (§ 9 Mediendienstestaatsvertrag); das Teledienstegesetz (Art. 1 des Informations- und Kommunikationsdienstegesetzes) enthält hinsichtlich der Werbung im Internet keine Regelung. So wird man hier auf die Vorschriften des UWG, genauer § 1 UWG und vor allem auf die bisher vom BGH entwickelten Grundsätze zur unverlangten Telefon- und Telefaxwerbung zurückgreifen müssen.

Das LG Traunstein hat - als bisher einziges Gericht - am 14.10.1997 (Az. 2 HK O 3755/97) im Wege einer einstweiligen Verfügung einer Internetagentur verboten, Werbung an Privatleute über E-Mail zu senden. Zur Begründung wurde im wesentlichen auf die bisher vom BGH zur Telefonwerbung und Telefaxwerbung entwickelten Grundsätze hingewiesen und auf die unverlangte E-Mail Werbung übertragen. Als Gründe sind u.a. zu nennen:

- (teilweise) Verlagerung der Werbekosten auf den Beworbenen (Telefonkosten, Providergebühren, insbesondere bei längeren E-Mails),
- Zeitverlust,

- Störung des Betriebsablaufes und - als tragender Grund - die
- Gefahr der Übersteigerung (Schutz der Allgemeinheit).

Es ist anzunehmen, daß andere Gerichte die unverlangte E-Mail Werbung eben-falls als grundsätzlich unlauter einstufen werden.

Exkurs: Recht haben ist nicht gleich Recht bekommen

Recht haben alleine genügt nicht; man muß auch Recht bekommen.
Derjenige, der nach dem "materiellen" Recht einen Anspruch gegen einen anderen besitzt, muß im Falle der Weigerung des Gegners, diese Verpflichtung erfüllen, besondere "Spielregeln" einhalten, damit er zu seinem Recht kommt und
damit darüber hinaus die Rechtssicherheit gewährleistet und überschaubar bleibt;
er muß also versuchen, seinen Anspruch mit Hilfe der *Gerichte* als die hierfür
zuständigen staatlichen Organe durchzusetzen. Ein Anspruchsinhaber kann einen Anspruch grundsätzlich nicht eigenmächtig im Wege der Selbsthilfe durch-
setzen, indem er den Anspruchsgegner etwa mit Gewalt dazu bringt, den Anspruch zu erfüllen. Diese Form der "Selbstjustiz" ist zum Schutze des Rechtsfrie-
dens nur in ganz engen gesetzlichen Grenzen zulässig.
Welches Gericht nun konkret zuständig ist, ist oftmals - selbst für Juristen - nicht
immer sofort und eindeutig zu beantworten.

Rechtsprechende Gewalt in Deutschland

Die *rechtsprechende Gewalt* in Deutschland gliedert sich in ordentliche Gerichtsbarkeit, Arbeitsgerichtsbarkeit und Verwaltungsgerichtsbarkeit. Die ordentliche Gerichtsbarkeit unterteilt sich wiederum in Zivil- und Strafgerichtsbarkeit (vgl. Abbildung 29).

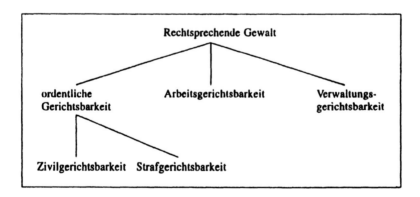

Abbildung 29: Rechtsprechende Gewalt in Deutschland

Der Begriff der *ordentlichen Gerichtsbarkeit* ist historisch begründet. Zum Zeitpunkt des Inkrafttretens des Gerichtsverfassungsgesetzes im Jahre 1877 gab es
als unabhängige, das heißt "ordentliche" Gerichte nur die Zivil- und Strafgerich-
te. Die Verwaltungsgerichte (und die Finanzgerichte) hingegen waren noch in
die Verwaltung eingegliedert. Arbeitsgerichte bestehen erst seit 1926.

Heute sind alle Gerichte in der Bundesrepublik Deutschland entsprechend dem Gewaltenteilungsprinzip unabhängige, und damit "ordentliche" Gerichte, doch hat sich der Begriff der ordentlichen Gerichtsbarkeit für die Zivil- und Strafgerichtsbarkeit verfestigt.

Die Zivilgerichtsbarkeit unterteilt sich in die streitige und die freiwillige Gerichtsbarkeit. Die *freiwillige* (nichtstreitige) Gerichtsbarkeit unterscheidet sich dabei von der *streitigen* Gerichtsbarkeit sowohl im Gegenstand, das heißt sie dient nicht ausschließlich der Durchsetzung von Ansprüchen, als auch im Verfahren. Dieses Verfahren ist dabei der besonderen Aufgabe angepaßt, Rechtsverhältnisse, etwa in Familien-, Nachlaß-, Grundbuch- und Handelsregistersachen zu regeln. Vor die streitige Gerichtsbarkeit gehören alle zivilrechtlichen Rechtsstreitigkeiten. Für jede Gerichtsbarkeit existiert ein eigenes Prozeßrecht.

Während für Rechtsstreitigkeiten, die im weitesten Sinne Arbeitsverhältnisse betreffen, die Arbeitsgerichte zuständig sind, sind Rechtsstreitigkeiten, bei denen es um Normen aus dem Bereich des öffentlichen Rechts geht, grundsätzlich vor Verwaltungsgerichten zu führen. Für Streitigkeiten, die das Steuerrecht beziehungsweise Sozialrecht berühren, sind eigene Gerichtsbarkeiten, die Finanz- und die Sozialgerichtsbarkeit, geschaffen worden.

Über diesen Gerichten steht die *Verfassungsgerichtsbarkeit*, die von den Staatsgerichtshöfen der Länder und vor allem vom Bundesverfassungsgericht als höchstem Gericht in der Bundesrepublik Deutschland mit Sitz in Karlsruhe wahrgenommen wird. Das Bundesverfassungsgericht befaßt sich grundsätzlich mit verfassungsrechtlichen Fragen, denen häufig auch direkte politische Bedeutung zukommt. Als Beispiel ist in diesem Zusammenhang die Entscheidung zum "Maastricht-Vertrag" zu nennen.

Das Bundesverfassungsgericht entscheidet unter anderem über die Vereinbarkeit von Bundes- und Landesrecht mit der Verfassung, über Verfassungsbeschwerden von Personen wegen Verletzung der Grundrechte durch die öffentliche Verwaltung oder auch über eine mögliche Verfassungswidrigkeit von Parteien. Entscheidungen des Bundesverfassungsgerichtes sind für alle Verfassungsorgane des Bundes und der Länder sowie für alle Gerichte bindend.

Neben den staatlichen Gerichten hat der Gesetzgeber aber auch *private* Gerichte zugelassen, die - bei freiwilliger Unterwerfung der Beteiligten und bei kleineren Delikten - die Regelung von innerbetrieblichen (oder auch verbandsinternen) Streitigkeiten zur Aufgabe haben.

Von erheblicher Bedeutung für privat- und wirtschaftsrechtliche Streitigkeiten sind oftmals die, ebenfalls zu den privaten Gerichten zählenden *Schiedsgerichte*. Durch eine einvernehmliche Vereinbarung können Parteien bestimmen, daß ein Streitfall zwischen ihnen nicht vor den staatlichen Gerichten, sondern vor Schiedsrichtern entschieden werden soll. Ein derartiges Vorgehen wird insbesondere dann vorteilhaft sein, wenn es sich um schwierige, komplexe wirtschaftsrechtliche Streitfragen handelt oder auch bei Streitfragen, in denen ausländisches Recht eine Rolle spielt.

Vorteil eines derartigen schiedsrichterlichen Verfahrens, das einen entsprechenden Schiedsvertrag voraussetzt, ist ein relativ unbürokratischer, flexibler und schneller Ablauf.

In jüngster Zeit hat in Deutschland die „Mediation" an Bedeutung gewonnen. Es handelt sich dabei um eine in den USA entwickelte Form der außergerichtlichen, von den Parteien selbst erarbeiteten, einvernehmlichen Konfliktlösung mit Hilfe eines unparteiischen Mediators (zum Beispiel eines Rechtsanwalts) ohne Entscheidungsbefugnis. Die Form der außergerichtlichen Streitvermittlung hat zur Zeit im Bereich der Ehescheidung und Angelegenheiten, die die elterliche Sorge betreffen, die größte praktische Bedeutung.

Die rechtlichen Rahmenbedingungen der Marketingpraxis betreffen in erster Linie das Privatrecht. Streitigkeiten in diesem Bereich werden in der Regel vor Zivilgerichten ausgetragen. Die folgenden Ausführungen haben daher den Aufbau der Zivilgerichtsbarkeit in Deutschland und den Ablauf eines Zivilprozesses zum Inhalt.

Zivilgerichtsbarkeit

Die *Zivilgerichtsbarkeit* weist in Deutschland einen vierstufigen Aufbau auf.

Auf der untersten Ebene befinden sich die *Amtsgerichte*. Diese sind für alle vermögensrechtlichen Streitigkeiten bis einschließlich DM 10.000,- zuständig; außerdem - unabhängig von der Höhe des Streitwertes - unter anderem für bestimmte Mietstreitigkeiten. Ihnen stehen Einzelrichter vor. Die Masse der hier zu bearbeitenden Fälle erzwingt heute vielfach eine äußerst schnelle und unpersönliche Abwicklung.

Landgerichte, an denen Anwaltszwang besteht, sind als erste Instanz zuständig für alle vermögensrechtlichen Streitigkeiten über DM 10.000,- sowie für alle nichtvermögensrechtlichen Streitigkeiten unabhängig vom Streitwert, zum Beispiel für Ansprüche aus Amtspflichtverletzungen. Das Landgericht kann auch als zweite und letzte Instanz zuständig werden für die Berufung beziehungsweise Beschwerde gegen Urteile beziehungsweise Beschlüsse der Amtsgerichte. An den Landgerichten bestehen "Kammern" mit je einem vorsitzenden Richter und zwei weiteren Richtern. Häufig erfolgt jedoch eine Übertragung des konkreten Einzelfalls zur Entscheidung auf einen einzelnen Richter.

In handelsrechtlichen Streitigkeiten können an den Landgerichten besondere "Kammern für Handelssachen" gebildet werden, die mit je einem Berufsrichter als Vorsitzenden und zwei aus der kaufmännischen Praxis stammenden Personen als ehrenamtliche "Richter" besetzt sind. Diese "Handelsrichter" müssen kaufmännisch qualifiziert sein; sie werden auf Vorschlag der Industrie- und Handelskammer für die Dauer von drei Jahren ernannt. Die Einbeziehung von ehrenamtlichen "Richtern" erfüllt dabei den Zweck, daß berufsspezifische Sachkunde eingebracht wird und damit gleichzeitig das Vertrauen der Prozeßparteien in die Erfassung ihrer speziellen Situation gesteigert wird. Das Heranziehen derartiger ehrenamtlicher Richter findet man auch in anderen Gerichtsbarkeiten, zum Beispiel in der Sozial- und Arbeitsgerichtsbarkeit, ebenso in der Form der Schöffen an den unteren Strafgerichten.

Oberlandesgerichte sind nur in zweiter Instanz zuständig und zwar für die Berufung beziehungsweise Beschwerde gegen erstinstanzliche Entscheidungen der

Landgerichte (und der Familiengerichte). An den Oberlandesgerichten (in Berlin: Das Kammergericht) bestehen Senate mit einem vorsitzenden Richter und zwei weiteren Richtern. In der Regel gibt es ein Oberlandesgericht in jedem Bundesland; Amts-, Land- und Oberlandesgerichte sind Gerichte der Länder.

Der *Bundesgerichtshof* schließlich ist zuständig als Revisionsinstanz für die Berufungsurteile der Oberlandesgerichte. Es bestehen dort Senate mit einem vorsitzenden Richter und vier weiteren Richtern.

Die nachstehende Abbildung verdeutlicht dies noch einmal im Überblick (vgl. Abbildung 30).

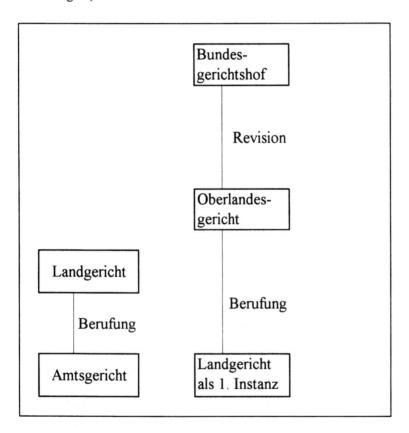

Abbildung. 30: Vereinfachte Übersicht des zivilgerichtlichen Instanzenweges

Im Namen des Volkes

Jeder *Zivilprozeß* beginnt mit der Erhebung einer Klage, das heißt es wird eine Klageschrift bei Gericht eingereicht und diese dem Gegner "von Amts wegen" zugestellt. Das "Erkenntnisverfahren", in dem der Anspruch des Klägers geprüft wird, endet meist mit einem Urteil.

Urteile sind zu begründen. Der Richter hat darzulegen, wie er zu seiner Entscheidung gekommen ist, das heißt welche Tatsachen er festgestellt hat und welche Rechtsgründe maßgebend waren. Das Urteil ist in jedem Fall öffentlich zu verkünden (Im Namen des Volkes) und den Parteien schriftlich bekanntzugeben. Als Entscheidung des Gerichts kann unter anderem unter bestimmten Voraussetzungen auch ein Versäumnisurteil, ein Anerkenntnisurteil oder - im Falle einer gütlichen Einigung der Prozeßparteien - ein Prozeßvergleich in Betracht kommen.

Gegen das Urteil kann die unterlegene Partei, die mit der Entscheidung nicht einverstanden ist, unter gewissen Voraussetzungen und unter Einhaltung einer bestimmten Frist *Rechtsmittel* einlegen, das heißt Berufung, Revision oder Beschwerde. Sie sind eine verstärkte Garantie für die Richtigkeit der einzelnen richterlichen Entscheidung sowie letztlich für die Einheitlichkeit der gesamten Rechtsprechung. Die Einlegung eines Rechtsmittels führt zu einer Überprüfung der Entscheidung durch ein Gericht der jeweils höheren Instanz ("Devolutiveffekt"). Gleichzeitig wird durch die Einlegung des Rechtsmittels die ursprüngliche gerichtliche Entscheidung nicht rechtskräftig ("Suspensiveffekt").

Wenn sich der unterlegene Beklagte, der nun Schuldner genannt wird, dem Urteil nicht fügt, kann der "obsiegende" Kläger, der nun Gläubiger heißt, beantragen, daß sein Anspruch durch staatliche Organe zwangsweise durchgesetzt wird (*Zwangsvollstreckungsverfahren*). Zuständiges Vollstreckungsorgan für bewegliche Sachen ist dabei der Gerichtsvollzieher, der diese Gegenstände pfändet und versteigert, bei Forderungen (und anderen Vermögensrechten) das Vollstreckungsgericht. Bei Vollstreckung in das unbewegliche Vermögen des Schuldners, also bei Grundstücken, Erbbaurechten oder Wohnungseigentum, kommen mehrere Möglichkeiten in Betracht. Zunächst kann eine Zwangsversteigerung durch das Amtsgericht als Vollstreckungsgericht erfolgen; möglich ist auch eine Zwangsverwaltung und schließlich besteht in bestimmten Fällen auch die Möglichkeit der Eintragung einer Sicherungshypothek durch das Grundbuchamt.

Verfahrensgrundsätze

In jedem Zivilprozeß gelten bestimmte Grundsätze, die in zahlreichen Vorschriften der Zivilprozeßordnung zum Ausdruck kommen. Diese Grundsätze beziehen sich teilweise auf die Stellung und Aufgaben der Parteien (rechtliches Gehör, Dispositions- und Verhandlungsgrundsatz), teilweise auf den Gang des Verfahrens (Mündlichkeitsgrundsatz, Öffentlichkeitsgrundsatz und Konzentrationsmaxime) sowie auf die Beweiserhebung (Grundsatz der Unmittelbarkeit). Die Kenntnis dieser Verfahrensgrundsätze (Prozeßmaxime) ist für das Verständnis des Ablauf eines Zivilprozesses unerläßlich.

Nach der im Zivilprozeß geltenden *Dispositionsmaxime* haben die Parteien grundsätzlich das Recht der Verfügung über den Streitgegenstand, sie sind die "Herren des Verfahrens" und haben es also insofern in der Hand, ob ein Verfahren (durch Klage, Antrag) überhaupt in Gang kommt, ob die Klage geändert wird oder ob der Prozeß, zum Beispiel durch Klagerücknahme, Anerkenntnis oder

Erledigungserklärung beendet wird. Einschränkungen dieses Prinzips können sich aufgrund eines besonderen öffentlichen Interesses ergeben.

Im Gegensatz zur Dispositionsmaxime verpflichtet das im Strafprozeß geltende "Offizialprinzip" bei hinreichendem Tatverdacht zur Einleitung eines Strafverfahrens "von Amts wegen".

Nach dem *Verhandlungsgrundsatz* darf das Gericht nur die von den Parteien vorgebrachten Darstellungen seiner Entscheidung zugrunde legen; es ist weder befugt noch verpflichtet, auf eigene Faust Ermittlungen nach dem "wahren" Sachverhalt anzustellen. Zwischen den Parteien unstreitige Sachverhalte hat das Gericht nicht auf ihre Wahrheit hin zu überprüfen ("Prinzip der formellen Wahrheit").

Ein Aspekt ist in diesem Zusammenhang die subjektive Wahrheitpflicht, daß heißt, daß ein Verstoß gegen die Wahrheitpflicht nur bei einer bewußten Lüge vorliegt, also bei einem "Vortrag wider besseres Wissen".

Im Gegensatz zum Verhandlungsgrundsatz steht der besonders für den Straf- und Verwaltungsprozeß typische *Untersuchungsgrundsatz*, nach dem das Gericht "von Amts wegen" verpflichtet ist, den "wahren" Sachverhalt zu erforschen.

Der Grundsatz des rechtlichen Gehörs bedeutet, daß jede Partei Anspruch auf *Anhörung* hat. Diese umfaßt die Gelegenheit zur Äußerung, gleichzeitig aber auch einen Anspruch auf Unterrichtung, bevor eine Entscheidung ergeht. Der Anspruch auf rechtliches Gehör ist durch das Grundgesetz garantiert und gilt als allgemeiner rechtstaatlicher Grundsatz für alle gerichtlichen Verfahren.

Nach den Grundsätzen der *Mündlichkeit*, *Unmittelbarkeit* und *Öffentlichkeit* muß der gesamte Streitfall in einer mündlichen Verhandlung (mit Bezug auf bereits eingereichte Schriftsätze und den darin gestellten Anträgen) "unmittelbar" vor dem das Urteil fällenden Gericht vorgetragen werden. Zivilverfahren sollen grundsätzlich der Öffentlichkeit zugänglich sein.

Die Zivilprozeßordnung enthält schließlich einige Fristenregelungen, um dem *Konzentrationsgrundsatz*, nach dem Zivilprozesse möglichst zügig abzuschließen sind, gerecht werden zu können. Die Zivilprozeßordnung enthält auch Vorschriften über eine Reihe von besonderen Verfahrensarten, durch die bei Vorliegen bestimmter Umstände eine schnellere Abwicklung erreicht werden soll. Hierzu gehört in erster Linie das Mahnverfahren.

Mahnverfahren sind in der Praxis von großer Bedeutung. Sie sind bei Ansprüchen auf Geld zulässig. Zuständig ist stets - unabhängig von der Höhe des Streitwertes - das Amtsgericht, das auf Antrag einen Mahnbescheid an den Antragsgegner erläßt. Gegen diesen Mahnbescheid kann der Antragsgegner - ohne Begründung - innerhalb von zwei Wochen Widerpruch einlegen. Erfolgt ein Widerspruch, kann das Verfahren in einen normalen Prozeß übergehen; ansonsten erfolgt - ebenfalls auf Antrag - ein Vollstreckungsbescheid.

Erscheint eine ordnungsgemäß geladene Partei, sei es der Kläger, sei es der Beklagte in einem Rechtsstreit nicht zum Verhandlungstermin, dann kann es auf Antrag zu einem *Säumnisverfahren* kommen.

Erscheint der Kläger nicht zur mündlichen Verhandlung, so wird die Klage auf Antrag des Beklagten abgewiesen. Erscheint der Beklagte nicht, so legt - falls der Kläger ein Versäumnisurteil beantragt - der betreffende Richter die von diesem vorgebrachten Behauptungen als wahr seiner Entscheidung zugrunde. Sind die Behauptungen in bezug auf die Klage schlüssig, fällt er ohne eine ansonsten übliche Beweisaufnahme ein entsprechendes Versäumnisurteil, andernfalls wird die Klage abgewiesen. Gegen ein Versäumnisurteil kann - ohne Begründung - Einspruch eingelegt werden.

Eine weitere besondere Verfahrensart im Zivilprozeß ist der *Urkunden- und Wechselprozeß*. Sein Ziel ist es, für Ansprüche, die durch Urkunden belegt werden können, ein erleichtertes Verfahren zur Erlangung eines, zunächst nur vorläufigen "Titels" zu schaffen. Zu diesem Zweck wird der Prozeß in ein Vor- und in ein Nachverfahren aufgeteilt. Im Vorverfahren, dem eigentlichen Urkundenprozeß, stehen den Parteien als Beweismittel lediglich der Urkundenbeweis und die Parteivernehmung zur Verfügung. Der Prozeß endet mit einem "Vorbehaltsurteil". Erst im Nachverfahren, dem normalen Zivilprozeß, fällt diese Beschränkung der Beweismittel weg.

Kann aufgrund eines unter Umständen langwierigen Prozesses eine künftige Zwangsvollstreckung gefährdet sein oder machen sonstige dringliche Umstände eine schnelle (zumindest vorläufige) Regelung erforderlich, so kann diesem Bedürfnis im Wege eines *Arrestes* oder einer *einstweiligen Verfügung* Rechnung getragen werden. Beziehen sich die Ansprüche auf Geldleistungen, so besteht bei besonderer Dringlichkeit, zum Beispiel wenn ein Schuldner beabsichtigt, Vermögensgegenstände ins Ausland zu verschieben, die Möglichkeit, im Wege des Arrestes eine vorläufige Sicherung dieser Ansprüche zu erreichen.

Beziehen sich die Ansprüche auf andere als auf Geldleistungen, so kann dies im Wege einer einstweiligen Verfügung geschehen. In der Praxis werden einstweilige Verfügungen häufig in Wettbewerbsstreitigkeiten erlassen; hier wird die Glaubhaftmachung des Dringlichkeitserfordernisses "per Gesetz" vermutet.

Ist bei Rechtsstreitigkeiten das Ausland betroffen, so wird die Frage der gerichtlichen Zuständigkeiten in der Europäischen Union durch das Brüssler EWG-Übereinkommen von 1968 geregelt; dieses enthält darüber hinaus auch Bestimmungen zur Anerkennung und Vollstreckung ausländischer Urteile. Sind andere Länder betroffen, so bedarf es oftmals langwieriger Anerkennungsverfahren.

Zeit und Geld

Bevor ein Gerichtsverfahren angestrebt wird, sollten sowohl in rechtlicher wie in wirtschaftlicher Hinsicht eingehende Überlegungen vorausgehen.

Während sich die rechtlichen Überlegungen auf die Erfolgsaussichten beziehen, zielen die wirtschaftlichen Überlegungen auf ein Abwägen dieser Erfolgsaussichten mit dem (Prozeß-) Kostenrisiko ab. Hinsichtlich der Rechtsanwalts- und Gerichtskosten, die sich - abhängig vom Streitwert - aus den entsprechenden Gebührentabellen der Bundesgebührenordnung für Rechtsanwälte (Mindestgebühren) beziehungsweise des Gerichtskostengesetzes abschätzen lassen, muß ein Kläger regelmäßig in Vorlage treten. Rechtsanwaltsgebühren beinhalten dabei unter anderem Prozeßführungs-, Verhandlungs- und unter Umständen Beweis-

und Vergleichsgebühren. Oftmals kommen noch Aufwendungen für Sachverständigengutachten hinzu.

Wer letztlich die Kosten zu tragen hat, wird durch das Urteil bestimmt. Grundsätzlich hat sie der Prozeßverlierer zu tragen. Ist einem Kläger nur teilweise Recht gegeben worden, so werden bestimmte Kostenverteilquoten festgelegt.

Um das Kostenrisiko geringer zu halten, kommt es - bei sehr hohen Streitwerten - zu sogenannten "Testprozessen", in denen zunächst versucht wird, nur einen kleinen Teil der gesamten Forderung einzuklagen.

Das Kostenrisiko kann üblicherweise durch den Abschluß einer Rechtsschutzversicherung gemindert werden.

Nicht zu unterschätzen ist schließlich auch der eigene Zeitaufwand, der bei Rechtsstreitigkeiten erforderlich werden kann und der gerade im Hinblick auf geringere Streitwerte häufig in keinem Verhältnis mehr steht zu den möglichen Erfolgsaussichten.

Anhang: Auswahl marketingrelevanter Rechtsnormen

Einführende Erläuterungen

Die folgende Auswahl marketingrelevanter Rechtsnormen orientiert sich - der Übersichtlichkeit halber kapitelbezogen - an der Struktur des Buches. Sie beschränkt sich dabei bewußt - der Intention dieser Veröffentlichung folgend - auf die grundlegenden diesbezüglichen Vorschriften. Ihr Ziel ist es, dem Marketing-Manager einen vertiefenden Einblick in die jeweilige Materie zu vermitteln. Darüber hinaus bestehen selbstverständlich noch eine Vielzahl weiterer, hier nicht aufgeführter spezieller Rechtsnormen (und oftmals ergänzender standesrechtlicher Vorschriften) - an dieser Stelle sei nur auf das Lebensmittelrecht oder auch das Arzneimittelrecht hingewiesen -, denen im Marketing in den jeweiligen Wirtschaftsbereichen Beachtung zu schenken ist.

Inhalt

Marketingrelevante Rechtsnormen zu Teil II

Kapitel 1: „pacta sunt servanda"

Vorbemerkung:

Die folgende Auswahl von Rechtsnormen, die den Ausführungen zur Bedeutung von Verträgen im Marketing zugrunde gelegt worden sind, beginnt mit den entsprechenden Artikeln des Grundgesetzes sowie mit den allgemeinen Paragraphen des Bürgerlichen Gesetzbuches zur Rechts- und Geschäftsfähigkeit, sowie zur Willenserklärung. Im Mittelpunkt dieser Auswahl stehen die diesbezüglichen Normen zum Kaufvertrag, der für das Marketing wichtigsten Vertragsart. Für andere Vertragstypen wurde lediglich die Gesetzesdifinition herangezogen.
Das der Kontrolle der im Geschäftsverkehr häufig verwendeten Allgemeinen Geschäftsbedingungen dienende AGB-Gesetz schließt sich auszugsweise an.
Nach den wichtigsten Paragraphen des Gesetzes über den Widerruf von Haustürgeschäften bilden zwei beispielhaft ausgewählte internationale Regeln für die Auslegung der handelsüblichen Vertragsformeln - INCOTERMS - den Abschluß dieser Zusammenstellung.

Grundgesetz für die Bundesrepublik Deutschland
vom 23. Mai 1949

I. Die Grundrechte

Art. 2 [Freiheitsrechte] (1) Jeder hat das Recht auf die freie Entfaltung seiner Persönlichkeit, soweit er nicht die Rechte anderer verletzt und nicht gegen die verfassungsmäßige Ordnung oder das Sittengesetz verstößt.

Art. 14 [Eigentum, Erbrecht und Enteignung] (1) Das Eigentum und das Erbrecht werden gewährleistet. Inhalt und Schranken werden durch die Gesetze bestimmt.

(2) Eigentum verpflichtet. Sein Gebrauch soll zugleich dem Wohle der Allgemeinheit dienen.

Bürgerliches Gesetzbuch
vom 18. August 1896

Erstes Buch. Allgemeiner Teil
Erster Abschnitt. Personen
Erster Titel. Natürliche Personen

§ 1. [Beginn der Rechtsfähigkeit] Die Rechtsfähigkeit des Menschen beginnt mit der Vollendung der Geburt.

§ 2. [Eintritt der Volljährigkeit] Die Volljährigkeit tritt mit der Vollendung des achtzehnten Lebensjahres ein.

Dritter Abschnitt. Rechtsgeschäfte
Erster Titel. Geschäftsfähigkeit

§ 104. [Geschäftsunfähigkeit] Geschäftsunfähig ist:
1. wer nicht das siebente Lebensjahr vollendet hat;

§ 105. [Nichtigkeit der Willenserklärung] (1) Die Willenserklärung eines Geschäftsunfähigen ist nichtig.

Zweiter Titel. Willenserklärungen

§ 119. [Anfechtbarkeit wegen Irrtums] (1) Wer bei der Abgabe einer Willenserklärung über deren Inhalt im Irrtume war oder eine Erklärung dieses Inhalts überhaupt nicht abgeben wollte, kann die Erklärung anfechten, wenn anzunehmen ist, daß er sie bei Kenntnis der Sachlage und bei verständiger Würdigung des Falles nicht abgegeben haben würde.

(2) Als Irrtum über den Inhalt der Erklärung gilt auch der Irrtum über solche Eigenschaften der Person oder der Sache, die im Verkehr als wesentlich angesehen werden.

§ 123. [Anfechtbarkeit wegen Täuschung oder Drohung] (1) Wer zur Abgabe einer Willenserklärung durch arglistige Täuschung oder widerrechtlich durch Drohung bestimmt worden ist, kann die Erklärung anfechten.

§ 138. (Sittenwidriges Rechtsgeschäft; Wucher) (1) Ein Rechtsgeschäft, das gegen die guten Sitten verstößt, ist nichtig.

(2) Nichtig ist insbesondere ein Rechtsgeschäft, durch das jemand unter Ausbeutung der Zwangslage, der Unerfahrenheit, des Mangels an Urteilsvermögen oder der erheblichen Willensschwäche eines anderen sich oder einem Dritten für eine Leistung Vermögensvorteile versprechen oder gewähren läßt, die in einem auffälligen Mißverhältnis zu der Leistung stehen.

Siebenter Abschnitt. Einzelne Schuldverhältnisse
Erster Titel. Kauf. Tausch
I. Allgemeine Vorschriften

§ 433. [Grundpflichten des Verkäufers und des Käufers] (1) Durch den Kaufvertrag wird der Verkäufer einer Sache verpflichtet, dem Käufer die Sache zu übergeben und das Eigentum an der Sache zu verschaffen. Der Verkäufer eines Rechtes ist verpflichtet, dem Käufer das Recht zu verschaffen und, wenn das Recht zum Besitz einer Sache berechtigt, die Sache zu übergeben.

(2) Der Käufer ist verpflichtet, dem Verkäufer den vereinbarten Kaufpreis zu zahlen und die gekaufte Sache abzunehmen.

§ 455. [Eigentumsvorbehalt] Hat sich der Verkäufer einer beweglichen Sache das Eigentum bis zur Zahlung des Kaufpreises vorbehalten, so ist im Zweifel anzunehmen, daß die Übertragung des Eigentums unter der aufschiebenden Bedingung vollständiger Zahlung des Kaufpreises erfolgt und daß der Verkäufer zum Rücktritte von dem Vertrage berechtigt ist, wenn der Käufer mit der Zahlung in Verzug kommt.

II. Gewährleistung wegen Mängel der Sache

§ 459. [Haftung für Sachmängel] (1) Der Verkäufer einer Sache haftet dem Käufer dafür, daß sie zu der Zeit, zu welcher die Gefahr auf den Käufer übergeht, nicht mit Fehlern behaftet ist, die den Wert oder die Tauglichkeit zu dem gewöhnlichen oder dem nach dem Vertrage vorausgesetzten Gebrauch aufheben oder mindern. Eine unerhebliche Minderung des Wertes oder der Tauglichkeit kommt nicht in Betracht.

(2) Der Verkäufer haftet auch dafür, daß die Sache zur Zeit des Überganges der Gefahr die zugesicherten Eigenschaften hat.

§ 460. [Kenntnis des Käufers] Der Verkäufer hat einen Mangel der verkauften Sache nicht zu vertreten, wenn der Käufer den Mangel bei dem Abschlusse des Kaufes kennt. Ist dem Käufer ein Mangel der im § 459 Abs. 1 bezeichneten Art infolge grober Fahrlässigkeit unbekannt geblieben, so haftet der Verkäufer, sofern er nicht die Abwesenheit des Fehlers zugesichert hat, nur wenn er den Fehler arglistig verschwiegen hat.

§ 462. [Wandelung; Minderung] Wegen eines Mangels, den der Verkäufer nach den Vorschriften der §§ 459, 460 zu vertreten hat, kann der Käufer Rückgängigmachung des Kaufes (Wandelung) oder Herabsetzung des Kaupreises (Minderung) verlangen.

§ 463. [Schadensersatz wegen Nichterfüllung] Fehlt der verkauften Sache zur Zeit des Kaufes eine zugesicherte Eigenschaft, so kann der Käufer statt der Wandelung oder der Minderung Schadensersatz wegen Nichterfüllung verlangen. Das gleiche gilt, wenn der Verkäufer einen Fehler arglistig verschwiegen hat.

§ 476. [Vertraglicher Ausschluß der Gewährleistung] Eine Vereinbarung, durch welche die Verpflichtung des Verkäufers zur Gewährleistung wegen Mängel der Sache erlassen oder beschränkt wird, ist nichtig, wenn der Verkäufer den Mangel arglistig verschweigt.

§ 476a. [Recht auf Nachbesserung] Ist an Stelle des Rechts des Käufers auf Wandlung oder Minderung ein Recht auf Nachbesserung vereinbart, so hat der zur Nachbesserung verpflichtete Verkäufer auch die zum Zwecke der Nachbesserung erforderlichen Aufwendungen, insbesondere Transport-, Wege-, Arbeits- und Materialkosten, zu tragen.

§ 477. [**Verjährung der Gewährleistungsansprüche**] (1) Der Anspruch auf Wandelung oder auf Minderung sowie der Anspruch auf Schadensersatz wegen Mangels einer zugesicherten Eigenschaft verjährt, sofern nicht der Verkäufer den Mangel arglistig verschwiegen hat, bei beweglichen Sachen in sechs Monaten von der Ablieferung, bei Grundstücken in einem Jahre von der Übergabe an. Die Verjährungsfrist kann durch Vertrag verlängert werden.

Sondervorschriften für Kaufleute: Handelsgesetzbuch: vom 10. 5.1897

4. Buch. Handelsgeschäfte
Zweiter Abschnitt. Handelskauf

§ 377. [**Untersuchungs- und Rügepflicht**] (1) Ist der Kauf für beide Teile ein Handelsgeschäft, so hat der Käufer die Ware unverzüglich nach der Ablieferung durch den Verkäufer, soweit dies nach ordnungsmäßigem Geschäftsgange tunlich ist, zu untersuchen und, wenn sich ein Mangel zeigt, dem Verkäufer unverzüglich Anzeige zu machen.

(2) Unterläßt der Käufer die Anzeige, so gilt die Ware als genehmigt, es sei denn, daß es sich um einen Mangel handelt, der bei der Untersuchung nicht erkennbar war.

(3) Zeigt sich später ein solcher Mangel, so muß die Anzeige unverzüglich nach der Entdeckung gemacht werden; anderenfalls gilt die Ware auch in Ansehung dieses Mangels als genehmigt.

(4) Zur Erhaltung der Rechte des Käufers genügt die rechtzeitige Absendung der Anzeige.

(5) Hat der Verkäufer den Mangel arglistig verschwiegen, so kann er sich auf diese Vorschriften nicht berufen.

§ 378. [**Untersuchungs- und Rügepflicht bei Falschlieferung oder Mengenfehlern**] Die Vorschriften des § 377 finden auch dann Anwendung, wenn eine andere als die bedungene Ware oder eine andere als die bedungene Menge von Waren geliefert ist, sofern die gelieferte Ware nicht offensichtlich von der Bestellung so erheblich abweicht, daß der Verkäufer die Genehmigung des Käufers als ausgeschlossen betrachten mußte.

Bürgerliches Gesetzbuch vom 18. August 1896

Zweites Buch. Recht der Schuldverhältnisse
Siebenter Abschnitt. Einzelne Schulverhältnisse
Dritter Titel. Miete. Pacht
I. Miete

§ 535. [**Wesen des Mietvertrags**] Durch den Mietvertrag wird der Vermieter verpflichtet, dem Mieter den Gebrauch der vermieteten Sache während der Mietzeit zu gewähren. Der Mieter ist verpflichtet, dem Vermieter den vereinbarten Mietzins zu entrichten.

Fünfter Titel. Darlehen

§ 607. [**Wesen des Darlehens**] (1) Wer Geld oder andere vertretbare Sachen als Darlehen empfangen hat, ist verpflichtet, dem Darleiher das Empfangene in Sachen von gleicher Art, Güte und Menge zurückzuerstatten.

Sechster Titel. Dienstvertrag

§ 611. [**Wesen des Dienstvertrags**] (1) Durch den Dienstvertrag wird derjenige, welcher Dienste zusagt, zur Leistung der versprochenen Dienste, der andere Teil zur Gewährung der vereinbarten Vergütung verpflichtet.

Siebenter Titel. Werkvertrag und ähnliche Verträge
I. Werkvertrag

§ 631. [**Wesen des Werkvertrags**] (1) Durch den Werkvertrag wird der Unternehmer zur Herstellung des versprochenen Werkes, der Besteller zur Entrichtung der vereinbarten Vergütung verpflichtet.

(2) Gegenstand des Werkvertrags kann sowohl die Herstellung oder Veränderung einer Sache als ein anderer durch Arbeit oder Dienstleistung herbeizuführender Erfolg sein.

Gesetz zur Regelung des Rechts der Allgemeinen Geschäftsbedingungen (AGB-Gesetz)
vom 9. Dezember 1976

Erster Abschnitt. Sachlich-rechtliche Vorschriften
1. Unterabschnitt. Allgemeine Vorschriften

§ 1. Begriffsbestimmung. (1) Allgemeine Geschäftsbedingungen sind alle für eine Vielzahl von Verträgen vorformulierten Vertragsbedingungen, die eine Vertragspartei (Verwender) der anderen Vertragspartei bei Abschluß eines Vertrages stellt. Gleichgültig ist, ob die Bestimmungen einen äußerlich gesonderten Bestandteil des Vertrages bilden oder in die Vertragsurkunde selbst aufgenommen werden, welchen Umfang sie haben, in welcher Schriftart sie verfaßt sind und welche Form der Vertrag hat.

(2) Allgemeine Geschäftsbedingungen liegen nicht vor, soweit die Vertragsbedingungen zwischen den Vertragsparteien im einzelnen ausgehandelt sind.

§ 2. Einbeziehung in den Vertrag. (1) Allgemeine Geschäftsbedingungen werden nur dann Bestandteil eines Vertrages, wenn der Verwender bei Vertragsabschluß

1. die andere Vertragspartei ausdrücklich oder, wenn ein ausdrücklicher Hinweis wegen der Art des Vertragsabschlusses nur unter unverhältnismäßigen Schwierigkeiten möglich ist, durch deutlich sichtbaren Aushang am Ort des Vertragsabschlusses auf sie hinweist und

2. der anderen Vertragspartei die Möglichkeit verschafft, in zumutbarer Weise von ihrem Inhalt Kenntnis zu nehmen.

und wenn die andere Vertragspartei mit ihrer Geltung einverstanden ist.

(2) Die Vertragsparteien können für eine bestimmte Art von Rechtsgeschäften die Geltung bestimmter Allgemeiner Geschäftsbedingungen unter Beachtung der in Absatz 1 bezeichneten Erfordernisse im voraus vereinbaren.

§ 4. Vorrang der Individualabrede. Individuelle Vertragsabreden haben Vorrang vor Allgemeinen Geschäftsbedingungen.

2. Unterabschnitt. Unwirksame Klauseln

§ 9. Generalklausel. (1) Bestimmungen in Allgemeinen Geschäftsbedingungen sind unwirksam, wenn sie den Vertragspartner des Verwenders entgegen den Geboten von Treu und Glauben unangemessen benachteiligen.

(2) Eine unangemessene Benachteiligung ist im Zweifel anzunehmen, wenn eine Bestimmung

1. mit wesentlichen Grundgedanken der gesetzlichen Regelung, von der abgewichen wird, nicht zu vereinbaren ist, oder

2. wesentliche Rechte oder Pflichten, die sich aus der Natur des Vertrages ergeben, so einschränkt, daß die Erreichung des Vertragszwecks gefährdet ist.

§ 11. Klauselverbote ohne Wertungsmöglichkeit. In Allgemeinen Geschäftsbedingungen ist unwirksam

7. (Haftung bei groben Verschulden)
   ein Ausschluß oder eine Begrenzung der Haftung für einen Schaden, der auf einer grob fahrlässigen Vertragsverletzung des Verwenders oder auf einer vorsätzlichen oder grob fahrlässigen Vertragsverletzung eines gesetzlichen Vertreters oder Erfüllungsgehilfen des Verwenders beruht; dies gilt auch für Schäden aus der Verletzung von Pflichten bei den Vertragsverhandlungen,

8. (Verzug, Unmöglichkeit)

eine Bestimmung, durch die für den Fall des Leistungsverzugs des Verwenders oder der von ihm zu vertretenden Unmöglichkeit der Leistung

a) das Recht des anderen Vertragsteils, sich vom Vertrag zu lösen, ausgeschlossen oder eingeschränkt oder

b) das Recht des anderen Vertragsteils, Schadensersatz zu verlangen, ausgeschlossen oder entgegen Nummer 7 eingeschränkt wird;

10. (Gewährleistung)

eine Bestimmung, durch die bei Verträgen über Lieferungen neu hergestellter Sachen und Leistungen

b) (Beschränkung auf Nachbesserung)

die Gewährleistungsansprüche gegen den Verwender insgesamt oder bezüglich einzelner Teile auf ein Recht auf Nachbesserung oder Ersatzlieferung beschränkt werden, sofern dem anderen Vertragsteil nicht ausdrücklich das Recht vorbehalten wird, bei Fehlschlagen der Nachbesserung oder Ersatzlieferung Herabsetzung der Vergütung oder, wenn nicht eine Bauleistung Gegenstand der Gewährleistung ist, nach seiner Wahl Rückgängigmachung des Vertrags zu verlangen;

11. (Haftung für zugesicherte Eigenschaften)

eine Bestimmung, durch die bei einem Kauf-, Werk- oder Werklieferungsvertrag Schadensersatzansprüche gegen den Verwender nach den §§ 463, 480 Abs. 2, § 635 des Bürgerlichen Gesetzbuchs wegen Fehlens zugesicherter Eigenschaften ausgeschlossen oder eingeschränkt werden;

§ 24a. Verbraucherverträge. Bei Verträgen zwischen einer Person, die in Ausübung ihrer gewerblichen oder beruflichen Tätigkeit handelt (Unternehmer) und einer natürlichen Person, die den Vertrag zu einem Zweck abschließt, der weder einer gewerblichen noch einer selbständigen beruflichen Tätigkeit zugerechnet werden kann (Verbraucher), sind die Vorschriften dieses Gesetzes mit folgenden Maßgaben anzuwenden:

1. Allgemeine Geschäftsbedingungen gelten als vom Unternehmer gestellt, es sei denn, daß sie durch den Verbraucher in den Vertrag eingeführt wurden;

2. die §§ 5, 6 und 8 bis 12 sind auf vorformulierte Vertragsbedingungen auch dann anzuwenden, wenn diese nur zur einmaligen Verwendung bestimmt sind und soweit der Verbraucher auf Grund der Vorformulierung auf ihren Inhalt keinen Einfluß nehmen konnte;

3. bei der Beurteilung der unangemessenen Benachteiligung nach § 9 und auch die den Vertragsabschluß begleitenden Umstände zu berücksichtigen.

Gesetz über den Widerruf von Haustürgeschäften und ähnlichen Geschäften
vom 16. Januar 1986

§ 1. Widerrufsrecht. (1) Eine auf den Abschluß eines Vertrags über eine entgeltliche Leistung gerichtete Willenserklärung, zu der der erklärende (Kunde)

1. durch mündliche Verhandlungen an seinem Arbeitsplatz oder im Bereich einer Privatwohnung,

2. anläßlich einer von der anderen Vertragspartei oder von einem Dritten zumindest auch in ihrem Interesse durchgeführten Freizeitveranstaltung oder

3. im Anschluß an ein überraschendes Ansprechen in Verkehrsmitteln oder im Bereich öffentlich zugänglicher Verkehrswege

bestimmt worden ist, wird erst wirksam, wenn der Kunde sie nicht binnen einer Frist von einer Woche schriftliche widerruft.

(2) Ein Recht auf Widerruf besteht nicht, wenn

1. im Fall von Absatz 1 Nr. 1 die mündlichen Verhandlungen, auf denen der Abschluß des Vertrags beruht, auf vorhergehende Bestellung des Kunden geführt worden sind oder

2. die Leistungen bei Abschluß der Verhandlungen sofort erbracht und bezahlt wird und das Entgelt achtzig Deutsche Mark nicht übersteigt oder

3. die Willenserklärung von einem Notar beurkundet worden ist.

§ 2. Ausübung des Widerrufsrecht; Belehrung. (1) Zur Wahrung der Frist genügt die rechtzeitige Absendung des Widerrufs. Der Lauf der Frist beginnt erst, wenn die andere Vertragspartei dem Kunden eine drucktechnisch deutlich gestaltete schriftliche Belehrung über sein Recht zum Widerruf einschließlich Namen und Anschrift des Widerrufsempfängers sowie einschließlich der Bestimmung des Satzes 1 ausgehändigt hat. Die Belehrung darf keine anderen Erklärungen enthalten und ist vom Kunden zu unterschreiben. Unterbleibt diese Belehrung, so erlischt das Widerrufsrecht des Kunden erst einen Monat nach beiderseits vollständiger Erbringung der Leistung.

(2) Ist streitig, ob oder zu welchem Zeitpunkt die Belehrung dem Kunden ausgehändigt worden ist, so trifft die Beweislast die andere Vertragspartei.

Internationale Regeln für die Auslegung der handelsüblichen Vertragsformeln - INCOTERMS 1990 -
vom 1. Juli 1990

Vorbemerkungen:

INCOTERMS dienen der Erleichterung des internationalen Handelverkehrs. Die Dreibuchstaben-Abkürzung jeder INCOTERMS-Klausel stellt als Standard-Code eine von der Internationalen Handelskammer Paris und der UN-Wirtschaftskommision für Europa herausgegebene Empfehlung dar, deren Anwendung in den betreffenden Verträgen ausdrücklich vereinbart werden muß. Die nachstehende Auswahl beschränkt sich beispielhaft auf zwei häufig verwendete Klauseln (entnommen aus Güter-Transportrecht für Eisenbahnen, Kraftverkehr und Binnenschiffahrt zusammengestellt und bearbeitet nach Dr. Helmut Heinschel, München 1993, S. 1993, S. 81 ff.).

Ab Werk ... (benannter Ort) EXW

"Ab Werk" bedeutet, daß der Verkäufer seine Lieferverpflichtung erfüllt, wenn er die Ware auf seinem Gelände (d.h. Werk, Fabrikationsstätte, Lager usw.) dem Käufer zur Verfügung stellt. Er ist insbesondere mangels anderer Vereinbarung nicht verpflichtet, die Ware auf das vom Käufer zu beschaffende Beförderungsmittel zu verladen oder die Ware zur Ausfuhr freizumachen. Der Käufer trägt alle Kosten und Gefahren, die mit dem Transport der Ware von dem Gelände des Verkäufers zum vereinbarten Bestimmungsort verbunden sind. Diese Klausel stellt daher die Mindestverpflichtung für den Verkäufer dar.

Die Klausel sollte nicht verwendet werden, wenn es dem Käufer nicht möglich ist, direkt oder indirekt die Exportformalitäten zu erledigen.

Frei an Bord ... (benannter Verschiffungshafen) FOB

"Frei an Bord" bedeutet, daß der Verkäufer seine Lieferverpflichtung erfüllt, wenn die Ware die Schiffsreling in dem benannten Verschiffungshafen überschritten hat. Dies bedeutet, daß der Käufer von diesem Zeitpunkt alle Kosten und Gefahren des Verlusts oder der Beschädigung der Ware zu tragen hat.

Die FOB-Klausel verpflichtet den Verkäufer, die Ware zur Ausfuhr freizumachen.

Diese Klausel kann nur für den See- oder Binnenschiffstransport verwendet werden.

Kapitel 2: „Die richtige Rechtsform"

Vorbemerkung:

Die Auswahl der folgenden Rechtsnormen, die den Ausführungen zur Bedeutung der Rechtsformwahl für das Marketing zugrunde gelegt worden sind, beschränkt sich auf die entsprechenden Vorschriften zur OHG im Handelsgesetzbuch beziehungsweise zur AG im Aktiengesetz, den beiden Rechtsformen, denen aufgrund ihrer Leitungsstrukturen beziehungsweise ihren Kapitalbeschaffungsmöglichkeiten im Marketing die wohl meiste Beachtung zu schenken ist.

Handelsgesetzbuch
vom 10. Mai 1897

Zweites Buch. Handelsgesellschaften und stille Gesellschaft
Erster Abschnitt. Offene Handelsgesellschaft
Erster Titel. Errichtung der Gesellschaft

§ 105. [Begriff der OHG; Anwendbarkeit des BGB] (1) Eine Gesellschaft, deren Zweck auf den Betrieb eines Handelsgewerbes unter gemeinschaftlicher Firma gerichtet ist, ist eine offene Handelsgesellschaft, wenn bei keinem der Gesellschafter die Haftung gegenüber den Gesellschaftsgläubigern beschränkt ist.

§ 114. [Geschäftsführung] (1) Zur Führung der Geschäfte der Gesellschaft sind alle Gesellschafter berechtigt und verpflichtet.

§ 116. [Umfang der Geschäftsführungsbefugnis] (1) Die Befugnis zur Geschäftsführung erstreckt sich auf alle Handlungen, die der gewöhnliche Betrieb des Handelsgewerbes der Gesellschaft mit sich bringt.

§ 125. [Vertretung der Gesellschaft] (1) Zur Vertretung der Gesellschaft ist jeder Gesellschafter ermächtigt, wenn er nicht durch den Gesellschaftsvertrag von der Vertretung ausgeschlossen ist.

Aktiengesetz
vom 6. September 1965

Erstes Buch. Aktiengesellschaft
Erster Teil. Allgemeine Vorschriften

§ 1. Wesen der Aktiengesellschaft. (1) Die Aktiengesellschaft ist eine Gesellschaft mit eigener Rechtspersönlichkeit. Für die Verbindlichkeiten der Gesellschaft haftet den Gläubigern nur das Gesellschaftsvermögen.

(2) Die Aktiengesellschaft hat ein in Aktien zerlegtes Grundkapital

§ 7. Mindestnennbetrag des Grundkapitals. Der Mindestnennbetrag des Grundkapitals ist einhunderttausend Deutsche Mark.

§ 8. Mindestnennbetrag der Aktien. (1) Der Mindestnennbetrag der Aktien ist 5 DM.

Vierter Teil. Verfassung der Aktiengesellschaft
Erster Abschnitt. Vorstand

§ 76. Leitung der Aktiengesellschaft. (1) Der Vorstand hat unter eigener Verantwortung die Gesellschaft zu leiten.

§ 78. Vertretung (1) Der Vorstand vertritt die Gesellschaft gerichtlich und außergerichtlich.

Sechster Teil. Satzungsänderung.
Maßnahmen der Kapitalbeschaffung und Kapitalherabsetzung
Zweiter Abschnitt. Maßnahmen der Kapitalbeschaffung
Erster Unterabschnitt. Kapitalerhöhung gegen Einlagen

§ 182. Voraussetzungen. (1) Eine Erhöhung des Grundkapitals gegen Einlagen kann nur mit einer Mehrheit beschlossen werden, die mindestens drei Viertel des bei der Beschlußfassung vertretenen Grundkapitals umfaßt. Die Satzung kann eine andere Kapitalmehrheit, für die Ausgabe von Vorzugsaktien ohne Stimmrecht jedoch nur eine größere Kapitalmehrheit bestimmen. Sie kann weitere Erfordernisse aufstellen. Die Kapitalerhöhung kann nur durch Ausgabe neuer Aktien ausgeführt werden.

Kapitel 3: „Sichere Daten"

Vorbemerkung:

Die folgende Auswahl von Rechtsnormen, die den Ausführungen zu den datenschutzrechtlichen Rahmenbedingungen einer betrieblichen Marktforschung zugrunde gelegt worden sind, beinhaltet die entsprechenden Vorschriften des Bun-
desdatenschutzgesetzes sowie des Gesetzes über den Datenschutz bei Telediensten.

Bundesdatenschutzgesetz (BDSG)
vom 20. Dezember 1990

Erster Abschnitt. Allgemeine Bestimmungen

§ 1 Zweck und Anwendungsbereich des Gesetzes. (1) Zweck dieses Gesetzes ist es, den einzelnen davor
zu schützen, daß er durch den Umgang mit seinen personenbezogenen Daten in seinem Persönlichkeits-
recht beeinträchtigt wird.

§ 4 Zulässigkeit der Datenverarbeitung und -nutzung. (1) Die Verarbeitung personenbezogener Daten
und deren Nutzung sind nur zulässig, wenn dieses Gesetz oder eine andere Rechtsvorschrift sie erlaubt
oder anordnet oder soweit der Betroffene eingewilligt hat.

§ 5 Datengeheimnis. Den bei der Datenverarbeitung beschäftigten Personen ist untersagt, personenbezogene Daten unbefugt zu verarbeiten oder zu nutzen (Datengeheimnis). Diese Personen sind, soweit sie bei
nichtöffentlichen Stellen beschäftigt werden, bei der Aufnahme ihrer Tätigkeit auf das Datengeheimnis zu
verpflichten. Das Datengeheimnis besteht auch nach Beendigung ihrer Tätigkeit fort.

§ 6 Unabdingbare Rechte des Betroffenen. (1) Die Rechte des Betroffenen auf Auskunft (§§ 19, 34)
und auf Berichtigung, Löschung oder Sperrung (§§ 20, 35) können nicht durch Rechtsgeschäft ausgeschlossen oder beschränkt werden.

§ 28 Datenspeicherung, -übermittlung und -nutzung für eigene Zwecke

Das Speichern, Verändern oder Übermitteln personenbezogener Daten oder ihre Nutzung als Mittel für die
Erfüllung eigener Geschäftszwecke ist zulässig.

- im Rahmen der Zweckbestimmung eines Vertragsverhältnisses oder vertragsähnlichen Vertrauensver-
  hältnisses mit dem Betroffenen.
- soweit es zur Wahrung berechtigter Interessen der speichernden Stelle erforderlich ist und kein Grund
  zu der Annahme besteht, daß das schutzwürdige Interesse des Betroffenen an dem Ausschuß der Verarbeitung oder Nutzung überwiegt.
- wenn die Daten aus allgemeinen zugänglichen Quellen entnommen werden können oder die speichernden Stellen sie veröffentlichen dürfen, es sei denn, daß das schutzwürdige Interesse des Betroffenen an dem Ausschluß der Veröffentlichung oder Nutzung offensichtlich überwiegt.
- wenn es im Interesse der speichernden Stelle zur Durchführung wissenschaftlicher Forschung erforderlich ist, das wissenschaftliche Interesse an der Durchführung des Forschungsvorhabens das Interesse des Betroffenen an dem Ausschluß der Zweckänderung erheblich überwiegt und der Zweck der
  Forschung auf andere Weise nicht oder nur mit unverhältnismäßigem Aufwand erreicht werden kann.
  Die Daten müssen nach Treu und Glauben und auf rechtmäßige Weise erhoben werden.

Gesetz zur Regelung der Rahmenbedingungen für Informations- und Kommunikationsdienste (Informations- und Kommunikationsdienste-Gesetz - IuKDG) vom 13. Juni 1997

Artikel 2
Gesetz über den Datenschutz bei Telediensten
(Teledienstedatenschutzgesetz - TDDSG)

§ 3 Grundsätze für die Verarbeitung personenbezogener Daten

(1) Personenbezogene Daten dürfen vom Diensteanbieter zur Durchführung von Telediensten nur erhoben, verarbeitet und genutzt werden, soweit dieses Gesetz oder eine andere Rechtsvorschrift es erlaubt oder der Nutzer eingewilligt hat.

(3) Der Diensteanbieter darf die Erbringung von Telediensten nicht von einer Einwilligung des Nutzers in eine Verarbeitung oder Nutzung seiner Daten für andere Zwecke abhängig machen, wenn dem Nutzer ein anderer Zugang zu diesen Telediensten nicht oder in nicht zumutbarer Weise möglich ist.

(7) Die Einwilligung kann auch elektronisch erklärt werden, wenn der Diensteanbieter sicherstellt, daß

1. sie nur durch eine eindeutige und bewußte Handlung des Nutzers erfolgen kann,

2. sie nicht unerkennbar verändert werden kann,

3. ihr Urheber erkannt werden kann,

4. die Einwilligung protokolliert wird und

5. der Inhalt der Einwilligung jederzeit vom Nutzer abgerufen werden kann.

§ 4 Datenschutzrechtliche Pflichten des Diensteanbieters

(1) Der Diensteanbieter hat dem Nutzer die Inanspruchnahme von Telediensten und ihre Bezahlung anonym oder unter Pseudonym zu ermöglichen, soweit dies technisch möglich und zumutbar ist. Der Nutzer ist über diese Möglichkeiten zu informieren.

(2) Der Diensteanbieter hat durch technische und organisatorische Vorkehrungen sicherzustellen, daß

1. der Nutzer seine Verbindung mit dem Diensteanbieter jederzeit abbrechen kann,

2. die anfallenden personenbezogenen Daten über den Ablauf des Abrufs oder Zugriffs oder der sonstigen Nutzung unmittelbar nach deren Beendigung gelöscht werden, soweit nicht eine längere Speicherung für Abrechnungszwecke erforderlich ist,

3. der Nutzer Teledienste gegen Kenntnisnahme Dritter geschützt in Anspruch nehmen kann,

4. die personenbezogenen Daten über die Inanspruchnahme verschiedener Teledienste durch einen Nutzer getrennt verarbeitet werden; eine Zusammenführung dieser Daten ist unzulässig, soweit dies nicht für Abrechnungszwecke erforderlich ist.

(3) Die Weitervermittlung zu einem anderen Diensteanbieter ist dem Nutzer anzuzeigen.

(4) Nutzungsprofile sind nur bei Verwendung von Pseudonymen zulässig. Unter einem Pseudonym erfaßte Nutzungsprofile dürfen nicht mit Daten über den Träger des Pseudonyms zusammengeführt werden.

Kapitel 4: „ Herz mit Haftung"

Vorbemerkung:

Die folgende Auswahl von Rechtsnormen, die den Ausführungen zur Bedeutung der Produkthaftung im Marketing zugrunde gelegt worden sind, beinhaltet nach den wichtigsten Vorschriften einer vertraglichen und deliktischen Haftung nach dem BGB vor allem die diesbezüglichen Paragraphen des Produkthaftungsgesetzes.

Bürgerliches Gesetzbuch
vom 18. August 1896

Erstes Buch. Allgemeiner Teil
Erster Abschnitt. Personen
Zweiter Titel. Juristische Personen
I. Vereine
1. Allgemeine Vorschriften

§ 31. [**Haftung des Vereins für Organe**] Der Verein ist für den Schaden verantwortlich, den der Vorstand, ein Mitglied des Vorstandes oder ein anderer verfassungsmäßig berufener Vertreter durch eine in Ausführung der ihm zustehenden Verrichtungen begangene, zum Schadensersatze verpflichtende Handlung einem Dritten zufügt.

Zweites Buch. Recht der Schulverhältnisse
Erster Abschnitt. Inhalt der Schuldverhältnisse
Erster Titel. Verpflichtung zur Leistung

§ 276. [**Haftung für eigenes Verschulden**] (1) Der Schuldner hat, sofern nicht ein anderes bestimmt ist, Vorsatz und Fahrlässigkeit zu vertreten. Fahrlässig handelt, wer die im Verkehr erforderliche Sorgfalt außer acht läßt.

(2) Die Haftung wegen Vorsatzes kann dem Schuldner nicht im voraus erlassen werden.

§ 278. [**Verschulden des Erfüllungsgehilfen**] Der Schuldner hat ein Verschulden seines gesetzlichen Vertreters und der Personen, deren er sich zur Erfüllung seiner Verbindlichkeit bedient, in gleichem Umfange zu vertreten wie eigenes Verschulden. Die Vorschrift des § 276 Abs. 2 findet keine Anwendung.

Siebenter Abschnitt. Einzelne Schuldverhältnisse
Erster Titel. Kauf. Tausch
II. Gewährleistung wegen Mängel der Sache

§ 463. [**Schadensersatz wegen Nichterfüllung**] Fehlt der verkauften Sache zur Zeit des Kaufes eine zugesicherte Eigenschaft, so kann der Käufer statt der Wandelung oder der Minderung Schadensersatz wegen Nichterfüllung verlangen. Das gleiche gilt, wenn der Verkäufer einen Fehler arglistig verschwiegen hat.

Fünfundzwanzigster Titel. Unerlaubte Handlungen

§ 823. [**Schadensersatzpflicht**] (1) Wer vorsätzlich oder fahrlässig das Leben, den Körper, die Gesundheit, die Freiheit, das Eigentum oder ein sonstiges Recht eines anderen widerrechtlich verletzt, ist dem anderen zum Ersatze des daraus entstehenden Schadens verpflichtet.

(2) Die gleiche Verpflichtung trifft denjenigen, welcher gegen ein den Schutz eines anderen bezweckendes Gesetz verstößt. Ist nach dem Inhalte des Gesetzes ein Verstoß gegen dieses auch ohne Verschulden möglich, so tritt die Ersatzpflicht nur im Falle des Verschuldens ein.

§ 831. [**Haftung für den Verrichtungsgehilfen**] (1) Wer einen anderen zu einer Verrichtung bestellt, ist zum Ersatze des Schadens verpflichtet, den der andere in Ausführung der Verrichtung einem Dritten widerrechtlich zufügt. Die Ersatzpflicht tritt nicht ein, wenn der Geschäftsherr bei der Auswahl der bestellten Person und, sofern er Vorrichtungen oder Gerätschaften zu beschaffen oder die Ausführung der

Verrichtung zu leiten hat, bei der Beschaffung oder der Leitung die im Verkehr erforderliche Sorgfalt beobachtet oder wenn der Schaden auch bei Anwendung dieser Sorgfalt entstanden sein würde.

§ 847. [Schmerzensgeld] (1) Im Falle der Verletzung des Körpers oder der Gesundheit sowie im Falle der Freiheitsentziehung kann der Verletzte auch wegen des Schadens, der nicht Vermögensschaden ist, eine billige Entschädigung in Geld verlangen.

§ 852. [Verjährung] (1) Der Anspruch auf Ersatz des aus einer unerlaubten Handlung entstandenen Schaden s verjährt in drei Jahren von dem Zeitpunkt an, in welchem der Verletzte von dem Schaden und der Person des Ersatzpflichtigen Kenntnis erlangt, ohne Rücksicht auf diese Kenntnis in 30 Jahren von der Begehung der Handlung an.

Gesetz über die Haftung für fehlerhafte Produkte (Produkthaftungsgesetz-ProdHaftG) vom 15. Dezember 1989

§ 1. Haftung. (1) Wird durch den Fehler eines Produkts jemand getötet, sein Körper oder seine Gesundheit verletzt oder eine Sache beschädigt, so ist der Hersteller des Produkts verpflichtet, dem Geschädigten den daraus entstehenden Schaden zu ersetzen. Im Falle der Sachbeschädigung gilt dies nur, wenn eine andere Sache als das fehlerhafte Produkt beschädigt wird und diese andere Sache ihrer Art nach gewöhnlich für den privaten Ge- oder Verbrauch bestimmt und hierzu von dem Geschädigten hauptsächlich verwendet worden ist.

(2) Die Ersatzpflicht des Herstellers ist ausgeschlossen, wenn

1. er das Produkt nicht in den Verkehr gebracht hat,
2. nach den Umständen davon auszugehen ist, daß das Produkt den Fehler, der den Schaden verursacht hat, noch nicht hatte, als der Hersteller es in den Verkehr brachte,
3. er das Produkt weder für den Verkauf oder eine andere Form des Vertriebs mit wirtschaftlichem Zweck hergestellt noch im Rahmen seiner beruflichen Tätigkeit hergestellt oder vertrieben hat,
4. der Fehler darauf beruht, daß das Produkt in dem Zeitpunkt, in dem der Hersteller es in den Verkehr brachte, dazu zwingenden Rechtsvorschriften entsprochen hat, oder
5. der Fehler nach dem Stand der Wissenschaft und Technik in dem Zeitpunkt, in dem der Hersteller das Produkt in den Verkehr brachte, nicht anerkannt werden konnte.

(3) Die Ersatzpflicht des Herstellers eines Teilprodukts ist ferner ausgeschlossen, wenn der Fehler durch die Konstruktion des Produkts, in welches das Teilprodukt eingearbeitet wurde, oder durch die Anleitungen des Herstellers des Produkts verursacht worden ist. Satz 1 ist auf den Hersteller eines Grundstoffs entsprechend anzuwenden.

(4) Für den Fehler, den Schaden und den ursächlichen Zusammenhang zwischen Fehler und Schaden trägt der Geschädigte die Beweislast. Ist streitig, ob die Ersatzpflicht gemäß Absatz 2 oder 3 ausgeschlossen ist, so trägt der Hersteller die Beweislast.

§ 3. Fehler. (1) Ein Produkt hat einen Fehler, wenn es nicht die Sicherheit bietet, die unter Berücksichtigung aller Umstände, insbesondere

a) seiner Darbietung,
b) des Gebrauchs, mit dem billigerweise gerechnet werden kann,
c) des Zeitpunkts, in dem es in den Verkehr gebracht wurde, berechtigterweise erwartet werden kann.

(2) Ein Produkt hat nicht allein deshalb einen Fehler, weil später ein verbessertes Produkt in den Verkehr gebracht wurde.

§ 4. Hersteller. (1) Hersteller im Sinne dieses Gesetzes ist, wer das Endprodukt, einen Grundstoff oder ein Teilprodukt hergestellt hat. Als Hersteller gilt auch jeder, der sich durch das Anbringen seines Namens, seines Warenzeichens oder eines anderen unterscheidungskräftigen Kennzeichens als Hersteller ausgibt.

(2) Als Hersteller gilt ferner, wer ein Produkt zum Zweck des Verkaufs, der Vermietung, des Mietkaufs oder einer anderen Form des Vertriebs mit wirtschaftlichem Zweck im Rahmen seiner geschäftlichen Tätigkeit in den Geltungsbereich des Abkommens über den Europäischen Wirtschaftsraum einführt oder verbringt. Satz 1 gilt für das Einführen oder das Verbringen in den Geltungsbereich des Vertrages zur Gründung der Europäischen Wirtschaftsgemeinschaft aus einem Staat, der Mitglied der Europäischen Freihandelsassoziation ist, entsprechend.

(3) Kann der Hersteller des Produkts nicht festgestellt werden, so gilt jeder Lieferant als dessen Hersteller, es sei denn, daß er dem Geschädigten innerhalb eines Monats, nachdem ihm dessen diesbezügliche Aufforderung zugegangen ist, den Hersteller oder diejenige Person benennt, die ihm das Produkt geliefert hat. Dies gilt auch für ein eingeführtes Produkt, wenn sich bei diesem die in Absatz 2 genannte Person nicht feststellen läßt, selbst wenn der Name des Herstellers bekannt ist.

§ 10. Haftungshöchstbetrag. (1) Sind Personenschäden durch ein Produkt oder gleiche Produkte mit demselben Fehler verursacht worden, so haftet der Ersatzpflichtige nur bis zu einem Höchstbetrag von 160 Millionen Deutsche Mark.

§ 11. Selbstbeteiligung bei Sachbeschädigung. Im Falle der Sachbeschädigung hat der Geschädigte einen Schaden bis zu einer Höhe von 1125 Deutsche Mark selbst zu tragen.

§ 12. Verjährung. (1) Der Anspruch nach § 1 verjährt in drei Jahren von dem Zeitpunkt an, in dem der Ersatzberechtigte von dem Schaden, dem Fehler und von der Person des Ersatzpflichtigen Kenntnis erlangt hat oder hätte erlangen müssen.

§ 14. Unabdingbarkeit. Die Ersatzpflicht des Herstellers nach diesem Gesetz darf im voraus weder ausgeschlossen noch beschränkt werden. Entgegenstehende Vereinbarungen sind nichtig.

Kapitel 5: „Patente Innovationen"

Vorbemerkung:

Im Mittelpunkt der folgenden Auswahl von Rechtsnormen, die den Ausführungen zur Bedeutung des Patentschutzes für ein innovationsorientiertes Marketing zugrunde gelegt worden sind, stehen die entsprechenden Rechtsvorschriften des deutschen Patentgesetzes. Nach lediglich definitorischen Paragraphen der anderen relevanten gewerblichen Schutzrechte - dem Gebrauchsmustergesetz und dem Geschmacksmustergesetz - schließen die entsprechenden speziellen Normen von zwei wichtigen internationalen Übereinkommen - dem „Europäischen Patentübereinkommen" und der schon seit über 100 Jahren bestehenden „Pariser Verbandsübereinkunft zum Schutz des gewerblichen Eigentums" diese Zusammenstellung ab.

Patentgesetz
vom 16. Dezember 1980

Erster Abschnitt. Das Patent

§ 1. [Voraussetzungen der Erteilung] (1) Patente werden für Erfindungen erteilt, die neu sind, auf einer erfinderischen Tätigkeit beruhen und gewerblich anwendbar sind.

(2) Als Erfindungen im Sinne des Absatzes 1 werden insbesondere nicht angesehen:

1. Entdeckungen sowie wissenschaftliche Theorien und mathematische Methoden;
2. ästhetische Formschöpfungen;
3. Pläne, Regeln und Verfahren für gedankliche Tätigkeiten, für Spiele oder für geschäftliche Tätigkeiten sowie Programme für Datenverarbeitungsanlagen;
4. die Wiedergabe von Informationen.

(3) Absatz 2 steht der Patentfähigkeit nur insoweit entgegen, als für die genannten Gegenstände oder Tätigkeiten als solche Schutz begehrt wird.

§ 3. [Begriff der Neuheit] (1) Eine Erfindung gilt als neu, wenn sie nicht zum Stand der Technik gehört. Der Stand der Technik umfaßt alle Kenntnisse, die vor dem für den Zeitrang der Anmeldung maßgeblichen Tag durch schriftliche oder mündliche Beschreibung, durch Benutzung oder in sonstiger Weise der Öffentlichkeit zugänglich gemacht worden sind.

§ 4. [Erfindung auf Grund erfinderischer Tätigkeit] Eine Erfindung gilt als auf einer erfinderischen Tätigkeit beruhend, wenn sie sich für den Fachmann nicht in naheliegender Weise aus dem Stand der Technik ergibt.

§ 5. [Gewerblich anwendbare Erfindung] (1) Eine Erfindung gilt als gewerblich anwendbar, wenn ihr Gegenstand auf irgendeinem gewerblichen Gebiet einschließlich der Landwirtschaft hergestellt oder benutzt werden kann.

§ 7. [Recht des Anmelders; älteres Recht] (1) Damit die sachliche Prüfung der Patentanmeldung durch die Feststellung des Erfinders nicht verzögert wird, gilt im Verfahren vor dem Patentamt der Anmelder als berechtigt, die Erteilung des Patents zu verlangen.

§ 9. [Wirkung des Patents] Das Patent hat die Wirkung, daß allein der Patentinhaber befugt ist, die patentierte Erfindung zu benutzen. Jedem Dritten ist es verboten, ohne seine Zustimmung

1. ein Erzeugnis, das Gegenstand des Patents ist, herzustellen, anzubieten, in Verkehr zu bringen oder zu gebrauchen oder zu den genannten Zwecken entweder einzuführen oder zu besitzen;
2. ein Verfahren, das Gegenstand des Patents ist, anzuwenden oder, wenn der Dritte weiß oder es auf Grund der Umstände offensichtlich ist, daß die Anwendung des Verfahrens ohne Zustimmung des Patentinhabers verboten ist, zur Anwendung im Geltungsbereich dieses Gesetzes anzubieten

3. das durch ein Verfahren, das Gegenstand des Patents ist, unmittelbar hergestellte Erzeugnis anzubieten, in Verkehr zu bringen oder zu gebrauchen oder zu den genannten Zwecken entweder einzuführen oder zu besitzen.

§ 12. [Beschränkung der Wirkung gegenüber Benutzer] (1) Die Wirkung des Patents tritt gegen den nicht ein, der zur Zeit der Anmeldung bereits im Inland die Erfindung in Benutzung genommen oder die dazu erforderlichen Veranstaltungen getroffen hatte. Dieser ist befugt, die Erfindung für die Bedürfnisse seines eigenen Betriebs in eigenen oder fremden Werkstätten auszunutzen.

§ 15. [Übertragbarkeit des Rechts; Lizenzen] (1) Das Recht auf das Patent, der Anspruch auf Erteilung des Patents und das Recht aus dem Patent gehen auf die Erben über. Sie können beschränkt oder unbeschränkt auf andere übertragen werden.

(2) Die Rechte nach Absatz 1 können ganz oder teilweise Gegenstand von ausschließlichen oder nicht ausschließlichen Lizenzen für den Geltungsbereich dieses Gesetzes oder einen Teil desselben sein. Soweit ein Lizenznehmer gegen eine Beschränkung seiner Lizenz nach Satz 1 verstößt, kann das Recht aus dem Patent gegen ihn geltend gemacht werden.

§ 16. [Schutzdauer] (1) Das Patent dauert zwanzig Jahre, die mit dem Tag beginnen, der auf die Anmeldung der Erfindung folgt.

Zweiter Abschnitt. Patentamt

§ 30. [Patentrolle] (1) Das Patentamt führt eine Rolle, die die Bezeichnung der Patentanmeldungen, in deren Akten jedermann Einsicht gewährt wird, und der erteilten Patente und ergänzender Schutzzertifikate (§ 16a) sowie Namen und Wohnort der Anmelder oder Patentinhaber und ihrer etwa bestellten Vertreter (§ 25) angibt. Auch sind darin Anfang, Teilung, Ablauf, Erlöschen, Anordnung der Beschränkung, Widerruf, Erklärung der Nichtigkeit und Zurücknahme der Patente und ergänzender Schutzzertifikate (§ 16a) sowie die Erhebung eines Einspruchs und einer Nichtigkeitsklage zu vermerken.

Dritter Abschnitt. Verfahren vor dem Patentamt

§ 35. [Anmeldung einer Erfindung] (1) Eine Erfindung ist zur Erteilung eines Patents schriftlich beim Patentamt anzumelden. Für jede Erfindung ist eine besondere Anmeldung erforderlich. Die Anmeldung muß enthalten:

1. einen Antrag auf Erteilung des Patents, in dem die Erfindung kurz und genau bezeichnet ist;
2. einen oder mehrere Patentansprüche, in denen angegeben ist, was als patentfähig unter Schutz gestellt werden soll;
3. eine Beschreibung der Erfindung;
4. die Zeichnungen, auf die sich die Patentansprüche oder die Beschreibung beziehen.

(2) Die Erfindung ist in der Anmeldung so deutlich und vollständig zu offenbaren, daß ein Fachmann sie ausführen kann.

(3) Mit der Anmeldung ist für die Kosten des Verfahrens eine Gebühr nach dem Tarif zu entrichten. Unterbleibt die Zahlung, so gibt das Patentamt dem Anmelder Nachricht, daß die Anmeldung als zurückgenommen gilt, wenn die Gebühr nicht bis zum Ablauf eines Monats nach Zustellung der Nachricht entrichtet wird.

(5) Auf Verlangen des Patentamts hat der Anmelder den Stand der Technik nach seinem besten Wissen vollständig und wahrheitsgemäß anzugeben und in die Beschreibung (Absatz 1) aufzunehmen.

§ 58. [Veröffentlichung der Patenterteilung] (1) Die Erteilung des Patents wird im Patentblatt veröffentlicht. Gleichzeitig wird die Patentschrift veröffentlicht. Mit der Veröffentlichung im Patentblatt treten die gesetzlichen Wirkungen des Patents ein.

§ 59 [Einspruch] (1) Innerhalb von drei Monaten nach der Veröffentlichung der Erteilung kann jeder, im Falle der widerrechtlichen Entnahme nur der Verletzte, gegen das Patent Einspruch erheben. Der Einspruch ist schriftlich zu erklären und zu begründen.

§ 61. [Aufrechterhaltung oder Widerruf des Patents] (1) Die Patentabteilung entscheidet durch Beschluß, ob und in welchem Umfang das Patent aufrechterhalten oder widerrufen wird. Das Verfahren wird von Amts wegen ohne den Einsprechenden fortgesetzt, wenn der Einspruch zurückgenommen wird.

(2) Wird das Patent widerrufen oder nur beschränkt aufrechterhalten, so wird dies im Patentblatt veröffentlicht.

(3) Wird das Patent beschränkt aufrechterhalten, so ist die Patentschrift entsprechend zu ändern. Die Änderung der Patentschrift ist zu veröffentlichen.

Neunter Abschnitt. Rechtsverletzungen

§ 139. [Unterlassungs- und Schadensersatzanspruch] (1) Wer entgegen den §§ 9 bis 13 eine patentierte Erfindung benutzt, kann vom Verletzten auf Unterlassung in Anspruch genommen werden.

(2) Wer die Handlung vorsätzlich oder fahrlässig vornimmt, ist dem Verletzten zum Ersatz des daraus entstandenen Schadens verpflichtet.

Gebrauchsmustergesetz
vom 28. August 1986

§ 1. [Schutz als Gebrauchsmuster] (1) Als Gebrauchsmuster werden Erfindungen geschützt, die neu sind, auf einem erfinderischen Schritt beruhen und gewerblich anwendbar sind.

§ 4. [Erfordernisse der Anmeldung] (1) Erfindungen, für die der Schutz als Gebrauchsmuster verlangt wird, sind beim Patentamt schriftlich anzumelden.

Gesetz betreffend das Urheberrecht an Mustern und Modellen (Geschmacksmustergesetz)
vom 11. Januar 1876

§ 1. [Ausschließlichkeitsrecht des Urhebers] (1) Das Recht, ein gewerbliches Muster oder Modell ganz oder teilweise nachzubilden, steht dem Urheber desselben ausschließlich zu.

(2) Als Muster oder Modelle im Sinne dieses Gesetzes werden nur neue und eigentümliche Erzeugnisse angesehen.

§ 7. [Erfordernisse der Anmeldung] (1) Der Urheber eines Musters oder Modells oder sein Rechtsnachfolger erlangt den Schutz gegen Nachbildung nur, wenn er dieses beim Patentamt zur Eintragung in das Musterregister anmeldet.

Übereinkommen über die Erteilung europäischer Patente (Europäisches Patentübereinkommen)
vom 5. Oktober 1973

Erster Teil. Allgemeine und institutionelle Vorschriften
Kapitel I. Allgemeine Vorschriften

Art. 1 Europäisches Recht für die Erteilung von Patenten. Durch dieses Übereinkommen wird ein den Vertragsstaaten gemeinsames Recht für die Erteilung von Erfindungspatenten geschaffen.

Art. 2 Europäisches Patent. (1) Die nach diesem Übereinkommen erteilten Patente werden als europäische Patente bezeichnet.

(2) Das europäische Patent hat in jedem Vertragsstaat, für den es erteilt worden ist, dieselbe Wirkung und unterliegt denselben Vorschriften wie ein in diesem Staat erteiltes nationales Patent, soweit sich aus diesem Übereinkommen nichts anderes ergibt.

Art. 3. Territoriale Wirkung. Die Erteilung des europäischen Patents kann für einen, mehrere oder alle Vertragsstaaten beantragt werden.

Art. 4 Europäische Patentorganisation. (1) Durch dieses Übereinkommen wird eine Europäische Patentorganisation gegründet, die nachstehend Organisation genannt wird. Sie ist mit verwaltungsmäßiger und finanzieller Selbständigkeit ausgestattet.

(2) Die Organe der Organisation sind:

a) das Europäische Patentamt;

b) der Verwaltungsrat.

(3) Die Organisation hat die Aufgaben die europäischen Patente zu erteilen. Diese Aufgabe wird vom Europäischen Patentamt durchgeführt, dessen Tätigkeit vom Verwaltungsrat überwacht wird.

Kapitel II. Die Europäische Patentorganisation

Art. 6 Sitz (1) Die Organisation hat ihren Sitz in München.

(2) Das Europäische Patentamt wird in München errichtet. Es hat eine Zweigstelle in Den Haag.

Pariser Verbandsübereinkunft
zum Schutz des gewerblichen Eigentums
vom 20. März 1883

Art. 1 (1) Die Länder, auf die diese Übereinkunft Anwendung findet, bilden einen Verband zum Schutz des gewerblichen Eigentums.

(2) Der Schutz des gewerblichen Eigentums hat zum Gegenstand die Erfindungspatente, die Gebrauchsmuster, die gewerblichen Muster oder Modelle, die Fabrik- oder Handelsmarken, die Dienstleistungsmarken, den Handelsnamen und die Herkunftsangaben oder Ursprungsbezeichnungen sowie die Unterdrückung des unlauteren Wettbewerbs.

Art. 2 (1) Die Angehörigen eines jeden der Verbandsländer genießen in allen übrigen Ländern des Verbandes in bezug auf den Schutz des gewerblichen Eigentums die Vorteile, welche die betreffenden Gesetze den eigenen Staatsangehörigen gegenwärtig gewähren oder in Zukunft gewähren werden, und zwar unbeschadet der durch diese Übereinkunft besonders vorgesehenen Rechte. Demgemäß haben sie den gleichen Schutz wie diese und die gleichen Rechtsbehelfe gegen jeden Eingriff in ihre Rechte, vorbehaltlich der Erfüllung der Bedingungen und Förmlichkeiten, die den eigenen Staatsangehörigen auferlegt werden.

Kapitel 6: „Der Umwelt zuliebe"
Kapitel 7: „Verpacken kann teuer werden"

Vorbemerkung:

Im Mittelpunkt der folgenden Auswahl von Rechtsnormen, die den Ausführungen zur Bedeutung des Umweltrechts für ein ökologieorientiertes Marketing zugrundegelegt worden sind, stehen die entsprechenden Paragraphen der das Kreislaufwirtschafts- und Abfallgesetz konkretisierenden „Verordnung über die Vermeidung von Verpackungsabfällen". Ihr ist in diesem Zusammenhang allgemein wohl die größte Beachtung zu schenken. Ihre einschneidenden Auswirkungen auf die betriebliche Marketingpraxis begründen die Notwendigkeit einer fast vollständigen Wiedergabe ihres Textes.

Verordnung über die Vermeidung von Verpackungsabfällen
(Verpackungsverordnung - VerpackV)
vom 12. Juni 1991

Abschnitt I. Abfallwirtschaftliche Ziele, Anwendungsbereich und Begriffsbestimmungen

§ 1. Abfallwirtschaftliche Ziele. (1) Verpackungen sind aus umwelt-verträglichen und die stoffliche Verwertung nicht belastenden Materialien herzustellen

(2) Abfälle aus Verpackungen sind dadurch zu vermeiden, daß Verpackungen

1. nach Volumen und Gewicht auf das zum Schutz des Füllgutes und auf das zur Vermarktung unmittelbar notwendige Maß beschränkt werden,
2. so beschaffen sein müssen, daß sie wiederbefüllt werden können, soweit dies technisch möglich und zumutbar sowie vereinbar mit den auf das Füllgut bezogenen Vorschriften ist,
3. stofflich verwertet werden, soweit die Voraussetzungen für eine Wiederbefüllung nicht vorliegen.

§ 2. Anwendungsbereich. (1) Den Vorschriften dieser Verordnung unterliegt, wer gewerbemäßig oder im Rahmen wirtschaftlicher Unternehmen oder öffentlicher Einrichtungen im Geltungsbereich des Abfallgesetzes

1. Verpackungen oder Erzeugnisse herstellt, aus denen unmittelbar Verpackungen hergestellt werden (Hersteller) oder
2. Verpackungen oder Erzeugnisse, aus denen unmittelbar Verpackungen hergestellt werden, oder Waren in Verpackungen, gleichgültig auf welcher Handelsstufe, in Verkehr bringt (Vertreiber).

(2) Vertreiber im Sinne dieser Verordnung ist auch der Versandhandel.

§ 3. Begriffsbestimmungen. (1) Verpackungen im Sinne dieser Verordnung sind

1. Transportverpackungen:
   Fässer, Kanister, Kisten, Säcke einschließlich Paletten, Kartonagen, geschäumte Schalen, Schrumpffolien und ähnliche Umhüllungen, die Bestandteile von Transportverpackungen sind und die dazu dienen, Waren auf dem Weg vom Hersteller bis zum Vertreiber vor Schäden zu bewahren, oder die aus Gründen der Sicherheit des Transports verwendet werden.

2. Verkaufsverpackungen:
   geschlossene oder offene Behältnisse und Umhüllungen von Waren wie Becher, Beutel, Blister, Dosen, Eimer, Fässer, Flaschen, Kanister, Kartonagen, Schachteln, Säcke, Schalen, Tragetaschen oder ähnliche Umhüllungen, die vom Endverbraucher zum Transport oder bis zum Verbrauch der Waren verwendet werden. Verkaufsverpackungen im Sinne der Verordnung sind auch Einweggeschirr und Einwegbestecke.

3. Umverpackungen:
   Blister, Folien, Kartonagen oder ähnliche Umhüllungen, die dazu bestimmt sind als zusätzliche Verpackung um Verkaufsverpackungen

   a) die Abgabe von Waren im Wege der Selbstbedienung zu ermöglichen oder

b) die Möglichkeit des Diebstahls zu erschweren oder zu verhindern oder

c) überwiegend der Werbung zu dienen.

(2) Getränkeverpackungen im Sinne dieser Verordnung sind geschlossene und überwiegend geschlossene Behältnisse wie Beutel, Dosen, Flaschen, Kartons, Schläuche aus Materialien jeder Art für flüssige Lebensmittel im Sinne des § 1 Abs. 1 des Lebensmittel- und Bedarfsgegenständegesetzes, die zum Verzehr als Getränke bestimmt sind, ausgenommen Joghurt und Kefir.

(3) Mehrwegverpackungen im Sinne dieser Verordnung sind Behältnisse, die nach Gebrauch einer mehrfachen erneuten Verwendung zum gleichen Zweck zugeführt werden.

(4) Als Einzugsgebiet des Herstellers oder Vertreibers ist das Gebiet des Landes anzusehen, in dem die Waren in Verkehr gebracht werden.

(5) Endverbraucher im Sinne dieser Verordnung ist der Käufer, der die Waren in der an ihn gelieferten Form nicht mehr weiter veräußert.

Abschnitt II. Rücknahme und Verwertungspflichten

§ 4 Rücknahmepflichten für Transportverpackungen. Hersteller und Vertreiber sind verpflichtet, Transportverpackungen nach Gebrauch zurückzunehmen und einer erneuten Verwendung oder einer stofflichen Verwertung außerhalb der öffentlichen Abfallentsorgung zuzuführen, es sei denn, der Endverbraucher verlangt die Übergabe der Waren in der Transportverpackung; in diesem Fall gelten die Vorschriften über Rücknahme von Verkaufsverpackungen entsprechend. Verpackungen, die sowohl als Transportverpackung als auch als Verkaufsverpackung verwendet werden, sind als Verkaufsverpackung zu behandeln.

§ 5 Rücknahmepflichten für Umverpackungen. (1) Vertreiber, die Waren in Umverpackungen anbieten, sind verpflichtet, bei der Abgabe der Waren an den Endverbraucher die Umverpackungen zu entfernen oder dem Endverbraucher in der Verkaufsstelle oder auf dem zur Verkaufsstelle gehörenden Gelände Gelegenheit zum Entfernen und zur kostenlosen Rückgabe der Umverpackung zu geben, es sei denn, der Endverbraucher verlangt die Übergabe der Ware in der Umverpackung; in diesem Fall gelten die Vorschriften über die Rücknahme von Verkaufsverpackungen entsprechend.

(2) Soweit der Vertreiber die Umverpackung nicht selbst entfernt, muß er an der Kasse durch deutlich erkennbare und lesbare Schrifttafeln darauf hinweisen, daß der Endverbraucher in der Verkaufsstelle oder auf dem zur Verkaufsstelle gehörenden Gelände die Möglichkeit hat, die Umverpackungen von der erworbenen Ware zu entfernen und zurückzulassen.

(3) Der Vertreiber ist verpflichtet, in der Verkaufsstelle oder auf dem zur Verkaufsstelle gehörenden Gelände geeignete Sammelgefäße zur Aufnahme der Umverpackungen für den Endverbraucher gut sichtbar und gut zugänglich bereitzustellen. Dabei ist eine Getrennthaltung einzelner Wertstoffgruppen sicherzustellen, soweit dies ohne Kennzeichnung möglich ist. Der Vertreiber ist verpflichtet, Umverpackungen einer erneuten Verwendung oder einer stofflichen Verwertung außerhalb der öffentlichen Abfallentsorgung zuzuführen.

§ 6. Rücknahmepflichten für Verkaufsverpackungen. (1) Der Vertreiber ist verpflichtet, vom Endverbraucher gebrauchte Verkaufsverpackungen in oder in unmittelbarer Nähe der Verkaufsstelle kostenlos zurückzunehmen. Diese Verpflichtung beschränkt sich auf Verpackungen der Art, Form und Größe und auf Verpackungen solcher Waren, die der Vertreiber in seinem Sortiment führt. Für Vertreiber mit einer Verkaufsfläche von weniger als 200 m² beschränkt sich die Rücknahmeverpflichtung auf die Verpackungen der Marken, die der Vertreiber in Verkehr bringt.

(1a) Der Versandhandel ist verpflichtet, gebrauchte Verkaufsverpackungen ohne Kosten für den Endverbraucher zurückzunehmen, zum Beispiel durch geeignete Rückgabemöglichkeiten in zumutbarer Entfernung zum Endverbraucher. In der Warensendung und in den Katalogen ist auf die Rückgabemöglichkeit hinzuweisen.

(2) Hersteller und Vertreiber sind verpflichtet, die von Vertreibern nach Absatz 1 zurückgenommenen Verpackungen zurückzunehmen und einer erneuten Verwendung oder einer stofflichen Verwertung außerhalb der öffentlichen Abfallentsorgung zuzuführen. Diese Verpflichtung beschränkt sich auf Verpackungen der Art, Form und Größe sowie auf Verpackungen solcher Waren, welche die jeweiligen Hersteller und Vertreiber in Verkehr bringen.

(3) Die Verpflichtungen nach Absatz 1, 1a und 2 entfallen für solche Hersteller und Vertreiber, die sich an einem System beteiligen, das flächendeckend im Einzugsgebiet des nach Absatz 1 verpflichteten Vertreibers eine regelmäßige Abholung gebrauchter Verkaufsverpackungen beim Endverbraucher oder in der Nähe des Endverbrauchers in ausreichender Weise gewährleistet und die im Anhang zu dieser Verordnung

genannten Anforderungen erfüllt. Dieses System ist auf vorhandene Sammel- und Verwertungssysteme der entsorgungspflichtigen Körperschaften, in deren Bereich es eingerichtet wird, abzustimmen. Die Abstimmung ist Voraussetzung für die Feststellung nach Satz 6. Die Belange der entsorgungspflichtigen Körperschaften sind dabei besonders zu berücksichtigen. Die entsorgungspflichtigen Körperschaften können die Übernahme beziehungsweise Mitbenutzung der Einrichtungen, die für die Sammlung und Sortierung von Materialien der im Anhang zu dieser Verordnung genannten Art erforderlich sind, gegen ein angemessenes Entgelt verlangen. Das ein solches System flächendeckend eingerichtet ist, stellt die für die Abfallwirtschaft zuständige oberste Landesbehörde oder die von ihr bestimmte Behörde auf Antrag durch Allgemeinverfügung fest, die öffentlich bekanntzugeben ist. Die Freistellung nach Satz 1 wird vom Zeitpunkt der öffentlichen Bekanntmachung an wirksam. Wird der Antrag vor dem 1. Januar 1993 gestellt, so genügt für die Freistellung bis zum 1. März 1993 der Nachweis, daß ein System eingerichtet ist, das eine regelmäßige Erfassung gebrauchter Verkaufsverpackungen beim Endverbraucher oder in der Nähe des Endverbrauchers gewährleistet.

(4) Die zuständige Behörde kann ihre Entscheidung nach Absatz 3 Satz 6 widerrufen, sobald und soweit sie feststellt, daß die im Anhang zu dieser Verordnung genannten Anforderungen nicht eingehalten werden. Sie macht den Widerruf ebenfalls öffentlich bekannt. Sie kann den Widerruf auf bestimmte Stoffarten beschränken, soweit nur für diese die im Anhang zu dieser Verordnung genannten Erfassungs-, Sortierungs- und Verwertungsquoten nicht erreicht werden. § 6 Abs. 1, 1a und 2 findet am ersten Tage des auf die Bekanntmachung des Widerrufs folgenden sechsten Kalendermonats Anwendung.

(5) Der Versandhandel wird von seiner Verpflichtung nach Absatz 1a frei, wenn er sich an den nach Absatz 3 Satz 1 eingerichteten Systemen beteiligt.

Abschnitt III. Rücknahme- und Pfanderhebungspflichten für Getränkeverpackungen sowie für Verpackungen für Wasch- und Reinigungsmittel und Dispersionsfarben

§ 7. Pfanderhebungspflicht für Getränkeverpackungen. Vertreiber, welche flüssige Lebensmittel in Getränkeverpackungen, die keine Mehrwegverpackungen sind, mit einem Füllvolumen ab 0,2 l abgeben, sind verpflichtet, von ihrem Abnehmer ein Pfand in Höhe von 0,50 DM einschließlich Umsatzsteuer je Getränkeverpackung zu erheben. Für Verpackungen, die keine Mehrwegverpackungen sind, beträgt das Pfand mindestens 0,50 DM einschließlich Umsatzsteuer; ab einem Füllvolumen von 1,5 l ist ein Pfand von mindestens 1,00 DM einschließlich Umsatzsteuer zu erheben. Das Pfand ist von jedem weiteren Vertreiber auf allen Handelsstufen bis zur Abgabe an den Endverbraucher zu erheben. Das Pfand ist jeweils bei Rücknahme der Verpackungen (§ 6 Abs. 1 und 2) zu erstatten.

§ 8. Pfanderhebungspflichten für Verpackungen von Wasch- und Reinigungsmitteln sowie von Dispersionsfarben. § 7 gilt entsprechend für Verpackungen

1. für Wasch- und Reinigungsmittel im Sinne des § 2 Abs. 1 des Wasch- und Reinigungsmittelgesetzes mit einem Füllvolumen ab 0,2 l ausgenommen Weichverpackungen und kartongestützte Weichverpackungen, in denen Wasch- oder Reinigungsmittel zum Nachfüllen in Verkehr gebracht werden,
2. für Dispersionsfarben mit einer Füllmasse ab 2 kg. In diesem Falle beträgt das Pfand 2,00 DM.

§ 9. Befreiung von Rücknahme- und Pfandpflichten - Schutz der Mehrwegsysteme.
(1) Die §§ 7 und 8 finden keine Anwendung, sofern im Einzugsgebiet des letzten Vertreibers ein System nach § 6 Abs. 3 eingerichtet ist und die für die Abfallwirtschaft zuständige oberste Landesbehörde oder die von ihr bestimmte Behörde dies durch Allgemeinverfügung festgestellt hat. § 6 Abs. 4 gilt entsprechend.

(2) Für Verpackungen für die Getränke Bier, Mineralwasser, Quellwässer, Tafelwässer, Trinkwässer und Heilwässer, Erfrischungsgetränke mit Kohlensäure, Fruchtsäfte, Fruchtnektare, Gemüsesäfte und Erfrischungsgetränke ohne Kohlensäure, Wein (ausgenommen Perl-, Schaum-, Wermut- und Dessertweine) gilt die Freistellung nach Absatz 1 nur solange, wie der Anteil für Mehrwegverpackungen dieser Getränke im jeweiligen Einzugsgebiet nicht unter den im Jahre 1991 im Einzugsgebiet bestehenden Anteil, unabhängig davon aber insgesamt im Geltungsbereich des Abfallgesetzes nicht unter 72 vom Hundert sinkt; bei Mehrwegverpackungen für pasteurisierte Konsummilch beträgt der entsprechende Anteil 17 vom Hundert. Die Bundesregierung entscheidet drei Jahre nach Inkrafttreten dieser Verordnung über die notwendige Erhöhung und Differenzierung der Mehrweganteile.

(3) Die Bundesregierung gibt die nach Absatz 2 erheblichen Mehrwegverpackungsanteile jeweils bis zum 30. Juni jeden Jahres im Bundesanzeiger bekannt. Ist danach der Anteil der Mehrwegverpackungen unter die in Absatz 2 genannten Vomhundertsätze gesunken, so wird zu dem ersten Tage des auf die Bekanntmachung folgenden sechsten Kalendermonats eine erneute Erhebung über die nach Absatz 2 erheblichen Mehrwegverpackungsanteile durchgeführt. Auch diese Erhebung wird im Bundesanzeiger bekanntge-

macht. Liegt auch bei dieser erneuten Erhebung der Anteil der Mehrwegverpackungen unter den in Absatz 2 genannten Vomhundertsätzen, findet § 7 vom ersten Tage des auf die letzte Bekanntmachung folgenden sechsten Kalendermonats Anwendung.

§ 10. Beschränkung der Rücknahme- und Pfanderstattungspflichten. Vertreiber in einem Einzugsgebiet, in dem die §§ 7 und 8 Anwendung finden, können die Rücknahme und die Pfanderstattung für solche Verpackungen verweigern, die aus Einzugsgebieten stammen, in denen eine Freistellung nach § 6 Abs. 3 erfolgt ist. Zur Unterscheidung können sie ihre Verpackungen zusammen mit Pfandmarken ausgeben oder auf andere Weise kenntlich machen.

Abschnitt IV. Ordnungswidrigkeiten, Übergangs- und Schlußbestimmungen

§ 11. Beauftragung Dritter. Hersteller und Vertreiber können sich zur Erfüllung der in dieser Verordnung bestimmten Pflichten Dritter bedienen. Die Rücknahme von Verpackungen und die Erstattung von Pfandbeträgen kann auch über Automaten erfolgen.

§ 12. Ordnungswidrigkeiten. Ordnungswidrig, im Sinne des § 18 Abs. 1 Nr. 11 des Abfallgesetzes handelt, wer vorsätzlich oder fahrlässig

1. entgegen § 4 Transportverpackungen nicht nach Gebrauch zurücknimmt oder nicht einer erneuten Verwendung oder einer stofflichen Verwertung außerhalb der öffentlichen Abfallentsorgung zuführt,

2. entgegen § 5 Abs. 1 Umverpackungen nicht entfernt und dem Endverbraucher auch keine Gelegenheit zum Entfernen von Umverpackungen gibt,

3. entgegen § 5 Abs. 2 die dort bezeichneten Hinweise nicht gibt,

4. entgegen § 5 Abs. 3 Satz 1 Sammelgefäße nicht gut sichtbar oder gut zugänglich bereitstellt,

5. entgegen § 5 Abs. 3 Satz 2 Umverpackungen nicht einer erneuten Verwendung oder einer stofflichen Verwertung außerhalb der öffentlichen Abfallentsorgung zuführt,

6. entgegen § 6 Abs. 1 Satz 1 oder Abs. 2 Satz 1 Verkaufsverpackungen nicht zurücknimmt,

6a. entgegen § 6 Abs. 1a gebrauchte Verkaufsverpackungen nicht zurücknimmt,

7. entgegen § 6 Abs. 2 Satz 1 zurückgenommene Verkaufsverpackungen nicht einer erneuten Verwendung oder einer stofflichen Verwertung außerhalb der öffentlichen Abfallentsorgung zuführt oder

8. entgegen § 7, auch in Verbindung mit § 8, ein Pfand nicht erhebt oder nicht erstattet.

Kapitel 8: Elektro-Schrott - quo vadis?

Vorbemerkung:

Eine weitere, äußerst wichtige Konkretisierung des Kreislaufwirtschafts- und Abfallgesetzes stellt der Entwurf einer geplanten IT-Altgeräte-Verordnung dar, der im folgenden seiner Bedeutung wegen vollständig wiedergegeben werden soll.

Verordnung über die Entsorgung von Geräten der <u>Informations-, Büro- und Kommunikationstechnik</u>
(IT-Altgeräte-Verordnung-ITVO)

Entwurf
Stand: 15. Mai 1997

§ 1 Begriffsbestimmungen
(1) IT-Geräte im Sinne dieser Verordnung sind folgende Geräte der Informations-, Büro- und Kommunikationstechnik, die im gewerblichen, öffentlichen oder privaten Bereich genutzt werden, einschließlich des für ihre Funktionsfähigkeit erforderlichen Zubehörs wie Tastaturen, Maus, Sortiereinrichtungen, Fernbedienungen und ähnliche Geräteteile:
1.   Computer wie Großrechner, Mainframe, Workstations, PC, Laptop, Notebook, Palmtops,
2.   Computermonitore,
3.   Drucker, Plotter und andere informationstechnischen Zwecken dienende Wiedergabegeräte,
4.   Scanner und andere informationstechnischen Zwecken dienende Aufnahmegeräte,
5.   Elektrische Schreibmaschinen,
6.   Fotokopierer- und sonstige Vervielfältigungsgeräte,
7.   Telekommunikationsgeräte wie Telefax- und Telefongeräte und
8.   Elektronische Geräte der Präsentationstechnik wie Tageslichtprojektoren und LCD-Panel.
Verbrauchsmaterialien wie Tonerpulver und Disketten gelten nicht als Geräte im Sinne dieser Verordnung.
(2) Hersteller im sinne dieser Verordnung ist, wer gewerbsmäßig oder im Rahmen wirtschaftlicher Unternehmen im Geltungsbereich dieser Verordnung
1.   IT-Geräte herstellt oder mit seinem Markenzeichen versieht oder
2.   IT-Geräte in den Geltungsbereich dieser Verordnung einführt und dort erstmals in Verkehr bringt.
(3) Vertreiber im Sinne dieser Verordnung ist, wer IT-Geräte, gleichgültig auf welcher Handelsstufe, in Verkehr bringt. Vertreiber im Sinne dieser Verordnung ist auch der Versandhandel sowie derjenige, der IT-Geräte nur zeitweise in seinem Sortiment oder im Nebengeschäft führt.
(4) Endverbraucher im Sinne dieser Verordnung ist derjenige, der sich IT-Geräte entledigen will oder entledigen muß.
(5) Rücknahmestellen im Sinne dieser Verordnung sind von den öffentlich-rechtlichen Entsorgungsträgern, von den Herstellen oder Vertreibern benannte Einrichtungen, in denen der Endverbraucher gebrauchte IT-Geräte abgeben kann.
(6) Übergabestellen im Sinne dieser Verordnung sind von den öffentlich-rechtlichen Entsorgungsträgern im Einvernehmen mit den Verbandsvertretungen der Hersteller benannte Einrichtungen, in denen gebrauchte IT-Geräte den IT-Herstellern zur Rücknahme bereitgestellt werden.
§ 2 Rückgabepflicht des Endverbrauchers
Der Endverbraucher ist verpflichtet, gebrauchte IT-Geräte an Rücknahmestellen abzugeben oder den Sammlungen der öffentlich-rechtlichen Entsorgungsträger zu überlassen. § 4 Abs. 2 bleibt unberührt.

214

§ 3 Mitwirkung der öffentlich-rechtlichen Entsorgungsträger

(1) Die öffentlich-rechtlichen Entsorgungsträger erfassen die in ihrem Gebiet aus privaten Haushaltungen anfallenden IT-Geräte und stellen sie in den Übergabestellen (verwerterspezifisch sortiert) für die Abholung durch den Hersteller bereit.

(2) Die öffentlich-rechtlichen Entsorgungsträger führen die Einsammlung und Bereitstellung der IT-Geräte so durch, daß der Wert der Geräte möglichst erhalten wird. Der Hersteller trägt die Kosten, welche durch eine von ihm geforderte (herstellerspezifische) Sortierung der IT-Geräte nach Herstellern entstehen.

§ 4 Rücknahmepflichten des Herstellers

(1) Der Hersteller ist verpflichtet, die von ihm in Verkehr gebrachten und in den Übergabestellen bereitgestellten IT-Geräte unentgeltlich abzuholen und entsprechend den Vorschriften des Kreislaufwirtschafts- und Abfallgesetzes zu verwerten und nicht verwertete Geräte oder Geräteteile gemeinwohlverträglich zu beseitigen. Die Verpflichtung zur Rücknahme nach Satz 1 muß jeweils erfüllt werden, sobald in der Übergabestelle eine Mindestmenge von 5 Kubikmeter IT-Geräten zur Abholung bereitgestellt ist. Für die Rücknahme von IT-Geräten, die

1. vor Inkrafttreten dieser Verordnung in Verkehr gebracht oder
2. vor der Abholung im Verantwortungsbereich der öffentlich-rechtlichen Entsorgungsträger zerlegt/demontiert wurden,

kann der Hersteller von demjenigen, der die Übergabestelle betreibt, ein Entgelt verlangen. Das Entgelt darf nicht die Höhe der Kosten übersteigen, die nach Marktlage jeweils für die Verwertung oder Beseitigung des IT-Gerätes verlangt werden.

(2) Art und Ort der Rücknahme sowie die Regelung der Kosten können zwischen Endverbraucher und Vertreiber oder Hersteller frei vereinbart werden, soweit es sich um IT-Geräte handelt, die in Industrie, Gewerbe, freien Berufen oder öffentlichen Einrichtungen anfallen.

(3) *Alternative 1:*

Die für die Abfallwirtschaft zuständige oberste Landesbehörde oder eine von ihr benannte Behörde kann auf Antrag eines öffentlich-rechtlichen Entsorgungsträgers für dessen Gebiete die Hersteller von ihrer Verpflichtung nach Absatz 1 freistellen, wenn

1. der öffentlich-rechtliche Entsorgungsträger die von ihm erfaßten IT-Geräte bisher in dafür besonders geschaffenen Anlagen oder Einrichtungen verwertet hat und
2. für die weitere Verwertung der IT-Geräte in diesen Anlagen oder Einrichtungen ein überwiegendes öffentliches Interesse besteht.

Die Befreiung nach Satz 1 gilt jeweils für alle von den Herstellern in dem Gebiet des öffentlich-rechtlichen Entsorgungsträgers anfallenden IT-Geräte oder Geräteteile.

(3) *Alternative 2:*

Die für die Abfallwirtschaft zuständige oberste Landesbehörde oder eine von ihr benannte Behörde kann die Hersteller von ihrer Verpflichtung nach Absatz 1 für das Gebiet eines öffentlich-rechtlichen Entsorgungsträgers mit dessen Einverständnis freistellen, wenn

1. der öffentlich-rechtliche Entsorgungsträger die von ihm erfaßten IT-Geräte bisher in dafür besonders geschaffenen Anlagen oder Einrichtungen verwertet hat und
2. für die weitere Verwertung der IT-Geräte in diesen Anlagen oder Einrichtungen ein überwiegendes öffentliches Interesse besteht.

Die Befreiung nach Satz 1 gilt jeweils für alle in dem Gebiet des öffentlich-rechtlichen Entsorgungsträgers anfallenden IT-Geräte oder Geräteteile.

§ 5 Gemeinwohlverträgliche Beseitigung

Es ist verboten, nach § 3 Abs. 1 getrennt von anderen Abfällen erfaßte verwertbare IT-Geräte oder Geräteteile auf Deponien abzulagern.

§ 6 Informationspflicht des Herstellers

Der Hersteller trägt dafür Sorge, daß IT-Geräte, die nach dem Inkrafttreten dieser Verordnung in Verkehr gebracht und von ihm gemäß § 4 Abs. 1 unentgeltlich zurückgenommen werden müssen, eindeutig zu identifizieren sind.

§ 7 Erfolgskontrolle und Berichtspflichten

Die Hersteller erstatten bis zum 31. März jeden Jahres der für die Abfallwirtschaft zuständigen obersten Landesbehörde oder einer von ihr benannten Behörde einzeln - oder in vereinfachter zusammengefaßter Form über ihre Verbandsvertretungen einen Bericht über die Art, Menge und Verbleib der im Geltungsbereich dieser Verordnung zurückgenommenen IT-Geräte.

§ 8 Beauftragung Dritter

Soweit sich Hersteller zur Erfüllung der in dieser Verordnung bestimmten Pflichten Dritter bedienen, gilt § 16 Abs. 1 Satz 2 und 3 des Kreislaufwirtschafts- und Abfallgesetzes.

§ 9 Ordnungswidrigkeiten

Ordnungswidrigkeiten im Sinne des § 61 Abs. 1 des Kreislaufwirtschafts- und Abfallgesetzes handelt, wer vorsätzlich oder fahrlässig

1. entgegen § 4 Abs. 1 IT-Geräte nicht unentgeltlich abholt, nicht verwertet oder nicht beseitigt,
2. entgegen § 5 IT-Geräte oder Geräteteile auf Deponien ablagert oder
3. entgegen § 6 nicht dafür Sorge trägt, daß der Hersteller des IT-Gerätes eindeutig identifizierbar ist.

§ 10 Inkrafttreten

Diese Verordnung tritt am 1. Juli 1998 in Kraft.

Der Bundesrat hat zugestimmt.

Kapitel 9: „Die Marke - ein ungeschütztes Kapital?"
Kapitel 10: „Vor Piraten wird gewarnt"

Vorbemerkung:

Die folgende Auswahl von Rechtsnormen, die den Ausführungen zur Bedeutung eines Markenschutzes für das Marketing zugrundegelegt worden sind, beinhaltet die wesentlichen Vorschriften des Markengesetzes.
Der wachsenden Problematik einer Produktpiraterie wurde 1990 versucht, mit einem speziellen Gesetz, dem sogenannten „Produktpirateriegesetz" entgegenzuwirken, einem „Artikelgesetz", dessen Vorschriften unter anderem auch in das aufgeführte Markengesetz Eingang gefunden haben und auf dessen Darstellung deshalb hier verzichtet werden kann.

Gesetz über den Schutz von Marken und sonstigen Kennzeichen (Markengesetz - MarkenG)
Vom 25. Oktober 1994

Teil 1. Anwendungsbereich

§ 1 Geschützte Marken und sonstige Kennzeichen. Nach diesem Gesetz werden geschützt:
1.   Marken,
2.   Geschäftliche Bezeichnungen,
3.   Geographische Herkunftsangaben.

Teil 2. Voraussetzungen, Inhalt und Schranken des Schutzes von Marken und geschäftlichen Bezeichnungen; Übertragung und Lizenz

Abschnitt 1. Marken und geschäftliche Bezeichnungen; Vorrang und Zeitrang

§ 3 Als Marke schutzfähige Zeichen. (1) Als Marke können alle Zeichen, insbesondere Wörter einschließlich Personennamen, Abbildungen, Buchstaben, Zahlen, Hörzeichen, dreidimensionale Gestaltungen einschließlich der Form einer Ware oder ihrer Verpackung sowie sonstige Aufmachungen einschließlich Farben und Farbzusammenstellungen geschützt werden, die geeignet sind, Waren oder Dienstleistungen eines Unternehmens von denjenigen anderer Unternehmen zu unterscheiden.

§ 4 Entstehung des Markenschutzes. Der Markenschutz entsteht
1.   durch die Eintragung eines Zeichens als Marke in das vom Patentamt geführte Register,
2.   durch die Benutzung eines Zeichens im geschäftlichen Verkehr, soweit das Zeichen innerhalb beteiligter Verkehrskreise als Marke Verkehrsgeltung erworben hat, oder
3.   durch die im Sinne des Artikels 6bis der Pariser Verbandsübereinkunft zum Schutz des gewerblichen Eigentums (Pariser Verbandsübereinkunft) notorische Bekanntheit einer Marke.

§ 5 Geschäftliche Bezeichnungen. (1) Als geschäftliche Bezeichnungen werden Unternehmenskennzeichen und Werktitel geschützt.

(2) Unternehmenskennzeichen sind Zeichen, die im geschäftlichen Verkehr als Name, als Firma oder als besondere Bezeichnung eines Geschäftsbetriebs oder eines Unternehmens benutzt werden. Der besonderen Bezeichnung eines Geschäftsbetriebs stehen solche Geschäftsabzeichen und sonstige zur Unterscheidung des Geschäftsbetriebs von anderen Geschäftsbetrieben bestimmte Zeichen gleich, die innerhalb beteiligter Verkehrskreise als Kennzeichen des Geschäftsbetriebs gelten.

(3) Werktitel sind die Namen oder besonderen Bezeichnungen von Druckschriften, Filmwerken, Tonwerken, Bühnenwerken oder sonstigen vergleichbaren Werken.

Abschnitt 2. Voraussetzungen für den Schutz von Marken durch Eintragung

§7 Inhaberschaft. Inhaber von eingetragenen und angemeldeten Marken können sein:

1. natürliche Personen,
2. juristische Personen oder
3. Personengesellschaften, sofern sie mit der Fähigkeit ausgestattet sind, Rechte zu erwerben und Verbindlichkeiten einzugehen.

§ 8 Absolute Schutzhindernisse. (1) Von der Eintragung sind als Marke schutzfähige Zeichen im Sinne des § 3 ausgeschlossen, die sich nicht graphisch darstellen lassen.

(2) Von der Eintragung ausgeschlossen sind Marken,

1. denen für die Waren oder Dienstleistungen jegliche Unterscheidungskraft fehlt,
2. die ausschließlich aus Zeichen oder Angaben bestehen, die im Verkehr zur Bezeichnung der Art, der Beschaffenheit, der Menge, der Bestimmung, des Wertes, der geographischen Herkunft, der Zeit der Herstellung der Waren oder der Erbringung der Dienstleistungen oder zur Bezeichnung sonstiger Merkmale der Waren oder Dienstleistungen dienen können,
3. die ausschließlich aus Zeichen oder Angaben bestehen, die im allgemeinen Sprachgebrauch oder in den redlichen und ständigen Verkehrsgepflogenheiten zur Bezeichnung der Waren oder Dienstleistungen üblich geworden sind,
4. die geeignet sind, das Publikum insbesondere über die Art, die Beschaffenheit oder die geographische Herkunft der Waren oder Dienstleistungen zu täuschen.
5. die gegen die öffentliche Ordnung oder die gegen die guten Sitten verstoßen,
6. die Staatswappen, Staatsflaggen oder andere staatliche Hoheitszeichen oder Wappen eines inländischen Ortes oder eines inländischen Gemeinde- oder weiteren Kommunalverbandes enthalten,
7. die amtliche Prüf- oder Gewährzeichen enthalten, die nach einer Bekanntmachung des Bundesministeriums der Justiz im Bundesgesetzblatt von der Eintragung als Marke ausgeschlossen sind,
8. die Wappen, Flaggen oder andere Kennzeichen, Siegel oder Bezeichnungen internationaler zwischenstaatlicher Organisationen enthalten, die nach einer Bekanntmachung des Bundesministeriums der Justiz im Bundesgesetzblatt von der Eintragung als Marke ausgeschlossen sind, oder
9. deren Benutzung ersichtlich nach sonstigen Vorschriften im öffentlichen Interesse untersagt werden kann.

§ 10 Notorisch bekannte Marken. (1) Von der Eintragung ausgeschlossen ist eine Marke, wenn sie mit einer im Inland im Sinne des Artikels 6bis der Pariser Verbandsübereinkunft notorisch bekannten Marke im älterem Zeitrang identisch oder dieser ähnlich ist und die weiteren Voraussetzungen des § 9 Abs. 1 Nr. 1, 2 oder 3 gegeben sind.

Abschnitt 3. Schutzinhalt; Rechtsverletzungen

§ 14 Ausschließliches Recht des Inhabers einer Marke; Unterlassungsanspruch; Schadensersatzanspruch. (1) Der Erwerb des Markenschutzes nach § 4 gewährt dem Inhaber der Marke ein ausschließliches Recht.

(2) Dritten ist es untersagt, ohne Zustimmung des Inhabers der Marke im geschäftlichen Verkehr

1. ein mit der Marke identisches Zeichen für Waren oder Dienstleistungen zu benutzen, die mit denjenigen identisch sind, für die sie Schutz genießt,
2. ein Zeichen zu benutzen, wenn wegen der Identität oder Ähnlichkeit des Zeichens mit der Marke und der Identität oder Ähnlichkeit der durch die Marke und das Zeichen erfaßten Waren oder Dienstleistungen für das Publikum die Gefahr von Verwechslungen besteht, einschließlich der Gefahr, daß das Zeichen mit der Marke gedanklich in Verbindung gebracht wird, oder
3. ein mit der Marke identisches Zeichen oder ein ähnliches Zeichen für Waren oder Dienstleistungen zu benutzen, die nicht denen ähnlich sind, für die die Marke Schutz genießt, wenn es sich bei der Marke um eine im Inland bekannte Marke handelt und die Benutzung des Zeichens die Unterscheidungskraft oder die Wertschätzung der bekannten Marke ohne rechtfertigenden Grund in unlauterer Weise ausnutzt oder beeinträchtigt.

(3) Sind die Voraussetzungen des Absatzes 2 erfüllt, so ist es insbesondere untersagt,

1. das Zeichen auf Waren oder ihrer Aufmachung oder Verpackung anzubringen,
2. unter dem Zeichen Waren anzubieten, in den Verkehr zu bringen oder zu den genannten Zwecken zu besitzen,
3. unter dem Zeichen Dienstleistungen anzubieten oder zu erbringen,
4. unter dem Zeichen Waren einzuführen oder auszuführen,
5. das Zeichen in Geschäftspapieren oder in der Werbung zu benutzen.

(4) Dritten ist es ferner untersagt, ohne Zustimmung des Inhabers der Marke im geschäftlichen Verkehr

1. ein mit der Marke identisches Zeichen oder ein ähnliches Zeichen auf Aufmachungen oder Verpackungen oder auf Kennzeichnungsmitteln wie Etiketten, Anhängern, Aufnähern oder dergleichen anzubringen,

2. Aufmachungen, Verpackungen oder Kennzeichnungsmittel, die mit einem mit der Marke identischen Zeichen oder einem ähnlichen Zeichen versehen sind, anzubieten, in den Verkehr zu bringen oder zu den genannten Zwecken zu besitzen oder

3. Aufmachungen, Verpackungen oder Kennzeichnungsmittel, die mit einem mit der Marke identischen Zeichen oder einen ähnlichen Zeichen versehen sind, einzuführen oder auszuführen,

wenn die Gefahr besteht, daß die Aufmachungen oder Verpackungen zur Aufmachung oder Verpackung oder die Kennzeichnungsmittel zur Kennzeichnung von Waren oder Dienstleistungen benutzt werden, hinsichtlich deren Dritten die Benutzung des Zeichens nach den Absätzen 2 und 3 untersagt wäre.

(5) Wer ein Zeichen entgegen den Absätzen 2 bis 4 benutzt, kann von dem Inhaber der Marke auf Unterlassung in Anspruch genommen werden.

(6) Wer die Verletzungshandlung vorsätzlich oder fahrlässig begeht, ist dem Inhaber der Marke zum Ersatz des durch die Verletzungshandlung entstandenen Schadens verpflichtet.

(7) Wird die Verletzungshandlung in einem geschäftlichen Betrieb von einem Angestellten oder Beauftragten begangen, so kann der Unterlassungsanspruch und, soweit der Angestellte oder Beauftragte vorsätzlich oder fahrlässig gehandelt hat, der Schadensersatzanspruch auch gegen den Inhaber des Betriebs geltend gemacht werden.

§ 15 Ausschließliches Recht des Inhabers einer geschäftlichen Bezeichnung; Unterlassungsanspruch; Schadensersatzanspruch. (1) Der Erwerb des Schutzes einer geschäftlichen Bezeichnung gewährt ihrem Inhaber ein ausschließliches Recht.

(2) Dritten ist es untersagt, die geschäftliche Bezeichnung oder ein ähnliches Zeichen im geschäftlichen Verkehr unbefugt in einer Weise zu benutzen, die geeignet ist, Verwechslungen mit der geschützten Bezeichnung hervorzurufen.

(3) Handelt es sich bei der geschäftlichen Bezeichnung um eine im Inland bekannte geschäftliche Bezeichnung, so ist es Dritten ferner untersagt, die geschäftliche Bezeichnung oder ein ähnliches Zeichen im geschäftlichen Verkehr zu benutzen, wenn keine Gefahr von Verwechslungen im Sinne des Absatzes 2 besteht, soweit die Benutzung des Zeichens die Unterscheidungskraft oder die Wertschätzung der geschäftlichen Bezeichnung ohne rechtfertigenden Grund in unlauterer Weise ausnutzt oder beeinträchtigt.

(4) Wer eine geschäftliche Bezeichnung oder ein ähnliches Zeichen entgegen Absatz 2 oder 3 benutzt, kann von dem Inhaber der geschäftlichen Bezeichnung auf Unterlassung in Anspruch genommen werden.

(5) Wer die Verletzungshandlung vorsätzlich oder fahrlässig begeht, ist dem Inhaber der geschäftlichen Bezeichnung zum Ersatz des daraus entstandenen Schadens verpflichtet.

§ 18 Vernichtungsanspruch. (1) Der Inhaber einer Marke oder einer geschäftlichen Bezeichnung kann in den Fällen der §§ 14, 15 und 17 verlangen, daß die im Besitz oder Eigentum des Verletzers befindlichen widerrechtlich gekennzeichneten Gegenstände vernichtet werden, es sei denn, daß der durch die Rechtsverletzung verursachte Zustand der Gegenstände auf andere Weise beseitigt werden kann und die Vernichtung für den Verletzer oder den Eigentümer im Einzelfall unverhältnismäßig ist.

(2) Absatz 1 ist entsprechend auf die im Eigentum des Verletzers stehenden, ausschließlich oder nahezu ausschließlich zur widerrechtlichen Kennzeichnung benutzten oder bestimmten Vorrichtungen anzuwenden.

(3) Weitergehende Ansprüche auf Beseitigung bleiben unberührt.

§ 19 Auskunftsanspruch. (1) Der Inhaber einer Marke oder einer geschäftlichen Bezeichnung kann den Verletzer in den Fällen der §§ 14, 15 und 17 auf unverzügliche Auskunft über die Herkunft und den Vertriebsweg von widerrechtlich gekennzeichneten Gegenständen in Anspruch nehmen, es sei denn, daß dies im Einzelfall unverhältnismäßig ist.

(2) Der nach Absatz 1 zur Auskunft Verpflichtete hat Angaben zu machen über Namen und Anschrift des Herstellers, des Lieferanten und anderer Vorbesitzer, des gewerblichen Abnehmers oder des Auftraggebers sowie über die Menge der hergestellten, ausgelieferten, erhaltenen oder bestellten Gegenstände.

(3) In Fällen offensichtlicher Rechtsverletzung kann die Verpflichtung zur Erteilung der Auskunft im Wege der einstweiligen Verfügung nach den Vorschriften der Zivilprozeßordnung angeordnet werden.

(4) Die Auskunft darf in einem Strafverfahren oder in einem Verfahren nach dem Gesetz über Ordnungswidrigkeiten wegen einer vor der Erteilung der Auskunft begangenen Tat gegen den zur Auskunft Verpflichteten oder gegen einen in § 52 Abs. 1 der Strafprozeßordnung bezeichneten Angehörigen nur mit

Zustimmung des zur Auskunft Verpflichteten verwertet werden.

(5) Weitergehende Ansprüche auf Auskunft bleiben unberührt.

Teil 3. Verfahren in Markenangelegenheiten
Abschnitt 1. Eintragungsverfahren

§ 32 Erfordernisse der Anmeldung. (1) Die Anmeldung zur Eintragung einer Marke in das Register ist beim Patentamt einzureichen.

(2) Die Anmeldung muß enthalten:

1. Angaben, die es erlauben, die Identität des Anmelders festzustellen,
2. eine Wiedergabe der Marke und
3. ein Verzeichnis der Waren oder Dienstleistungen, für die die Eintragung beantragt wird.

§ 37 Prüfung und absolute Schutzhindernisse. (1) Ist die Marke nach §§ 3, 8 oder 10 von der Eintragung ausgeschlossen, so wird die Anmeldung zurückgewiesen.

§41 Eintragung. [1]Entspricht die Anmeldung den Anmeldungserfordernissen und wird sie nicht gemäß § 37 zurückgewiesen, so wird die angemeldete Marke in das Register eingetragen. [2]Die Eintragung wird veröffentlicht.

§ 42 Widerspruch. (1) Innerhalb einer Frist von drei Monaten nach dem Tag der Veröffentlichung der Eintragung der Marke gemäß § 41 kann von dem Inhaber einer Marke mit älterem Zeitrang gegen die Eintragung der Marke Widerspruch erhoben werden.

Abschnitt 2. Berichtigung; Teilung; Schutzdauer und Verlängerung

§ 47 Schutzdauer und Verlängerung. (1) Die Schutzdauer einer eingetragenen Marke beginnt mit dem Anmeldetag (§ 33 Abs. 1) und endet zehn Jahre nach Ablauf des Monats, in den der Anmeldetag fällt.

(2) Die Schutzdauer kann um jeweils zehn Jahre verlängert werden.

Abschnitt 3. Verzicht, Verfall und Nichtigkeit; Löschungsverfahren

§ 48 Verzicht. (1) Auf Antrag des Inhabers der Marke wird die Eintragung jederzeit für alle oder für einen Teil der Waren oder Dienstleistungen, für die sie eingetragen ist, im Register gelöscht.

Teil 5. Schutz von Marken nach dem Madrider Markenabkommen und nach dem Protokoll zum Madrider Markenabkommen; Gemeinschaftsmarken
Abschnitt 1. Schutz von Marken nach dem Madrider Markenabkommen

§ 107 Anwendung der Vorschriften dieses Gesetzes. Die Vorschriften dieses Gesetzes sind auf internationale Registrierungen von Marken nach dem Madrider Abkommen über die internationale Registrierung von Marken (Madrider Markenabkommen), die durch Vermittlung des Patentamts vorgenommen werden oder deren Schutz sich auf das Gebiet der Bundesrepublik Deutschland erstreckt, entsprechend anzuwenden, soweit in diesem Abschnitt oder im Madrider Markenabkommen nichts anderes bestimmt ist.

Kapitel 11: „Richtig abgesetzt"

Vorbemerkung:

Die folgende Auswahl von Rechtsnormen, die den Ausführungen zur Distributionspolitik zugrundegelegt worden sind, beinhaltet in bezug auf die Absatzorgane die entsprechenden Vorschriften des Handelsgesetzbuches zum Reisenden über Prokura und Handlungsvollmacht sowie zum Handelsvertreter. Zum Handelsmakler und Kommissionär, ebenso wie zu den wesentlichen Funktions- und Entscheidungsträgern innerhalb der Marketinglogistik, dem Spediteur, dem Lagerhalter und dem Frachtführer, beschränkt sich die Auswahl auf die jeweiligen definitorischen Paragraphen.

Handelsgesetzbuch
vom 10. Mai 1897

Erstes Buch. Handelsstand
Fünfter Abschnitt. Prokura und Handlungsvollmacht

§ 48. [Erteilung der Prokura; Gesamtprokura] (1) Die Prokura kann nur von dem Inhaber des Handelsgeschäfts oder seinem gesetzlichen Vertreter und nur mittels ausdrücklicher Erklärung erteilt werden.

(2) Die Erteilung kann an mehrere Personen gemeinschaftlich erfolgen (Gesamtprokura).

§ 49. [Umfang der Prokura] (1) Die Prokura ermächtigt zu allen Arten von gerichtlichen und außergerichtlichen Geschäften und Rechtshandlungen, die der Betrieb eines Handelsgewerbes mit sich bringt.

(2) Zur Veräußerung und Belastung von Grundstücken ist der Prokurist nur ermächtigt, wenn ihm diese Befugnis besonders erteilt ist.

§ 50. [Beschränkung des Umfanges] (1) Eine Beschränkung des Umfanges der Prokura ist Dritten gegenüber unwirksam.

(2) Dies gilt insbesondere von der Beschränkung, daß die Prokura nur für gewisse Geschäfte oder gewisse Arten von Geschäften oder nur unter gewissen Umständen oder für eine gewisse Zeit oder an einzelnen Orten ausgeübt werden soll.

(3) Eine Beschränkung der Prokura auf den Betrieb einer von mehreren Niederlassungen des Geschäftsinhabers ist Dritten gegenüber nur wirksam, wenn die Niederlassungen unter verschiedenen Firmen betrieben werden. Eine Verschiedenheit der Firmen im Sinne dieser Vorschrift wird auch dadurch begründet, daß für eine Zweigniederlassung der Firma ein Zusatz beigefügt wird, der sie als Firma der Zweigniederlassung bezeichnet.

§ 51. [Zeichnung des Prokuristen] Der Prokurist hat in der Weise zu zeichnen, daß er der Firma seinen Namen mit einem die Prokura andeutenden Zusatze beifügt.

§ 52. [Widerruflichkeit; Unübertragbarkeit; Tod des Inhabers] (1) Die Prokura ist ohne Rücksicht auf das der Erteilung zugrunde liegende Rechtsverhältnis jederzeit widerruflich, unbeschadet des Anspruchs auf die vertragsmäßige Vergütung.

§ 53. [Anmeldung der Erteilung und des Erlöschens; Zeichnung des Prokuristen] (1) Die Erteilung der Prokura ist von dem Inhaber des Handelsgeschäfts zur Eintragung in das Handelsregister anzumelden. Ist die Prokura als Gesamtprokura erteilt, so muß auch dies zur Eintragung angemeldet werden.

§ 54. [Handlungsvollmacht] (1) Ist jemand ohne Erteilung der Prokura zum Betrieb eines Handelsgewerbes oder zur Vornahme einer bestimmten zu einem Handelsgewerbe gehörigen Art von Geschäften oder zur Vornahme einzelner zu einem Handelsgewerbe gehöriger Geschäfte ermächtigt, so erstreckt sich die Vollmacht (Handlungsvollmacht) auf alle Geschäfte und Rechtshandlungen, die der Betrieb eines derartigen Handelsgewerbes oder die Vornahme derartiger Geschäfte gewöhnlich mit sich bringt.

(2) Zur Veräußerung oder Belastung von Grundstücken, zur Eingehung von Wechselverbindlichkeiten, zur Aufnahme von Darlehen und zur Prozeßführung ist der Handlungsbevollmächtigte nur ermächtigt, wenn ihm eine solche Befugnis besonders erteilt ist.

(3) Sonstige Beschränkungen der Handlungsvollmacht braucht ein Dritter nur dann gegen sich gelten zu lassen, wenn er sie kannte oder kennen mußte.

§ 55. [Abschlußvertreter] (1) Die Vorschriften des § 54 finden auch Anwendung auf Handlungsbevollmächtigte, die Handelsvertreter sind oder die als Handlungsgehilfen damit betraut sind, außerhalb des Betriebes des Prinzipals Geschäfte in dessen Namen abzuschließen.

(2) Die ihnen erteilte Vollmacht zum Abschluß von Geschäften bevollmächtigt sie nicht, abgeschlossene Verträge zu ändern, insbesondere Zahlungsfristen zu gewähren.

(3) Zur Annahme von Zahlungen sind sie nur berechtigt, wenn sie dazu bevollmächtigt sind.

(4) Sie gelten als ermächtigt, die Anzeige von Mängeln einer Ware, die Erklärung, daß eine Ware zur Verfügung gestellt werde, sowie ähnliche Erklärungen, durch die ein Dritter seine Rechte aus mangelhafter Leistung geltend macht oder sie vorbehält, entgegenzunehmen; sie können die dem Unternehmer (Prinzipal) zustehenden Rechte auf Sicherung des Beweises geltend machen.

§ 56. [Angestellte in Laden oder Warenlager] Wer in einem Laden oder in einem offenen Warenlager angestellt ist, gilt als ermächtigt zu Verkäufen und Empfangnahmen, die in einem derartigen Laden oder Warenlager gewöhnlich geschehen.

Siebenter Abschnitt. Handelsvertreter

§ 84. [Begriff des Handelsvertreters] (1) Handelsvertreter ist, wer als selbständiger Gewerbetreibender ständig damit betraut ist, für einen anderen Unternehmer (Unternehmer) Geschäfte zu vermitteln oder in dessen Namen abzuschließen. Selbständig ist, wer im wesentlichen frei seine Tätigkeit gestalten und seine Arbeitszeit bestimmen kann.

(2) Wer, ohne selbständig im Sinne des Absatzes 1 zu sein, ständig damit betraut ist, für einen Unternehmer Geschäfte zu vermitteln oder in dessen Namen abzuschließen, gilt als Angestellter.

(3) Der Unternehmer kann auch ein Handelsvertreter sein.

§ 86. [Pflichten des Handelsvertreters] (1) Der Handelsvertreter hat sich um die Vermittlung oder den Abschluß von Geschäften zu bemühen; er hat hierbei das Interesse des Unternehmers wahrzunehmen.

(2) Er hat dem Unternehmer die erforderlichen Nachrichten zu geben, namentlich ihm von jeder Geschäftsvermittlung und von jedem Geschäftsabschluß unverzüglich Mitteilung zu machen.

(3) Er hat seine Pflichten mit der Sorgfalt eines ordentlichen Kaufmanns wahrzunehmen.

§ 86a. [Pflichten des Unternehmers] (1) Der Unternehmer hat dem Handelsvertreter die zur Ausübung seiner Tätigkeit erforderlichen Unterlagen, wie Muster, Zeichnungen, Preislisten, Werbedrucksachen, Geschäftsbedingungen, zur Verfügung zu stellen.

(2) Der Unternehmer hat dem Handelsvertreter die erforderlichen Nachrichten zu geben. Er hat ihm unverzüglich die Annahme oder Ablehnung eines vom Handelsvertreter vermittelten oder ohne Vertretungsmacht abgeschlossenen Geschäfts und die Nichtausführung eines von ihm vermittelten oder abgeschlossenen Geschäfts mitzuteilen. Er hat ihn unverzüglich zu unterrichten, wenn er Geschäfte voraussichtlich nur in erheblich geringerem Umfange abschließen kann oder will, als der Handelsvertreter unter gewöhnlichen Umständen erwarten konnte.

§ 87. [Provisionspflichtige Geschäfte] (1) Der Handelsvertreter hat Anspruch auf Provision für alle während des Vertragsverhältnisses abgeschlossenen Geschäfte, die auf seine Tätigkeit zurückzuführen sind oder mit Dritten abgeschlossen werden, die er als Kunden für Geschäfte der gleichen Art geworben hat. Ein Anspruch auf Provision besteht für ihn nicht, wenn und soweit die Provision nach Absatz 3 dem ausgeschiedenen Handelsvertreter zusteht.

(2) Ist dem Handelsvertreter ein bestimmter Bezirk oder ein bestimmter Kundenkreis zugewiesen, so hat er Anspruch auf Provision auch für die Geschäfte, die ohne seine Mitwirkung mit Personen seines Bezirkes oder seines Kundenkreises während des Vertragsverhältnisses abgeschlossen sind. Dies gilt nicht, wenn und soweit die Provision nach Absatz 3 dem ausgeschiedenen Handelsvertreter zusteht.

(3) Für ein Geschäft, das erst nach Beendigung des Vertragsverhältnisses abgeschlossen ist, hat der Handelsvertreter Anspruch auf Provision nur, wenn

1. er das Geschäft vermittelt hat oder es eingeleitet und so vorbereitet hat, daß der Abschluß überwiegend auf seine Tätigkeit zurückzuführen ist, und das Geschäft innerhalb einer angemessenen Frist nach Beendigung des Vertragsverhältnisses abgeschlossen worden ist oder

2. vor Beendigung des Vertragsverhältnisses das Angebot des Dritten zum Abschluß eines Geschäfts, für das der Handelsvertreter nach Absatz 1 Satz 1 oder Absatz 2 Satz 1 Anspruch auf Provision hat, dem Handelsvertreter oder dem Unternehmer zugegangen ist.

Der Anspruch auf Provision nach Satz 1 steht dem nachfolgenden Handelsvertreter anteilig zu, wenn wegen besonderer Umstände eine Teilung der Provision der Billigkeit entspricht.

(4) Neben dem Anspruch auf Provision für abgeschlossene Geschäfte hat der Handelsvertreter Anspruch auf Inkassoprovision für die von ihm auftragsgemäß eingezogenen Beträge.

§ 87c. [Abrechnung über die Provision] (1) Der Unternehmer hat über die Provision, auf die der Handelsvertreter Anspruch hat, monatlich abzurechnen; der Abrechnungszeitraum kann auf höchstens drei Monate erstreckt werden. Die Abrechnung hat unverzüglich, spätestens bis zum Ende des nächsten Monats, zu erfolgen.

(2) Der Handelsvertreter kann bei der Abrechnung einen Buchauszug über alle Geschäfte verlangen, für die ihm nach § 87 Provision gebührt.

§ 89b. [Ausgleichsanspruch] (1) Der Handelsvertreter kann von dem Unternehmer nach Beendigung des Vertragsverhältnisses einen angemessenen Ausgleich verlangen, wenn und soweit

1. der Unternehmer aus der Geschäftsverbindung mit neuen Kunden, die der Handelsvertreter geworben hat, auch nach Beendigung des Vertragsverhältnisses erhebliche Vorteile hat.

2. der Handelsvertreter infolge der Beendigung des Vertragsverhältnisses Ansprüche auf Provision verliert, die er bei Fortsetzung desselben aus bereits abgeschlossenen oder künftig zustande kommenden Geschäften mit den von ihm geworbenen Kunden hätte, und

3. die Zahlung eine Ausgleichs unter Berücksichtigung aller Umstände der Billigkeit entspricht.

Der Werbung eines neuen Kunden steht es gleich, wenn der Handelsvertreter die Geschäftsverbindung mit einem Kunden so wesentlich erweitert hat, daß dies wirtschaftlich der Werbung eines neuen Kunden entspricht.

(2) Der Ausgleich beträgt höchstens eine nach dem Durchschnitt der letzten fünf Jahre der Tätigkeit des Handelsvertreters berechnete Jahresprovision oder sonstige Jahresvergütung; bei kürzerer Dauer des Vertragsverhältnisses ist der Durchschnitt während der Dauer der Tätigkeit maßgebend.

(3) Der Anspruch besteht nicht, wenn

1. der Handelsvertreter das Vertragsverhältnis gekündigt hat, es sei denn, daß ein Verhalten des Unternehmers hierzu begründeten Anlaß gegeben hat oder dem Handelsvertreter eine Fortsetzung seiner Tätigkeit wegen seines Alters oder wegen Krankheit nicht zugemutet werden kann, oder

2. der Unternehmer das Vertragsverhältnis gekündigt hat und für die Kündigung ein wichtiger Grund wegen schuldhaften Verhaltens des Handelsvertreters vorlag oder

3. auf Grund einer Vereinbarung zwischen dem Unternehmer und dem Handelsvertreter ein Dritter anstelle des Handelsvertreters in das Vertragsverhältnis eintritt; die Vereinbarung kann nicht vor Beendigung des Vertragsverhältnisses getroffen werden.

(4) Der Anspruch kann im voraus nicht ausgeschlossen werden. Er ist innerhalb eines Jahres nach Beendigung des Vertragsverhältnisses geltend zu machen.

§ 90. [Geschäfts- und Betriebsgeheimnisse] Der Handelsvertreter darf Geschäfts- und Betriebsgeheimnisse, die ihm anvertraut oder als solche durch seine Tätigkeit für den Unternehmer bekanntgeworden sind, auch nach Beendigung des Vertragsverhältnisses nicht verwerten oder anderen mitteilen, soweit dies nach den gesamten Umständen der Berufsauffassung eines ordentlichen Kaufmannes widersprechen würde.

§ 90a. [Wettbewerbsabrede] (1) Eine Vereinbarung, die den Handelsvertreter nach Beendigung des Vertragsverhältnisses in seiner gewerblichen Tätigkeit beschränkt (Wettbewerbsabrede), bedarf der Schriftform und der Aushändigung einer vom Unternehmer unterzeichneten, die vereinbarten Bestimmungen enthaltenden Urkunde an den Handelsvertreter. Die Abrede kann nur für längstens zwei Jahre von der Beendigung des Vertragsverhältnisses an getroffen werden; sie darf sich nur auf den dem Handelsvertreter zugewiesenen Bezirk oder Kundenkreis und nur auf die Gegenstände erstrecken, hinsichtlich deren sich der Handelsvertreter um die Vermittlung oder den Abschluß von Geschäften für den Unternehmer zu bemühen hat. Der Unternehmer ist verpflichtet, dem Handelsvertreter für die Dauer der Wettbewerbsbeschränkung eine angemessene Entschädigung zu zahlen.

(2) Der Unternehmer kann bis zum Ende des Vertragsverhältnisses schriftlich auf die Wettbewerbsbeschränkung mit der Wirkung verzichten, daß er mit dem Ablauf von sechs Monaten seit der Erklärung von der Verpflichtung zur Zahlung der Entschädigung frei wird. Kündigt der Unternehmer das Vertragsverhältnis aus wichtigem Grund wegen schuldhaften Verhaltens des Handelsvertreters, so hat dieser keinen Anspruch auf Entschädigung.

(3) Kündigt der Handelsvertreter das Vertragsverhältnis aus wichtigem Grund wegen schuldhaften Verhaltens des Unternehmers, so kann er sich durch schriftliche Erklärung binnen einem Monat nach der Kündigung von der Wettbewerbsabrede lossagen.

(4) Abweichende für den Handelsvertreter nachteilige Vereinbarungen können nicht getroffen werden.

Achter Abschnitt. Handelsmakler

§ 93. [Begriff] (1) Wer gewerbsmäßig für andere Personen, ohne von ihnen auf Grund eines Vertragsverhältnisses ständig damit betraut zu sein, die Vermittlung von Verträgen über Anschaffung oder Veräußerung von Waren oder Wertpapieren, über Versicherungen, Güterbeförderungen, Schiffsmiete oder sonstige Gegenstände des Handelsverkehrs übernimmt, hat die Rechte und Pflichten eines Handelsmaklers.

(2) Auf die Vermittlung anderer als der bezeichneten Geschäfte, insbesondere auf die Vermittlung von Geschäften über unbewegliche Sachen, finden, auch wenn die Vermittlung durch einen Handelsmakler erfolgt, die Vorschriften dieses Abschnitts keine Anwendung.

Viertes Buch. Handelsgeschäfte
Dritter Abschnitt. Kommissionsgeschäft

§ 383. [Kommissionär; Kommissionsvertrag] Kommissionär ist, wer es gewerbsmäßig übernimmt, Waren oder Wertpapiere für Rechnung eines anderen (des Kommittenten) in eigenem Namen zu kaufen oder zu verkaufen.

§ 384. [Pflichten des Kommissionärs] (1) Der Kommissionär ist verpflichtet, das übernommene Geschäft mit der Sorgfalt eines ordentlichen Kaufmanns auszuführen; er hat hierbei das Interesse des Kommittenten wahrzunehmen und dessen Weisungen zu befolgen.

(2) Er hat dem Kommittenten die erforderlichen Nachrichten zu geben, insbesondere von der Ausführung der Kommission unverzüglich Anzeige zu machen; er ist verpflichtet, dem Kommittenten über das Geschäft Rechenschaft abzulegen und ihm dasjenige herauszugeben, was er aus der Geschäftsbesorgung erlangt hat.

(3) Der Kommissionär haftet dem Kommittenten für die Erfüllung des Geschäfts, wenn er ihm nicht zugleich mit der Anzeige von der Ausführung der Kommission den Dritten namhaft macht, mit dem er das Geschäft abgeschlossen hat.

§ 385. [Weisungen des Kommittenten] (1) Handelt der Kommissionär nicht gemäß den Weisungen des Kommittenten, so ist er diesem zum Ersatze des Schadens verpflichtet; der Kommittent braucht das Geschäft nicht für seine Rechnung gelten zu lassen.

Viertes Buch. Handelsgeschäfte
Vierter Abschnitt. Speditionsgeschäft

§ 407. [Begriff des Spediteurs] (1) Spediteur ist, wer es gewerbsmäßig übernimmt, Güterversendungen durch Frachtführer oder durch Verfrachter von Seeschiffen für Rechnung eines anderen (des Versenders) in eigenem Namen zu besorgen.

Fünfter Abschnitt. Lagergeschäft

§ 416. [Begriff des Lagerhalters] Lagerhalter ist, wer gewerbsmäßig die Lagerung und Aufbewahrung von Gütern übernimmt.

Sechster Abschnitt. Frachtgeschäft

§ 425. [Begriff des Frachtführers] Frachtführer ist, wer es gewerbsmäßig übernimmt, die Beförderung von Gütern zu Lande oder auf Flüssen oder sonstigen Binnengewässern auszuführen.

§ 429. [Haftung des Frachtführers] (1) Der Frachtführer haftet für den Schaden, der durch Verlust oder Beschädigung des Gutes in der Zeit von der Annahme bis zur Ablieferung oder durch Versäumung der Lieferzeit entsteht, es sei denn, daß der Verlust, die Beschädigung oder die Verspätung auf Umständen beruht, die durch die Sorgfalt eines ordentlichen Frachtführers nicht abgewendet werden konnten.

(2) Für den Verlust oder die Beschädigung von Kostbarkeiten, Kunstgegenständen, Geld und Wertpapieren haftet der Frachtführer nur, wenn ihm diese Beschaffenheit oder der Wert des Gutes bei der Übergabe zur Beförderung angegeben worden ist.

Kapitel 12: „Unlauterer Wettbewerb und Wettbewerbsbeschränkungen"
Kapitel 13: „Direktiven für das Direktmarketing"

Vorbemerkung:

Die folgende Auswahl von Rechtsnormen, die den Ausführungen zur Bedeutung des Wettbewerbsrechts für das Marketing zugrunde gelegt worden sind, beinhaltet zunächst die einschlägigen Normen des „Gesetzes gegen Wettbewerbsbeschränkungen" sowie die diesbezüglich innerhalb der Europäischen Union maßgeblichen Normen des EWG-Vertrages. Hierauf folgen die für die Marketingpraxis erhebliche Bedeutung besitzenden Vorschriften des „Gesetzes gegen den unlauteren Wettbewerb", dem in diesem Zusammenhang neben dem GWB wichtigsten Gesetz.

Den Abschluß bilden die Grundvorschriften der beiden Nebengesetze zum UWG, der Zugabeverordnung und der Preisangabenverordnung sowie einige ausgesuchte Paragraphen des Rabattgesetzes und des Ladenschußgesetzes..

Gesetz gegen Wettbewerbsbeschränkungen (Kartellgesetz)
vom 20. Februar 1990

Erster Teil. Wettbewerbsbeschränkungen
Erster Abschnitt. Kartellverträge und Kartellbeschlüsse

§ 1. [Unwirksamkeit wettbewerbsbeschränkender Vereinbarungen] (1) Verträge, die Unternehmen oder Vereinigungen von Unternehmen zu einem gemeinsamen Zweck schließen, und Beschlüsse von Vereinigungen von Unternehmen sind unwirksam, soweit sie geeignet sind, die Erzeugung oder die Marktverhältnisse für den Verkehr mit Waren oder gewerblichen Leistungen durch Beschränkung des Wettbewerbs zu beeinflussen. Dies gilt nicht, soweit in diesem Gesetz etwas anderes bestimmt ist.

§ 2. [Konditionenkartelle] (1) § 1 gilt nicht für Verträge und Beschlüsse, die die einheitliche Anwendung allgemeiner Geschäfts-, Lieferungs- und Zahlungsbedingungen einschließlich der Skonti zum Gegenstand haben. Die Regelungen dürfen sich nicht auf Preise oder Preisbestandteile beziehen.

§ 3. [Rabattkartelle] (1) § 1 gilt nicht für Verträge und Beschlüsse über Rabatte bei der Lieferung von Waren, soweit diese Rabatte ein echtes Leistungsentgelt darstellen und nicht zu einer ungerechtfertigt unterschiedlichen Behandlung von Wirtschaftsstufen oder von Abnehmern der gleichen Wirtschaftsstufe führen, die gegenüber den Lieferanten die gleiche Leistung bei der Abnahme von Waren erbringen.

§ 4. [Strukturkrisenkartelle] Die Kartellbehörde kann im Falle eines auf nachhaltiger Änderung der Nachfrage beruhenden Absatzrückganges auf Antrag die Erlaubnis zu einem Vertrag oder Beschluß der in § 1 bezeichneten Art für Unternehmen der Erzeugung, Herstellung, Bearbeitung oder Verarbeitung erteilen, wenn der Vertrag oder Beschluß notwendig ist, um eine planmäßige Anpassung der Kapazität an den Bedarf herbeizuführen, und die Regelung unter Berücksichtigung der Gesamtwirtschaft und des Gemeinwohls erfolgt.

§ 5. [Rationalisierungskartelle] (1) § 1 gilt nicht für Verträge und Beschlüsse, die lediglich die einheitliche Anwendung von Normen oder Typen zum Gegenstand haben.

§ 5a. [Spezialisierungskartelle] (1) § 1 gilt nicht für Verträge und Beschlüsse, die die Rationalisierung wirtschaftlicher Vorgänge durch Spezialisierung zum Gegenstand haben, wenn sie einen wesentlichen Wettbewerb auf dem Markt bestehen lassen.

§ 5c. [Gemeinsamer Einkauf ohne Bezugszwang] § 1 gilt nicht für Verträge oder Beschlüsse, die den gemeinsamen Einkauf von Waren oder die gemeinsame Beschaffung gewerblicher Leistungen zum Gegenstand haben, ohne einen Bezugszwang für die beteiligten Unternehmen zu begründen, wenn dadurch der Wettbewerb auf dem Markt nicht wesentlich beeinträchtigt wird und der Vertrag oder Beschluß dazu dient, die Wettbewerbsfähigkeit kleiner oder mittlerer Unternehmen zu verbessern.

§ 6. [Ausfuhrkartelle] (1) § 1 gilt nicht für Verträge und Beschlüsse, die der Sicherung und Förderung der Ausfuhr dienen, sofern sie sich auf die Regelung des Wettbewerbs auf Märkten außerhalb des Geltungsbereichs dieses Gesetzes beschränken.

§ 7. [Einfuhrkartelle] (1) Die Kartellbehörde kann auf Antrag die Erlaubnis zu einem Vertrag oder Beschluß der in § 1 bezeichneten Art erteilen, sofern die Regelung lediglich die Einfuhr in den Geltungsbereich dieses Gesetzes betrifft und die deutschen Bezieher keinem oder nur unwesentlichem Wettbewerb der Anbieter gegenüberstehen.

§ 9. [Anmeldung bei der Kartellbehörde] (1) Verträge und Beschlüsse der in den §§ 2, 3, § 5 Abs. 1, § 5a Abs. 1, § 5b Abs. 1 und § 6 Abs. 1 bezeichneten Art sowie ihre Änderungen und Ergänzungen bedürfen zu ihrer Wirksamkeit der Anmeldung bei der Kartellbehörde.

§ 11. [Erteilung der Erlaubnis und Widerruf] (1) Eine Erlaubnis nach den §§ 4, 5 Abs. 2 und 3, § 6 Abs. 2, §§ 7 und 8 soll in der Regel nicht für einen längeren Zeitraum als drei Jahre erteilt werden.

Zweiter Abschnitt. Sonstige Verträge

§ 15. [Nichtigkeit von Verträgen über Preisgestaltung oder Geschäftsbedingungen] Verträge zwischen Unternehmen über Waren oder gewerbliche Leistungen, die sich auf Märkte innerhalb des Geltungsbereichs dieses Gesetzes beziehen, und nichtig, soweit sie einen Vertragsbeteiligten in der Freiheit der Gestaltung von Preisen oder Geschäftsbedingungen bei solchen Verträgen beschränken, die er mit Dritten über die gelieferten Waren, über andere Waren oder über gewerbliche Leistungen schließt.

§ 16. [Zulässigkeit der Preisbindung bei Verlagserzeugnissen] § 15 gilt nicht, soweit ein Unternehmen die Abnehmer seiner Verlagserzeugnisse rechtlich oder wirtschaftlich bindet, bei der Weiterveräußerung bestimmte Preise zu vereinbaren oder ihren Abnehmern die gleiche Bindung bis zur Weiterveräußerung an den letzten Verbraucher aufzuerlegen.

§ 18. [Aufhebung von Ausschließlichkeitsbindungen] (1) Die Kartellbehörde kann Verträge zwischen Unternehmen über Waren oder gewerbliche Leistungen mit sofortiger Wirkung oder zu einem von ihr zu bestimmenden künftigen Zeitpunkt für unwirksam erklären und die Anwendung neuer, gleichartiger Bindungen verbieten, soweit sie einen Vertragsbeteiligten

1. in der Freiheit der Verwendung der gelieferten Waren, anderer Waren oder gewerblicher Leistungen beschränken oder
2. darin beschränken, andere Waren oder gewerbliche Leistungen von Dritten zu beziehen oder an Dritte abzugeben, oder
3. darin beschränken, die gelieferten Waren an Dritte abzugeben, oder
4. verpflichten, sachlich oder handelsüblich nicht zugehörige Waren oder gewerbliche Leistungen abzunehmen,

und soweit

a) dadurch eine für den Wettbewerb auf dem Markt erhebliche Zahl von Unternehmen gleichartig gebunden und in ihrer Wettbewerbsfreiheit unbillig eingeschränkt ist oder
b) dadurch für andere Unternehmen der Marktzutritt unbillig beschränkt oder
c) durch das Ausmaß solcher Beschränkungen der Wettbewerb auf dem Markt für diese oder andere Waren oder gewerbliche Leistungen wesentlich beeinträchtigt wird.

(2) Als unbillig im Sinne des Absatzes 1 Buchstabe b ist nicht eine Beschränkung anzusehen, die im Verhältnis zu den Angebots- oder Nachfragemöglichkeiten, die den anderen Unternehmen verbleiben, unwesentlich ist.

Dritter Abschnitt. Marktbeherrschende Unternehmen

§ 22. [Marktbeherrschendes Unternehmen; Befugnisse der Kartellbehörde] (1) Ein Unternehmen ist marktbeherrschend im Sinne dieses Gesetzes, soweit es als Anbieter oder Nachfrager einer bestimmten Art von Waren oder gewerblichen Leistungen

1. ohne Wettbewerber ist oder keinem wesentlichen Wettbewerb ausgesetzt ist oder
2. eine im Verhältnis zu seinen Wettbewerbern überragende Marktstellung hat; hierbei sind insbesondere sein Marktanteil, seine Finanzkraft, sein Zugang zu den Beschaffungs- oder Absatzmärkten, Verflechtungen mit anderen Unternehmen, rechtliche oder tatsächliche Schranken für den Marktzutritt anderer Unternehmen, die Fähigkeit, sein Angebot oder seine Nachfrage auf andere Waren oder gewerbliche Leistungen umzustellen, sowie die Möglichkeit der Marktgegenseite, auf andere Unternehmen auszuweichen, zu berücksichtigen.

(2) Als marktbeherrschend gelten auch zwei oder mehr Unternehmen, soweit zwischen ihnen für eine bestimmte Art von Waren oder gewerblichen Leistungen allgemein oder auf bestimmten Märkten aus tatsächlichen Gründen ein wesentlicher Wettbewerb nicht besteht und soweit sie in ihrer Gesamtheit die Voraussetzungen des Absatzes 1 erfüllen.

(3) Es wird vermutet, daß

1. ein Unternehmen marktbeherrschend im Sinne des Absatzes 1 ist, wenn es für eine bestimmte Art von Waren oder gewerblichen Leistungen einen Marktanteil von mindestens einem Drittel hat; die Vermutung gilt nicht, wenn das Unternehmen im letzten abgeschlossenen Geschäftsjahr Umsatzerlöse von weniger als 250 Millionen Deutscher Mark hatte;

2. die Voraussetzungen des Absatzes 2 vorliegen, wenn für eine bestimmte Art von Waren oder gewerblichen Leistungen

a) drei oder weniger Unternehmen zusammen einen Marktanteil von 50 vom Hundert oder mehr haben oder

b) fünf oder weniger Unternehmen zusammen einen Marktanteil von zwei Dritteln oder mehr haben;

die Vermutung gilt nicht, soweit es sich um Unternehmen handelt, die im letzten abgeschlossenen Geschäftsjahr Umsatzerlöse von weniger als 100 Millionen Deutscher Mark hatten.

§ 23. [Anzeigepflicht beim Zusammenschluß von Unternehmen] (1) Der Zusammenschluß von Unternehmen ist dem Bundeskartellamt unverzüglich anzuzeigen, wenn die beteiligten Unternehmen insgesamt im letzten vor dem Zusammenschluß endenden Geschäftsjahr Umsatzerlöse von mindestens 500 Millionen Deutscher Mark hatten.

(2) Als Zusammenschluß im Sinne dieses Gesetzes gelten folgende Tatbestände:

1. Erwerb des Vermögens eines anderen Unternehmens ganz oder zu einem wesentlichen Teil durch Verschmelzung, Umwandlung oder in sonstiger Weise.

§ 24. [Zusammenschlußkontrolle] (1) Ist zu erwarten, daß durch einen Zusammenschluß eine marktbeherrschende Stellung entsteht oder verstärkt wird, so hat die Kartellbehörde die in den folgenden Bestimmungen genannten Befugnisse, es sei denn, die beteiligten Unternehmen weisen nach, daß durch den Zusammenschluß auch Verbesserungen der Wettbewerbsbedingungen eintreten und daß diese Verbesserungen die Nachteile der Marktbeherrschung überwiegen.

(2) Liegen die Voraussetzungen des Absatzes 1 vor, so untersagt das Bundeskartellamt den Zusammenschluß.

(3) Der Bundesminister für Wirtschaft erteilt auf Antrag die Erlaubnis zu dem Zusammenschluß, wenn im Einzelfall die Wettbewerbsbeschränkung von gesamtwirtschaftlichen Vorteilen des Zusammenschlusses aufgewogen wird oder der Zusammenschluß durch ein überragendes Interesse der Allgemeinheit gerechtfertigt ist; hierbei ist auch die Wettbewerbsfähigkeit der beteiligten Unternehmen auf Märkten außerhalb des Geltungsbereiches dieses Gesetzes zu berücksichtigen.

§ 24.a [Anmeldung von Zusammenschlußvorhaben] (1) Das Vorhaben eines Zusammenschlusses kann beim Bundeskartellamt angemeldet werden. Das Vorhaben ist beim Bundeskartellamt anzumelden, wenn

1. eines der am Zusammenschluß beteiligten Unternehmen im letzten abgeschlossenen Geschäftsjahr Umsatzerlöse von mindestens zwei Milliarden Deutscher Mark hatte oder

2. mindestens zwei der am Zusammenschluß beteiligten Unternehmen im letzten abgeschlossenen Geschäftsjahr Umsatzerlöse von jeweils einer Milliarde Deutscher Mark oder mehr hatten.

Vierter Abschnitt. Wettbewerbsbeschränkendes und diskriminierendes Verhalten

§ 25. [Verbot eines aufeinander abgestimmten Verhaltens und wettbewerbsbeschränkender Maßnahmen] (1) Ein aufeinander abgestimmtes Verhalten von Unternehmen oder Vereinigungen von Unternehmen, das nach diesem Gesetz nicht zum Gegenstand einer vertraglichen Bindung gemacht werden darf, ist verboten.

(2) Unternehmen und Vereinigungen von Unternehmen dürfen anderen Unternehmen keine Nachteile androhen oder zufügen und keine Vorteile versprechen oder gewähren, um sie zu einem Verhalten zu veranlassen, das nach diesem Gesetz oder nach einer auf Grund dieses Gesetzes ergangenen Verfügung der Kartellbehörde nicht zum Gegenstand einer vertraglichen Bindung gemacht werden darf.

§ 26. [Verbot von Liefer- oder Bezugssperren; Diskriminierungsverbot] (1) Unternehmen und Vereinigungen von Unternehmen dürfen nicht ein anderes Unternehmen oder Vereinigungen von Unternehmen in der Absicht, bestimmte Unternehmen unbillig zu beeinträchtigen, zu Liefersperren oder Bezugssperren auffordern.

(2) Marktbeherrschende Unternehmen, Vereinigungen von Unternehmen im Sinne der §§ 2 bis 8, 99 Abs. 1 Nr. 1 und 2 sowie Abs. 2, § 100 Abs. 1 und 7, §§ 102 bis 103 und Unternehmen, die Preise nach den §§ 16, 100 Abs. 3 oder § 103 Abs. 1 Nr. 3 binden, dürfen ein anderes Unternehmen in einem Geschäftsverkehr, der gleichartigen Unternehmen üblicherweise zugänglich ist, weder unmittelbar noch mittelbar unbillig behindern oder gegenüber gleichartigen Unternehmen ohne sachlich gerechtfertigten Grund unmittelbar oder mittelbar unterschiedlich behandeln. Satz 1 gilt auch für Unternehmen und Vereinigungen von Unternehmen, soweit von ihnen kleine oder mittlere Unternehmen als Anbieter oder Nachfrager einer bestimmten Art von Waren oder gewerblichen Leistungen in der Weise abhängig sind, daß ausreichende und zumutbare Möglichkeiten, auf andere Unternehmen auszuweichen, nicht bestehen.

(3) Marktbeherrschende Unternehmen und Vereinigungen von Unternehmen im Sinne des Absatzes 2 Satz 1 dürfen ihre Marktstellung nicht dazu ausnutzen, andere Unternehmen im Geschäftsverkehr zu veranlassen, ihnen ohne sachlich gerechtfertigten Grund Vorzugsbedingungen zu gewähren.

(4) Unternehmen mit gegenüber kleinen und mittleren Wettbewerbern überlegener Marktmacht dürfen ihre Marktmacht nicht dazu ausnutzen, solche Wettbewerber unmittelbar oder mittelbar unbillig zu behindern.

Vertrag zur Gründung der Europäischen Gemeinschaft
vom 25. März 1957

Art. 85. (1) [Verbotene Vereinbarungen] Mit dem Gemeinsamen Markt unvereinbar und verboten sind alle Vereinbarungen zwischen Unternehmen, Beschlüsse von Unternehmensvereinigungen und aufeinander abgestimmte Verhaltensweisen, welche den Handel zwischen Mitgliedstaaten zu beeinträchtigen geeignet sind und eine Verhinderung, Einschränkung oder Verfälschung des Wettbewerbs innerhalb des Gemeinsamen Marktes bezwecken oder bewirken, insbesondere

a) die unmittelbare oder mittelbare Festsetzung der An- oder Verkaufspreise oder sonstiger Geschäftsbedingungen;

b) die Einschränkung oder Kontrolle der Erzeugung, des Absatzes, der technischen Entwicklung oder der Investitionen;

c) die Aufteilung der Märkte oder Versorgungsquellen;

d) die Anwendung unterschiedlicher Bedingungen bei gleichwertigen Leistungen gegenüber Handelspartnern, wodurch diese im Wettbewerb benachteiligt werden;

e) die an den Abschluß von Verträgen geknüpfte Bedingung, daß die Vertragspartner zusätzliche Leistungen annehmen, die weder sachlich noch nach Handelsbrauch in Beziehung zum Vertragsgegenstand stehen.

(2) [Nichtigkeit] Die nach diesem Artikel verbotenen Vereinbarungen oder Beschlüsse sind nichtig.

(3) [Ausnahmen] Die Bestimmungen des Absatzes 1 können für nicht anwendbar erklärt werden auf

• Vereinbarungen oder Gruppen von Vereinbarungen zwischen Unternehmen,

• Beschlüsse oder Gruppen von Beschlüssen von Unternehmensvereinigungen,

• aufeinander abgestimmte Verhaltensweisen oder Gruppen von solchen, die unter angemessener Beteiligung der Verbraucher an dem entstehenden Gewinn zur Verbesserung der Warenerzeugung oder -verteilung oder zur Förderung des technischen oder wirtschaftlichen Fortschritts beitragen, ohne daß den beteiligten Unternehmen

a) Beschränkungen auferlegt werden, die für die Verwirklichung dieser Ziele nicht unerläßlich sind, oder

b) Möglichkeiten eröffnet werden, für einen wesentlichen Teil der betreffenden Waren den Wettbewerb auszuschalten.

Art. 86. [Mißbrauch der marktbeherrschenden Stellung] Mit dem Gemeinsamen Markt unvereinbar und verboten ist die mißbräuchliche Ausnutzung einer beherrschenden Stellung auf dem Gemeinsamen Markt oder auf einem wesentlichen Teil desselben durch ein oder mehrere Unternehmen, soweit dies dazu führen kann, den Handel zwischen Mitgliedstaaten zu beeinträchtigen.

Dieser Mißbrauch kann insbesondere in folgendem bestehen:

a) der unmittelbaren oder mittelbaren Erzwingung von unangemessenen Einkaufs- oder Verkaufspreisen oder sonstigen Geschäftsbedingungen;

b) der Einschränkung der Erzeugung, des Absatzes oder der technischen Entwicklung zum Schaden der Verbraucher;

228

c) der Anwendung unterschiedlicher Bedingungen bei gleichwertigen Leistungen gegenüber Handelspartnern, wodurch diese im Wettbewerb benachteiligt werden;

d) der an den Abschluß von Verträgen geknüpften Bedingung, daß die Vertragspartner zusätzliche Leistungen annehmen, die weder sachlich noch nach Handelsbrauch in Beziehung zum Vertragsgegenstand stehen.

Verordnung (EWG) Nr. 4064/89
über die Kontrolle von Unternehmenszusammenschlüsse
Vom 21. Dezember 1989

Art. 1 Anwendungsbereich. (1) Diese Verordnung gilt für alle Zusammenschlüsse von gemeinschaftsweiter Bedeutung im Sinne des Absatzes 2;

(2) Ein Zusammenschluß im Sinne dieser Verordnung hat gemeinschaftsweite Bedeutung, wenn folgende Umsätze erzielt werden:

a) ein weltweiter Gesamtumsatz aller beteiligten Unternehmen von mehr als 5 Milliarden ECU und

b) ein gemeinschaftsweiter Gesamtumsatz von mindestens zwei beteiligten Unternehmen von jeweils mehr als 250 Millionen ECU;

dies gilt nicht, wenn die am Zusammenschluß beteiligten Unternehmen jeweils mehr als zwei Drittel ihres gemeinschaftsweiten Gesamtumsatzes in einem und demselben Mitgliedstaat erzielen.

Gesetz gegen den unlauteren Wettbewerb
vom 7. Juni 1909

§ 1. [Generalklausel] Wer im geschäftlichen Verkehre zu Zwecken des Wettbewerbes Handlungen vornimmt, die gegen die guten Sitten verstoßen, kann auf Unterlassung und Schadensersatz in Anspruch genommen werden.

§ 3. [Irreführende Angaben] Wer im geschäftlichen Verkehr zu Zwecken des Wettbewerbs über geschäftliche Verhältnisse, insbesondere über die Beschaffenheit, den Ursprung, die Herstellungsart oder die Preisbemessung einzelner Waren oder gewerblicher Leistungen oder des gesamten Angebots, über Preislisten, über die Art des Bezuges oder die Bezugsquellen von Waren, über den Besitz von Auszeichnungen, über den Anlaß oder den Zweck des Verkaufs oder über die Menge der Vorräte irreführende Angaben macht, kann auf Unterlassung der Angaben in Anspruch genommen werden.

§ 6 [Konkurswarenverkauf] (1) Wird in öffentlichen Bekanntmachungen oder in Mitteilungen, die für einen größeren Kreis von Personen bestimmt sind, der Verkauf von Waren angekündigt, die aus einer Konkursmasse stammen, aber nicht mehr zum Bestande der Konkursmasse gehören, so ist dabei jede Bezugnahme auf die Herkunft der Waren aus einer Konkursmasse verboten.

(2) Ordnungswidrig handelt, wer vorsätzlich oder fahrlässig entgegen Absatz 1 in der Ankündigung von Warne auf deren Herkunft aus einer Konkursmasse Bezug nimmt. Die Ordnungswidrigkeit kann mit einer Geldbuße bis zu zehntausend Deutsche Mark geahndet werden.

§ 6a. [Verkauf durch Hersteller oder Großhändler an letzte Verbraucher] (1) Wer im geschäftlichen Verkehr mit dem letzten Verbraucher im Zusammenhang mit dem Verkauf von Waren auf seine Eigenschaft als Hersteller hinweist, kann auf Unterlassung in Anspruch genommen werden, es sei denn, daß er

1. ausschließlich an den letzten Verbraucher verkauft.

§ 6c. [Progressive Kundenwerbung; "Schneeballsystem"] Wer es im geschäftlichen Verkehr selbst oder durch andere unternimmt, Nichtkaufleute zur Abnahme von Waren, gewerblichen Leistungen oder Rechten durch das Versprechen zu veranlassen, ihnen besondere Vorteile für den Fall zu gewähren, daß sie andere zum Abschluß gleichartiger Geschäfte veranlassen, denen ihrerseits nach der Art dieser Werbung derartige Vorteile für eine entsprechende Werbung weiterer Abnehmer gewährt werden sollen, wird mir Freiheitsstrafe bis zu zwei Jahren oder mit Geldstrafe bestraft. Nichtkaufleuten im Sinne des Satzes 1 stehen Personen gleich, deren Gewerbebetrieb nach Art oder Umfang einen in kaufmännischer Weise eingerichteten Geschäftsbetrieb nicht erfordert.

§ 7. [Sonderveranstaltungen; Sonderangebote] (1) Wer Verkaufsveranstaltungen im Einzelhandel, die außerhalb des regelmäßigen Geschäftsverkehrs stattfinden, der Beschleunigung des Warenabsatzes dienen und den Eindruck der Gewährung besonderer Kaufvorteile hervorrufen (Sonderveranstaltungen), ankündigt oder durchführt, kann auf Unterlassung in Anspruch genommen werden.

(2) Eine Sonderveranstaltung im Sinne des Absatzes 1 liegt nicht vor, wenn einzelne nach Güte oder Preis gekennzeichnete Waren angeboten werden und diese Angebote sich in den regelmäßigen Geschäftsbetrieb des Unternehmens einfügen (Sonderangebote).

(3) Absatz 1 ist nicht anzuwenden auf Sonderveranstaltungen für die Dauer von zwölf Werktagen

1. beginnend am letzten Montag im Januar und am letzten Montag im Juli, in denen Textilien, Bekleidungsgegenstände, Schuhwaren, Lederwaren oder Sportartikel zum Verkauf gestellt werden (Winter- und Sommerschlußverkäufe),
2. zur Feier des Bestehens eines Unternehmens im selben Geschäftszweig nach Ablauf von jeweils 25 Jahren (Jubiläumsverkäufe).

§ 8. [Räumungsverkauf] (1) Ist die Räumung eines vorhandenen Warenvorrats

1. infolge eines Schadens, der durch Feuer, Wasser, Sturm oder ein vom Veranstalter nicht zu vertretendes vergleichbares Ereignis verursacht wurde oder
2. vor Durchführung eines nach den baurechtlichen Vorschriften anzeige- oder genehmigungspflichtigen Umbauvorhabens

den Umständen nach unvermeidlich (Räumungszwangslage), so können, soweit dies zur Behebung der Räumungszwangslage erforderlich ist, Räumungsverkäufe auch außerhalb der Zeiträume des § 7 Abs. 3 für die Dauer von höchstens zwölf Werktagen durchgeführt werden. Bei der Ankündigung eines Räumungsverkaufs nach Satz 1 ist der Anlaß für die Räumung des Warenvorrats anzugeben.

§ 13. [Unterlassungs- und Schadensersatzansprüche; Klagebefugnis] (2) In den Fällen der §§ 1 ,3, 4, 6 bis 6c, 7 und 8 kann der Anspruch auf Unterlassung geltend gemacht werden

1. von Gewerbetreibenden, die Waren oder gewerbliche Leistungen gleicher oder verwandter Art auf demselben Markt vertreiben, soweit der Anspruch eine Handlung betrifft, die geeignet ist, den Wettbewerb auf diesem Markt wesentlich zu beeinträchtigen,
2. von rechtsfähigen Verbänden zur Förderung gewerblicher Interessen, soweit ihnen eine erhebliche Zahl von Gewerbetreibenden angehört, die Waren oder gewerbliche Leistungen gleicher oder verwandter Art auf demselben Markt vertreiben, soweit sie insbesondere nach ihrer personellen, sachlichen und finanziellen Ausstattung imstande sind, ihre satzungsgemäßen Aufgaben der Verfolgung gewerblicher Interessen tatsächlich wahrzunehmen, und soweit der Anspruch eine Handlung betrifft, die geeignet ist, den Wettbewerb auf diesem Markt wesentlich zu beeinträchtigen,
3. von rechtsfähigen Verbänden, zu deren satzungsgemäßen Aufgaben es gehört, die Interessen der Verbraucher durch Aufklärung und Beratung wahrzunehmen. Im Falle des § 1 können diese Verbände den Anspruch auf Unterlassung nur geltend machen, soweit der Anspruch eine Handlung betrifft, durch die wesentliche Belange der Verbraucher berührt werden,
4. von den Industrie- und Handelskammern oder den Handwerkskammern.

§ 24. [Örtliche Zuständigkeit] (1) Für Klagen auf Grund dieses Gesetzes ist das Gericht zuständig, in dessen Bezirk der Beklagte seine gewerbliche Niederlassung oder in Ermangelung einer solchen seinen Wohnsitz hat. Für Personen, die im Inland weder eine gewerbliche Niederlassung noch einen Wohnsitz haben, ist das Gericht des inländischen Aufenthaltsorts zuständig.

(2) Für Klagen auf Grund dieses Gesetzes ist außerdem nur das Gericht zuständig, in dessen Bezirk die Handlung begangen ist. Satz 1 gilt für Klagen, die von den in § 13 Abs. 2 Nr. 1 bis 4 genannten Gewerbetreibenden, Verbänden oder Kammern erhoben werden, nur dann, wenn der Beklagte im Inland keinen Wohnsitz hat.

§ 25. [Einstweilige Verfügung] Zur Sicherung der in diesem Gesetze bezeichneten Ansprüche auf Unterlassung können einstweilige Verfügungen erlassen werden, auch wenn die in den §§ 935, 940 der Zivilprozeßordnung bezeichneten Voraussetzungen nicht zutreffen.

Verordnung des Reichspräsidenten zum Schutze der Wirtschaft
vom 9. März 1932

Erster Teil. Zugabewesen
(Zugabeverordnung)

§ 1. [Zugabeverbote] (1) Es ist verboten, im geschäftlichen Verkehr neben einer Ware oder einer Leistung eine Zugabe (Ware oder Leistung) anzubieten, anzukündigen oder zu gewähren. Eine Zugabe liegt auch dann vor, wenn die Zuwendung nur gegen ein geringfügiges, offenbar bloß zum Schein verlangtes Entgelt gewährt wird. Das gleiche gilt, wenn zur Verschleierung der Zugabe eine Ware oder Leistung mit einer anderen Ware oder Leistung zu einem Gesamtpreis angeboten, angekündigt oder gewährt wird.

(2) Die Vorschriften im Absatz 1 gelten nicht:

a) wenn lediglich Reklamegegenstände von geringem Werte, die als solche durch eine dauerhafte und deutlich sichtbare Bezeichnung der reklametreibenden Firma gekennzeichnet sind, oder geringwertige Kleinigkeiten gewährt werden;

b) wenn die Zugabe in einem bestimmten oder auf bestimmte Art zu berechnenden Geldbeträge besteht;

c) wenn die Zugabe zu Waren in einer bestimmten oder auf bestimmte Art zu berechnenden Menge gleicher Ware besteht;

d) wenn die Zugabe nur in handelsüblichem Zubehör zur Ware oder in handelsüblichen Nebenleistungen besteht; als handelsüblich gilt insbesondere eine im Hinblick auf den Wert der Ware oder Leistung angemessene teilweise oder vollständige Erstattung oder Übernahme von Fahrkosten für Verkehrsmittel des öffentlichen Personennahverkehrs, die im Zusammenhang mit dem Besuch des Geschäftslokals oder des Orts der Erbringung der Leistung aufgewendet werden;

Verordnung zur Regelung der Preisangaben
vom 14. März 1985

Artikel 1. Preisangabenverordnung (PAngV)

§ 1. Grundvorschriften. (1) Wer Letztverbrauchern gewerbs- oder geschäftsmäßig oder regelmäßig in sonstiger Weise Waren oder Leistungen anbietet oder als Anbieter von Waren oder Leistungen gegenüber Letztverbrauchern unter Angabe von Preisen wirbt, hat die Preise anzugeben, die einschließlich der Umsatzsteuer und sonstiger Preisbestandteile unabhängig von einer Rabattgewährung zu zahlen sind (Endpreise). Soweit es der allgemeinen Verkehrsauffassung entspricht, sind auch die Verkaufs- oder Leistungseinheit und die Gütebezeichnungen anzugeben, auf die sich die Preise beziehen. Auf die Bereitschaft, über den angegebenen Preis zu verhandeln, kann hingewiesen werden, soweit es der allgemeinen Verkehrsauffassung entspricht und Rechtsvorschriften nicht entgegenstehen.

§ 2. Handel. (1) Waren, die in Schaufenstern, Schaukästen, innerhalb oder außerhalb des Verkaufsraumes auf Verkaufsständen oder in sonstiger Weise sichtbar ausgestellt werden, und Waren, die vom Verbraucher unmittelbar entnommen werden können, sind durch Preisschilder oder Beschriftung der Ware auszuzeichnen.

Gesetz über Preisnachlässe (Rabattgesetz)
vom 25. November 1933

Erster Teil. Preisnachlässe

§ 1. (1) Werden im geschäftlichen Verkehr Waren des täglichen Bedarfs im Einzelverkauf an den letzten Verbraucher veräußert oder gewerbliche Leistungen des täglichen Bedarfs für den letzten Verbraucher ausgeführt, so dürfen zu Zwecken des Wettbewerbs Preisnachlässe (Rabatte) nur nach Maßgabe der nachfolgenden Vorschriften angekündigt oder gewährt werden.

(2) Als Preisnachlässe im Sinne dieses Gesetzes gelten Nachlässe von den Preisen, die der Unternehmer ankündigt oder allgemein fordert, oder Sonderpreise, die wegen der Zugehörigkeit zu bestimmten Verbraucherkreisen, Berufen, Vereinen oder Gesellschaften eingeräumt werden.

Erster Abschnitt. Barzahlungsnachlässe

§ 2. [Voraussetzung und Höchstgrenze] Der Preisnachlaß für Barzahlung (Barzahlungsnachlaß) darf drei vom Hundert des Preises der Ware oder Leistung nicht überschreiten. Er darf nur gewährt werden, wenn die Gegenleistung unverzüglich nach der Lieferung der Ware oder der Bewirkung der gewerblichen Leistung durch Barzahlung oder in einer der Barzahlung gleichkommenden Weise, insbesondere durch Hingabe eines Schecks oder durch Überweisung, erfolgt.

Gesetz über den Ladenschutz
vom 28. November 1956

Erster Abschnitt. Begriffsbestimmung

§ 1. Verkaufsstellen. (1) Verkaufsstellen im Sinne dieses Gesetzes sind

1. Ladengeschäfte aller Art, Apotheken, Tankstellen, Warenautomaten und Bahnhofsverkaufsstellen,
2. sonstige Verkaufsstände und -buden, Kioske, Basare und ähnliche Einrichtungen, falls in ihnen ebenfalls von einer festen Stelle aus ständig Waren zum Verkauf an jedermann feilgehalten werden. Dem Feilhalten steht das Zeigen von Mustern, Proben und ähnlichem gleich, wenn Warenbestellungen in der Einrichtung entgegengenommen werden,
3. Verkaufsstellen von Genossenschaften.

(2) Zur Herbeiführung einer einheitlichen Handhabung des Gesetzes kann der Bundesminister für Arbeit im Einvernehmen mit dem Bundesminister für Wirtschaft durch Rechtsverordnung mit Zustimmung des Bundesrates bestimmen, welche Einrichtungen Verkaufsstellen gemäß Absatz 1 sind.

§ 2. Feiertage. Feiertage im Sinne dieses Gesetzes sind die gesetzlichen Feiertage.

Zweiter Abschnitt. Ladenschlußzeiten

§ 3. Allgemeine Ladenschlußzeiten. (1) Verkaufsstellen müssen zu folgenden Zeiten für den geschäftlichen Verkehr mit den Kunden geschlossen sein:

1. an Sonn- und Feiertagen,
2. montags bis freitags bis 7 Uhr, in Verkaufsstellen für Bäckerwaren bis 6.30 Uhr, und ab 20..00 Uhr,

Literatur

- Ackermann, B.: Wettbewerbsrecht, Heidelberg 1997
- Ahlert D./Schröder H.: Rechtliche Grundlagen des Marketing, 2. Aufl., Stuttgart 1996
- Aregger, K.: Innovation in sozialen Systemen, Stuttgart 1976

- Baumbach, A./Hefermehl,W.: Wettbewerbsrecht, 19. Aufl., München 1996
- Bellamy, C. W., Child, G.: „Common Market Law of Competition", London 1993
- Benkard, G.: Patentgesetz, 9. Aufl., München 1993
- Breiter, A./Batinic, B.: Das Internet als Basis für elektronische Befragung, in Jahrbuch der Absatz- und Verbrauchsforschung, Heft 2/97, GfK (Hrsg.)

- Dallmer, H. (Hrsg.): Handbuch Direct-Marketing, 7. Aufl., Landsberg 1997
- Drucker, P. F.: Innovationsmanagement für Wirtschaft und Politik, Düsseldorf und Wien 1985

- Eisenmann, H.: Gewerblicher Rechtsschutz und Urheberrecht, 3. Aufl., Heidelberg 1995

- Fezer, K.-H.: Markenrecht (Kommentar), München 1997
- Foster, R. N.: Innovation, Wiesbaden 1986
- Fritz, W./Oelnitz, D. von der: Marketing, Elemente marktorientierter Unternehmensführung, Stuttgart, Berlin, Köln 1996

- Griffin, A./Gleason, G./Preiss, R./Shevenaugh, D.: Die besten Methoden zu mehr Kundenzufriedenheit in: HARVARD BUSINESS manager 3/1995
- Grüne, A.: Das Deutsche Kundenbarometer: Kundenzufriedenheit immer noch Luxus, in: Direkt Marketing, Februar 1995

- Haupt, K.: Perspektiven der Marktforschung, in Planung und Analyse, Heft 6/96
- Hentschel, B.: Dienstleistungsqualität aus Kundensicht, Wiesbaden 1992
- Hentschel, B.: Stauss, Messung von Kundenzufriedenheit: Merkmals- oder ereignisorientierte Beurteilung von Dienstleistungsqualität, in: M & M 3/1992
- Hopfenbeck, W.: Umweltorientiertes Management und Marketing, Landsberg 1990
- Hueck, G.: Gesellschaftsrecht, 19. Aufl., München 1991
- Hünerberg, R.: Marketing mit Online-Medien, in IM, 12. Jg. 4/1997

- Jänsch, A./Zerres, T.: Handelsrecht, Stuttgart 1994

♦ Kapferer J.-N.: Die Marke - Kapital des Unternehmens, München 1992
♦ Kartte, W.: Wettbewerbspolitische und wettbewerbsrechtliche Probleme Strategischer Allianzen; in: Pritzl, R., Bronder, C.: Wegweiser für strategische Allianzen - Meilen - und Stolpersteine bei Kooperationen, Frankfurt 1992
♦ Kotler, P./Bliemel, F.: Marketing-Management, 8. Aufl., Stuttgart 1995
♦ Kraft A.: Marke und Markenartikel als Instrumente des Wettbewerbs, München 1992

♦ Landscheidt, C.: Das neue Produkthaftungsrecht, 2. Aufl., Herne/Berlin 1992
♦ Little, A. D.: Internationale Innovation als Führungsaufgabe, Frankfurt/M 1988

♦ Martinek, M./Semler, F.-J.: Handbuch des Vertriebsrechts, München 1996
♦ Meffert, H.: Marketing Grundlagen der Absatzpolitik, 7. überarbeitete und erweiterte Aufl., Wiesbaden 1991
♦ Meffert, H./Bruhn, M: Dienstleistungsmarketing: Grundlagen, Konzepte, Methoden, 2. Aufl., Wiesbaden 1997
♦ Meffert,H./Kirchgeorg,M.: Marktorientiertes Umweltmanagement, 3. Aufl. Stuttgart 1998
♦ Meissner, H. G.: Werbung für Innovationen, Hamburg 1980
♦ Meyer, A./Dornach, F.: Das Deutsche Kundenbarometer 1996 - Qualität und Zufriedenheit, München 1996
♦ Meyer, A.: Produktdifferenzierung durch Dienstleistungen, in: Corsten, H., Integratives Dienstleistungsmanagement: Grundlagen. Beschaffung, Produktion, Marketing, Wiesbaden 1994
♦ Müller, O.: Ökomarketing, in: Markenartikel, Heft 7, 1992
♦ Müller, W.: Haftpflichtrisiken in Unternehmen, Wiesbaden 1989

♦ Raffée, H./Fritz, W.: Dimensionen und Konsistenz der Führungskonzeption von Industrieunternehmen, in Schmalenbachs Zeitschrift für betriebswirtschaftliche Forschung 44. Jg. 1992, Heft 4
♦ Reichheld, F.F./Sasser, W.E., Zero Defections: Quality Comes to Services, in: Harvard Business Review, Vol. 68, No.5, 1990

♦ Schade, D.: Technikfolgenforschung und Produktfolgenabschätzung, VDI-Technologiezentrum (Hrsg.), Düsseldorf 1992
♦ Schmidt, K.: Handelsrecht, 4. Aufl., Köln/Berlin 1994
♦ Schmidt, K.: Gesellschaftsrecht, 3. Aufl., Köln/Berlin 1997
♦ Schotthöfer, P.: Handbuch des Werberechts in den EU-Staaten, 2. Aufl., Köln 1997
♦ Schwintowski,H.P.: Wettbewerbsrecht, 2. Aufl.,München 1992
♦ Simon, H./Homburg, C.: Kundenzufriedenheit als strategischer Erfolgsfaktor - Einführende Überlegungen, in: Simon, H. und Homburg, C. (Hrsg.), Kundenzufriedenheit: Konzepte-Methoden-Erfahrungen, Wiesbaden 1995
♦ Staudt, E. (Hrsg.): Das Management von Innovationen, Frankfurt/M 1986

234

♦ Steinmann, H./Schreyögg G.: Management, Grundlagen der Unternehmensführung, 4. Aufl., Wiesbaden 1997

♦ Thümmel, R.: Persönliche Haftung von Managern und Aufsichtsräten, Stuttgart 1996

♦ Werder, A./Klinkenberg, U./Freese, E.: Produkthaftungs-Management, Stuttgart 1990

♦ Wesel, U.: Fast alles, was Recht ist, 5. Aufl., Frankfurt 1996

♦ Wiedemann, H.: Handelsrecht, 6. Aufl., München 1992

♦ Zangenmeister, C.: Methodische Aspekte der Technikfolgenabschätzung und Folgerungen für die Technikfolgenforschung, VDI-Technologiezentrum (Hrsg.), Düsseldorf 1992

♦ Zerres, M.: Portfolio - der programmierte Unternehmenserfolg, in: Franke, R./Zerres M.: Planungstechniken - Instrumente für zukunftsorientierte Unternehmensführung, 4. Aufl., Frankfurt 1994

♦ Zerres, T.: Bürgerliches Recht, 2. Aufl., Heidelberg 1996

Abbildungsverzeichnis:

Index:

T. Zerres

Bürgerliches Recht

Ein einführendes Lehrbuch
in das Zivil- und Zivilprozeßrecht

2. Aufl. 1996. XXIV, 301 S. 48 Abb. (Springer-Lehrbuch)
Brosch. DM 34,-; öS 248,20; sFr 30,50 ISBN 3-540-61497-4

Anhand zahlreicher Beispiele, einprägsam illustriert und
eingängig erläutert, verschafft dieses Buch Studenten an
Universitäten, Fachhochschulen, Wirtschafts- und Ver-
waltungsakademien sowie Industrie- und Handelskammern
einen hilfreichen Überblick über die ersten drei Bücher des
Bürgerlichen Gesetzbuches: den Allgemeinen Teil, das Allgemeine und Besondere Schuldrecht sowie die Grundzüge
des Sachenrechts.

Springer

Preisänderungen vorbehalten.

Springer-Verlag, Postfach 31 13 40, D-10643 Berlin, Fax 0 30 / 8207 - 3 01 / 4 48   e-mail: orders@springer. de